LES FOURNISSEURS

DE

NAPOLÉON IER

ET DES

DEUX IMPÉRATRICES

D'APRÈS

DES DOCUMENTS INÉDITS

PAR

ALPH. **MAZE-SENCIER**

AUTEUR DU « LIVRE DES COLLECTIONNEURS »

LES COSTUMES ET OBJETS DE TOILETTE DE NAPOLÉON
LA REDINGOTE GRISE. — LE PETIT CHAPEAU
TABATIÈRES HISTORIQUES ET POLITIQUES. — ÉTIQUETTE, JEU, ETC., A LA COUR
CHAMBELLANS, PAGES, MÉDECINS, ETC. — ÉQUIPAGES ET CHEVAUX. — THÉATRES
LES CISELEURS. — LES ORFÈVRES. — LES ÉBÉNISTES
JOSÉPHINE. — MARIE-LOUISE, SA CORBEILLE ET SON TROUSSEAU
LE ROI DE ROME. — LA LAYETTE, ETC., ETC.

PARIS
LIBRAIRIE RENOUARD
HENRI LAURENS, ÉDITEUR
6, RUE DE TOURNON
—
1893

LES FOURNISSEURS

DE

NAPOLÉON IER

ET DES

DEUX IMPÉRATRICES

IL A ÉTÉ TIRÉ DE CET OUVRAGE

25 EXEMPLAIRES SUR HOLLANDE NUMÉROTÉS 1 A 25

LES FOURNISSEURS

DE

NAPOLÉON IER

ET DES

DEUX IMPÉRATRICES

D'APRÈS

DES DOCUMENTS INÉDITS

TIRÉS DES ARCHIVES NATIONALES, DES ARCHIVES DU MINISTÈRE DES AFFAIRES ÉTRANGÈRES
ET DES ARCHIVES DES MANUFACTURES DE SÈVRES ET DES GOBELINS

PAR

A<small>LPH</small>. MAZE-SENCIER

<small>AUTEUR DU « LIVRE DES COLLECTIONNEURS »
ANCIEN INSPECTEUR DES MUSÉES DE SAINT-ÉTIENNE (LOIRE), ET FONDATEUR
DU MUSÉE CÉRAMIQUE DE CETTE VILLE</small>

PARIS
LIBRAIRIE RENOUARD
HENRI LAURENS, ÉDITEUR
6, RUE DE TOURNON

—

1893

Nous considérons comme un devoir la tâche douloureuse de publier aujourd'hui le présent ouvrage, interrompu soudainement il y a quelques mois. M. Maze-Sencier fut frappé par un de ces coups de la mort qui viennent en un instant briser les plus chères et les meilleures existences. Atteint au milieu de son travail, à l'heure où il accomplissait sa tâche de labeur quotidien, il n'avait plus à rédiger que quelques détails pour soumettre au public son nouvel ouvrage sur les Fournisseurs de Napoléon Ier et des deux Impératrices.

Ce travail considérable presque entièrement composé d'éléments tirés des documents inédits, puisés aux sources mêmes sur des feuilles manuscrites ou sur les factures des fournisseurs, est donc à peu près complet; il a tout l'attrait de la nouveauté et ne saurait laisser indifférents les esprits sérieux qu'intéressent toutes les questions de curiosité, d'histoire et d'art.

Cette étude historique offre dans son ensemble, malgré quelques lacunes inévitables, un tableau fort instructif des mœurs et des coutumes de la Cour à l'époque du premier Empire. Ce tableau, d'ailleurs, n'a jamais été observé sous cet aspect, et pour se rendre compte du vif intérêt qu'il présente, il suffit de jeter les yeux sur la table des chapitres.

Nous tenons à remercier les personnes obligeantes qui ont bien voulu guider l'auteur de ce livre dans ses innombrables recherches : M. Gustave Servois, garde général des Archives nationales; M. Gerspach, ancien administrateur de la Manufacture des Gobelins; MM. Th. Deck et Baumgart, administrateurs de la Manufacture de porcelaine de Sèvres; MM. Girard de Rialle et Kaulek, directeurs des Archives au Ministère des Affaires étrangères; M. Jules Cousin, conservateur des collections historiques de la Ville de Paris au Musée Carnavalet; M. Faucou, sous-conservateur au même musée.

Qu'un souvenir d'affection reconnaissante aille spécialement à M. Spire Blondel, l'ami personnel de l'auteur, le charmant écrivain de tant de jolis ouvrages recherchés de tous les curieux. M. Blondel, qui fait autorité en ces matières, a bien voulu reviser cette œuvre. Son amitié est venue jeter un souffle de vie sur ces pages que la mort aurait stérilisées.

Ce nouveau volume fait suite en réalité au Livre des Collectionneurs *publié en 1885 et auquel la presse fit un si cordial et si élogieux accueil. On avait reconnu dans cet ouvrage, « qui semble l'œuvre d'un bénédictin, le résumé de toute une vie de recherches et de curiosité »,* (le Siècle, *8 avril 1885*). *On l'avait dit à l'époque : « il n'était pas une branche de la curiosité qui n'y fût sérieusement et savamment traitée »* (Journal de la Marne).

On ne trouvera pas, dans ces pages, ce genre de charme souvent superficiel des besognes exclusivement littéraires : on y trouvera mieux, puisqu'on y sent partout l'érudition la plus solide, la plus intelligente et la plus scrupuleuse. On y verra la marque d'un travail suivi, consciencieux, et qui, par son étendue, s'impose à l'attention de ceux qui comprennent l'effort patient et les difficultés de ces œuvres de recherche et de savoir. C'est un livre, fort de *choses, comme on disait jadis, où il n'y a pas de place pour les dissertations oiseuses, mais où s'amassent les faits de tout genre, les plus importants comme les plus minimes.*

Nous nous souvenons de ces mots qu'en 1885, un éminent critique d'art, M. Philippe Burty, écrivait sur le Livre des Collectionneurs : *« J'ai été pris d'un grand respect en coupant les pages de ce livre..... » Plus que jamais ces mots s'appliquent à l'œuvre actuelle qui, elle aussi, mérite le grand respect de ceux qui veulent juger. Ne doit-elle pas bénéficier de cette faveur légitime qu'ont toutes les œuvres d'outre-tombe ? N'a-t-elle pas droit à cette sympathie que nous accordons malgré nous aux voix de ceux qui ne sont plus, quand ils semblent implorer un souvenir de ceux qui* vivent encore et leur demander comme un instant de répit avant le grand oubli et le grand silence de la mort ?

Et si ceux qui veulent bien lire ces lignes y sentent planer un peu d'émotion, qu'ils l'excusent, en songeant qu'elle ne se peut éviter quand on parle d'un père dont la mémoire demeure très aimée et très respectée.....

LES

FOURNISSEURS DE NAPOLÉON Ier

ET DES DEUX IMPÉRATRICES

PROLOGUE

LA CÉRÉMONIE DU SACRE ET DU COURONNEMENT

I

L'établissement de l'Empire avait été soumis à la sanction du peuple, et sur trois millions cinq cent vingt-quatre mille deux cent cinquante-quatre votants, il n'y avait eu que deux mille cinq cent soixante-dix-neuf opposants.

Mais l'élection populaire parut insuffisante à Napoléon, il voulut, comme les anciens rois, donner à son titre, à son pouvoir la sanction divine.

La cérémonie du sacre eut lieu à Notre-Dame, le 2 décembre 1804.

Un mois plus tôt, Pie VII avait quitté la ville éternelle, en compagnie de plusieurs cardinaux et d'un nombreux personnel, pour venir donner l'onction sainte au nouveau Charlemagne.

Le Pape espérait qu'une telle démarche serait profitable à ses États et qu'on lui rendrait Bologne et Ferrare. Son espoir fut déçu : il n'obtint que des présents, bijoux, dentelles, ornements sacerdotaux. Les frais de séjour et de déplacement payés par l'Empereur s'élevèrent assez haut.

Pendant le voyage de Turin à Paris, le cortège comprenait deux cent cinquante et un chevaux et quarante-quatre voitures dont une berline à huit chevaux et trois postillons pour Sa Sainteté et vingt-deux berlines, à six chevaux et deux postillons, pour les cardinaux et leur suite ; les autres voitures se composaient de fourgons, cabriolets, courriers et timonnières.

Les cardinaux Fesch, Borgia, Antonelli, de Bayane, Baschi, Cazelli occupaient chacun une berline.

La remise en état des voitures, faite à Paris, par Lachapelle, marchand sellier, boulevard Bonne-Nouvelle, coûta 17,850 fr. — Le colonel Dumesnil, écuyer de l'Empereur, chargé de reconduire le Pape en Italie, présenta un état de dépenses de 75,380 fr. pour réparations de voitures et frais divers, sans compter le service des chevaux et des postillons. Le 14 thermidor an XIII, M. de Caulaincourt envoie un bon d'acompte de 192, 760 fr., à M. de la Valette, directeur général des postes, sur le fonds de 400,000 fr. mis à la disposition du grand écuyer « pour le voyage du Saint-Père, en Italie et retour ». (*Arch. nat.* O^{2}77.)

A cette occasion, l'Empereur donna, comme de coutume, libre carrière à sa générosité par une nombreuse distribution de présents, notamment à toutes les personnes attachées au service de Sa Sainteté. Les cardinaux de la suite du Pape reçurent de superbes boîtes d'or surmontées du portrait de l'Empereur bordé d'un cercle de gros diamants.

II

Le sacre fit un bien immense au commerce de Paris. Comme le dit Imbert de Saint-Amand, c'était dans les ateliers une activité sans pareille et les fournisseurs travaillaient jour et nuit.

« Leroy, qui jusqu'alors n'avait été que marchand de modes, s'était décidé, pour la circonstance, à entreprendre la couture et avait pour associée Mme Raimbaud, célèbre couturière de l'époque. De leurs magasins étaient sortis les magnifiques vêtements que l'Impératrice devait porter le jour du sacre. Quant à ses joyaux qui consistaient en une couronne, un diadème et une ceinture ; ils étaient l'œuvre du joaillier Marguerite. » (*La Cour de l'Impératrice Joséphine.*)

III

Présentons d'abord le tableau des dépenses relatives au sacre et au couronnement ; nous parlerons ensuite des fournisseurs, dont nous avons pu retrouver les mémoires.

Service du grand aumônier. — Aumônes et paiement des mois de nourrice : 270,000 fr.

Service du grand maréchal. — Tenue de la maison du Saint-Père : 120,000.

Service du grand chambellan. — Présent d'une tiare au Pape, 180,000 fr. et d'un rochet offert par l'Impératrice, 20,000 fr. — Aux cardinaux, cinq tabatières valant chacune 30,000 fr. et cinq rochets de 10,000 fr. chacun. — Pour les fêtes, 200,000 fr. — Pour diamants ou argent à donner au service d'honneur du Saint-Père, 150,000 fr. — Médailles commémoratives, 209,733 fr. — Costumes de Leurs Majestés : 650,000 fr. — Costumes des officiers de la Couronne 130,000 fr. — Diamants, 678,054 fr., y compris le Grand Ordre de l'Empereur de 119,254 fr.

Service du grand écuyer. — Voitures et chevaux, 521,466 fr. — Frais de poste et raccommodage des voitures du Saint-Père : 400,000 fr.

Service du grand maître des cérémonies. — Travaux à Notre-Dame, à l'Ecole militaire, dans l'appartement du Pape et Livre des cérémonies du couronnement : 1,100,000 fr.

Service de l'Intendant général. — Ameublement du logement du Pape et de sa suite : 40,000 fr. — A DAVID, acompte sur les tableaux du couronnement : 25,000 fr. — Solde des fournitures du mobilier : 7,322 fr. — Total (en négligeant les centimes) : 5,151,576 fr. (*Arch. nat.* O^{2}204.)

IV

Il ne sera pas sans intérêt de donner ici quelques détails sur les riches vêtements de Joséphine, d'après un mémoire de LEROY et Mme RAIMBAUD.

Frimaire an XIII (novembre 1804). Un modèle de manteau en velours pourpre, 800 fr. — Broderie du manteau impérial, façon et agrafes, 16,000 fr. — Un bas de robe de cour en velours blanc, brodé en or, 7,000 fr. — La robe du sacre, en satin blanc, richement brodée et garnie de franges, 10,000 fr. — Une chéruse de blonde chenillée, 240 fr. — Un bas de robe de cour, en velours, brodée en volubilis en argent, à robe de dessous en tulle d'argent et satin, richement brodée, 12,000 fr. — Un bas de robe de cour en velours rose et la robe de dessous en tulle d'argent et satin, très [richement brodés, 12,000 fr. — Un autre bas de robe de cour en velours blanc brodé en bouquets de violettes, la bordure brodée en or, parsemée d'émeraudes et garnie de franges, la robe de dessous en tulle d'or, très richement brodé, 12,000 fr., etc. La facture, de 74,346 fr., est réduite à 60.000 fr. (*Arch. nat.* O²35.)

Cette réduction considérable n'est pas le fait d'un caprice de l'Empereur ; toutes les factures le concernant étaient expertisées par des personnes entendues, et qui se trouvaient exposées elles-mêmes à subir l'expertise, quand elles travaillaient pour le souverain.

V

Passons aux autres fournisseurs.

Mme Vve TOULET, fourreur. — Pour la fourrure du manteau de l'Empereur, 18,220 fr. et pour celle du manteau de l'Impératrice, 12,460 fr. — Mme TOULET subit une réduction de 3,000 fr. et touche net 27,680 fr.

Mlle FOURNET, brodeuse. — Une paire de gants blancs et une paire de bas de soie blancs, brodés en or, 94 fr. (*Arch. nat.* O²35.)

VACHER, marchand d'étoffes de soie de Leurs Majestés. — Pour le costume du couronnement, satin blanc, velours blanc, velours cramoisi, pourpre de Tyr, etc., 2,515 fr. — Pour le manteau de l'Impératrice, 22 m. 60 de velours pourpre de Tyr, 614 fr. (*Arch. nat.* O²35.)

Mlles LOLIVE, DE BEUVRY, ET Cie, lingères de l'Empereur et de l'Impératrice. — Deux ajustements composés chacun de deux paires de cravates, une paire de manchettes et d'un col en point de réseau superfin et à dents de loup, 4,000 fr. — Broderie en finition, en or, de deux paires de gants à 33 fr. et de deux paires de bas de soie, à 120 fr. la paire. — Trois napperons en batiste brodée tout autour avec des aigles, couronnes et écussons aux quatre coins, le tout en lames et finition d'or, pour porter les ornements impériaux, 2,400 fr. etc. Total, 7,782 fr. (*Arch. nat.* O²35.)

CHEVALIER, tailleur particulier de l'Empereur. — Façon du grand manteau, 600 fr. — Façon du petit manteau, 500 fr. — Façon de l'habit, vestes et culottes, 300 fr. — Fournitures diverses, 600 fr. — Pour avoir été occupé deux mois entiers à des courses pour les différents patrons d'habits et manteaux, tant chez M. Denon que chez M. Isabey et autres; fourni à M. Isabey un habit pour servir de modèle, à M. Denon un pantalon à pied, et frais de voitures, 1000 fr. (*Arch. nat.* O²35.)

Chevalier fournit aussi pour Roustan, le mameluck de l'Empereur un superbe costume grec de 5,800 fr. La broderie seule du gilet de drap rouge coûtait 4,000 fr.

Picot, brodeur de l'Empereur et de l'Impératrice, rue Saint-Thomas-du-Louvre. — Le grand manteau impérial, velours pourpre, brodé d'or et semé d'abeilles, 15,000 fr. — Le manteau du petit costume, en velours pourpre, à revers de satin blanc brodés d'or, 10,000 fr. — L'habit de velours pourpre, brodé sur toutes les tailles, la veste de velours blanc et les jarretières brodées, 3,500 fr. — La ceinture, la ganse et bouton, le baudrier de velours brodé d'or et une seconde paire de jarretières : 1,200 fr. — Total : 29,070 fr., réduit à 26,000 fr.

« Vu, ordonné et approuvé sur le fonds de 650,000 fr. que le décret impérial du 28 brumaire dernier met à notre disposition pour les costumes de Leurs Majestés et des officiers de la couronne. Le grand chambellan : Charles Maurice (Talleyrand). »

Deuxième facture de Picot. — Une bourse à jetons, brodée, 160 fr. — Quatre coussins pour les honneurs, 460 fr. — Façon du tapissier, 695 fr.

Troisième facture de Picot. — Un habit de pou-de-soie pourpre, brodé sur toutes les tailles, la veste, les jarretières et les boutons, 3,500 fr. — Un ceinturon de velours blanc, 600 fr. — Une seconde veste et une seconde paire de jarretières, 480 fr., etc. — Picot fournissait aussi des croix de la Légion d'honneur ; nous le voyons livrer quinze croix, dont deux pour le manteau ; ces dernières coûtaient 144 fr. l'une, au lieu de 72 fr. — Le mémoire de 5,876 fr. est considéré comme trop élevé et réduit à 5,000 fr. (*Arch. nat.* O²33.)

Poupart, chapelier particulier de l'Empereur. — Deux chapeaux à plumes, dont un brodé d'or, 1,020 fr.

Panier, bonnetier. — Deux paires de bas de soie blancs, brodés en or, pour l'Empereur, 144 fr.

Gobert, passementier. — Garniture du grand manteau et des souliers, tresses, torsades, boutons, glands, franges, rubans, en or ou blanc et or, 1,547 fr.

Etienne, ceinturier. — Un baudrier, de style antique, avec ses garnitures, d'après les dessins d'Isabey, 1,516 fr.

Jacques, bottier particulier de l'Empereur. — Une paire de souliers en velours blanc, brodé en or mat, d'après les dessins d'Isabey, 400 fr.

Un autre habile bottier, Berger, qui se qualifie « cordonnier de l'Académie impériale de musique » présente, aussi son mémoire : une paire de demi-brodequins de satin blanc, brodés en or, 600 fr.; une paire pour modèle, 150 fr. — Ces chaussures doivent être celles de Joséphine. (*Arch. nat.* O^{2}35.)

Gobert, joaillier. — Un vase d'argent doré, 1,010 fr.

Auguste, orfèvre. — Deux pains d'argent doré, 1,010 fr. (*Arch. nat.* O^{2}35.)

La tiare, enrichie de rubis, d'émeraudes, de saphirs d'Orient, de perles et de diamants, sortait aussi des ateliers du célèbre orfèvre-sculpteur Auguste. Elle offrait trois bas-reliefs en or, représentant le Concordat, le rétablissement du culte catholique et le sacre de Napoléon, par Pie VII. Le tout monté en or, sur fond de velours blanc, accompagné de bandelettes semées de pierres précieuses, semblables aux précédentes. (*Arch. nat.* O^{2}41.)

Marguerite, joaillier de la Couronne et de Leurs Majestés impériales, rue Saint-Honoré. Pour diverses fournitures dont les deux plus importantes sont : une ganse de chapeau, ornée de vingt-six diamants et le grand Ordre de la Légion d'honneur garni de brillants, 400,000 fr. (*Arch. nat.* O^{2}35.)

Il nous faut ajouter douze bagues enrichies de brillants cotées 79,627 fr. pour le service d'honneur et les domestiques du Saint-Père. Somme payée sur le budget ouvert relativement à ce service et fixé à 150,000 fr. (*Arch. nat.* O^{2}204.)

Biennais, orfèvre de l'Empereur, tenait « fabrique de bijouterie et d'orfèvrerie ainsi que tous les ordres français et étrangers, à Paris, rue Saint-Honoré, n° 283, *Au Singe violet* ». Son mémoire pour objets fournis lors du sacre et du couronnement s'élève à 36,342 fr.

Une couronne de feuilles de laurier, 8,000 fr. — La boîte pour la mettre, 1,350 fr. — Le sceptre, en vermeil, orné d'un aigle tenant les foudres, 3,500 fr. — La Main de Justice, en ivoire et vermeil, 2,800 fr. La boule du Monde, en vermeil, 1,350 fr. — La boîte pour renfermer les trois pièces, 400 fr. — Le collier du grand Ordre, 5,000 fr. — La ganse du chapeau de S. M. en or ciselé, 290 fr. — Masses en vermeil, des huissiers, 2,400 fr. — Huit épées, à 150 fr., pour les valets de chambre. — Deux plats ronds, en vermeil, pour offrande, 930 fr., etc. — Voici encore de Biennais, un glaive à deux tranchants, dont la poignée en or massif, est décorée de branches de myrthes et de lauriers, 7,000 fr. — La boîte, 192 fr. (*Arch. nat.* O²35.)

Cette fourniture de Biennais, pour le service de l'Empereur, ne tarde pas à être suivie d'une autre, plus importante, s'élevant à 62,146 fr. Nous y remarquons :

Un sabre en or, à la mameluck (donné au roi de Hollande), 14,500 fr. — Une paire de boucles de souliers en or, 563 fr. — Une épée, en or, avec deux fourreaux et une boîte, 6,690 fr. — Six garnitures de ceinturons, en or, 1,268 fr. — Un glaive pour le roi de Bavière, 7,000 fr. — Agrafes d'or, pour capotes, 420 fr. — Une épée, en or, 6,690 fr. — Un fourreau d'écaille, 450 fr. — Un nécessaire, 6,500 fr. — Une boucle de ceinturon en or, 230 fr. — Diverses croix de la Légion d'honneur, couronne de fer, cordons, etc., 2,964 fr. — Boîtes de fiches, jeux d'échecs, de dames, de loto, etc., 7,793 fr. — Diverses clés de chambellan, avec nœuds en soie et glands d'or, 1,536 fr. (*Arch. nat.* O²30.)

Dany, marchand orfèvre, successeur de Fortin et Balduc. — Vingt-neuf tabatières d'or, dont vingt-cinq à chiffre et quatre avec le portrait de l'Empereur « en petit costume » (du sacre), 17,943 fr. (sans compter les 2,000 fr. payés directement aux peintres, pour les quatre portraits).

Une autre importante fourniture de tabatières faite par Dany ou plus probablement par Marguerite, se monte au prix de 91,841 fr. Ce sont d'abord six boîtes d'or émaillé, avec portrait entouré de brillants dont les prix varient depuis 5,253 fr. jusqu'à 14,368 fr. — Six boîtes à chiffre, en diamants, de 4,202 fr. à 6,587 fr. — Douze boîtes d'or, de forme carré long, dont six avec un N seul, et six avec les lettres N. B. (Napoléon Bonaparte). Les prix de ces tabatières vont de 1,069 fr. à 1,121 fr. (*Arch. nat.* O²204.)

Coiffier, marchand de couleurs et de papiers. — Le Serment, écrit en lettres d'or sur vélin, dans un portefeuille de maroquin violet, doré et garni de satin, brodé en or fin. Le tout renfermé dans un second portefeuille couvert en papier vert, pour servir d'enveloppe, 329 fr. (*Arch. nat.* O²35.)

VI

Les toilettes du sacre nécessitèrent des dépenses considérables pour lesquelles l'Empereur accorda de nombreuses indemnités : Mme de la

Rochefoucauld, dame d'honneur ; Mme DE LA VALETTE, dame d'atours, Mmes DE LUÇAY, DE RÉMUSAT, DE TALHOUET, DE LAURISTON, la maréchale NEY, DARBERG, DUCHATEL, DE SÉRAN, DE COLBERT, SAVARY, reçurent chacune 10,000 fr.

Les grands officiers furent encore mieux traités ; leur indemnité personnelle s'élevait à 15,000 fr. C'étaient M. DE TALLEYRAND, grand chambellan ; le général DUROC, grand maréchal ; le général DE CAULAINCOURT, grand écuyer ; le maréchal BERTHIER, grand veneur ; le comte DE SÉGUR, grand maître des cérémonies.

Officiers civils : M. DE RÉMUSAT, premier chambellan de l'Empereur ; le général DE NANSOUTY, premier chambellan de l'Impératrice ; DE LUÇAY, premier préfet ; D'HARVILLE, premier écuyer de l'Impératrice ; DE SALINATORIS et DE CRAMAYEL, maîtres des cérémonies ; DE FLEURIEU, intendant général ; ESTÈVE, trésorier de la couronne, chacun 10,000 fr.

Officiers de la maison : MM. AUGUSTE DE TALLEYRAND, D'ARBERG, DE BRIGNODE, DE LA TURBIE, DE VIRI, chambellans ; DE BEAUMONT, D'AUBUSSON, chambellans de l'Impératrice ; DU PROSNEL, LEFEBVRE, VATHIER, DE FRANCE, écuyers cavalcadours, et FOULON, écuyer cavalcadour de l'Impératrice, chacun 5,000 fr.

DE THIARD, chambellan de l'Empereur ; BONARDY DE SAINT-SULPICE, écuyer cavalcadour ; GARDANNE, gouverneur des pages ; D'HANNENCOURT, capitaine des chasses, chacun 5,000 fr. — MM. AIGNAN et DARGAINARATZ, aides des cérémonies, chacun 3,000 fr. Total des indemnités pour frais d'habillement : 361,000 fr. (*Arch. nat.* O²35.)

VII

Un budget de cent mille francs ayant été fixé pour les médailles frappées à l'occasion du sacre, le directeur général des monnaies soumit à l'Empereur la répartition suivante :

Deux cents médailles d'or de la valeur intrinsèque de 175 fr., revenant à 19,147 fr. 50. — Deux cents médailles d'or, de la valeur intrinsèque de 85 fr., 18,630 fr. — Deux cent cinquante médailles d'or, valant, façon comprise, 9,000 fr. — Quatre cent cinquante médailles d'or, de la valeur de 6 fr. 95, revenant à 3,600 fr.

Mille médailles d'argent, de la valeur intrinsèque de 7 fr. 25, revenant à 8,910 fr. — Quinze cents médailles d'argent de 3 fr. 25, revenant à 6,480 fr. — Quinze cents médailles d'argent de 2 fr. 50, façon comprise, 3,750 fr. — Soixante-quinze mille médailles de 0 fr. 40 30,000 fr.

Cinq mille grandes médailles de bronze, à raison de 150 fr. le cent au lieu de 300 fr., prix de la vente publique, 7,750 fr. — Total pour les quatre-vingt-cinq mille médailles : 107,267 fr. 50.

L'Empereur qui, dès le début de son règne, apportait le plus grand ordre dans la gestion des budgets de l'Etat et de sa liste civile, fit reviser le projet avec ordre de s'en tenir au chiffre fixé par lui. En conséquence, il fut retranché six mille deux cents médailles d'argent, savoir : deux cents, de la première dimension, 1,782 fr. — Cinq cents, de la seconde, 2,160 fr. — Cinq cents de la troisième, 1,250 fr. — Cinq mille de la quatrième, 2,000 fr. et cinquante médailles de cuivre, environ 75 fr. 50. Soit, 7,267 fr. 50. (*Arch. nat.* O^{2}34).

De la sorte, le chiffre de cent mille francs ne fut pas dépassé.

VIII

Livre du Sacre et du Couronnement. — En 1808, un crédit de cent mille francs est accordé au grand maître des cérémonies pour faire exécuter le *Livre du Sacre* dont les planches devaient représenter les principales scènes de ce grand événement.

C'est sur les dessins et sous la direction d'Isabey, de Fontaine et de Percier, que fut entrepris cet important travail. Le paiement se fit par acomptes et nous nous demandons si l'ouvrage fut terminé, car, en 1814, on payait le neuvième acompte de 2,400 fr. (*Arch. nat.* O^{2}137.)

LIVRE PREMIER

L'IMPÉRATRICE JOSÉPHINE

I

Joséphine, la première femme de Napoléon, était la bonté même. A l'exception de ses beaux-frères et belles-sœurs qui lui étaient hostiles, elle avait acquis tous les cœurs. Son souvenir sera toujours cher aux Français. Le côté faible de Joséphine était son manque d'ordre absolu, ce qui lui valait parfois des scènes très vives qui la faisaient pleurer. La scène passée, elle oubliait l'orage et contractait de nouvelles dettes dont elle n'osait avouer que la moitié. En somme, ces prodigalités n'étaient rien si on les compare à celles des maîtresses royales.

Suivant Mme de Rémusat, « l'impératrice Joséphine avait 600,000 fr. pour sa dépense personnelle. Cette somme était loin de lui suffire ; elle faisait annuellement beaucoup de dettes. On lui passait 120,000 fr. pour ses aumônes ». (*Mémoires*.)

Nos renseignements ne s'accordent pas avec ceux de Mme de Rémusat. Son chiffre s'élève à 720,000 fr. et le nôtre, tiré des papiers officiels, s'arrête à 560,000 fr. tout compris, dépense personnelle et cassette.

Le budget arrêté par l'Empereur, pour l'année 1808, mettait à la disposition de M. Legrand, chambellan, un fonds de 120,000 fr. pour les dépenses de la cassette de l'Impératrice.

Pendant les mois d'avril, mai, juin et juillet, nous constatons une augmentation de 20,000 fr. par mois, ce qui porte ce compte à 200,000 fr.

IV

La bouquetière de l'Impératrice se nommait Mme BERNARD, elle composait de délicieux bouquets qui lui avaient attiré la clientèle de tout Paris élégant.

La duchesse d'Abrantès en fait l'éloge dans ses *Mémoires*. Voici ce qu'elle dit en parlant de l'époque où Junot, son futur époux, lui faisait la cour (an IX) :

« Le général Junot courait toute la matinée, puis venait à l'heure du dîner ayant sa voiture ou son cabriolet rempli de dessins, d'échantillons et d'une foule de bagatelles du magasin de Sikes ou du Petit-Dunkerque, pour ma mère et pour moi ; et n'oubliant surtout jamais le bouquet qu'il n'a pas cessé un seul jour de m'apporter depuis celui où je lui fus accordé jusqu'à celui du mariage.

« C'était Mme BERNARD, la fameuse bouquetière de l'Opéra, qui montait ces bouquets avec un art admirable dans lequel on a bien pu lui succéder, mais qu'elle a la gloire d'avoir fondé. »

Mme BERNARD était aussi bouquetière en titre de l'Empereur. Une ordonnance de paiement, datée de Berlin, 28 mars 1808, lui accorde la somme de 600 fr. pour avoir fourni tous les jours, pendant l'année 1807, « un bouquet au cabinet secret de Sa Majesté ». L'ordonnance de paiement, signée DARU, est datée de Berlin, 28 mars 1808. (*Arch. nat.* O²35.)

A l'année 1810, nous trouvons un renseignement plus complet sur les obligations de Mme BERNARD en échange de son abonnement de 600 fr. — Elle devait livrer chaque jour un bouquet pour l'appartement de l'Empereur « tant aux châteaux impériaux de Paris, Compiègne et Saint-Cloud qu'autres à proximité, où il est possible d'envoyer ». O²35.)

Quelques fournitures en dehors de l'abonnement méritent d'être citées. Mars 1810. — Deux gros bouquets et des fleurs coupées pour mettre dans des vases (appartements du Palais de Compiègne, 114 fr.). Un bouquet de roses, 12 fr. — Un bouquet de mariée, à Saint-Cloud, 12 fr. — Un bouquet de mariée, aux Tuileries, 12 fr. — Un bouquet de couleurs, aux Tuileries, 6 fr. (*Arch. nat.* O² 33.) Bien d'autres livraisons supplémentaires durent être faites par la très habile bouquetière.

V

Le 14 janvier 1806, Joséphine eut le bonheur de voir son fils le prince Eugène, vice-roi d'Italie, épouser la princesse Auguste, fille du roi de Bavière. Ce mariage, imposé par la politique et enlevé avec la promptitude des mouvements stratégiques de Napoléon, fut cependant des plus heureux.

L'Empereur écrivait de Munich au prince Eugène, le 31 décembre 1805 : « Mon cousin, je suis arrivé à Munich, j'ai arrangé votre mariage avec la princesse Auguste. Il a été publié. Ce matin, cette princesse m'a fait une visite et je l'ai entretenue fort longtemps. Elle est très jolie. Vous trouverez ci-joint, son portrait sur une tasse, mais elle est beaucoup mieux... » (*Correspondance de Napoléon Ier*, t. X, p. 633.)

Eugène partit bientôt pour Munich et fit la connaissance de sa fiancée quelques jours seulement avant la célébration du mariage.

VI

Nous ne trouvons pas aux *Archives* la mention des présents faits par l'Empereur à cette occasion. Et cependant, il dut en faire de très beaux ; ce mariage lui plaisait et il eut toujours pour la princesse Auguste une tendre affection.

Dans les premiers mois de l'année suivante, la princesse étant accouchée d'une fille. Napoléon ordonna de faire inscrire l'acte de naissance de l'enfant sur les registres de la famille impériale, puis il écrivit à Eugène :

« Finkenstein, 13 avril 1807. Mon fils, je reçois avec plaisir votre lettre du 17 mars, par laquelle vous m'instruisez que la princesse se porte bien. Il ne faut pas se presser de faire le baptême de l'enfant. Faites-moi connaître comment vous avez arrangé tout cela... Auguste est-elle fâchée de ne pas avoir eu un garçon ? Dites-lui que lorsqu'on commence par une fille l'on a au moins douze enfants. » (*Correspondance de Napoléon Ier*, t. XV, p. 85.)

Joséphine commande à Mlles Lolive et de Beuvry, les célèbres lingères, une layette complète pour la princesse Eugène Napoléon, et la fit parvenir à Milan. Cette ravissante layette, ornée de rubans de soie et de précieuses dentelles, coûtait 23,412 fr. (*Arch. nat.* O²30.)

VII

Etat des dames d'honneur, d'atours et du palais, attachées à Sa Majesté l'Impératrice Joséphine, en 1807.

Mme de LA ROCHEFOUCAULD, dame d'honneur, 40,000 fr. par an. — Mme DE LAVALETTE, dame d'atours, 30,000 fr. — Vingt-quatre dames du palais ayant chacune 12,000 fr. Ce sont Mmes DE TALHOUET, LAURISTON, DE RÉMUSAT, COLBERT, DUCHATEL, SAVARY, la maréchale NEY, OCTAVE DE SÉGUR, DEVAUX, DE MONTALIVET, DE TURENNE, DE BOUILLÉ, MARESCOT, DE PERRONÉ, DE SOLAR, DE LASCARIS, VINTIMIGLIA, DE BRIGNOLE, DE GENTILE, DE CANISI, DE CHEVREUSE, MARET, VICTOR DE MORTEMART, DE MONTMORENCY-MATIGNON. Mme D'ARBERG, dame du palais, est inscrite seule, pour 6,000 fr. (*Arch. nat.*)

Les deux premières femmes de chambre de Joséphine, Mmes SAINT-HILAIRE et BASSAN touchaient, chacune, 6,000 fr. — Mmes LONGROY, SAUSTRASS et DUCRAY, dames d'annonce, chacune 3,600 fr. — Mlle MARCHERY, 3,000 fr. — Mme MALLET, garde d'atours, 2,200 fr. — Trois femmes de garde-robe, 1,200 fr. chacune, et deux filles de garde-robe 700 fr.

MM. FRÈRE et DOUVILLE, premiers valets de chambre, chacun 3,000 fr. — Six valets de chambre ordinaires, DOUVILLE, ESCOUBÉ, LEGRAND, DEBRAY, HUBERT et HERBAULT, chacun 1,500 fr. (*Arch. nat.* O²47.)

En 1804, M. D'HARVILLE, sénateur, remplissait les fonctions de chevalier d'honneur de l'impératrice Joséphine, aux appointements de 30,000 fr. Mlle LACOUR et Mme BRENTANO GAZZANB figurent comme lectrice à 500 fr. par mois (*Arch. nat.* O²45.)

VIII

1806. — Quand Napoléon quitta Saint-Cloud, dans la nuit du 24 au 25 septembre 1806, pour aller livrer la bataille d'Iéna, Joséphine obtint à force de prières, d'accompagner l'Empereur jusqu'à Mayence.

Elle ne put aller plus loin, et c'est dans cette ville qu'elle apprit les brillants succès des armées françaises.

L'Impératrice eût occasion d'avoir pour 40,420 fr. de bijoux tant à Francfort, où elle resta peu de temps, qu'à Mayence où elle fit un plus long séjour.

Présents de Joséphine. Francfort, décembre 1806. — Au maréchal de la cour, une tabatière carrée, longue, avec un cercle et la lettre J, en brillants, 7,200 fr. — Aux deux chambellans, deux tabatières rondes avec la lettre J, 4,000 fr. — Au colonel de la garde une tabatière de même genre, 2,360 fr. — Au contrôleur, une tabatière en or ciselé, 450 fr.— Au fourrier de la chambre et au conseiller d'économie, un jonc de sept brillants, de 1,200 fr. chacun. — Au décorateur des tables, un jonc de sept brillants, 875 fr. — A S. E. l'Evêque, une opale entourée de brillants, 960 fr. — A Mlle DE LAYEN, une montre en médaillon enrichie de brillants, 3,000 fr. — Au colonel de la garde à cheval, une montre, à cadran d'or, avec cordon en perles, clé cornalise brûlée et perles, 1,176 fr. — A deux valets de chambre, deux montres à répétition, avec chaîne de mosaïques, 580 fr. et 550 fr. — A l'inspecteur des postes, une boîte d'or, 470 fr.

Mayence, 13 janvier 1887. — Aux six maréchaux des logis, six montres à répétition, avec chaînes, clés, cachets, le tout en or, 3,600 fr. — Aux deux princes de la Lipp, deux petits ornements de col, avec chaînes d'or, cercles en perles et peintures d'émail, 640 fr. — A S. E. l'Evêque de Mayence, une tabatière ovale, en or émaillé, avec le chiffre de Sa Majesté en brillants (J), 3,000 fr. — Au médecin Wiesbaden, une tabatière carrée, longue, avec le chiffre (J) en brillants, 2,100 fr. — Au maire de Mayence, une boîte de même genre, 2,200 fr. — A la princesse Hohenzollern, une parure en mosaïque, fond turquoise, montée en or, 860 fr. (*Arch. nat.* O^e 30.)

IX

1808. — Lors du mariage de Mlle Tascher de la Pagerie, avec le prince régnant, duc d'Aremberg, l'Empereur offrit à sa jeune protégée une parure complète en émeraudes et brillants, composée d'un bandeau, d'un collier, d'une paire de boucles d'oreilles et d'un peigne. Cette belle parure, livrée par NITOT ET FILS, coûtait 51,465 fr. (*Arch. nat.* O^{2}31.)

L'Empereur donna en outre un trousseau de 40,000 fr., réparti entre les fournisseurs suivants : Mlles Lolive, de Beuvry et Cie, pour objets de lingerie, 25,000 fr. — M. Lenormand, pour cinq robes lamées or ou argent, ou brodées en perles, 7,500 fr. — Mlle Germond, pour fournitures de satins, fleurs, rubans, façons, 1,598 fr. — Mlle Jolimay, pour trois cachemires, etc., 5,275 fr. — M. Patin, bonnetier de l'Impératrice, pour bas et divers autres objets de bonneterie, 627 fr. (O²31.)

L'achat de ce trousseau mérite quelques explications. Le grand marchand de modes, Leroy, très mécontent de la réduction considérable qu'il avait subie précédemment, refusa de vendre plutôt que d'être soumis à une expertise. On sait que l'Empereur n'admettait pas les exigences de Leroy ; le temps pressait et le grand maréchal du palais, Duroc, chargea M. Desmaisons de visiter les maisons renommées pour terminer au plus vite l'achat des robes de noce.

M. Desmaisons, dans sa lettre au grand maréchal, du 30 janvier 1808, va nous expliquer lui-même comment il s'acquitta de sa mission.

« Je me suis occupé tout le jour de l'exécution des mesures que Votre Excellence m'a indiquées ; j'ai vu M. Leroy, il m'a décidément refusé de permettre aucune expertise ou contrôle et il m'a déclaré positivement qu'à de pareilles conditions il ne voulait pas fournir.

« En raison de l'urgence des circonstances, j'ai couru chez les marchands à réputation. Chez M. Lenormand, j'ai trouvé une superbe grande robe brodée à lames d'argent, propre à la cérémonie du mariage, dont j'ai arrêté les prix à 4,500 fr. — Une robe courte sur tulle, en lames d'argent et à losanges, montant à 1,200 fr. — Une robe de satin blanc, brodée en perles, montant à 600 fr. Total : 6,300 fr.

« Ainsi les trois robes, satin, garnitures et façons comprises n'iront pas à 7,000 fr.

« Après avoir arrêté ces mesures, j'ai fait voir les robes à Mme Germond qui les a trouvées belles, peu chères et convenables.

« Aussitôt j'ai prié M. Tibon, chef directeur de la Banque, de me donner des experts, et ces experts ont trouvé le prix de ces robes très modéré. Je les compare avec les robes proposées par M. Leroy. Ses robes montant à 9,474 fr., il y a donc une économie de plus de 2,400 fr., sur ces trois robes, encore que celles achetées par moi soient plus belles et plus élégantes.. » (*Arch. nat.* O²31.)

Les prix raisonnables de Lenormand permirent d'acheter deux robes de plus sans dépasser le budget fixé par l'Empereur.

X

Joséphine était un peu jalouse et ce n'était pas toujours sans raison. Ayant manifesté ses craintes à l'Empereur, celui-ci lui répondit de Finkenstein, le 10 mai 1807. « Je reçois ta lettre ! Je ne sais ce que tu me dis des dames en correspondance avec moi. Je n'aime que ma petite Joséphine, bonne, boudeuse et capricieuse qui sait faire une querelle avec grâce, comme tout ce qu'elle fait, car elle est toujours aimable, hors cependant quand elle est jalouse, alors elle devient toute diablesse. Mais revenons à ces dames. Si je devais m'occuper de quelqu'une d'entre elles, je t'assure que je voudrais qu'elles fussent de jolis boutons de rose. Celles dont tu me parles sont-elles dans ce cas ?

« Je désire que tu ne dînes jamais qu'avec des personnes qui ont dîné avec moi ; que ta liste soit la même pour tes cercles ; que tu n'admettes jamais à la Malmaison, dans ton intimité, des ambassadeurs étrangers et des étrangers. Si tu faisais différemment tu me déplairais ; enfin ne te laisse pas trop circonvenir par des personnes que je ne connais pas et qui ne viendraient pas chez toi si j'y étais. Adieu mon amie ; tout à toi. Napoléon. » (*Corresp. de Napoléon Ier*, t. XV, p. 260.)

Tout porte à croire que Joséphine se conforma aux prescriptions de l'Empereur, qui continua de son côté à lui écrire tendrement et à la combler de bijoux.

En voici la preuve.

« A l'Impératrice Joséphine, Erfurt, 9 octobre 1808.

« Je vois avec plaisir que tu te portes bien. Je viens de chasser sur le champ de bataille d'Iéna. Nous avons déjeuné à l'endroit où j'avais passé la nuit au bivouac.

« J'ai assisté au bal de Weimar. L'empereur Alexandre danse, mais moi non ; quarante ans sont quarante ans. Ma santé est bonne au fond, malgré quelques petits maux.

« Adieu mon amie. Tout à toi. J'espère te voir bientôt.

« Napoléon. »

Quelques mois après, le 10 mai 1809. Napoléon donnait à Joséphine une parure en rubis d'Orient et brillants composée ainsi : un diadème,

18,709 fr., un collier, 8,334 fr., un peigne, 4,982 fr., une plaque de ceinture, 3,003 fr., une paire de boucles d'oreilles et pendeloques, 9,256 fr., un bracelet, 9,060 fr. le tout dans un écrin de 96 fr. En plus, un bouquet formant guirlande, à volonté, 47,497 fr. *Total :* 100,937 fr.

XI

Après son divorce prononcé le 16 décembre 1809, Joséphine se retira à la Malmaison et conserva son titre d'Impératrice. Les uns ont avancé que Napoléon lui fit alors deux millions de revenu, les autres ont dit trois millions. Nous ignorons où ces chiffres ont été pris. Nous nous contenterons de citer un document officiel portant la même date du 16 décembre 1809 et déclarant sans autres détails que l'Empereur accorde à l'Impératrice Joséphine, un supplément de douaire d'un million. (*Arch. nat.* O²34.)

LIVRE II

NAPOLÉON ET SA COUR

CHAPITRE PREMIER

LES COSTUMES DE NAPOLÉON. — LA REDINGOTE GRISE

I

Napoléon était le plus souvent en tenue militaire. Dans la semaine, il portait le costume des chasseurs à cheval de la garde, habit vert doublé de drap écarlate, avec collet, retroussis et passe-poils de même couleur. Le dimanche et les jours de réception, il endossait l'uniforme des grenadiers à pied de la garde, habit bleu à revers blanc. Le prix de ces habits variait de 200 à 240 fr. auxquels il faut ajouter 148 fr. pour la paire d'épaulettes (celles de colonel) et 62 fr. pour la plaque de la Légion d'honneur, fournis par le tailleur. Plus tard, en 1815, LEJEUNE exécuta les mêmes costumes complets, pour 330 et 350 fr.

Le pantalon et la veste de casimir blanc coûtaient ensemble 95 fr.; la culotte et la veste en valaient 85.

Avec la plaque de la Légion d'honneur jointe au costume, Napoléon portait les décorations de la Légion d'honneur et de la couronne de fer et le grand cordon passé sous l'habit.

Il arrivait à l'Empereur de donner ses propres décorations; CHEVALIER, dans son Mémoire du quatrième trimestre de 1808, réclame 310 fr., prix de cinq plaques de la Légion d'honneur « que Sa Majesté avait ôtées de ses habits pour en disposer à son gré ».

L'Empereur, nous l'avons dit, avait beaucoup d'ordre, non seulement dans les affaires de l'Etat, mais encore dans les siennes propres. Il gardait ses vêtements aussi longtemps qu'il pouvait le faire décemment et les faisait réparer pour en prolonger l'usage. C'est ainsi que dans le premier trimestre de 1808, il donne à réparer vingt-sept culottes et pantalons de casimir blanc et fait mettre des revers à quatorze habits de la garde, comme on le verra plus loin.

Napoléon se trouvait souvent gêné dans ses vêtements et le fait de les donner à réparer était, peut-être, moins dicté par l'économie que par l'ennui de s'en séparer au moment où il s'y trouvait le plus à l'aise.

Lors de son mariage avec Marie-Louise, pressé par sa sœur, la princesse Pauline, dont le bon goût faisait autorité, il se fit faire par Léger, tailleur à la mode, un habit de fantaisie orné de broderies, mais il ne le mit qu'une fois et reprit bien vite son habit bleu, à revers blanc, des jours de fête et de réception.

Malgré ses préférences, Napoléon n'a pas toujours exclusivement porté le costume militaire ; ainsi, dans sa garde-robe, celle de son tailleur Chevalier, nous pouvons citer, sans parler de ses vêtements de chasse à tir et à courre :

An XIII. Un habit lilas, croisé, à boutons plaqués. — Un habit de pou-de-soie pourpre, brodé — 1808. Un habit de velours de soie amarante brodé. Un habit de soie, brodé. Nous trouvons aussi, en 1809, un ample manteau de drap bleu, dans le genre de celui qu'il portait à Marengo.

Napoléon faisait usage de robes de chambre en piqué, doublées en molleton de coton, dont Chevalier demandait 200 fr. ; plus tard, en 1815, Lejeune les fournissait pour 175 fr.

A la chasse, l'Empereur ne conservait pas son costume militaire. Nous trouvons sur un mémoire de Chevalier la livraison d'un habit de chasse, orné d'un galon or et argent, coté 580 fr. C'était bien certainement l'habit de chasse à courre ; il suffit, pour n'en pas douter, de remarquer cette autre fourniture faite longtemps après par Lejeune, en 1815 : « Un habit de chasse à tir, 200 fr. »

L'Empereur se fit faire, par Lejeune, deux habits de garde national : l'un en janvier 1814 ; l'autre en 1815 au retour de l'île d'Elbe. Il n'eut guère le temps de les porter.

II

La redingote grise équivalait à la capote des officiers de nos jours. L'Empereur ne la mettait que par les temps froids ou pluvieux. Les entournures en étaient fort larges parce qu'il gardait toujours ses épaulettes.

Chevalier, tailleur de l'Empereur, faisait payer la fameuse redingote 190 fr. Nous trouvons dans son mémoire du troisième trimestre de 1808 : « Trois redingotes de drap gris, à 190 fr., 570 fr. » En 1815, au retour de l'île d'Elbe, Lejeune ne les vendait plus que 160 fr.

Dans ce même mémoire, nous remarquons la fourniture de « deux aunes et demie de croisé pour redoubler une ancienne redingote grise ». Le prix marqué est de 22 fr., y compris la façon.

III

Qu'il nous soit permis de placer ici le résumé d'un long mémoire de Chevalier, dont les premières livraisons remontent au commencement de l'an XIII. Pour les mois de vendémiaire (octobre), brumaire (novembre), frimaire (décembre), nivôse (janvier) et pluviose (février), nous trouvons :

Soixante-six vestes et soixante-six culottes de casimir blanc, à 90 fr. la veste et la culotte. — Elargi et réparé plusieurs habits de la garde. — Fourni une redingote grise, en drap de Louviers, 200 fr. — Une culotte de velours brodé, 120 fr. — Quatre gilets de soie, ouatés, 192 fr. — Vingt-quatre caleçons de toile, 480 fr. — Trois habits de la garde, doublés d'écarlate, à 250 fr. et trois paires d'épaulettes fortes à 150 fr. la paire. — Vingt-quatre caleçons, à 20 fr. — Remis des boutons à l'aigle, à un habit de général en chef, etc.

Germinal (avril). *Pour le départ d'Italie.* — Un habit de chasse galonné, 550 fr. — Un surtout de chasse, 200 fr. — Un habit brun croisé, à boutons plaqués, 190 fr. — Un habit gris lilas, croisé, à boutons plaqués, 190 fr. — Un habit de la garde, avec ses épaulettes fortes, 400 fr. — Façon d'un habit de pou-de-soie pourpre, brodé, 50 fr. — Vingt-quatre caleçons à 20 fr. — Douze gilets de flanelle à 30 fr. — Trente vestes et trente culottes de casimir blanc, à 90 fr.

— Quatorze crachats à 60 fr. chaque. — Quatre culottes de drap de soie blanc.

Envoi à Milan. — Soixante-douze vestes et soixante-douze culottes à 70 et à 90 fr. (veste et culotte). — Six pantalons et six vestes à 100 fr. (les deux pièces). — Un habit vert de chasseur de la garde, avec les épaulettes et le crachat à aigle d'argent massif (de 70 fr.), 470 fr.

Thermidor (août). *Pour le départ de Boulogne.* — Neuf habits verts, de chasseur à cheval, à 210 fr. ; la paire d'épaulettes 150 fr. et la plaque à l'aigle, 70 fr. — Quatre redingotes de drap gris, à 200 fr. — Elargi les manches de deux robes piquées ; redoublé les manches d'un habit de la garde ; changé les revers et parements d'un autre, etc. Total : 32,167 fr. Réduit, après expertise, à 29,000 fr.

Suite des mémoires de CHEVALIER, tailleur particulier de l'Empereur.

1808. Premier trimestre. — Avoir remis des revers à quatorze habits de la garde, 420 fr. — Un habit de chasse (à courre), galonné or et argent, 580 fr. — Un habit de la garde, doublé de drap écarlate avec des grenades à paillettes et passe-épaulettes, 240 fr. — Une paire d'épaulettes à l'habit, 148 fr. — Une plaque de la Légion d'honneur, 62 fr. — Quatre habits de chasseurs de la garde, 800 fr. — Quatre paires d'épaulettes aux quatre habits, 592 fr. — Quatre plaques de la Légion d'honneur, 248 fr. — Réparations faites à vingt-sept articles, tant culottes que pantalons de casimir, 27 fr. — Fait un changement à seize gilets de flanelle, 16 fr. — Fourni douze pantalons et douze vestes de casimir blanc (à 95 fr. veste et culotte), 1,140 fr. — Douze culottes et douze vestes à 85 fr., 1,020 fr., etc. Total : 5,649 fr. Réglé à 5,600 fr. (*Arch. nat.* O^{a}33.)

1808. Troisième trimestre. — Fourni vingt-quatre culottes et vingt-quatre vestes de casimir blanc, à 85 fr. la veste et la culotte. — Dix-huit pantalons et dix-huit vestes de casimir blanc, à 95 fr. le pantalon et la veste. — Deux habits de la garde, doublés de drap écarlate, passe-épaulettes et grenades à paillettes, à 250 fr. — Deux paires d'épaulettes à 148 fr. — Deux plaques de la Légion d'honneur, à 62 fr. — Fourni deux aunes et demie de croisé, pour redoubler une ancienne redingote grise, y compris la façon, 22 fr. — Remis des jarretières brodées à une culotte de velours, y compris la broderie, 42 fr. — Quatre habits de chasseur de la Garde, à 200 fr. — Cinq paires d'épaulettes, à 148 fr. la paire. — Quatre plaques de la Légion d'honneur, à 62 fr. — Quatre robes de piqué, doublées en molleton de coton, à 200 fr. l'une. — Trois redingotes de drap gris, à 190 fr. — Deux culottes de pou de soie blanc, doublées en toile royale, 108 fr. — Broderie des jarretières et des boutons des deux culottes, 72 fr. — Façons et boutons de six gilets de cachemire, à 60 fr. — Douze gilets de flanelle, à 36 fr. — Neuf aunes de velours gris, pour capote, 378 fr. — Fourni les brandebourgs garnis de trente olives avec bouquet et trente rangs à torsades, 505 fr. — Façon et poches de la capote, 48 fr. — Une plaque de la Légion d'honneur, à ladite capote, 62 fr. — Deux plaques du grand Ordre de Russie, 140 fr. — Une plaque de la Légion d'honneur, pour le manteau, 72 fr. (*Arch. nat.* O²33.)

1808. Quatrième trimestre. — Quatre gilets de taffetas, ouatés, à 54 fr. l'un, 216 fr. — Réparations faites à dix habits, dont les épaulettes avaient été écrasées dans les malles, pendant le voyage de S. M. pour le Congrès [1], 60 fr. Remis et fourni cinq plaques de la Légion d'honneur, pour remplacer celles que S. M. avait ôtées de ses habits, pour en disposer à son gré, 310 fr. — Avoir remis et fourni des boutons de soie à dix culottes et à dix vestes de casimir blanc, 60 fr. — Avoir remis des parements à deux habits de la garde, 60 fr.

Décembre. Fourni dix-huit pantalons et dix-huit vestes, à 95 fr. la veste et le pantalon, 1,160 fr. — Deux caleçons de futaine, 238 fr. — Douze gilets de flanelle, 480 fr. — Deux habits de chasseur (de la Garde), 440 fr. — Des épaulettes aux deux habits, à raison de 148 fr. la paire, et deux plaques de la Légion d'honneur à 62 fr., 320 fr. — Fourni des revers et parements à un habit de la garde, 30 fr. — Façon et toile de quatre caleçons de tricot, 40 fr. — Fourni quatre caisses et toile cirée pour l'envoi en Espagne des effets ci-dessus, 40 fr. Total 3,624 fr.

Il paraît que le budget de 20,000 fr. fixé par l'Empereur lui-même pour sa toilette était épuisé, car cette somme de 3,624 fr. fut payée sur le fonds de 100,000 fr. mis à la disposition du Vice-Grand Electeur, Grand Chambellan « pour dépenses imprévues de toute nature ». Signé, d'une écriture à peine lisible : « Charles Maurice », c'est-à-dire Talleyrand. (*Arch. nat.* O²33.)

Du 23 janvier au 6 mars 1809. — Cinq habits de la Garde. — Cinq *redingotes en drap gris*, à 190 fr. — Six habits de chasseur et quatre habits de la garde. — Un manteau de drap bleu, dans lequel on a

---

[1] Ce que Chevalier appelle le Congrès, c'est l'entrevue d'Erfurt.

employé neuf aunes de Louviers bleu à 80 fr. l'aune, 744 fr. — Vingt-cinq culottes, trente-neuf pantalons et soixante-quatre vestes de casimir blanc. — Six robes de chambre en piqué. Total : 14,785 fr. (*Arch. nat.* O^{2}38.)

Voici une *capote grise* ouatée qui remonte au 28 décembre 1812; elle coûte 753 fr. 50. Chevalier en donne le détail suivant. Deux aunes et demie de drap gris, 55 fr. 125 fr. 50. — Six aunes et demie de levantine, pour la doublure, les poches, etc. 52 fr. — La façon, 20 fr. — La ouate, 10 fr. — Bordure et parements en chinchilla, 548 fr. (*Arch. nat.* O^{2}35.)

Au mois de mars suivant, Chevalier livre pour Constant, premier valet de chambre, pour Hubert, valet de chambre et pour le mameluck Roustan, chacun un carrick de 180 fr. En plus, pour les deux premiers un pantalon de 80 fr. (*Arch. nat.* O^{2}35.)

IV

Le Jeune, tailleur en vogue, travaillait pour Napoléon, vers la fin de l'Empire. Le 6 mars 1812, il livre un habit de chasseur, avec plaque, épaulettes et cor de chasse, au prix convenu de 330 fr.

Mentionnons quelques-unes de ses autres fournitures.

Du 11 janvier au 30 mars 1813. — Deux habits de grenadier, avec plaque, épaulettes et grenades, à 340 fr. — Cinq habits de chasseur, avec plaques, épaulettes et cors de chasse, à 330 fr. — Un habit de chasse, avec plaque, 200 fr. — Trois redingotes grises, à 160 fr. — Une redingote verte, à 180 fr. — Treize robes de chambre, à 130 et 175 fr. la pièce. — Gilets, vestes et culottes, pantalons à pied et autres, etc. Total : 16,100 fr.

19 janvier 1814. — Un habit de garde national, avec plaque et épaulettes, 330 fr.

Avril et mai 1815. — Un habit de garde national, avec plaque et épaulettes, 330 fr. — Deux habits de chasseur, avec plaque et épaulettes, 660 fr. — Un habit de grenadier, *idem*, 350 fr. — Deux *redingotes grises*, à 160 fr. chacune. — Trente-six vestes et trente-six culottes de casimir blanc, à 64 fr. la paire. — Cinq robes de chambre en piqué, à 175 fr., l'une. — Une culotte de casimir noir, 40 fr. — Un gilet de piqué blanc, 36 fr. — Un habit de chasse, 200 fr., etc. Total : 5,764 fr. (*Arch. nat.* O^{2}35.)

V

L'Empereur n'avait pas un goût prononcé pour la chasse, mais il la considérait comme un devoir imposé au chef d'une grande nation ; d'ailleurs, il n'y brillait pas par son habileté. Il ne se donnait pas le temps de viser et tirait trop vite.

Chassant un jour, à Grignon, chez le maréchal Bessières, l'officier des chasses qui accompagnait l'Empereur disait, chaque fois que celui-ci manquait une pièce : « Cuisse pendante, aile cassée, fortement blessée. » Napoléon fatigué de cette flatterie répétée, et peut-être aussi de sa propre maladresse, s'écria : « Aile cassée ! eh bien, allez la chercher. » (Général Ambert. *Cinq épées. Le maréchal Bessières.*)

VI

Au mois de juin 1815, quelques jours avant la bataille de Waterloo, Lejeune faisait encore la fourniture suivante :

« Douze vestes et douze culottes de casimir blanc à 64 fr. la paire, 768 fr. — Un charivari[1] bleu de ciel, 120 fr. — Un charivari amaranthe, 125 fr. — Une *redingote grise*, 160 fr. — Un habit de chasseur avec plaque et épaulettes, 330 fr. — Un pantalon de finette, à pied, 28 fr. — Total : 1,536 fr. »

Ces prix sont moins élevés que ceux de Chevalier et cependant le mémoire fut « modéré à la somme de 1,516 fr. ».

« Vu, ordonné et approuvé sur le fonds de 15,555 fr. pour neuf mois et dix jours que le budget de 1815 met à notre disposition pour la garde-robe de Sa Majesté. 19 juin 1815. Le Grand Chambellan.

« Le comte de Montesquiou. »

L'annotation du comte de Montesquiou est une nouvelle preuve de l'ordre admirable que mettait l'Empereur dans ses affaires. Il réduisait à 15,555 fr. son budget de toilette de 20,000 fr. parce que, rentré à Paris le 20 mars 1815, l'année n'avait plus que neuf mois et dix

---

[1] Pantalon de cavalier, garni de cuirs entre les deux cuisses et de boutons sur les côtés.

jours. Tous les budgets de 1815 furent établis dans les mêmes conditions.

VII

Dans les grands froids, l'Empereur faisait usage de vêtements garnis de fourrures, que lui livrait la veuve TOULLET; elle avait la garde et l'entretien de ses habits fourrés, ainsi que des manteaux impériaux dont les riches fourrures, en hermine de Russie, sortaient de ses ateliers. Les deux manteaux du sacre lui avaient été payés 27,680 fr.

Au mois de mars 1806, elle réclame 1,250 fr. et en reçoit 1,200 pour avoir réparé une polonaise et fourni, à cet effet, quinze peaux de martre zibeline et diverses martres du Canada. Dans sa facture du 10 novembre 1810, la veuve TOULLET demande d'abord 150 fr. pour la garde des vêtements de l'Empereur, 250 fr. pour celle des manteaux impériaux et 180 fr. pour trente-six hermines employées au raccommodage des manteaux. (*Arch. nat.* O²33.)

Enfin, le 17 octobre 1812, l'Empereur reçoit à Moscou trois bonnets de fourrure à 10 fr.; sept paires de gants à 8 fr.; fourni la fourrure, 50 fr.; fourni 15 aunes de Florence, pour douillette et veste à manches, à 5 fr. l'aune, 75 fr.; total : 211 fr., plus 50 fr. pour les déboursés d'Evrard, valet de chambre, tailleur pour le service de la garde-robe de l'Empereur. (*Arch. nat.* O²35.)

Malgré l'ordre étonnant de l'Empereur, il lui arrivait, en se déshabillant, de jeter ses vêtements à tort et à travers sur le parquet. A Sainte-Hélène, M. de Las Cases eut occasion de les ramasser à diverses reprises. D'autres fois, il attisait le feu avec son pied, au point de brûler ses souliers, ce qui réjouissait son bottier JACQUES.

VIII

Le bonnetier breveté de l'Empereur, se nommait PANIER; lors du sacre, il fournit pour Napoléon, deux paires de bas, brodés d'or, au prix de 144 fr. Parcourons quelques-uns de ses mémoires :

Livraisons du 16 mars au 10 novembre 1807. Cent soixante-huit paires de chaussons fins de Ségovie, à 2 fr. 50. — Soixante paires de bas de soie blancs, à 18 fr. — Six pantalons de laine, à 18 fr. — Total : 1,608 fr.

28 août et 29 octobre 1808. — Trente paires de bas de soie blancs, à 18 fr. — Quarante-huit paires de chaussons de laine, à 2 fr. 50. — Six pantalons de laine, à 21 fr. — Total : 1,218 fr. (*Arch. nat.* O^{3}33.)

Du 24 mars au 10 juillet 1810. — Trente paires de bas de soie blancs, superfins, à 18 fr. — Trois paires de bas de soie, brodés en or, à 24 fr. — Quarante-huit paires de chaussons de laine, à 2 fr. 50 et 3 fr. — Total : 768 fr.

31 janvier 1813. — Trente-six paires de bas de soie blancs, 396 fr. — Trente-six paires de chaussons de mérinos, 81 fr. (*Arch. nat.* O^{2}35.)

Le grand nombre de chaussons, de pantalons de laine et de robes de chambre, dont faisait usage l'Empereur, s'explique en ce qu'il se levait la nuit, ou de grand matin pour travailler ; il ne commençait sa toilette que vers huit heures.

IX

A Sainte-Hélène, où il arriva le 17 octobre 1815, l'illustre captif avait une garde-robe fort restreinte. Néanmoins on y voyait son habit de Premier Consul en velours rouge, brodé soie et or. Il lui avait été présenté par la ville de Lyon, circonstance qui faisait sans doute qu'il se trouvait ici, son valet de chambre sachant qu'il l'affectionnait beaucoup, parce qu'il lui venait, disait-il, de sa chère ville de Lyon.

On y voyait aussi le manteau de Marengo, manteau glorieux sur lequel ont été plus tard exposés religieusement les restes mortels de l'immortel vainqueur, manteau qui figure aujourd'hui dans les objets spécialement légués par Napoléon à son fils... (Las Cases. *Mémorial.*)

CHAPITRE II

LE PETIT CHAPEAU DE NAPOLÉON

I

Le *petit chapeau*, célébré par la légende [1], était en feutre noir, sans bordure ni galons, orné d'une petite cocarde tricolore soutenue par une ganse de soie noire. Pendant tout le temps du Consulat et de l'Empire, Napoléon n'en a pas changé la forme.

Lorsque Gros fut chargé, par l'Empereur, de peindre la bataille d'Eylau, un costume complet de Napoléon fut confié au peintre. Gros conserva parmi ses trophées militaires le chapeau historique, qui fut, dit-on, acheté à sa vente 2,047 fr. par le docteur Delacroix et offert au gouvernement de Louis-Philippe. Ce chapeau est aujourd'hui déposé aux Invalides, dans la crypte réservée au tombeau de l'Empereur.

II

Le chapelier de Napoléon se nommait POUPART; il se qualifiait « chapelier, costumier et passementier de l'Empereur et des princes ».

---

[1] On lit à cet égard dans la Chronique littéraire de la *Revue Britannique*, année 1842 : « Il vient de paraître une belle gravure au burin de M. Ch. Bouvier, *les chapeaux de Napoléon*, d'après les tableaux de M. Steuben. Le petit chapeau, sous divers aspects, est ici le symbole touchant des huit époques les plus mémorables de cette vie héroïque. Le premier chapeau rappelle Toulon; le second, l'Italie, l'Egypte et le consulat; le troisième, l'Empire; le quatrième Austerlitz; le cinquième Wagram; le sixième, l'incendie de Moscou; le septième les campagnes de France et Waterloo; le dernier, renversé sur le bord de la mer, le 5 mai. Toute personne qui possède une vie de l'Empereur voudra lui donner ce complément. »

Dans le principe, les chapeaux d'uniforme qu'il fabriquait pour son auguste client, étaient désignés sous le nom de « chapeaux français » et coûtaient 48 fr.

En voyage, Napoléon portait des bonnets de velours, légers en été, bordés de fourrure en hiver. Du 13 vendémiaire an XIII au 1er août 1806, POUPART livre, pour l'usage de l'Empereur, deux bonnets de velours léger, sans fourrure, à 21 fr. — Sept bonnets en velours de Gênes, garnis de glands, à 48 fr., et fait quatre « raccommodages » de chapeaux à 3 fr. — Deux chapeaux à plumes, dont un brodé d'or, exécutés en 1804 sur les dessins d'Isabey, sont cotés 1,020 fr. (*Arch. nat.* $O^2 35$.)

A partir de 1806, POUPART demande 60 fr. pour le chapeau d'uniforme qu'il appelle alors « chapeau castor français ». Ce devait être le résultat d'un progrès dans sa fabrication, mais il eut à subir plusieurs fois des réductions de 10 fr. par chapeau comme dans les deux exemples suivants :

31 décembre 1805. — « Deux chapeaux castor français, à 60 fr. : 120 fr. » Mémoire réduit à 100 fr.

5 juin et 15 septembre 1806. — Trois chapeaux castor français, 180 fr. — Le raccommodage d'un chapeau, 4 fr. Total : 184 fr. Mémoire ramené à 154 fr.

La livraison du 19 mars 1807, comprend quatre chapeaux castor français, à 60 fr. : 240 fr. plus une caisse dont le prix s'élève à 9 fr. avec l'emballage. Cette fois, la réduction n'est que de neuf francs.

Du 11 août au 11 décembre 1807. — Quatre chapeaux castor, à 60 fr. — Réparé deux chapeaux de costume et réparé les plumes gaufrées, 90 fr. — Réparé quatre chapeaux et remis des coiffes, 24 fr. — Un bonnet de velours vert garni d'or, avec bandeau en loutre du Kamchatka, 78 fr. — Un autre bonnet de velours bleu à bandeau de fourrure, 60 fr.

Le budget de 20,000 fr. fixé par l'Empereur pour sa toilette, étant épuisé, on a recours au fonds de 40,000 fr. pour dépenses imprévues. (*Arch. nat.* $O^2 35$ et $O^2 47$.)

De mars à décembre 1807, l'Empereur a donc pour son usage douze chapeaux d'uniforme, dont huit nouveaux et quatre anciens remis à neuf.

III

Dans ces trois factures qui représentent quatre trimestres, nous comptons dix chapeaux neufs, sans parler des coups de fer et des réparations. Pour établir une moyenne, veut-on s'en tenir à huit chapeaux par an ? Ce chiffre n'est pas exagéré, vu les diverses résidences et les nombreux déplacements de l'Empereur. On peut donc affirmer que de 1800 à 1815, il a été fait, pour Napoléon, au moins cent vingt « petits chapeaux ».

En 1813, Maneglier, rue de Richelieu, lui fournit six bonnets de velours, pour 180 fr. (*Arch. nat.* O^{2}35.)

Le 15 mai 1811, Poupart qui s'était associé à Delaunay, livrait pour le mameluck Roustan, une toque de velours cramoisi de 312 fr. bordée d'étoiles d'or, avec une aigrette. Le 28 février suivant, leur facture mentionne, pour l'Empereur, huit bonnets de velours, de différentes couleurs, cotés ensemble 400 fr., puis au mois de mai de la même année, « une toque de voyage en velours bleu » de 35 fr.

D'autres chapeliers travaillaient pour la maison de l'Empereur. Revelle fournissait les chapeaux des hérauts d'armes. En 1806, il réclame 257 fr. pour cinq chapeaux avec bords en soie, glands en torsade, ganses brodées et cocardes d'argent. La facture est ainsi apostillée : « Vu, ordonné et approuvé sur le fonds de 27,000 fr. que le budget de 1806 met à notre disposition pour les cérémonies non prévues. Le grand maître des cérémonies. Le comte de Ségur. » (*Arch. nat.* O^{2}139.) C'est la preuve que le budget des cérémonies est épuisé puisqu'on a recours au fond de réserve.

En 1815, Pétiaux livre, pour les cérémonies du Champ de Mai, à MM. Alphonse Mabire et Vacherot, employés au bureau des cérémonies, trois chapeaux fins, à 48 fr. l'un. (*Arch. nat.* O^{2}137.)

IV

A propos du chapeau de Napoléon nous rapporterons une curieuse observation du docteur Gall, que l'Empereur traitait de charlatan, à l'égal de Cagliostro, de Mesmer et de Lavater.

On sait que le docteur Gall avait créé une science appelée phrénologie ; partant de ce principe que le cerveau est le siège des facultés de l'âme, il admettait qu'on pouvait reconnaître les inclinations et dispositions de l'homme d'après les protubérances du crâne.

Le célèbre docteur était fort recherché, les mères le priaient de palper la tête de leurs enfants pour indiquer les germes de leurs facultés, mais sa science était bien incertaine, et maintes fois il s'est trompé.

Cependant Gall a dit et répété que la tête de Napoléon était ce qu'il avait vu de plus extraordinaire et qu'elle tenait du merveilleux. « Dans l'étude réfléchie qu'il en avait faite, ses principes l'avaient porté à soupçonner que cette tête avait dû croître et grossir fort tard, même après la virilité; et poursuivant avec opiniâtreté cette vérification, il en était arrivé à recueillir du chapelier de l'Empereur la connaissance précieuse, qu'aussi tard que sous l'Empire, on avait été obligé d'altérer, en effet, et d'accroître la forme du chapeau de Sa Majesté. » (Comte de Las Cases. *Mémorial de Sainte-Hélène*.)

Sujet à des mouvements de mauvaise humeur, Napoléon s'en prenait parfois à son chapeau. Nous en citerons quelques exemples. Observons d'abord que, le plus souvent, ses colères étaient simulées parce qu'il préférait, comme il le disait lui-même, gronder fort que de sévir.

Le général comte Tolstoï, ambassadeur de Russie à Paris, dans une dépêche adressée à son ministre Romantzof, le 25 janvier 1808, rendait compte, en ces termes, d'un entretien qu'il avait eu avec l'Empereur : « Prenant son chapeau des deux mains et le jetant à terre, il me tint ce discours trop remarquable pour ne pas être transcrit mot à mot : Ecoutez, monsieur de Tolstoï, ce n'est plus l'Empereur des Français qui vous parle, c'est un général de division qui parle à un autre général de division : que je sois le dernier des hommes si je ne remplis pas scrupuleusement ce que j'ai contracté à Tilsit, et si je n'évacue pas la Prusse et le duché de Varsovie lorsque vous aurez retiré vos troupes de la Moldavie. Comment pouvez-vous en douter ? Je ne suis ni un fou, ni un enfant pour ne pas savoir ce que je contracte, et ce que je contracte, je le remplis toujours. » (A. Vandal. *Napoléon et Alexandre*, p. 258.)

La même année, à Erfurt, lors de la célèbre entrevue, Napoléon, qui était la séduction même, quand il le voulait, avait pour son auguste ami les plus délicates attentions ; par des manœuvres enveloppantes, il cherchait à lui faire partager ses idées sur la politique générale. Ses entretiens étaient pleins de douceur. Un jour cependant i se fâcha, « et Napoléon, dans un mouvement d'impatience rageuse, jeta à terre son chapeau et le piétina. Alexandre s'arrêta aussitôt, le regarda fixement avec un sourire, se tut quelques instants, puis d'un ton calme : « Vous êtes violent, dit-il ; moi, je suis entêté : avec « moi, la colère ne gagne donc rien. Causons, raisonnons ou je pars. » Et il se dirigea vers la porte. Force fut à l'Empereur de le retenir, de s'apaiser. La discussion reprit sur un ton modéré, amical même, mais n'avança point, et, cette fois encore, Alexandre ne se laissa entraîner contre l'Autriche à aucune démarche comminatoire. » (Albert Vandal. *Napoléon et Alexandre*.)

Nous empruntons notre dernier exemple aux *Mémoires du prince de Metternich*. Le 12 juillet 1813, le comte de Metternich (il n'était pas encore prince) assistait à sa dernière entrevue avec Napoléon, dans un des faubourgs de Dresde. L'Empereur l'attendait debout, au milieu de son cabinet, l'épée au côté, le chapeau sous le bras. La discussion s'échauffa peu à peu et finit par devenir orageuse. Rappelant ses dernières victoires de Lutzen et de Bautzen, Napoléon se prétendait encore invincible ; il menaçait l'ambassadeur d'aller bientôt à Vienne ; il augmentait l'évaluation de ses forces et diminuait celles de l'ennemi. Perdant son sang-froid, « il jeta, dit Metternich, dans un coin du salon, le chapeau que jusqu'alors il avait tenu à la main… ».

« … Napoléon se remit à se promener avec moi dans le salon ; au second tour, il ramassa son chapeau. » (T. I, p. 147.)

V

Un négociant lyonnais, M. Ponard, se rendit acquéreur, en mars 1892, avec document à l'appui, d'un chapeau ayant appartenu à Napoléon Ier et d'une feuille de saule cueillie, en 1827, sur le tombeau de Sainte-Hélène par un lieutenant de vaisseau, Emmanuel de Saint-James.

M. Ponard acheta ce chapeau à Cousances (Jura), à un certain M. Lefebvre qui le tenait de son père. Celui-ci, Louis-Edouard Lefebvre, pharmacien à Versailles, l'avait reçu le 13 octobre 1838, de M. Ludovic-Jean-Baptiste-Zéphir Dubois, officier de cavalerie en retraite, percepteur des contributions directes à Saint-Cyr-l'Ecole.

Le père de cet officier l'avait acheté son pesant d'argent (soit 55 francs) à Chardon, chapelier de la garde impériale en 1812.

CHAPITRE III

LES OBJETS DE TOILETTE DE NAPOLÉON. — SA PARFUMERIE
SON LINGE. — SES GANTS

I

Dans toute sa personne et dans ses soins de toilette Napoléon était d'une propreté recherchée. Il se baignait souvent, trop souvent même et restait longtemps dans le bain, ce qui a contribué à lui donner un embonpoint prématuré. Il se faisait frotter rudement le dos et les épaules en disant : « Allons, fort ! comme sur un âne. » (Las Cases.)

Quand l'Empereur se déshabille, ce qu'il fait de ses propres mains, dit encore l'auteur du *Mémorial de Sainte-Hélène*, il jette tout ce dont il se dépouille par terre, s'il ne se trouve là un de ses valets de chambre pour s'en saisir. « Combien de fois je me suis précipité pour ramasser son cordon de la Légion d'honneur, quand je le voyais arriver ainsi sur le plancher !

« La barbe est une des dernières parties de sa toilette, qui ne vient qu'après qu'on lui a mis ses bas, ses souliers, etc. Il se rase toujours lui-même, ôtant d'abord sa chemise et demeurant en simple gilet de flanelle...

« L'Empereur se rase dans l'embrasure de la fenêtre, à côté de la cheminée. Son premier valet de chambre lui présente le savon et un rasoir : un second tient devant lui la glace de son nécessaire, de manière à ce que l'Empereur présente au jour la joue qu'il rase. Ce second valet de chambre l'avertit si le rasoir a laissé quelque chose en arrière. Cette joue rasée, il se fait une évolution complète pour faire l'autre, chacun changeant de côté. »

Vers 1803, l'Empereur prit l'habitude de se raser lui-même, ce qu'il faisait après avoir ôté sa chemise et ne conservant que son gilet de flanelle ; un valet de chambre lui tenait la glace de son nécessaire et l'avertissait quand le rasoir n'avait pas tout enlevé. Ensuite il se lavait dans un vaste bassin d'argent.

L'eau de Cologne, dont il usait à profusion, était son parfum favori ; il en versait surabondamment dans son eau de toilette, s'en arrosait la tête à l'aide d'une éponge, et vidait le reste de la fiole sur son cou et sur ses épaules. Il renouvelait chaque jour ses gilets de flanelle, ainsi que ses vestes et ses culottes de casimir blanc.

II

Napoléon salissait vite et beaucoup tout ce qu'il portait. Dans ses campagnes il fallait lui envoyer du linge et des habits dans plusieurs endroits à la fois.

Le budget de l'Empereur, pour sa toilette, avait été porté à 70,000 fr., mais il le réduisit lui-même à 20,000.

Il avait une série de nécessaires, dont quelques-uns aussi riches et aussi complets que possible, avec toutes les pièces gravées à ses armes.

Son fournisseur attitré, alors très en vogue, était Biennais.

Sans compter les deux rasoirs qui avaient leur place dans chacun de ses nécessaires, il avait des boites d'acajou de six et de douze rasoirs, doublés de velours vert.

Il aimait l'odeur de l'aloès qui se payait alors 72 fr. l'once. Sur deux mémoires de Biennais, l'un de janvier à mars 1808, l'autre de août à septembre de la même année, nous constatons la livraison de dix onces de bois d'aloès, 720 fr. — Deux mèches, 7 fr. — La réparation d'un vase à parfums en vermeil, 120 fr., etc.

III

Napoléon avait d'assez belles dents et se servait d'un cure-dents en buis poli que Gervais Chardin lui faisait payer 2 fr. la douzaine.

Il portait souvent des gants, peut-être un peu pour garantir ses mains qui étaient fort belles, ce qu'il n'ignorait pas. Les gants dont il s'approvisionnait le plus, étaient ceux de peau de renne, de daim ou de castor.

Le 24 mars 1810, nous constatons une livraison de deux paires de gants brodés en or avec chiffre, et cinq jours plus tard, une livraison semblable. Total : 144 fr. C'est l'époque du mariage de Napoléon avec Marie-Louise, et jamais l'Empereur ne s'est montré si coquet qu'en cette occasion. Son linge était de qualité extra ; ses jarretières élastiques valaient 3 fr. et 4 fr., 50 la paire. — Ses bretelles montaient à 12 fr. et à 15 fr.

IV

Entrons maintenant dans de plus amples détails et consultons les mémoires des fournisseurs.

Gervais Chardin « parfumeurs de Leurs Majestés Impériales et Royales » fait en 1806, d'importantes livraisons.

Du 2 juin à fin septembre. Cinquante-deux boîtes d'opiat, 306 fr. — Cent soixante-deux bouteilles d'eau de Cologne, 423 fr. — Vingt éponges superfines, 262 fr. — Vingt-cinq pots riches de pâte d'amande, 366 fr. — Deux cent trente paires de gants Isabelle, gants de chevreau, de daim, de renne, 1,662 fr. — Quinze douzaines de cure-dents en buis et en ivoire. — Vingt-quatre paires de jarretières élastiques. — Six paires de bretelles. — Deux pièces de taffetas d'Angleterre.

Le 15 octobre et le 18 décembre, il fournit quarante-quatre paires de gants, dont quarante-deux paires fourrées, pour 865 fr. — Le total de ces trois factures s'élève à 4,248 fr. (*Arch. nat.* O^{2}235).

La livraison du mois d'octobre 1808 comprend quarante-huit paires de gants de renne, 630 fr. — Vingt-quatre paires de gants de chevreau superfin, 72 fr. — Douze paires de bretelles élastiques, 180 fr. — Vingt-quatre douzaines de cure-dents en buis, 48 fr. — Soixante-douze bouteilles d'eau de Cologne, 150 fr. — Six boîtes de poudre de corail fin pour les dents, 36 fr. — Quatre paires de jarretières élastiques, 18 fr. — Vingt-huit boîtes d'opiat superfin, 168 fr. — Six pains savon de rosé, 30 fr. — Douze pains de savon de Windsor, 24 fr. — Douze éponges superfines pour la figure, 144 fr. — Douze pièces de taffetas d'Angleterre, 24 fr. — Un grand flacon d'esprit de jasmin double d'Espagne, 40 fr.

Citons encore les fournitures de Gervais Chardin, pour les seuls mois de février et mars 1810 :

Quatre paires de gants de castor noir, doublés de blanc, 32 fr. — Vingt-quatre paires en peau de renne, 240 fr. — Quatorze paires de gants blancs unis, 31 fr. 50. — Deux paires de gants en or, c'est-à-dire, sans doute brodés en or, 72 fr. — Cent quarante-quatre bouteilles d'eau de Cologne, 300 fr. — Douze boîtes d'opiat liquide. — Quatre paires de jarretières élastiques, 72 fr. — Cinq éponges moyennes superfines, blanches, 50 fr. (*Arch. nat.* O^{2}35.)

En 1812, apparaît un nouveau fournisseur Durocherau « fabricant d'eau de Cologne perfectionnée ».

Du 20 janvier 1812 au 17 mars 1813, il livre pour le service de l'Empereur cent huit caisses d'eau de Cologne (contenant chacune six rouleaux) à 17 fr. la caisse, soit 756 fr.

Mme de Rémusat a donc raison quand elle dit dans ses *Mémoires* : « Pour parfum, il (Napoléon) se contentait d'eau de Cologne, dont il faisait de telles inondations qu'il en usait jusqu'à soixante rouleaux par mois. Il croyait cet usage fort sain. »

Nous ignorons si Gervais Chardin est resté le fournisseur de Napoléon, en 1815, nous n'en voyons pas de traces et nous trouvons ce mémoire de J. Tessier, parfumeur, rue de Richelieu, *à la Cloche d'or*.

1815. Du 20 mars au 30 avril. — Deux savonnettes à la fleur d'orange, 6 fr. — Vingt-quatre douzaines de cure-dents, en buis poli, 48 fr. — Dix éponges superfines, blanches, 30 fr. — Quatre caisses eau de Cologne, 24 fr. — Mille épingles blanches, 2 fr. 50. — Six pains de savon de Windsor, 7 fr. 50. Trois boîtes d'opiat, en bois d'ébène, 18 fr. — Deux brosses à rhumatisme, en acajou, 21 fr. — Deux brosses à tête en acajou, 18 fr. — Quatre paires de bretelles dont deux en soie blanche, 18 fr., et deux paires en moire, 21 fr. — Un pot, pâte liquide, 10 fr. — Vingt-huit petits pots d'opiat à la rose, 56 fr. — Quatre bonbonnières d'écaille blonde, 56 fr.

Pouillier, fabricant de gants, galerie Delorme, livrait à l'Empereur, le 9 avril 1812, quarante-huit paires de gants de daim et de castor à 5 fr. la paire ; il y joignait, quelques mois plus tard, six paires de bretelles à 10 fr.

Au retour de Moscou, le 20 janvier 1813, sa livraison comprend vingt-quatre paires de gants de castor.

Pendant les Cent-Jours, Pouiller fournit à l'Empereur, pour la dernière fois, douze paires de gants de daim à 5 fr. et quarante-huit paires de gants de castor à 3 fr. — (*Arch. nat.* O²55.)

C'étaient les gants de Ligny et de Waterloo.

V

Napoléon avait de fort beau linge ; ses mouchoirs et ses serviettes étaient marqués à son chiffre, un N couronné. Les dépenses de ce côté s'élevaient très haut et faisaient une large brèche au budget général de la toilette impériale. On pourra s'en faire une idée par cet extrait des mémoires de Mlles Lolive et de Beuvry, lingères de l'Empereur et de l'Impératrice.

1808. — Deux cent quarante-huit aunes de toile demi-Hollande, pour six douzaines de chemises, 5,208 fr. — Façon et blanchissage, 396 fr. — Cent vingt mouchoirs de batiste, à vignettes et chiffres couronnés, imprimés en diverses couleurs, 1,440 fr. — Façon et blanchissage de cent vingt mouchoirs, 90 fr. — Quarante-huit aunes de mousseline des Indes, pour six douzaines de cravates, 2,160 fr. — Soixante-douze aunes courtray, pour six douzaines de serviettes de toile, 576 fr. — Façon marque et blanchissage. Douze cols de croisé noir, 96 fr. — Total : 10,041 fr.

Mai 1812. — Quatre chemises, à 60 fr. l'une. — Trente-six mouchoirs, à 12 fr. — Huit cravates, à 30 fr. — Deux serviettes, à 8 fr. — Neuf madras, à 24 fr. — Huit cols noirs à 8 fr. — Total : 1,208 fr.

De janvier 1813 au 11 avril. — Deux cent quarante chemises en toile demi-Hollande, à 48 fr. — Cent quatre-vingts mouchoirs de batiste, à vignettes, à 12 fr. — Cent cinquante-six cravates de mousseline, à 12 fr. — Des madras, des serviettes, etc. — Total : 14,596 fr. (*Arch. Nat.* O²35.)

En 1806, Mme Durand blanchissait le linge de corps de l'Empereur, elle demeurait « à la Pologne, rue de la Bienfaisance ». Son mémoire daté du mois d'août, comprend :

Quarante-quatre chemises, à 0 fr. 60. — Trente et un gilets de flanelle à 1 fr. — Soixante-dix-sept mouchoirs, à 0 fr. 20. — Sept madras, à 0 fr. 20. — Cinq robes de chambre, à 3 fr. — Quarante et un caleçons, à 0 fr. 40. — Quarante-trois cravates, à 0 fr. 20. — Cent trente-huit serviettes, à 0 fr. 20. — Total : 142 fr. 60. Le blanchissage du mois suivant s'élève au chiffre de 221 fr.

En 1810, BARBIER, blanchisseur à Neuilly, réclame 509 fr. 50, pour avoir blanchi le linge de l'Empereur pendant les mois de février, mars et avril. Voici le résumé de son mémoire :

Deux cents chemises à 0 fr. 50. — Cent trente-cinq gilets de flanelle, à 0 fr. 60. — Cent vingt-trois caleçons, à 0 fr. 30. — Quatre cent quatre-vingt-quinze mouchoirs de batiste, à 0 fr. 15. — Cinq cent quatre-vingt-cinq serviettes de toilette, à 0 fr. 15. — Soixante-douze madras, à 0 fr. 20. — Vingt robes de chambre, à 2 fr. 50. — Huit pantalons de nuit, à 1 fr. — Cinq pantalons de pied, à 1 fr. — Deux fourreaux d'habit et un fourreau de manteau, à 2 fr.

Comme on a pu le remarquer, les prix de BARBIER sont bien inférieurs à ceux de la femme Durand.

PERDU, rue des Vieilles-Etuves, blanchissait le linge de l'Empereur, en 1812. (*Arch. nat.* O^{2}35.)

VI

Napoléon ne portait qu'une fois dans leur blanc, ses vestes, culottes et pantalons de casimir blanc; aussi était-il, à tous les points de vue, un précieux client pour son teinturier-dégraisseur DELILLE, établi rue des Grands-Augustins.

Voici quelques mémoires de DELILLE, qui comprennent trois mois de l'année 1807 et six mois de l'année 1808.

1807. Avoir nettoyé, pour l'Empereur, les objets suivants, du 29 juillet au 9 novembre.

Un habit d'uniforme, 3 fr. — Deux draps de peau de daim, à 6 fr. — 143 vestes et 143 culottes de casimir blanc, à 1 fr. 50. — Total : 444 fr.

1808. Pour les mois de janvier, février, mars et avril, cent trente-quatre vestes, cent vingt-six culottes et huit pantalons de casimir blanc, à 1 fr. 50. — Douze habits d'uniforme, à 3 fr. — Un habit de velours de soie amarante brodé, nettoyé et le velours de l'habit relevé, 36 fr. — Un habit de soie brodé, nettoyé, 12 fr. — Une paire de draps de peau de daim, 12 fr.

1808. Septembre et octobre. Quarante-neuf vestes et quarante-neuf culottes de casimir blanc, à 1 fr. 50. — Total : 648 fr.

Les travaux de DELILLE dont nous venons de donner le résumé sont inscrits pour l'année 1808 sur deux mémoires; le second, qui comprend les mois de mars, avril, septembre et octobre, est ainsi apostillé :

« Vu, ordonné et approuvé sur les fonds de 100,000 fr., mis à notre disposition pour dépenses imprévues de toute nature. »

Le Vice-Grand Electeur, grand chambellan.

Signé : « Charles-Maurice. »

L'obligation de recourir au fonds des dépenses imprévues, pour solder la facture de Delille, nous montre que le crédit de 20,000 fr., fixé par l'Empereur pour sa toilette, était épuisé.

VII

Les nécessaires dont se servait journellement l'Empereur, même dans ses campagnes, méritent d'être cités. Biennais avait alors la renommée pour ces sortes de petits meubles, que personne ne faisait mieux que lui.

Un des mémoires de ce fournisseur, daté de janvier 1809, donne le nom des pièces, la plupart en vermeil, d'un riche nécessaire « fourni pour le service de Sa Majesté, au retour d'Espagne ». On en trouvera plus loin (chap. ix) la liste avec les prix.

Sur le même mémoire nous relevons un riche nécessaire, en vermeil, garni en maroquin, dans un coffre d'acajou, 4,062 fr. — Un nécessaire garni de toutes ses pièces, 1,200 fr. — Un nécessaire de porte-manteau, 450 fr. — Mis en état le grand nécessaire ; le nécessaire de vermeil, deux petits nécessaires de porte-manteau et plusieurs autres plus anciens, etc.

En 1812, trois petits nécessaires de porte-manteau, avec tous les menus objets utiles à la toilette et pour écrire, tout compté ensemble, 1,200 fr. — Au mois de décembre 1813, Biennais demande 5,000 fr. pour avoir réparé cinq nécessaires et fourni, avec divers objets, six petits nécessaires de porte-manteau, à 400 fr. l'un. (*Arch. nat.* $O^2 35$.)

Passons en revue diverses autres fournitures de Biennais relatives aux objets de toilette de Napoléon.

1808. — Trois boîtes d'acajou, à ornements de cuivre, doublées de velours vert, dont deux pour recevoir douze rasoirs chacune, et l'autre pour en mettre six ; les armes de Napoléon sur chaque boîte,

240 fr.; les trois cuirs, 27 fr. — Douze paires de ciseaux, 104 fr. — Douze gratte-langue d'écaille, 30 fr. — Une brosse à barbe, en argent vermeil, 48 fr. — Deux paires de ciseaux, en acier fin, renfermés chacun dans un étui d'argent, 150 fr.; deux autres paires et leurs étuis en bois de sandal sculpté, 60 fr.

VIII

Nous arrivons à quelques pièces d'un usage tout à fait intime.

Août et septembre 1808. — Un bidet en argent vermeil, la seringue et ses canons, la cuvette, la boîte à éponge, le tout en argent doré, deux flacons en cristal taillé à diamants et les armes gravées sur toutes les pièces, 1,904 fr.; le coffre d'acajou, avec ornements en cuivre incrustés, serrure et sabots dorés et l'étui en peau de vache, doublée de serge, 452 fr.

Janvier 1809. — Remis à neuf le bidet d'argent et son coffre, 60 fr. — Ce doit être un autre que le précédent, désigné sous le nom de bidet en argent vermeil. — Un bidet en acajou, cuvette argentée, seringue en étain fin, compartiments en peau pour recevoir les pieds, 300 fr. (*Arch. nat.* O^{2}34.)

Enfin, une fourniture de Biennais, pour le service de l'Empereur, faite en 1806, mentionne « un pot de chambre en argent vermeil », du prix de 501 fr., et une facture du même orfèvre, datée du commencement de l'année 1809, contient les deux articles suivants :

Débosselé et redoré les parties usées de l'ancien pot de nuit et l'avoir remis à neuf, 84 fr.

Fourni un pot de chambre en argent vermeil avec les armes, 424 fr. 40. (*Arch. nat.* O^{2}30.)

Quant aux personnes de tout rang qui faisaient partie de l'entourage impérial, ce luxe d'orfèvrerie leur était interdit : absolument elles devaient se contenter de vases en simple faïence.

10 avril 1806. — Pour le palais des Tuileries : deux douzaines de pots de nuit ronds, en faïence de Rouen; deux douzaines de pots de nuit ovales, en faïence de Sceaux. (*Arch. nat.* O^{2}46.)

CHAPITRE IV

LES CHAUSSURES DE NAPOLÉON

I

Dans les appartements, Napoléon portait toujours des bas de soie blancs et des souliers à boucles d'or ovales. Dès le Consulat, il avait exigé qu'à ses réunions du soir on quittât les bottes pour les bas de soie et les souliers à boucles.

Ses bottes étaient doublées en peluche de soie, il les payait 80 fr. Ses souliers, également doublés de soie, valaient de 15 à 18 fr. la paire ; ce dernier prix était celui des souliers de grand costume. Il mettait des pantoufles en maroquin rouge ou vert, par exception, doublées de peau d'agneau.

Quand il devait monter à cheval, afin de gagner du temps, il gardait ses bas de soie et se contentait de remplacer ses souliers par des bottes à l'écuyère.

Le bottier de l'Empereur se nommait JACQUES et demeurait rue Montmartre. Les plus belles chaussures qui passèrent par ses mains furent assurément celles du sacre. C'étaient des souliers en velours brodé d'or mat ; le tour du soulier en galon d'or massif, les bouffettes en drapés d'or, le dedans garni de soie. Ils coûtaient 400 fr., mais par le fait ils revenaient à bien plus cher, car nous remarquons sur le mémoire de JACQUES, une seconde paire de souliers en peau de daim blanc brodé d'or « pour servir de modèle aux souliers du sacre », 250 fr. (*Arch. nat.* O^{2}35.)

Ce n'est pas tout, JACQUES réclame encore 250 fr. pour *une sandale à la romaine* ornée de dessins et broderies. C'était le modèle primitif, mais il fut abandonné pour les souliers de velours blanc, dont nous venons de parler.

II

Laissons de côté les souliers historiques et donnons une idée de ce qu'étaient les chaussures habituelles de l'Empereur, par quelques extraits des mémoires de Jacques.

An XIII. Premier trimestre. — Vingt-huit paires de souliers à boucles et à cordons, d'escarpins, de mules rouges, de pantoufles, garnis en soie, à 12 et 15 fr. la paire. — Dix paires de bottes à l'écuyère, doublées de molleton et peluche de soie, 800 fr. — Quatre paires de formes, brisées, à 7 fr. — Total : 1,184 fr. (*Arch. nat.* O²35.)

1808. Premier trimestre. — Huit paires de souliers, doublés de soie, 120 fr. — Une paire de formes brisées, 10 fr. — Six paires de pantoufles en maroquin rouge, doublées de fourrure, à 18 fr. — Six paires de bottes à l'écuyère, doublées en peluche de soie dans toute leur hauteur, à 80 fr. la paire. Total : 748 fr. Ce mémoire a été payé intégralement au mois de juin suivant.

Juin 1809. — Une paire de pantoufles, 24 fr. — Six paires de bottes, doublées de peluche, 480 fr. — Trois caisses couvertes, 24 fr. — Ces caisses devaient être, à n'en pas douter, expédiées à Vienne, où l'Empereur était aux prises avec l'archiduc Charles.

1810. C'est l'année du mariage de Napoléon avec Marie-Louise. La première livraison de Jacques comprend : Douze paires de souliers, doublés de soie, 180 fr. — Six paires de pantoufles en maroquin rouge, doublées en peau d'agneau, 108 fr. — Six paires de bottes à l'écuyère, doublées en peluche de soie, 480 fr. (*Arch. nat.* O²33.)

Juin 1810. — Quatorze paires de souliers à 18 fr. la paire. — Six paires de bottes à l'écuyère, doublées de peluche, à 80 fr. — Cinq paires de souliers de grand costume, à 18 fr. — Quatre paires de formes brisées, à 10 fr. — Quatre paires d'embauchoirs, à 18 fr. — Total : 892 fr.

Juillet 1810. — Douze paires de souliers doublés de soie, à 15 fr. — Six paires de pantoufles, en maroquin rouge, doublées en peau d'agneau, à 18 fr. — Total : 288 fr.

Comme on le voit par les dates, ces trois livraisons ne comprennent qu'une partie de l'année 1810.

Janvier et février 1812. — Une paire de souliers à boucles, 15 fr.

— Une paire de claques, 18 fr. — Dix paires de pantoufles, 150 fr. — Dix paires de bottes à l'écuyère, 800 fr. — Total : 983 fr.

III

Au retour de l'île d'Elbe, en 1815, Jacques livrait à l'Empereur du 28 mars au 25 mai : Treize paires de souliers, dont quatre à cordons, 195 fr. — Une paire de formes brisées, pour souliers, 10 fr. — Deux paires de pantoufles en maroquin vert et six paires en maroquin rouge, à 16 fr. — Vingt paires de garnitures d'éperon, 20 fr. — Une paire de bottes doublées, 80 fr. — Sept paires de bottes à grands contreforts, 560 fr. — Une paire d'embauchoirs, 20 fr. — Total : 1,028 fr. (*Arch. nat.* O^{2}33.)

Ces bottes, à grands contreforts, devaient aller à Ligny, puis à Waterloo, puis à Sainte-Hélène !...

Les bottes de l'Empereur nous rappellent la réponse du général Savary à un Anglais déplaisant. Le duc de Rovigo était à Saint-Pétersbourg en qualité d'envoyé extraordinaire. Dans le cours d'un dîner, un officier supérieur anglais, en parlant de l'Egypte perdue par nous, se montrait fort malveillant pour les troupes françaises. C'est alors que Savary, impatienté, lui lança cette boutade : « Nous avons perdu l'Egypte parce que l'Empereur n'y était plus ; s'il eût envoyé une de ses bottes c'eût été assez pour vous mettre en fuite. » (Albert Vandal. *Napoléon et Alexandre*.)

CHAPITRE V

LES TABATIÈRES DE NAPOLÉON. — SON TABAC
SES BONBONNIÈRES

I

Le nombre des présents offerts par Napoléon est incalculable. Naturellement généreux et politique habile, il donna beaucoup, sous toutes les formes.

Mais en dehors des pièces d'orfèvrerie, des porcelaines de Sèvres, des tapisseries des Gobelins, des bagues et des médaillons, offrant soit le portrait de l'Empereur entouré de brillants, soit son chiffre couronné ou l'N seul, en brillants, ses cadeaux habituels étaient des tabatières.

Le chiffre élevé de ces bijoux, livrés par NITOT ET FILS, indique suffisamment la richesse des *présents diplomatiques* offerts par l'Empereur. C'étaient généralement de riches boîtes données par le souverain aux personnes remplissant des fonctions élevées, soit à la cour de France, soit à l'étranger.

Comme nous l'avons fait remarquer dans un précédent ouvrage [1], tandis que les plus belles tabatières offertes aux Français ne dépassaient pas 2,400 fr. à 3,000 fr., celles des diplomates s'élevaient à des prix infiniment supérieurs. Mais au point de vue de la perfection du travail, toutes avaient la même valeur, étant l'œuvre des mêmes artistes dessinateurs, graveurs, ciseleurs, peintres en miniature et en émail. La seule différence consistait dans le nombre et la grosseur des diamants.

[1] *Le Livre des collectionneurs.*

En 1797, le général Bonaparte logeait, à Turin, chez notre ambassadeur, Miot de Mélito. Le jour de son départ, le roi de Sardaigne lui envoya un des plus beaux chevaux sardes de son écurie. Autour du cou de ce bel animal, la reine, la bonne Mme Clotilde, sœur de Louis XVI, avait attaché un collier de diamants, le seul qui lui restât, elle s'était dessaisie des autres pour les besoins de l'État.

Bonaparte fut touché, ému même de cette attention. Il garda le collier, mais il distribua aux officiers et serviteurs du roi des tabatières, des bagues et des dons d'argent pour une somme très supérieure à celle du présent qu'il acceptait. (Comte Miot de Mélito, *Mémoires*.)

Pendant les Cent-Jours, les joailliers NITOT ET FILS fournirent quatre riches boîtes, pour le service des présents ; elles méritent une description.

5 mai 1815. NITOT ET FILS. *Service des présents.* — Tabatière carrée, longue, en or ciselé, émaillé, enrichie d'un cercle en brillants et du portrait de l'Empereur, par Robert Lefèvre, 10,773 fr. Le portrait est coté 600 fr. et les brillants seuls, au nombre de trois cent vingt-six, pesant trente karats, sont estimés 9,000 fr. — Deux tabatières ovales, en or ciselé, émaillé, ornées, l'une de trente-quatre brillants et l'autre de vingt-six avec le portrait de l'Empereur par Robert Lefèvre, chaque portrait payé 600 fr. : 7,599 fr. et 11,615 fr. — Une tabatière de même genre, sertie de vingt-huit brillants, surmontée du portrait de l'Empereur peint par Saint (payé 600 fr.), 6,139 fr.

II

Napoléon, qui offrait avec libéralité de magnifiques tabatières serties de diamants, se contentait, pour son usage, de tabatières fort simples. C'étaient généralement des boîtes d'écaille doublées d'or, surmontées de médailles antiques, de camées ou d'intailles représentant des personnages célèbres.

Ces exacts renseignements, dont nous allons d'ailleurs fournir la preuve, se trouvent dans les *Mémoires* de Constant et dans les *Souvenirs historiques* de M. de Méneval. Mais ce que ces messieurs ne disent pas, c'est que Napoléon faisait aussi usage de boîtes d'or, boîtes d'une grande simplicité, sans diamants, et toujours offrant sur le couvercle une médaille ou une pierre dure sculptée.

Avec sa tabatière, qui ne le quittait pas, l'Empereur portait volontiers une bonbonnière d'écaille blonde décorée en piqué d'or.

Consultons quelques *Mémoires* de BIENNAIS, bijoutier de l'Empereur, et arrêtons-nous sur les fournitures ayant trait à notre sujet.

III

Mémoires de BIENNAIS, *orfèvre*. De janvier à mars 1808. (Extrait.)
Un écrin d'acajou, avec ornements de cuivre incrustés et compartiments de velours blanc, pour renfermer les tabatières de Sa Majesté, 625 fr. — Un étui en peau, doublé de serge pour le renfermer, avec les armes dorées dessus, 45 fr. — Fourni une boîte d'écaille ovale, l'avoir montée sur sa doublure en or et remonté les antiques, sous un cristal, 87 fr. — Boîte d'écaille à huit pans, à quatre médailles; refait les inscriptions, ajusté les médailles et fourni la plaque de fond, en or, 122 fr. — Fourni un couvercle à une boîte forme baignoire, rajusté les quatre antiques et mis un cercle d'or, 92 fr. — A une autre boîte, refait à neuf la plaque du fond, 21 fr. — Un cristal, à une boîte ovale, 9 fr. — Un couvercle d'écaille noire, pour une boîte à quatre médailles, 33 fr. — Deux bonbonnières en écaille blonde, 30 fr. et 27 fr.

Retour d'Espagne. Janvier 1809. — Remis en état la boîte d'écaille ovale, à deux antiques, en argent, 60 fr. — Réparé une autre boîte ovale, surmontée d'une pierre gravée, 33 fr. — Réparé une boîte d'écaille cintrée, où est une tête de Mars, en or, 18 fr. — Une bonbonnière d'écaille blonde, 42 fr. — Une autre plus petite, 36 fr. — Une bonbonnière d'écaille blonde, *posée* d'or, 22 fr. — Une boîte d'or, ciselée, forme baignoire, 655 fr. — Une boîte d'or, ciselée, à huit pans, 691 fr.

Septembre 1809. — Une boîte d'écaille noire, doublée d'or, avec deux médailles d'argent, montées dessus et cercles ciselés dessus et dessous, 560 fr. — Une boîte d'écaille noire, doublée d'or, de forme carré long, arrondie par les bouts, montée de trois médailles d'argent encadrées de cercles d'or ciselés et par-dessous, des glaces pour empêcher le tabac de passer, 590 fr. — Une autre boîte de même genre, mais à pans, ayant sur le couvercle quatre médailles d'or, avec cercles d'or ciselés, 595 fr. — L'écrin à compartiments, pour recevoir lesdites boîtes, couvert en maroquin, 36 fr. (*Arch. nat.* $O^2 34$.)

D'après ces renseignements officiels extraits des *Mémoires* de
BIENNAIS, nous sommes complètement fixés sur la nature des tabatières à l'usage de Napoléon Ier.

IV

Suivant M. de Méneval, « l'Empereur puisait dans sa tabatière, moins par goût que par préoccupation, car il ne respirait que l'odeur du tabac, et ses mouchoirs de batiste blanche n'en étaient point salis ». (*Souvenirs historiques*, t. I, p. 210.)

Ce fait a pu se rencontrer quelquefois, mais Napoléon prisait beaucoup et il n'est guère possible que ses fins mouchoirs blancs n'en portassent pas la trace.

Opposons d'abord M. de Méneval à lui-même. Dans une lettre adressée à Isabey, il rectifie cette erreur accréditée que l'Empereur se servait des poches de ses gilets comme de boîtes à tabac et que loin de là il avait toujours dans sa chambre dix tabatières pleines, *qu'il changeait à mesure qu'elles étaient vides*.

« Je ne comprends pas ce conte absurde qui se renouvelle si souvent, savoir : que l'Empereur prenait du tabac à même la poche de son gilet. Parce que c'était l'usage du grand Frédéric, on croit que l'Empereur devait faire de même. Mais quelque grand que fût Frédéric, c'était un homme fort sale ; Napoléon, au contraire, était d'une propreté minutieuse. Il avait toujours dans sa chambre dix tabatières d'une forme oblongue avec de petites médailles antiques sur le couvercle et toujours remplies qu'il changeait à mesure qu'elles étaient vides. A la guerre, ses tabatières le suivaient ; l'idée même d'user autrement de son tabac l'aurait dégoûté. Vous pouvez tenir cela pour certain... » (Isabey, *Mémoires*.)

Il arrivait à l'Empereur, par distraction, de se bourrer le nez de tabac, au point de se faire du mal.

Un soir, à Sainte-Hélène, raconte M. de Las Cases, en se retirant Napoléon toussait beaucoup. « J'aurai pris trop de tabac sans y songer, me dit-il ; je suis une bête d'habitude, la conversation m'aura distrait ; vous devriez, mon cher, dans pareil cas, m'ôter ma tabatière. C'est ainsi qu'on sert ceux qu'on aime. »

Dans *le Livre des Collectionneurs* nous avons raconté que, lorsque l'Empereur présidait le conseil d'Etat, il lui arrivait de recourir à la tabatière de ses conseillers. Il se faisait passer successivement plusieurs boîtes que, par distraction, il oubliait d'abord de rendre et retrouvait plus tard dans ses poches.

De son côté, M. de Las Cases a écrit, en parlant de ces belles et longues séances du conseil d'Etat, présidées par Napoléon :

« L'Empereur avait l'habitude, comme l'on sait, de prendre du tabac à chaque instant ; c'était en lui une espèce de manie, exercée la plupart du temps par la distraction. Sa tabatière se trouvait bientôt vide et il n'en continuait pas moins d'y puiser à chaque instant, ou de la porter constamment tout ouverte à son nez, surtout quand il avait lui-même la parole.

« C'était alors aux chambellans qui s'étaient faits le plus à son service, ou qui y mettaient le plus de recherche, à lui soustraire cette tabatière vide pour y en substituer une pleine ; car il existait une grande émulation de soins, de galanterie, parmi les chambellans favorisés du service habituel près de l'Empereur service extrêmement envié. C'étaient du reste à peu près toujours les mêmes, soit qu'ils s'intriguassent beaucoup pour y demeurer, soit qu'il fût naturellement plus agréable à l'Empereur de voir continuer un service déjà goûté. Au demeurant, c'était le grand maréchal Duroc qui arrêtait toutes ces dispositions. »

V

L'Empereur recevait son tabac renfermé dans des pots de grès d'une certaine contenance.

1er février 1806. — Tabac râpé livré pour Sa Majesté par M. ANCEST : Six pots de tabac pesant ensemble :

166 livres à 3 francs . . . . 498 francs.
Trois pots de grès verni, à 9 fr. . . . 27 —
Total. . . . . 525 francs.

Le 28 août 1807, la manufacture des sieurs ROBILLARD, oncles, neveux et Cie, boulevard Montmartre, livre à l'Empereur :
Un pot de grès contenant

20 kilos de tabac à 6 fr. 80 le kilo . . 136 francs.
Achat du pot de grès . . . . 22 —
Transport à Saint-Cloud . . . . . . 9 —
Total. . . . . 167 francs.

Aux pots de grès succédèrent par la suite les coffrets à tabac.

Voyons maintenant ce que Napoléon pouvait consommer de tabac en poudre.

13 janvier 1808. — Livré à sa majesté l'Empereur par la manufacture des sieurs Robillard et Cie, un coffret de 6 kilos de tabac à priser, à 7 fr. 20 le kilo.

8 mars 1808. — Tabac râpé en deux coffrets de 6 kilos chacun à 7 fr. 20.

23 mai. — Un coffret de 6 kilos, à 7 fr. 20.

30 août et 15 septembre 1808. — Fourni à Sa Majesté 12 kilos de tabac râpé à 8 fr. — Si nous ajoutons le prix de quatre coffrets, à 4 fr. et le transport à Paris et à Saint-Cloud, nous arrivons au chiffre de 293 fr. 80. Compte réglé sur le budget de 20,000 francs établi pour la garde-robe de l'Empereur.

Ces divers mémoires ne complètent certainement pas l'année 1808, il faut y ajouter au moins une livraison de 6 kilos pour finir l'année. On arrive ainsi à un total de 42 kilos de tabac à priser, soit 3 kilos et demi par mois.

L'année suivante, les pots de grès et les coffrets à tabac furent remplacés par des boites en étain fin. Le 30 mars 1809, Boicervoise, potier d'étain, fournit, en effet, cinq boîtes en étain garnies de leurs bouchons et clés à vis, coûtant ensemble 54 fr. et contenant 3 kilos 250 grammes de tabac à priser.

Quoi qu'il en soit, Napoléon, étant Premier Consul, aimait déjà beaucoup priser, et si nous en croyons Constant, cette habitude aurait pu lui coûter la vie, sans la surveillance de serviteurs dévoués. « Il venait d'acheter la Malmaison de M. Lecoulteux de Canteleu. La présence d'ouvriers nombreux pour diverses réparations et l'allure de quelques-uns qui, par leur tenue et leur langage, semblaient étrangers à leur profession, fit naître des soupçons.

« En faisant une tournée d'examen, on trouva sur le bureau devant lequel il avait coutume de s'asseoir dans son cabinet de travail une tabatière en tout semblable à celle dont il se servait habituellement. On s'imagina d'abord que cette tabatière avait été oubliée ou posée là par un valet de chambre, mais les doutes inspirées par la tournure équivoque de quelques-uns des faux marbriers ayant pris plus de consistance, on fit faire l'analyse du tabac que contenait la tabatière... il était empoisonné. » (Constant, *Mémoires*.)

VI

Parmi les tabatières emportées par Napoléon à Sainte-Hélène, il y en avait une avec un Pierre le Grand, sur le couvercle, une autre avec un Charles-Quint, une troisième avec un Turenne ; d'autres enfin, dont il se servait journellement étaient couvertes de médaillons rassemblés de César, d'Alexandre, de Sylla, de Mithridate, etc. Venaient ensuite quelques riches boîtes serties de brillants, ornées de son chiffre ou de son portrait ; mais ces dernières étaient de celles qu'il réservait en présents. (Comte de Las Cases, *Mémorial*.)

CHAPITRE VI

L'ÉTIQUETTE DANS LES PALAIS IMPÉRIAUX

I

L'Empereur tenait à ce que l'étiquette fut rigoureusement observée dans toutes les réunions ayant un caractère officiel. Il n'y avait de fauteuils que pour lui et l'Impératrice. Madame Mère « eu égard à son âge » put s'asseoir aussi sur un fauteuil. Des chaises et des pliants étaient réservés aux autres membres de la famille impériale, sans exception.

Dans certaines grandes cérémonies où l'Empereur et l'Impératrice occupaient le trône, eux seuls étaient assis. Les grands personnages placés suivant leur rang, derrière et sur les côtés, restaient debout.

Lorsque l'Empereur devait assiter dans une église à quelque cérémonie, on plaçait un dais au-dessus de son fauteuil.

Pour les cas embarrassants, on se reportait à ce qui s'était fait sous la monarchie précédente, ainsi lors du mariage de l'Empereur avec Marie-Louise, il voulut qu'on procédat de même que pour Marie-Antoinette.

II

Les loges de l'Empereur dans plusieurs théâtres de Paris étaient tendues de velours cramoisi relevé de bois doré et meublées par le Mobilier national. Nous ne trouvons pas de notes concernant cet ameublement, mais il est facile de s'en faire une idée par ce que fut la loge de Louis XVIII.

Le 12 mai 1814, M. de Rémusat, surintendant, des spectacles, donnant l'ordre de faire porter dans la loge du Roi à l'académie royale de musique : « un fauteuil très large pour le Roi, une chaise toute prête pour servir au besoin, un pliant pour Mme la duchesse d'Angoulême et cinq tabourets. »

Prenons connaissance de lettres et notes officielles échangées au sujet de l'étiquette dans les Palais Impériaux.

Lettre du duc de Cadore à M. Desmazis, administrateur du mobilier de la Couronne, 15 décembre 1809.

« Je vous renvoie, Monsieur, l'état des meubles d'étiquette à faire pour le Palais des Tuileries, que vous m'avez adressé. J'y ai fait quelques observations.

« En général, il ne faut par palais que quelques-uns de ces fauteuils d'étiquette et, dans les dispositions d'ameublement, il faut faire en sorte que pour avoir un plus grand nombre de fauteuils de même espèce, on puisse réunir ceux de divers appartements pourvu que par palais on puisse faire trois bons assortiments, cela suffit. »

Décision de l'Empereur du 5 janvier 1811.

« L'Intention de l'Empereur est que quand il tient ses conseils d'administration, il n'y ait de chaises que pour les Ministres d'Etat et les Grands Officiers de l'Empire.

« Les ingénieurs, les maîtres des requêtes et les conseillers d'Etat qui seraient appelés à ces conseils devront être assis sur des tabourets.

« Quant aux conseils privés organisés conformément aux constitutions, il y aura des chaises pour tous les membres qui y seront appelés, excepté pour les auditeurs et autres personnes qui y assisteraient sans faire partie du Conseil privé. »

Signé : « le Comte DE MONTESQUIOU. »

Cette autre décision, datée du 23 février, est ajoutée après la signature :

« Aux Conseils de l'Université : le grand maître aura une chaise. »

Décision pour l'étiquette des Palais, datée de Compiègne le 12 septembre 1811, signée de l'Empereur et contresignée du Ministre secrétaire d'Etat « le Comte Daru » :

« Dans les appartements d'honneur et de représentation, il ne sera réservé de fauteuils que pour l'Empereur et l'Impératrice. Madame, eu égard à son âge, s'assoira aussi sur un fauteuil. Toutes les autres personnes y compris les princes et princesses de la famille Impériale, qui seront dans le cas de s'asseoir dans les appartements d'honneur et de représentation, auront des chaises, ou des pliants, s'il n'y a pas de chaises. Cependant on donnera des chaises à dos aux princesses de la famille Impériale qui seraient enceintes.

« Dans le cas où il viendrait à la cour des souverains étrangers, il sera fait à leur égard un cérémonial particulier.

« L'Empereur, l'Impératrice et le Roi de Rome, seuls peuvent avoir leur voiture attelée de huit chevaux et avoir une escorte d'honneur.

« Les princes et princesses de la famille Impériale n'ont jamais d'escorte d'honneur et ont leurs voitures attelées de six chevaux.

« Les souverains étrangers qui viennent à la cour, n'ont aucune escorte d'honneur, et leurs voitures attelées à huit chevaux que d'après une décision signée par Sa Majesté.

« Dans les cérémonies pour lesquelles Leurs Majestés sont sur le trône ou sous un dais, excepté celles qui ont lieu au Sénat et au Corps législatif, ainsi que les grands couverts, l'Empereur et l'Impératrice seuls sont assis sur des fauteuils. Toutes les autres personnes, princes et princesses, grands dignitaires, etc., restent debout et placés suivant leur rang. »

Le 25 novembre 1811, le duc de Cadore écrivait à M. Desmazis :

« J'ai l'honneur de vous envoyer, monsieur, les copies de deux décisions de Sa Majesté concernant l'étiquette du Palais, et qui doivent servir de règle pour l'ameublement.

« Sa Majesté se plaint de ce qu'on met trop de fauteuils dans les appartements. A Compiègne, par exemple, le salon de l'Impératrice est meublé en pliants et fauteuils et celui qui le précède en fauteuils et chaises. Je vous prie de vous conformer exactement aux décisions que je vous envoie, soit dans les ameublements à faire ou à renouveler, soit dans l'arrangement des anciens meubles existant dans les palais. »

III

Extrait de diverses notes relatives à l'étiquette, inscrites au petit registre.

« L'étiquette est à observer pour le grand appartement de représentation et pour les appartements d'honneur. Elle n'est pas suivie pour les appartements intérieurs qui se garnissent de tous les meubles nécessaires.

Il y a des petits appartements pour lesquels il n'y a point d'étiquette.

Dans les appartements d'honneur et de représentation, il faut de la noblesse dans l'ameublement. On réservera la richesse pour le salon principal.

Les antichambres doivent avoir des lanternes, et les salons des lustres.

Dans les rendez-vous de chasse, il n'y a point d'étiquette. Ils doivent être meublés suivant leur objet.

Les loges aux différents théâtres doivent être meublées suivant l'étiquette, ainsi que les tribunes à la chapelle. Leur ameublement en général doit avoir une couleur uniforme, velours cramoisi et bois doré, par exemple. Les places réservées pour les princes et princesses de la famille seront meublées de la même manière afin d'être distinguées des autres places.

Il y aurait avantage à avoir dans les châteaux, plusieurs pièces meublées de même afin d'avoir une plus grande quantité de meubles et de pouvoir les réunir au besoin dans la même pièce. »

Grands appartements et appartements d'honneur.

« Les antichambres et les premiers salons seront meublés en banquettes larges et tabourets de même, recouverts en tapisserie de la Savonnerie ; les portières et paravents seront de la même étoffe ; il n'y aura point de rideaux. On fournira pour ces pièces les tables et le nombre de lits de sangles nécessaires pour le service.

Les deuxièmes salons d'attentes, salles à manger, de musique et de jeux, salons des princes, et autres grandes pièces seront meublées de deux fauteuils seulement pour Sa Majesté, et d'un nombre suffisant de pliants et tabourets recouverts en tapisserie ou étoffe de soie ;

les rideaux, portières et paravents seront de même étoffe ; on y ajoutera quelques consoles avec des candélabres.

Chambre conseil. Une grande table ronde recouverte d'un riche tapis, un seul fauteuil, des chaises en maroquin autour de la table et des tabourets pliants autour de l'appartement.

Chambre à coucher. Un fauteuil de chaque côté du lit, un fauteuil de toilette, un canapé, des tabourets pliants, commode et rideaux, écran, portières de la même étoffe que le meuble.

On aura des pendules dans les principales pièces et surtout dans celles de service.

Il y aura des housses pour tous les meubles ; on ne les ôtera que les jours de cérémonies et dans les châteaux où sera le souverain. »

Petits appartements et appartements intérieurs.

« Les appartements seront meublés de toute espèce de meubles, sièges à dossiers et point de tabourets pliants.

Si la salle à manger fait partie des petits appartements, elle sera garnie de chaises en nombre suffisant avec un fauteuil pour Sa Majesté.

Si Sa Majesté mange dans une des pièces des grands appartements ou appartements d'honneur, on se servira de l'un des fauteuils et des tabourets pliants qui doivent y être. »

Chapelle.

« Dans la tribune, un tapis sur lequel sera un tapis pour Sa Majesté avec un carreau pour s'agenouiller, A droite et à gauche, des tabourets pliants pour les princes et princesses, et tabourets bas pour s'agenouiller. Derrière, des banquettes pour les dames.

Lorsque, pour une cérémonie, Sa Majesté sera dans le cas d'aller dans la chapelle ou dans une église, il sera placé dans le chœur un tapis avec un fauteuil et un prie-Dieu recouvert en velours pour Sa Majesté, et à droite et à gauche, des tabourets pliants pour les princes et princesses.

Dans les églises on placera un dais au-dessus du fauteuil de Sa Majesté.

En général, on doit tenir retournés les fauteuils de Sa Majesté dans les pièces où il ne va pas ordinairement. »

IV

MOBILIER IMPÉRIAL

Renseignements demandés à S. E. le grand maréchal du Palais sur la nature et la quantité de meubles d'étiquette nécessaires dans chacune des pièces dont la désignation suit :

RÉPONSES	DÉSIGNATION DES PIÈCES
1. Banquettes en velours d'Utrecht ou de la Savonnerie ; bureau en bois noirci ; fauteuil de veille ; rideaux de couleur analogue.	Antichambre ou salle des gardes.
2. Banquettes et tabourets en Savonnerie ; bureau en bois noirci ; rideaux de couleur analogue.	Salon des officiers de garde et des pages.
3. Pliants en Beauvais, bois dorés en partie ; table ou bureau en bois français ; rideaux de couleur analogue.	Salon des officiers de la maison ou salon de service.
4. Pliants et quelques chaises en Beauvais, bois dorés ; rideaux en Beauvais ; meubles analogues.	Salon des princes.
5. Deux fauteuils pour le trône et pliants en velours cramoisi, galon d'or, tenture *idem* ; rideaux *idem* ; point de meubles meublants, comme consoles, etc.	Salon du trône.
6. Six fauteuils, douze chaises et pliants en Gobelins, bois dorés ; rideaux analogues ; meubles dorés.	Salon, ou grand cabinet de l'Empereur.
7. Banquettes et tabourets en Beauvais ; bois et meubles dorés ; rideaux analogues.	Galerie.
8. Comme 7.	Salle de banquet.
9. Comme ci-dessus. Avoir pour l'appartement quelques fauteuils et chaises assorties que l'on pourrait au besoin transporter dans les pièces que l'on désignerait.	Salle de concert.

L'ÉTIQUETTE DANS LES PALAIS IMPÉRIAUX

10. Comme 1.	Grand appartement de Sa Majesté l'Empereur ; antichambre ou salle des gardes.
11. Comme 1.	Salon des huissiers.
12. Comme 2.	Salon des pages et des officiers de garde.
13. Comme 4.	Salon de service.
14. Comme 6, et canapé.	Salon de l'Empereur.
15. Tous les meubles meublants nécessaires, chaises et fauteuils, de grandes tables ; le bureau de Sa Majesté.	Cabinet de Sa Majesté ou topographique.
16. Point d'étiquette particulière ; les meubles nécessaires.	Bibliothèque.
17. *Idem.*	Pièces des secrétaires d'État.
18. Comme celle des Tuileries.	Chambre à coucher.
19. Point d'étiquette ; les meubles nécessaires.	Cabinet de toilette.
20. *Idem.*	Cabinet de bain.

Appartement d'habitation de S. M. l'Impératrice.

21. Comme 1.	Antichambre ou salle des gardes.
22. Comme 1.	Salle des huissiers.
23. Comme 2.	Salle des officiers de garde ou des pages.
24. Comme 3.	Premier salon.
25. Comme 4.	Deuxième salon.
26. Comme 6.	Grand salon.
27. Comme 6, et canapé.	Petit salon.
28. Point d'étiquette, suivant le besoin.	Cabinet de Sa Majesté.
29. Point d'étiquette, suivant le besoin.	Bibliothèque.
30. *Idem.*	Chambre à coucher.
31. *Idem.*	Cabinet de repos ou boudoir.

32. Point d'étiquette, suivant le besoin.   Cabinet de toilette.

33. Idem.   Salle des bains.

Petits appartements de l'Empereur et de l'Impératrice.

34. Toute espèce de meubles de goût, commodes et agréables.   Quel genre de meubles peut-on employer dans les diverses pièces qui les composent? Est-ce dans ces appartements seulement qu'on peut placer des canapés, des meubles en gondoles et autres objets de goût, de mode ou de fantaisie?

Appartement des Princes.

Les antichambres en papier, les salons en tapisserie, les chambres à coucher et pièces intérieures, en étoffes de soie.   Quelles sont les pièces qu'on doit décorer en papier et celles qu'on doit orner de tapisseries ou en étoffes de soie?

Comme l'appartement d'honneur de Sa Majesté.   Quand il y a un appartement de prince souverain dans un palais, faut-il le meubler suivant l'étiquette qui sera prescrite pour les appartements d'habitation de Leurs Majestés.

Certainement.   Faut-il user de même pour l'appartement du Roi de Rome et des enfants de France? A l'exception toutefois des objets nécessaires à leur usage.

Grands Officiers.

Dans les pièces de représentation.   Faut-il mettre des tentures en soie ou en tapisserie dans les chambres seulement des grands officiers ou dans les salons ainsi que dans les chambres à coucher?

(Archiv. nat. O^{2}556.)

CHAPITRE VII

L'ÉTIQUETTE DU PALAIS IMPÉRIAL

I

Sous ce titre nous trouvons aux *Archives nationales* (O²137) des renseignements détaillés sur les attributions des six grands officiers de la Couronne composant la maison de l'Empereur : le grand aumônier ; le grand maréchal du palais ; le grand chambellan ; le grand écuyer ; le grand veneur ; le grand maître des cérémonies. Ces grands officiers ont, sous leurs ordres, tout un personnel dont les fonctions sont bien définies.

Les colonels généraux de la garde, les aides de camp de l'Empereur et les pages, faisaient aussi partie de la maison impériale.

Les attributions de chaque service mûrement étudiées par une commission sous la présidence de l'Empereur, forment dans leur ensemble un code du cérémonial que chacun devait connaître à la cour. Nous allons en donner quelques extraits.

II

Le grand aumônier. — Il baptise les enfants dont l'Empereur est parrain. Il règle la dépense de la chapelle, sur les fonds destinés à cet effet. Il nomme les prédicateurs de la cour. Il délivre les prisonniers que Sa Majesté fait mettre en liberté à certains jours solennels. En cas d'absence du grand aumônier, le premier aumônier remplit ses fonctions.

Le grand maréchal du palais. — Ses attributions sont : le commandement militaire dans les palais impériaux et leurs dépendances, la surveillance de leur entretien, embellissement et ameublement, la distribution des logements.

Le service de la bouche, les tables, le chauffage, l'éclairage, l'argenterie, la lingerie et la livrée.

Il propose à Sa Majesté la distribution du service militaire à établir pour la garde du palais. Il est chargé du commandement de la police dans les palais impériaux, commande au détachement de la garde impériale qui y fait le service... donne les mots d'ordre...

Il prend les ordres de l'Empereur pour les logements que Leurs Majestés, leurs officiers et les gens attachés à leurs services doivent occuper dans les différents palais impériaux, à l'armée et dans les voyages.

A l'armée et en voyage, le grand maréchal du palais est chargé de pourvoir au logement de Leurs Majestés.

Les logements marqués par ordre du grand maréchal du palais, pour le service de Leurs Majestés, les personnes de leur suite et pour la garde impériale, ne peuvent plus être pris par aucune autre personne, quels que soient son rang et ses fonctions et pour aucun autre service.

Lorsque Sa Majesté arrive, ou fait sa première entrée dans un de ses palais, le grand maréchal la reçoit à la porte, la précède et la conduit dans les appartements où elle peut désirer aller.

Il prévient Leurs Majestés, quand le repas est servi, les conduit jusqu'à la table et les reconduit de même après avoir fait son service d'échanson en offrant à boire à l'Empereur.

Le bureau de poste établi dans chacun des palais impériaux est sous la surveillance du grand maréchal du palais. Il est logé et a une table servie aux dépens de la Couronne.

M. de Las Cases nous donne de curieux détails sur la liste civile et les dépenses de la maison de l'Empereur, d'après diverses conversations avec l'auguste captif. Voici, dit-il, ce que j'en ai recueilli :

« La table était d'un million, et pourtant le dîner de la personne de l'Empereur n'était dans ce compte, que pour cent francs par jour. Jamais on n'a pu arriver à le faire manger chaud, parce qu'une fois au travail on ne savait jamais quand il quitterait ; aussi l'heure du dîner venue, on mettait pour lui des poulets à la broche de demi-heure en demi-heure, et l'on en a vu rôtir des douzaines avant d'atteindre celui qui lui a été présenté.

« De là on est passé aux avantages d'une bonne comptabilité. L'Empereur citait surtout sur ce point MM. de Mollien et La Bouillerie. Le premier avait ramené le trésor public à une simple maison de banque ; si bien que l'Empereur, dans un seul tout petit cahier, avait, disait-il, constamment sous les yeux, l'état complet de ses affaires, sa recette, sa dépense, ses arriérés, ses ressources, etc.

« L'Empereur disait avoir eu dans ses caves, aux Tuileries, jusqu'à cent millions en or, qui étaient tellement à lui, qu'il n'en existait d'autres traces qu'un petit livret dans les mains de son trésorier particulier. Tout s'est fondu à mesure et surtout lors des revers, dans les dépenses de l'Etat. Comment aurait-il pu, disait-il, songer à s'en réserver quelque chose ? Il s'était identifié tout à fait avec la nation.

« Il disait encore avoir fait entrer en France, plus de deux milliards de numéraire, sans compter tout ce que les individus pouvaient en avoir rapporté pour leur propre compte. »

III

Gouverneur du palais. — Le gouverneur du palais est chargé, sous les ordres du grand maréchal, et pour les palais dont il est le gouverneur, de tous les détails du commandement militaire et de la police du palais, de la surveillance des bâtiments et leur mobilier, de la propreté des appartements, cours et jardins, de la distribution des logements, etc...

Préfet du palais. — Le premier préfet du palais supplée le grand maréchal du palais, pour le service de la bouche, de l'éclairage, du chauffage, de la lingerie, de la livrée, etc. Il partage le service avec les préfets...

IV

Le grand chambellan est le chef de tout le service de la chambre ; il est l'ordonnateur général de toute les dépenses de ce service ; il jouit de tous les honneurs et de toutes les distinctions attribués aux grands officiers par le règlement général de la maison.

Aux banquets et festins publics donnés par l'Empereur, il présente à laver à Sa Majesté avant et après le repas.

Il prend les ordres de Sa Majesté pour les présents qu'elle désirerait faire aux têtes couronnées, princes, ambassadeurs et autres qui devront être payés par sa cassette. Il les fait confectionner, en arrête le prix et en ordonne le paiement de même qu'à tous les objets soumis à sa surveillance particulière.

Quant au service, il fait celui d'honneur de préférence à tout autre chambellan, il peut aussi faire le service ordinaire, il en a la surveillance et l'inspection.

LE PREMIER CHAMBELLAN remplit les mêmes fonctions que les chambellans, il peut aussi faire le service comme eux, et, à son tour, il est placé à la tête de la liste des chambellans ; par une attribution particulière, il est maître de la garde-robe.

Il vérifie et arrête tous les comptes de dépenses pour le service de la chambre, qui sont ensuite visés et arrêtés par le grand chambellan.

Comme maître de la garde-robe, il est spécialement chargé de tout ce qui la concerne, il a, en conséquence, l'ordonnance et la surveillance sur tous les objets qui la composent, comme habits, linge, dentelles, chaussures, grand et petit costume, cordons et colliers de la Légion d'honneur, et autres, ainsi que les diamants, bijoux, etc., appartenant à Sa Majesté.

Tous les ouvriers, travaillant pour les objets dont il a la surveillance, reçoivent les brevets du grand chambellan.

S'il assiste à la toilette de l'Empereur, il lui passe lui-même son habit, lui attache le cordon ou le collier de la Légion d'honneur et lui présente son épée, son chapeau et ses gants, lorsque le grand chambellan est absent.

Il a la confection et l'entretien des diamants de la Couronne ; mais il les remet en garde au trésorier général de la Couronne qui ne peut les confier que sur la demande écrite du grand chambellan, ou sur un ordre direct de l'Empereur pour les diamants à son usage et sur une demande écrite de la dame d'honneur ou de la dame d'atours, pour les diamants à l'usage de l'Impératrice.

LES CHAMBELLANS. — Il y en a au moins quatre de service par trimestre, qui le font sans aucun tour de droit, mais qui sont désignés par Sa Majesté à la fin de chaque trimestre, sur la présentation du grand chambellan.

Il y a toujours au palais, deux chambellans de jour, dont un pour le grand appartement de représentation, et un pour l'appartement d'honneur de l'Empereur ; ils sont relevés tous les huit jours.

Les chambellans de jour sont chargés d'introduire, près de Sa Majesté, les personnes qui peuvent être admises près d'elle, ou auxquelles elle veut parler...

Ce sont eux qui présentent à l'Empereur toutes les demandes d'audiences particulières et qui préviennent de celles que Sa Majesté accorde.

CHAMBELLAN DE L'IMPÉRATRICE. — La dame d'honneur a, dans la maison de l'Impératrice, les mêmes droits, prérogatives et honneurs que le grand chambellan dans la maison de l'Empereur.

Pour tous les objets de service, la dame d'atours remplace la dame d'honneur.

Il y a trois chambellans de service par trimestre, auprès de l'Impératrice qui sont désignés par Sa Majesté à la fin de chacun. Il y a toujours, dans l'appartement de Sa Majesté Impériale, un chambellan de jour ; il est relevé tous les huit jours.

Le premier chambellan fait le service à son tour, comme les autres chambellans ; il est placé à la tête de la liste.

Il est présent aux audiences de cérémonie et se tient derrière le fauteuil de Sa Majesté, à gauche, le premier écuyer étant placé à droite.

Le chambellan introducteur près de l'Impératrice introduit auprès de Sa Majesté les ambassadeurs et étrangers ; en son absence, il est remplacé par un chambellan désigné par la dame d'honneur.

V

FONCTION ET ATTRIBUTION DU GRAND ÉCUYER ET DES OFFICIERS DE SON SERVICE. — L'écurie et ses différents services, les pages, les coureurs, les armes de guerre de Sa Majesté, la surveillance et la direction des haras de Saint-Cloud, forment les attributions du grand écuyer.

Il ordonne tout ce qui est relatif aux voyages et désigne les places que chacun doit avoir.

Il y a la distribution de tous les logements dans les bâtiments affectés par le grand maréchal au service des écuries, pages, etc.

Il prévient les personnes que Sa Majesté admet à monter sur ses chevaux ou dans ses voitures.

Il accompagne toujours Sa Majesté à l'armée. Il porte à l'armée, en l'absence du connétable, l'épée de Sa Majesté. Si le cheval de Sa Majesté est tué, ou vient à tomber, c'est à lui à le relever et à lui offrir le sien.

A l'armée, le grand écuyer loge aussi près que possible de Sa Majesté afin de se trouver toujours près d'elle, quand elle sort ; il y prend lui-même ses ordres à son lever et à son coucher.

Il partage à cheval la croupe de celui de Sa Majesté avec le colonel général de service ; il est à gauche, afin de se trouver toujours au montoir.

Dans les défilés ou sur un pont étroit, il suit immédiatement Sa Majesté afin d'être à même de prendre son cheval si elle voulait mettre pied à terre, ou de la soutenir au besoin.

En cortège ou en route, il va dans la voiture qui précède Sa Majesté, celles des princes de la famille Impériale ou de l'Empire.

Il présente à Sa Majesté ceux de MM. les pages qui, ayant atteint leur dix-huitième année, sont dans le cas de passer dans les corps de l'armée.

Il est logé par la couronne et se sert des gens, chevaux et voitures de Sa Majesté.

Au grand couvert, il donne le fauteuil à Sa Majesté pour se mettre à table, il le retire pour qu'elle se lève ; il se tient à sa gauche.

Il soutient Sa Majesté du côté droit pour monter en voiture ou en descendre, dans les cérémonies et toutes les fois qu'il se trouve près d'elle.

Il marche immédiatement devant Sa Majesté quand elle sort de ses appartements pour monter à cheval, lui donne la cravache, lui présente le bout des rênes et l'étrier gauche ; il la soutient aussi pour monter à cheval...

Il surveille particulièrement l'instruction des pages et tout ce qui tient à leur nourriture et leur entretien.

LE PREMIER ÉCUYER surveille les écuries sous l'autorité du grand écuyer dont il remplit les fonctions en son absence.

Le premier écuyer de Sa Majesté l'Impératrice remplit près d'elle les fonctions de chevalier d'honneur ; il lui donne la main de préférence à tout autre ; il est présent aux audiences que donne Sa Majesté, et se tient derrière son fauteuil.

Il accompagne toujours l'Impératrice dans ses voyages ; il ordonne et dirige tout ce qui y est relatif, désigne les places de chacune, etc...

VI

Les pages. — Il y a trente-six pages au moins et soixante au plus. Les deux premiers passent à dix-huit ans dans les corps de l'armée, avec le grade de lieutenant, les autres avec celui de sous-lieutenant.

Quant Sa Majesté se sert de voiture de cérémonies, il en monte autant que possible derrière la voiture et six derrière le cocher.

Les pages font le service dont Sa Majesté juge à propos de les charger. Ils sont à cheval, précédés d'un palefrenier.

Sous quelque prétexte que ce soit, les pages porteurs d'ordre de Leurs Majestés ou de Leurs Altesses Impériales soit par écrit, soit verbal, ne peuvent se dispenser de le rendre directement à la personne que l'ordre concerne, fût-elle malade et même gardant le lit.

On ouvre les deux battants aux pages porteurs d'ordre de Leurs Majestés..... On les reconduit jusqu'à la porte extérieure de l'antichambre.

Le gibier tué au tiré de Sa Majesté appartient au premier page.

Les deux premiers pages suivent de préférence Sa Majesté à l'armée ou dans ses voyages ; ils peuvent faire le service d'aide de camp de Sa Majesté.

Les pages servent Leurs Majestés à table au grand couvert et dans les appartements d'honneur.

VII

Fonctions et attributions du grand veneur. — La vénerie et tout ce qui a rapport aux chasses à courre et à tir dans les bois et forêts du domaine de la couronne.

Les armes de chasse de l'Empereur.

Les princes, les grands officiers de l'Empire, tous les généraux, colonels sont admis à chasser avec l'Empereur ; ils se font inscrire chez le grand veneur, qui prend les ordres de Sa Majesté.

Il veille à l'entretien et ameublement des rendez-vous de chasse. Il nomme les concierges de ces rendez-vous.

A la chasse à tir, le colonel général de service se place à la droite de Sa Majesté, le grand veneur à la gauche; si Sa Majesté leur permet de tirer, ils conservent la même place.

Le grand veneur désigne la place de toutes les autres personnes admises à tirer à la chasse de Sa Majesté. Il fait prévenir les étrangers et les autres personnes que Sa Majesté admet à l'honneur de chasser avec elle. Il donne l'autorisation de porter l'uniforme de chasse.

La louveterie est dans ses attributions.

Il est logé par la Couronne et se sert, pour le service, des gens et et chevaux de la vénerie.

VIII

Fonctions et attributions du grand maître des cérémonies. — Le grand maître des cérémonies jouit des prérogatives attribuées aux grands officiers de la Couronne; il règle les rangs et les préséances, dans toutes les réceptions, fêtes, présentations, cérémonies publiques et solennelles, etc.....

IX

Les aides de camp de l'Empereur sont au nombre de douze.

Il y en a au moins quatre de service, par trimestre. L'aide de camp de jour, relevé toutes les vingt-quatre heures, doit avoir toujours un cheval sellé ou une voiture attelée à sa portée, dans une remise du palais...

CHAPITRE VIII

LE JEU A LA COUR DE NAPOLÉON

I

Napoléon n'aimait pas le jeu, dit l'auteur des *Mémoires de Bourrienne*, « et c'était fort heureux pour les personnes invitées à ses cercles, car lorsqu'il était à une table de jeu, comme il se croyait quelquefois obligé de le faire, rien n'était plus ennuyeux que le salon soit du Luxembourg, soit des Tuileries ». (T. III, p. 229.)

Dans l'intimité, l'Empereur éprouvait parfois un certain plaisir à tricher, mais les enjeux étaient peu élevés et, en se levant de table, il rendait l'argent gagné.

Consultons Mme de Rémusat : « Le jeu à la cour de l'Empereur, écrit-elle dans ses *Mémoires*, entrait seulement dans le cérémonial. Il ne voulut jamais qu'on jouât d'argent chez lui ; on faisait des parties de whist et de loto ; on se mettait à une table pour avoir une contenance mais le plus souvent on tenait les cartes sans les regarder et on causait. »

II

L'impératrice Joséphine aimait à jouer même sans argent et faisait réellement un whist. Sa partie, ainsi que celle des princesses, était établie dans le salon qu'on appelait le Cabinet de l'Empereur et qui précède la galerie de Diane.

Elle jouait aussi avec les plus grands personnages qui se trouvaient dans le cercle étranger, ambassadeurs ou français. Les deux dames de semaine du palais demeuraient assises derrière elle, un chambellan près de son fauteuil. Tandis qu'elle jouait, toutes les personnes qui remplissaient les salons venaient les unes après les autres lui faire une révérence.

Les sœurs et les frères de Bonaparte jouaient et faisaient inviter à leurs parties par leurs chambellans; de même sa mère, qu'on appela *Madame Mère*, qu'on fit princesse et à qui on donna une maison.

Tout le reste de la cour jouait dans les autres salons. L'Empereur se promenait partout, parlait à droite et à gauche précédé de quelques chambellans.

III

Dans les premiers temps de son exil à Sainte-Hélène, Napoléon consacrait au reversi une partie de ses soirées. C'était, disait-il, le jeu de sa jeunesse. « Il pensait, écrit M. de Las Cases, qu'il pouvait s'en amuser longtemps ; il ne tarda pas à se détromper ; du reste, nous le jouions avec toutes ses variantes, ce qui amenait beaucoup de mouvement ; j'ai vu jusqu'à 15 ou 18,000 fiches de remises. L'Empereur essayait presque à chaque coup de faire le reversi, c'est-à-dire de faire toutes les levées ; ce qui est assez difficile, et cela lui réussissait néanmoins souvent : le caractère perce toujours et partout. On se retirait de dix à onze heures. » (*Mémorial de Sainte-Hélène.*)

IV

En 1811, Delatre, cartier, *Au Roi Salomon*, livre pour l'Empereur : cent sixains de cartes entières, vélin, 500 fr. — Cinquante sixains de cartes de piquet, vélin, 150 fr.

Badet, successeur de Delâtre, fabricant de cartes, rue Helvétius, fait la même année, une fourniture semblable : cent sixains, cartes entières, vélin, 500 fr. — Cinquante sixains, cartes de piquet, vélin, 180 fr. — Les jeux de piquet avaient subi une légère augmentation. (*Arch. nat.* O²34.)

On ne jouait pas seulement aux cartes, à la cour de Napoléon; les dames, les échecs et le loto dauphin y étaient aussi en faveur. Des livraisons faites par Biennais, du 17 janvier au 2 octobre 1810, nous montrent par leur importance, le développement que prenaient ces jeux : six damiers en noyer, en merisier : 83 fr. — Deux damiers d'acajou, avec dames d'ivoire vertes et blanches : 280 fr. — Deux échiquiers, dont un en ivoire et ébène et l'autre en acajou, avec incrustations, 170 fr. — Quatre jeux d'échecs ordinaires, 54 fr. — Quatre jeux d'échecs, dont deux en bois de rose et deux en ivoire et ébène, 308 fr. — Une boîte de fiches en nacre de perle, les paniers en acajou et la boîte en bois de racine, 320 fr. — Cinq boîtes de fiches en ivoire, décor en réserve, 420 fr. — Quatre boîtes de fiches ordinaires, 32 fr. — Douze râteaux en bois de rose, avec cuillers dessus, pour loto dauphin, 144 fr. (*Arch. nat.* O²34.)

Bien d'autres mémoires de ce genre, qui nous échappent, furent présentés par BIENNAIS ; nous savons que, dès 1804, il livrait pour l'Empereur, à Fontainebleau, de riches tables de quadrille, des jeux de dames et d'échecs et une boîte de fiches en ivoire teinté en réserve (*Arch. nat.* O²567.)

CHAPITRE IX

LE PERSONNEL DU CABINET DE L'EMPEREUR

Baron Fain, secrétaire du Cabinet, 25,000 fr. — Jouanne et de Rumigny, premiers commis du Cabinet, chacun 12,000 fr. — Baron Bacler d'Albe, directeur du Cabinet topographique, 12,000 fr. — Duvivier, ingénieur géographe, 6,000 fr. — Lameau, ingénieur géographe, archiviste, 6,000 fr. — ... chef du bureau de traduction, 6,000 fr. — ... sous-chef, 4,000 fr. — Jaubert, Noinville, Kermelle, traducteurs, chacun 3,000 fr. — Lurtaud, traducteur, 2,400 fr. — Bary, archiviste 6,000 fr. — Landoire et Dejean, gardes du portefeuille, 4,800 fr. — Deux expéditionnaires, à 1,800 fr. chacun. — Cinq garçons de bureau, à 1,500 fr.

La somme affectée au paiement des employés et frais de bureau du Cabinet de l'Empereur, s'élevait à 210,000 fr.

CHAPITRE X

LES CHAMBELLANS

I

Etat des chambellans et de leurs traitements pour l'année 1807.

MM. DE TALLEYRAND grand chambellan, 40,000 francs.
      DE RÉMUSAT premier chambellan, 30,000 —
      DE BRIGODE, chambellan ordinaire, 12,000 —
      AUGUSTE DE TALLEYRAND, — 12,000 —
      DALBERG, — — 12,000 —
      DE VIRY, — — 12,000 —

MM. GARNIER-LABOISSIÈRE; DE CROY; MERCY-ARGENTEAU; ZUIDWYCK; DE TOURNON; TAILLEPIED DE BONDY; DE FALLETTE-BAYOL; PONTE DE LOMBRIASQUE, à 6,000 fr.

Ces sommes sont prélevées « sur le fonds de 173,500 fr. que le budget de 1807 met à notre disposition pour le traitement de MM. les chambellans ».

Signé : CHARLES-MAURICE.

II

Le service de chambellan, près de l'Empereur, était extrêmement envié. Chacun était aux petits soins auprès du souverain.

« Au sujet de ces soins et de cette galanterie, l'un d'eux qui s'était aperçu que l'Empereur, allant au théâtre, oubliait parfois sa lorgnette dont il faisait un grand usage au spectacle, avait imaginé d'en faire

faire une toute semblable et de verres pareils, si bien que la première fois qu'il vit l'Empereur en être privé, il la lui présenta comme la sienne. De retour dans son intérieur, l'Empereur se trouva donc avoir deux lorgnettes, sans qu'on pût lui dire comment. Le lendemain il s'enquit du chambellan, qui lui répondit simplement que c'en était une en réserve pour son besoin. »

Un autre fois, à table à Trianon et fort enrhumé, l'Empereur demanda un mouchoir; aussitôt le chambellan de service lui en remit un dont il s'était précautionné. Comme il voulait reprendre l'autre : « Je vous remercie dit l'Empereur ; mais je ne me pardonnerais pas qu'on pût dire que j'ai laissé M. un tel toucher mon mouchoir sale. »

Quand Napoléon quittait Paris pour Saint-Cloud, la Malmaison ou autres lieux, en un mot quand la cour était à la campagne, il admettait d'ordinaire son service aux réceptions privées qui composaient le soir son cercle familier et dont la faveur était tenue à si haut prix.

Les clés de chambellan étaient en vermeil, offrant dans leur anneau formé d'une couronne de chêne et de laurier, un aigle symbolique, le tout ciselé en relief. Elles coûtaient ainsi 144 fr. — Il fallait y ajouter 48 fr. pour le nœud et le gland d'or, ce qui remettait la clé complète à 192 fr.

Si MM. les chambellans payaient les frais de leur uniforme, comme tous les fonctionnaires, l'Empereur leur offrait les insignes distinctifs de leurs fonctions.

III

Le 9 et le 11 octobre 1809, Biennais livre à l'Empereur dix clés de chambellan avec leurs nœuds et glands d'or pour MM. de Sellaers, de Harchiel, de Montam, de Corverhoost, Smeth d'Alpher, Brautsen, Vandezyp, de Nysenheim, Othon de Bylande, de Benesse, Vanwilp.

L'année suivante, du mois de janvier au 9 octobre 1810, Biennais fournit encore cinquante clés complètes de chambellan, avec nœud et gland d'or au prix convenu de 192 fr. pour chacune.

Cette livraison correspond à la grande nomination de chambellans calculée pour l'entourage de Marie-Louise; on avait compris le duc de Duras. « Il me fit prier de trouver bon, disait l'Empereur, qu'il refusât, ayant été, ajoutait-il, premier gentilhomme de la chambre de

Louis XVI et de Louis XVIII. Je fus le premier à m'écrier : Comment voudrait-on qu'il en pût être autrement ?... Il a raison. C'était un manque de goût dans ceux qui me l'avaient proposé ; mais moi qu'avais-je à y faire ? Pouvais-je deviner de pareils détails ? Mes grandes affaires me permettaient-elles d'y descendre ? »

IV

Quand les princes d'Espagne furent internés en France, Ferdinand eut pour résidence Valençay, et le comte d'Arberg fut attaché à sa personne. Le comte étant aux Tuileries où il avait apporté une lettre de Ferdinand, l'Empereur s'informa des princes, demanda s'ils se conduisaient bien, s'ils étaient sages ; et puis il ajouta : « Vous m'avez apporté une bien jolie lettre ; entre nous, c'est vous qui la leur aurez faite ? » D'Arberg assura qu'il ignorait même l'objet de son contenu. « Eh bien ! dit l'Empereur, elle est charmante ; un fils n'écrirait pas autrement à son père. »

CHAPITRE XI

LES OFFICIERS DE SERVICE DE S. E. LE GRAND MARÉCHAL DU PALAIS
LES VALETS DE CHAMBRE D'APPARTEMENT
LES GARÇONS DE LA CHAMBRE

1

Etat des officiers du service de S. E. le grand maréchal du Palais, pour servir au paiement de leurs traitements.

Le duc DE FRIOUL, grand maréchal du Palais. . . .	40 000 francs
M. DE LUCAY, premier préfet du Palais	30 000 —
M. BEAUSSET, préfet du Palais	15 000 —
M. DE SAINT-DIDIER, préfet du Palais	15 000 —
L'adjudant-commandant comte DE SÉGUR, maréchal des logis	8 000 —
M. DE CANOUVILLE, maréchal des logis.	8 000 —
M. LEDUC, secrétaire général	6 000 —
M. ERTAULT, quartier-maître du Palais	6 000 —
M. PFISTER, premier maître d'hôtel, contrôleur . .	12 000 —
M. DESCHAMPS, fourrier du Palais.	4 200 —
M. BAILLON, —	4 200 —
M. EMERY, —	4 200 —
M. PICOT, —	4 200 —

« Vu, ordonné et approuvé, sur le fonds des 156 800 que le budget de 1810 met à notre disposition pour traitements du grand maréchal du palais et officiers de service. »

Le Grand Maréchal du Palais,
D. DE FRIOUL.

31 décembre 1810.

II

Le budget pour les « valets de chambre d'appartement » était en 1810 de 81 600 fr. Ils figurent au nombre de vingt-quatre sur un état signé du grand chambellan, le comte de Montesquiou, et leurs appointements annuels s'élevaient pour chacun à 3 400 fr. C'étaient : MM. Dejean, Revoy, Legrand, Varlet, Guillemin, Hoelaets, Petit, Hébert, Dupuis, Isidore, Mauchez, Alexandre Pelard, Bouquillon, Soubrillard, Crépin, Cholet, Crozot, Escoubé, Labrière, Goudailler, Bosson, Gobreau, Brissard, Cagin.

III

Le grand habit des garçons de la Chambre coûtait 398 fr. et le petit habit 300 fr. Nous en trouvons les détails dans le mémoire de Chevalier daté de 1811.

Grand Habit.

M. Chauvin. — Un habit de Louviers vert, une veste d'écarlate, une culotte de drap de soie et un caleçon, 220 fr. — Broderie en or des collets, parements et écussons, 72 fr. — Quatre onces de galon pour la veste, à 16 fr. 50 l'once, 66 fr. — Fourni un chapeau, 40 fr. Total, 398 fr.

Un grand habit de même genre pour MM. Nolet, Andray, Delapourielle, Chollet, Corderand, Jillies, Dunod, Marchand, Lepage, Liguière, Datessen.

Petit Habit.

Le petit habit se compose d'un habit de Louviers vert, d'une culotte de casimir noir, d'un gilet blanc et d'un caleçon, 220 fr. — Broderie en or des collets et parements, 40 fr. — Chapeau, 40 fr.

Pour chacun des mêmes garçons de la chambre de Sa Majesté, un petit habit de 300 fr. Total 8,376 fr.

« Vu, ordonné et approuvé sur le fonds de 68,600 fr. que le budget de 1811 met à notre disposition à titre de fonds de secours. »

Le Grand Chambellan,
« Le Comte de Montesquiou. »

6 février 1812.

Mémoire réglé intégralement, comme toutes les fois que les prix étaient arrêtés d'avance.

CHAPITRE XII

ROUSTAN, LE MAMELUCK DE L'EMPEREUR

I

Roustan servait tout jeune dans les mamelucks du Caire, quand il fut donné au général Bonaparte qui l'attacha à sa personne et le ramena en France.

Le dévouement de Roustan fut longtemps à toute épreuve, il suivait son maitre aux revues et sur les champs de bataille et couchait près de son lit ou à l'entrée de sa tente. Napoléon le combla de bienfaits et le décora. Il était à Fontainebleau en 1814, lors de l'abdication. L'Empereur comptait l'emmener à l'île d'Elbe.

Au moment de monter en voiture, accompagné des commissaires des diverses grandes puissances européennes, l'Empereur, étonné de ne pas le voir, demanda où il était. Le mameluck Roustan s'était conduit comme tant d'autres plus illustres; il avait disparu.

L'ingrat reparut longtemps après dans son costume officiel, à la cérémonie de la translation des cendres de Napoléon, le 15 décembre 1840.

II

Roustan portait un superbe costume grec, fait par Chevalier dont le mémoire se résume ainsi : Cinq aunes de Louviers bleu, pour un habit complet, grec, 66 fr. l'aune. — Broderies des deux gilets et du pantalon, 380 fr. — Façon et fournitures, 32 fr. — Total, 742 fr. — La toque en velours cramoisi, bordée d'étoiles d'or, avec une aigrette fournie par Poupart, chapelier, revenait à 312 fr., et la paire de bottes de chez Jacques, à 80 fr.

Dans les grandes circonstances, Roustan était vêtu plus richement encore; en 1804, par exemple, l'Empereur lui fit faire deux costumes pour les cérémonies du sacre. L'un, exécuté par Sandoz, tailleur rue de Seine, coûtait 2,450 fr; c'était un costume de mameluck, avec le dolman en velours vert, la sabretache en pou-de-soie amarante, la grande culotte de drap fin et la ceinture en mousseline paille, le tout richement brodé d'or fin avec paillettes et perles.

L'autre costume, de style grec, sortait des ateliers de Chevalier ; on y avait employé cinq aunes de drap de Louviers, tant bleu qu'écarlate à 58 fr. l'aune. La broderie du gilet rouge était cotée 4,500 fr., et celle du gilet de dessous, à manches, 600 fr. — Le bonnet en velours pourpre, brodé, 160 fr. — Le turban et la ceinture brodée à paillettes, 755 fr. — L'ensemble montait à 6,653 fr., mais le mémoire parut trop élevé et fut réduit à 5,800 fr. (*Arch. nat.* O^{2}35.)

Ce n'est pas tout, il nous faut ajouter, d'une part, 360 fr. payés à Poupart, chapelier, pour un cordon de sabre or et rouge à garniture dorée et une giberne brodée d'or; d'autre part, à Jacques, bottier de l'Empereur, 115 fr. pour sa double livraison d'une paire de bottes en maroquin rouge garnies de galons et glands d'or, suivant le dessin d'Isabey et d'une paire de souliers rouges devant servir le lendemain du sacre.

III

Il y avait un second mameluck, mais d'une authenticité douteuse, si l'on en juge par son nom qui était Denis. Ce nom popularisé depuis par la chanson de Désaugiers, manquait de couleur locale et ne rappelait guère l'Orient; il fut changé en celui d'Aly. C'est ce que nous apprend ce mémoire de Jacques, bottier de l'Empereur.

30 décembre 1811. — Livré au sieur Denis, dit Aly, deuxième mameluck de Sa Majesté, une paire de bottes rouges, 80 fr. (*Arch. nat.* O^{2}35.)

A Sainte-Hélène, dans ses promenades à cheval, Napoléon était accompagné d'un chasseur que M. de Las Cases, appelle *le fidèle Aly*. C'est peut-être le même que ce Denis dit Aly, désigné sous l'appellation de second mameluck.

CHAPITRE XIII

LES PAGES DE L'EMPEREUR

I

Peu après son avènement, l'Empereur créa des pages qu'il choisit parmi les fils de ses généraux et des premières familles de l'Empire. Ces places, d'ailleurs très recherchées, promettaient un brillant avenir dans la carrière militaire.

Les pages recevaient une éducation solide et pratique ; ils pouvaient être admis dès l'âge de treize ans et leur nombre ne devait pas s'élever au delà de soixante. Ils passaient à dix-huit ans dans l'armée, presque toujours dans la cavalerie, les deux premiers en qualité de lieutenant, les autres avec le grade de sous-lieutenant. Par exception, ils devenaient auditeurs au conseil d'Etat ou entraient dans la marine comme aspirants de première classe. Vers la fin du règne, la pénurie d'officiers se faisant sentir, le nombre des brevets de lieutenant s'accrut sensiblement.

II

Une note, rédigée d'après les instructions de l'Empereur, établit ainsi les attributions des pages :

« Quand Sa Majesté se sert de voiture de cérémonies, il en monte autant que possible derrière la voiture et six derrière le cocher.

Les pages font le service dont Sa Majesté juge à propos de les charger. Ils vont à cheval, précédés d'un palefrenier.

Sous quelque prétexte que ce soit, les pages porteurs d'ordres de Leurs Majestés ou de Leurs Altesses impériales, soit par écrit, soit verbal, ne peuvent se dispenser de le rendre directement à la personne que l'ordre concerne, fût-elle malade ou même gardant le lit.

On ouvre les deux battants aux pages porteurs d'ordres de Leurs Majestés... On les reconduit jusqu'à la porte extérieure de l'antichambre.

Le gibier tué au tiré de Sa Majesté appartient au premier page.

Les deux premiers pages suivent de préférence Sa Majesté à l'armée ou dans ses voyages ; ils peuvent faire le service d'aide de camp de Sa Majesté. Les pages servent Leurs Majestés à table au grand couvert et dans les appartements d'honneur... (*Arch. nat.* O^{2}137.)

III

Le général Gardanne (les mauvais plaisants prononçaient Garde-ânes) remplit pendant quelques années les fonctions de gouverneur des pages.

Voici l'état nominatif des gouverneur, sous-gouverneurs et professeurs des pages, au 1er janvier 1812 :

Gouverneur, le général de division, comte de CAULAINCOURT, 16,000 fr. — Le baron MARIN et l'abbé GAUDON, sous-gouverneurs, chacun 8,000 fr. — VERGEZ, médecin, et RUFFIN, chirurgien, chacun 3,500 fr. — LANDUMIEY, chirurgien-dentiste, 1,200 fr. — EUDTER, ORANGE, EXTAULT, DUTERTRE, BEAUPRÉ aîné, LABŒSSIÈRE, FIEFFÉ, DELIGNY, DESMEZIÈRES, CARRÉ, professeurs, 3,000 fr. chacun. — BERTIN, BEAUPRÉ jeune, RENEVIER, professeurs à 1,800 fr. — SAINT-QUENTIN, contrôleur-économe, 3,000 fr. — DENISE, MARTIN, LARTIGUE, chacun 1,800 fr.

L'habillement des pages revenait à un prix élevé. BASTIDE, tailleur rue des Petits-Augustins, demandait pour le grand uniforme, habit, veste et culotte, en drap écarlate, 850 fr., et pour la petite tenue, y compris la culotte et la veste de manège, 284 fr.

Il fallait encore ajouter : un nœud d'épaule de 180 fr. fourni par DALLEMAGNE, brodeur, rue des Portes-Saint-Sauveur. Le nœud d'épaule était en « pékin vert », semé d'abeilles, bordé d'un franjon d'or et garni par le bas d'une frange de même, avec un aigle vers chaque extrémité.

Deux paires de bottes, à 36 fr. la paire, de chez Laurent.

Un chapeau de grand uniforme, brodé d'or, à plumet blanc et torsade d'or, livré par Daydé, chapelier des écuries de l'Empereur, 110 fr. — Le chapeau de petite tenue, avec torsade d'or, ne revenait qu'à 36 fr.; l'épée, de chez Lepage, en coûtait 52.

Parmi les autres fournisseurs, nous pouvons citer : Paillard, blanchisseur; Mlles Lolive et de Beuvry, les célèbres lingères de l'Empereur et de l'Impératrice ; Groslard, marchand poêlier ; Virtel, coutelier ; Duban, marchand faïencier, rue Coquillière, etc. En 1806, ce dernier réclame 684 fr. pour ses livraisons de plats d'entrée, carafes et gobelets en cristal taillé, verres à vin de Bordeaux et de Champagne, verres à liqueurs, pots à crème, etc. On voit, par ces menus détails, que MM. les pages étaient bien traités.

Un mémoire de 4,140 fr., délivré par Dallemagne, brodeur, pour vingt-trois nœuds d'épaule à 180 fr., porte cette mention : « Vu, ordonné et approuvé sur le fonds de 2,577,120 fr., mis à notre disposition par le décret du 8 septembre 1807, pour les dépenses de notre service pendant ladite année. — Le grand écuyer de France, Caulaincourt. » (*Arch. nat.* O^{2}86.)

En Italie, l'Empereur avait aussi des pages, mais d'origine italienne ; ils remplissaient leurs fonctions en Toscane et au palais impérial de Milan.

IV

L'institution des pages, payée sur le budget du grand écuyer, coûtait, année moyenne, près de 260,000 fr. Le fonds de 1810 est ainsi réparti : traitement des gouverneur, sous-gouverneurs, etc., 83,800 fr. — Nourriture, 71,175 fr. — Habillement, 44,000 fr. — Lingerie, blanchissage, 6,000 fr. — Argenterie, coutellerie, porcelaine, verrerie, 1,800 fr. — Gages et habillement des domestiques, 26,080 fr. — Chauffage et éclairage, 13,610 fr. — Dépenses imprévues, 7,140 fr.

Dans les premières nominations de pages, se trouvent MM. Baval et Lemercier, âgés de dix-sept ans ; de Beaufranchet, de Najac et Tintignies, âgés de quinze ans ; Devienne et Mongenet, âgés de quatorze ans ; Bonnaire et Lauriston, âgés de treize ans ; Balincourt, Hatry et Masséna, fils du maréchal.

Les listes mentionnant le nom des pages laissent beaucoup à désirer ; les unes font défaut ; d'autres sont incomplètes ; nous y remédierons, dans une certaine mesure, à l'aide des mémoires de quelques fournisseurs.

V

Au mois de juillet 1806, BASTIDE, tailleur, présente un mémoire s'élevant à 9,205 fr. pour avoir fourni des vêtements aux trente pages dont les noms suivent :

MM. DE BALINCOURT, DE XAINTRAILLES, DE BEAUFRANCHET, DE BONNAIRE, DE BOUDARD, DUFAUT, DE VIENNE, LAURISTON, DE MONGENET, DE NAJAC, DE CLÉMENT, DE CHABAU, DE LESPINAY, FRIANT, D'HOUDETOT, MONCEY, DUVAL, DE PONTALBA, DE RIGAUD, DE THERMES, CORVISART, VILLEMINOT, DE BEAUMONT, MARESCOT, DE CASTILLE, DE BILLY, LEGRAND, DUPONT, DE MONTECHOISI. (*Arch. nat.* O^{2}97.)

Le 12 novembre, LAURENT, bottier, demande 700 fr. pour quatorze paires de bottes avec galons d'argent et glands, éperons bronzés et éperons plaqués d'argent, destinés à sept pages partis au mois d'octobre 1806, pour la grande armée : MM. DE LESPINAY, LECLÉMENT, DE XAINTRAILLES, DE BEAUFRANCHET, DUVAL, DE CASTILLE et MARESCOT. (*Arch. nat.* O^{2}98.)

Année 1808. — Première liste : DE MAUPERTUIS, NICOLAS DROUET, MAYNARD DE PANCEMONT, LOUIS GHILINI, QUIMPER DE LANASCOL, DE PERTHUIS, D'ASSIGNY, BERNARD DE RIGAUD, CAMILLE DE CONTADES, MOUCHARD, CHABAN, FABRICE PALLAVICCINI[1].

1808. — Seconde liste : DE NAJAC, DE BALAINCOURT, DEVIENNE, DE MONGENET, MASSÉNA, MONCEY, DE PONTALBA, OUDINOT, DE THERMES, CORVISART, DE BEAUMONT, DUPONT, D'AUBUSSON, DE BARLAYMONT, LAFRENAYE, DE GABRIAC, D'HERVILLY, DE SAINT-PERU, ORDENER, SAINT-HILAIRE, DOUDET, LARIBOISSIÈRE, LANTIVY, POINCOT, BARRAL, DANDELOT, PETIET, DOUMERC, MOZARD DE GATES, LABASSÉE, DE BEAUMONT LÉOPOLD, SAINT-MARSAN, BALBE-CRILLON, GORSEGNO, BERTON, SAMBUIS, GORSÈGNE et LAURISTON.

1809. — EDOUARD PERRERI, DE LA COUR, THÉODORE DE BONGARS.

Le 10 octobre 1809, le jeune OUDINOT, âgé de dix-huit ans, est cité par M. de Coulaincourt comme « un sujet distingué par son instruction autant que par sa conduite ». (*Arch. nat.* O^{2}85.)

LAURENT, bottier, réclame 5,292 fr. pour soixante-douze paires de

---

[1] Nous tenons à dégager notre responsabilité en ce qui concerne l'orthographe des noms propres, qui varie suivant les listes.

bottes fournies pendant le mois de juin 1809, à trente-six pages, parmi lesquels nous citerons : MM. DANDELOT, D'ASSIGNY, D'AUBUSSON, DE BALEYMONT, BARRAS, CHABAU, DOUDET, DROUET, DE CONTADES, DOUMERC, GABRIAC, GHILINI, LABOISSIÈRE, MAYNAUD DE PANCEMONT, PETIET, DE PERTUIS, QUIMPER DE LANASOL, RIGAUD, SANOIS (?), SANTIVY (?).

A la même époque, DAYDÉ, chapelier, fait pour les mêmes pages une livraison de trente-six chapeaux. (*Arch. nat.* O^2*102.)

1810. — D'AUBUSSON, en remplacement de M. DE GABRIAC, nommé auditeur au conseil d'Etat; A. DE BOUGAINVILLE, ALPH. COHORN, VIALETTE, DUMANOIR, DE MONBADON, ERNEST VERHUELL, GEVERS D'ENDEGEEST, DE BECKFELD, VAN LIMBURG, STIRUM, VAN ASBECK, SPONEKAERT DE SCHAUNBURG, HŒNFFT, KNOPPERT, VALVADUS, VANGOLSTEIN, DE KŒKENBURG, DE MATHENA, CAMILLE DRUYŒSTEIN, KRECHMAR, VAN WYCK, HOME DE GRAVE, ERNEST DE SAMBUY, DU LYON, DE FRENELLE, BRUYX.

1811. — D'ARGY, BECQUET, DE MEZENVUE, DROULLIN DE MENIL-GLAIZE, DE FAYET, DUBREUIL DE FRÉGOZE, POUILLOUE DE SAINT-MARS, DE CHASTILER, DE ROVERETO, DE CHAMOY, BONARDY, DE FRENOYL, DE SERRANT, DE BOURGOING.

Seconde liste recueillie dans divers comptes : D'ASBECK, D'ASSIGNY, DE BÉQUET, DE BITOURS, BRUYX, DE BOURGAINVILLE, CENTURIONE, CAMBACÉRÈS, CAMBIOSO, DELCARETTE, DROUET, DOUMERC, DE DREUX-BRÉZÉ, DRUYVESTEIN, DUCHATELET, DUMANOIR, FERREI, DE FAYET, FREGOSSE, GEVERS, HOLMBERG, HOUFFT (?), DE JUIGNÉ, KRECHMAR, KUYPHAUSEN, DE LABOISSIÈRE, DU LION, DE LACOUR, DE MALDEGHEM, MOLITOR, DE MONBADON, DE MOLAC, DE MORNAY, PALAVICCINI, DE PANCEMONT, DE SAINT-HILAIRE, DE SAMBUIS, DE SAINT-SULPICE, VAN ASBRUCK, VAN STIRUM, VERHUELL.

1812. — LECLERC DE JUIGNÉ; CAMBACÉRÈS, fils du général; JULES MORNAY, DE DREUX-BRÉZÉ, BEYSSEL, ALTIERI, CLÉMENT, DE ROME, COSTA, DE GÊNES, KUYPHAUSEN, D'UTRECHT, GARNIER DE LA BOISSIÈRE, le sénéchal CARCADO DE MOLAC.

1813. — « Le jeune EUGÈNE DE SÉGUR. » DELZONS, âgé de treize ans; MENOU, fils du général; JANSSENS; ODILON DUROC, parent du duc de Frioul; JOSEPH MAISON, fils du général; PIERRE FERRERI.

BASTIDE et DALLEMAGNE fils, tailleurs, réclament 18,107 fr. pour fournitures de vêtements, pendant trois trimestres de 1813, à MM. DE BOUGAINVILLE, DE BOURGOING, DE BEYSSEL, CAMBACÉRÈS, DE LA CHAISE, DE COSTA, DE DREUX-BRÉZÉ, DUDRESNAY, DE FAYET, DE FALCONIERI, DE FENOYL,

DE FERRERI, GUDIN, DE KUYPHAUSEN, DE JUGNÉ, DE LABOISSIÈRE, DE LACOUR, DE MALDEGHEM, DE MONBADON, DE MORTARIEUX, DE ROVERETO, DE SERRANT, DE SPADA, SAINT-SULPICE, DE SÉGUR, DE STIRUM, VERHUELL. (*Arch. nat.* O²*106.)

VI

Voyons ce que va devenir cette belle jeunesse et arrivons aux nominations d'officiers. En 1807, MARESCOT, premier page, est nommé lieutenant au 10ᵉ régiment de chasseurs et CASTILLE, second page, au 1ᵉʳ régiment de la même arme. VILLEMINOT, BILLY, FRIANT, BOUDARD et CHABAN [1] passent en qualité de sous-lieutenants, aux dragons et aux carabiniers.

L'année suivante (1808), LAURISTON, premier page, et DE NAJAC, second page, sortent lieutenants de chasseurs à cheval. BALINCOURT, DE THERMES, DUPONT, CORVISART, D'HERVILLY, et LAFRENAYE, sous-lieutenants aux chasseurs, aux cuirassiers et aux carabiniers.

1811. — La qualité de premier page, plusieurs fois répétée, fait supposer qu'il dut y avoir au moins deux promotions. On en peut juger par le tableau suivant: DE SAMBUIS, premier page, lieutenant de cuirassiers; DE MEYNARD DE PANCEMONT, DELCARETTE, DOUMIÈRE, DE BERTOUS, DU LYON, sous-lieutenants de cavalerie.

GEVERS, premier page, lieutenant au 7ᵉ hussards; PETIET, premier page, lieutenant au 8ᵉ hussards; DROUET, HŒUSFT, CHASTELER, CAMBIASO, sous-lieutenants de cavalerie, le dernier dans l'artillerie légère; D'ASSIGNY, aspirant de marine de première classe, et FABIO PALLAVICCINI, auditeur au conseil d'Etat.

En 1812, VAN KRETRCHMAR (de la Haye) et d'ARGY (d'Orléans) sont nommés sous-lieutenants, dans des régiments de chevau-légers.

1813. — Nous voici arrivés à une triste époque; les neiges et les glaces de la Russie ont détruit la grande armée, Napoléon se hâte de réparer ses pertes et recrute dans le corps des pages, de nombreux officiers, auxquels il distribue libéralement les grades.

Sont nommés lieutenants de cavalerie : DE FRENELLE, au 2ᵉ carabiniers; CENTURIONI et HOLMBERG, aux dragons; DUMANOIR et VAN ASBECK, aux cuirassiers.

[1] Peut-être *Chabau* ou plutôt *Chabot.*

Druyvertien, Becquet, Chamoy, Bruyx, Frégoze, Saint-Mars, Molitor et Saint-Hilaire sont versés comme sous-lieutenants, aux chevau-légers, aux chasseurs, aux hussards, aux dragons et aux cuirassiers.

Seconde promotion pour l'année 1813 : de Bougainville, premier page, lieutenant au 27ᵉ régiment de chasseurs ; de Fayet, de Juigné, sous-lieutenants de chasseurs ; de Mortarieu, « l'un de nos premiers pages, » dit le décret, lieutenant en premier ; de Ferreri, lieutenant en second ; de Bourgoing, Guyardon de Perroyl, Kuyphausey de Styrum, lieutenants de chevau-légers ; de Rovereto et de Spada, lieutenant de cuirassiers ; Vespasien Ripa de Meara et Marc-Aurèle Christiani, « pages de notre palais au delà des Alpes », sous-lieutenant des hussards.

VII

Les pages, qui suivaient Napoléon sur les champs de bataille, faisaient parfois un dur apprentissage du métier de la guerre. Nous trouvons les noms de cinq de ces intrépides jeunes gens, dans cet état des sommes payées pour indemnité de voyage aux pages qui ont accompagné l'Empereur, pendant la campagne de Russie : de Fresnel, premier page, 510 fr. ; de Centurione, premier page, 315 fr. Holmberg, 495 fr. ; van Asbeck, 550 fr. ; Dumanoir, 435 fr.

Une liste, datée du mois juin 1815, nous donne les noms des derniers pages de Napoléon. C'étaient MM. Cambacérès, Gudin, de Vertillac, Daudiffredy (sic), Rouget, Gauthier, Mechin, Delarue, Bertou, Menou, Gilbert des Voisins, Michaud et Duchène. (*Arch. nat.* O²86.)

CHAPITRE XIV

LES MÉDECINS. — LES CHIRURGIENS

I

Les appointements des médecins, pharmaciens, dentiste, pédicure, etc., s'élevaient annuellement à 201,700 fr. Voici l'état de l'exercice 1810.

Corvisart, premier médecin, 30,000 fr. ; frais de bureau, 4,500 fr. — Hallé, médecin ordinaire, 15,000 fr. — Lancfranque, Guillonneau, Lerminier, Bayse, médecins de la maison de l'infirmerie impériale, faisant le service par quartier, chacun 8,000 fr. — Malet, Le Pieux, Pinel, Audry, médecins consultants, chacun 3,000 fr. — Boyer, premier chirurgien, 15,000 fr. — Yvan, chirurgien ordinaire, 12,000 fr. — Horeau, Varcillaqd, Lacouruère, Ribes, chirurgiens de la maison de l'infirmerie impériale, faisant le service par quartier, chacun 6,000 fr. — Jouau, adjoint et en survivance, 6,000 fr. — Lassoujade, chirurgien. Habitation à Saint-Cloud et lieux circonvoisins, 4,500 fr. — Pelletan, Percy, Sabattier, Dubois, chirurgiens consultants, chacun 3,000 fr. — Mérat et Delpech, élèves attachés au service de l'imprimerie impériale, chacun 1,500 fr. — Dubois, chirurgien dentiste, 6,000 fr. — Tobias Kœn, chirurgien pédicure, 2,400 fr. — Rousil, chirurgien bandagiste..... — Deyeux, premier pharmacien, 8,000 fr. — Clarion pharmacien adjoint, résidant à Saint-Cloud, 5,000 fr. — Rouyer, Cadet, pharmaciens adjoints ordinaires, chacun 3,000 fr. — Gruelle, premier aide pharmacien, 1,800 fr. — Lecœur, deuxième aide pharmacien, 1,500 fr. — Boudouard, garçon de laboratoire attaché à la pharmacie de Saint-Cloud, 1,000 fr.

II

Napoléon faisait le plus grand cas de Corvisart qu'il avait pour médecin depuis le Consulat. Dès cette époque, Joséphine lui avait adressé cette question : « A quelle maladie pensez-vous que le général puisse être exposé ? — Aux maladies du cœur. — Ah ! dit Bonaparte, et vous avez dû faire un livre là-dessus ? — Pas encore, mais j'en ai préparé les documents. — Faites vite, ce sera intéressant, nous en parlerons ensemble. »

Corvisart eut la bonne fortune de guérir Napoléon de la gale, qu'il avait contractée au siège de Toulon, en remplaçant un canonnier affecté de cette maladie. De là, cette maigreur qu'on avait remarquée chez l'illustre général.

L'Empereur ne croyait pas à l'efficacité de la médecine, sauf dans quelques cas assez rares et dans les maladies connues, dont il comparait le traitement aux maximes de Vauban pour les sièges réguliers.

Il pensait que la médecine, par son incertitude, par les risques qu'elle entraîne, était, dans ses résultats pris en masse, plus nuisible aux peuples qu'utile.

Napoléon aimait à traiter ces questions avec son premier médecin, qui se ralliait à peu près à son opinion, observant toutefois que la médecine pouvait avoir sur le malade une action morale considérable. Corvisart en avait eu la preuve à diverses reprises, notamment en soignant Marie-Louise pendant ses couches. L'Impératrice se plaignait de vives douleurs et insistait pour être soulagée ; très réservé dans l'emploi des remèdes, il lui fit donner des boulettes de mie de pain dont elle se trouvait très bien, disait-elle.

L'action morale, Napoléon la connaissait ; il l'avait exercée lui-même en touchant les pestiférés d'Egypte, auxquels il fit croire, dans les premiers temps, qu'ils n'avaient pas la peste, mais une fièvre à bubons.

III

Antoine Dubois jouissait à Paris d'une grande réputation comme accoucheur, quand il fut choisi, sur le conseil de Corvisart, pour délivrer Marie-Louise. Le roi de Rome naquit le 20 mars 1811. L'accouchement fut long et très laborieux ; on dut employer les fers. Dubois, justement ému, vint trouver l'Empereur pour sauver sa responsabilité et lui fit part des difficultés qui se présentaient. Napoléon, un peu troublé lui-même, le rassura et lui dit : « Faites comme si vous aviez affaire à une bourgeoise de la rue Saint-Denis; » puis il ajouta : « Surtout, Dubois, sauvez la mère. » Belle et tendre parole de la part d'un souverain qui, à tout prix, demandait un fils.

Dubois sauva la mère et l'enfant. Quelques jours après, Corvisart alla voir son collègue et lui dit, en l'abordant : « L'Empereur est dans le ravissement ; il veut savoir ce que tu désires pour ta récompense. — Dis à l'Empereur, répondit Dubois, que je désire beaucoup d'honneurs et beaucoup d'argent. » Dubois reçut 100,000 fr. et le titre de baron.

IV

Napoléon tenait en grande estime le baron Larrey, qui joignait à un talent supérieur un véritable amour du prochain. Tous les blessés étaient de sa famille ; il en avait un soin particulier. « Dans nos premières campagnes républicaines, tant calomniées, disait l'Empereur, le département de la chirurgie éprouva la plus heureuse des révolutions, laquelle s'est répandue depuis dans toutes les armées de l'Europe ; or c'est en grande partie à Larrey que l'humanité est endettée de ce bienfait. Aujourd'hui les chirurgiens partagent les périls des soldats ; c'est au milieu du feu même qu'ils venaient prodiguer leurs soins. Larrey à toute mon estime et ma reconnaissance. »

L'Empereur, à Sainte-Hélène, se souvint de Larrey ; il le mit sur son testament, lui légua cent mille francs et joignit à son nom cette belle appréciation, qui vaut tous les titres honorifiques : *C'est l'homme le plus vertueux que je connaisse.*

Après les batailles de Lutzen, Wurschen et Bautzen, l'Empereur remarqua que le nombre des blessés était relativement plus considérable que dans les batailles précédentes. Des personnes de son entourage, lasses de la guerre, lui firent observer que beaucoup de blessures étaient à la main et provenaient de ce que les jeunes soldats, ne voulant plus se battre, se mutilaient volontairement. Larrey combattit cette idée ; quant au nombre des blessés, il en voyait la raison dans le grand nombre de nouvelles recrues toujours moins habiles à se défendre des coups de l'ennemi que les vieilles troupes.

L'Empereur, prévenu, mécontent, reçut mal son chirurgien et lui ordonna d'étudier l'affaire en s'adjoignant quelques collègues et de lui adresser un rapport. Larrey ne s'inquiéta ni de sa faveur compromise, ni de l'opposition qu'il rencontrait; il rechercha la vérité avant tout.

A la suite d'un long examen, il eut la certitude de pouvoir réhabiliter cette brave jeunesse française parmi laquelle il ne put trouver un seul cas de mutilation. Il apporta son rapport dont il donna de vive voix le résumé. Napoléon garda d'abord un visage sévère, puis tout à coup, se laissant convaincre, il serra les mains de Larrey et lui dit d'une voix émue : « Un souverain est bien heureux d'avoir affaire à un homme tel que vous ! On vous portera mes ordres. »

Larrey reçut le soir le portrait de l'Empereur, enrichi de diamants, six mille francs en or et une pension sur l'Etat de trois mille francs, *sans exclusion*, est-il dit au décret, de toute autre récompense méritée par ses grades, son ancienneté et ses services. (Comte de Las Cases. *Mémorial de Sainte-Hélène*.)

Thiers écrit dans son *Histoire du Consulat et de l'Empire :* « Le bon et habile Larrey, véritable héros de l'humanité, soignait les blessés de l'ennemi afin que l'ennemi soignât les nôtres. »

Larrey savait affronter avec la même fermeté l'air pestilentiel des hôpitaux et les projectiles sur le champ de bataille. Il le prouva toute sa vie, notamment en Egypte, au milieu des pestiférés de Jaffa et dans la suite, à Waterloo, où il fut blessé et fait prisonnier.

V

Yvan, l'habile chirurgien-major des grenadiers de la garde, jouissait aussi d'une réputation méritée. C'est lui qui pansa l'Empereur sur le champ de bataille, quand il fut blessé à Ratisbonne le 23 avril 1809. Le tableau de Gautherot, qu'on peut voir à Versailles, représente Napoléon, le pied gauche à l'étrier, pour remonter à cheval, tandis que le docteur Yvan, un genou en terre, achève de panser le pied droit.

CHAPITRE XV

SERVICE DU GRAND ÉCUYER. — LES CHEVAUX DE L'EMPEREUR SES ÉQUIPAGES, ETC.

I

Les chevaux de Napoléon. — On a dit et répété que les chevaux de Napoléon étaient blancs ; ce n'est pas exact. L'Empereur montait des chevaux gris, de toutes nuances : — gris truité, gris vineux, gris foncé, gris ardoisé, gris sale, gris pâle, gris pommelé, gris moucheté, gris étourneau, gris cendré, gris souris, gris miroité, gris mélangé, gris blanc, gris clair. (Textuel.) (*Arch. nat.* $O^{2*}79$.)

Napoléon n'était pas très bon écuyer et ses chevaux recevaient une éducation particulière. On agitait devant eux des drapeaux, on dégainait des sabres et des épées, on croisait la baïonnette, on tirait près de leurs oreilles des coups de pistolet, on faisait partir des boîtes d'artifice quand ils s'y attendaient le moins et c'est lorsqu'ils restaient calmes devant ces bruits et ces mouvements imprévus, qu'on les livrait à l'Empereur.

II

Les écuries impériales renfermaient des chevaux de diverses couleurs, mais c'est parmi les chevaux gris qu'étaient choisis ceux que Napoléon devait monter.

Nous parcourons le registre $O^{2*}79$ (*Arch. nat.*) sur lequel sont inscrits le nom, l'âge, la robe, etc., des chevaux de selle des écuries impériales, pendant la durée de l'Empire jusqu'en 1815. Voici la liste, restreinte, des principaux chevaux gris. Quant aux chevaux blancs, nous n'en trouvons pas.

Le *Gaillard*, hongre, abattu le 1er octobre 1807 ; — la *Sauterelle*, réformée le 5 décembre 1815 ; — le *Ramier*, gris truité, réformé le 2 avril 1807 ; — l'*Audacieux*, gris vineux, réformé le 7 décembre 1815 ; — le *Sélim*, gris sale, donné à l'Empereur de Russie, le 2 juillet 1807 ; — l'*Aly*, gris sale, marqué de feu, passé à l'école d'Alfort, le 27 octobre 1812 ; — le *César*, gris sale, limousin anglaisé, marqué aux naseaux, mort le 23 octobre 1808 ; — la *Fillette*, réformée le 14 février 1811 ; — le *Diomède*, gris pâle, mort le 10 mai 1808 ; — le *Solide*, gris pommelé ; — la *Fayonne ;* — le *Djezzar ;* — le *Gracieux*, gris pommelé, perdu dans la retraite du 18 au 19 juin 1815 ; — le *Divan*, gris sale, réformé le 5 décembre 1815 ; — le *Moucheté*, gris vineux, mort à Vittoria, le 14 janvier 1808 ; — la *Grisette ;* — l'*Artaxerce*, entier, mort le 1er novembre 1810 ; — le *Robuste*, gris étourneau, réformé le 13 avril 1815 ; — le *Verdier*, gris vineux, réformé le 29 juin 1813 ; — la *Poulette*, le *Bijou*, la *Brillante*, le *Forestier*, le *Castor*, gris étourneau. L'Empereur en a disposé au mois d'avril 1814 ; — le *Jaspé*, gris vineux, mort au retour de Moscou, le 10 décembre 1810 ; — la *Cléopâtre*, gris cendré, morte le 12 mai 1806 ; — le *Citadin*, gris vineux, passé au service de Monsieur, le 15 novembre 1814 ; — le *Grisou*, gris pommelé, passé au service de Mme la duchesse d'Angoulême, le 15 novembre 1814 ; — la *Truite*, gris truité, réformée le 31 décembre 1813 ; — le *Chébréis*, entier, gris truité, passé au ministère de l'intérieur, le 9 mars 1811 ; — le *Bucéphale*, gris vineux, réformée le 12 mars 1812 ; — le *Suez*, gris cendré, réformé le 14 avril 1815 ; — la *Baladière*, gris souris, réformée le 19 août 1811 ; — le *Darius*, surnommé le *Diogène*, gris vineux, réformé le 26 octobre 1812 ; — l'*Aspasie*, réformée le 11 septembre 1807 ; — le *Hongre*, réformé le 2 avril 1807 ; — le *Don Quichotte*, gris sale, réformé le 24 février 1812 ; — le *Russe*, gris moucheté, réformé le 18 mars 1806 ; — le *Duc*, gris miroité, mort le 17 mai 1806 ; — l'*Emule*, gris foncé, donné par ..... en avril 1814 ; — l'*Endurant*, gris pommelé, réformé le 6 février 1810 ; — l'*Edile*, gris étourneau, mort à Vilna le 12 décembre 1812 ; — l'*Effendi*, gris étourneau, réformé le 6 février 1810 ; — l'*Epiménide*, gris ardoisé, entier, mort au retour de Moscou, le 15 décembre 1812 ; — l'*Elbersdorf*, huit ans en 1806, gris sale, courte queue, réformé le 17 août 1809 ; — l'*Etrangère*, morte le 1er novembre 1810 ; — le

Frère, gris vineux, pris par l'ennemi, à Troyes, le 7 février 1814.

1807. — Le *Iéna*, gris sale, entier ; — le *Forestier*, gris vineux, réformé le 26 novembre 1810 ; — le *Figurant*, gris pommelé, normand, réformé le 6 février 1810 ; — le *Gréméal*, gris, passé au service du duc de Berry, le 15 novembre 1814 ; — le *Gaza*, gris cendré, mort le 12 juin 1812 ; — le *Gesner*, gris vineux, réformé le 23 septembre 1813.

1809. — L'*Ingolstadt*, gris sale, réformé le 6 décembre 1815 ; — l'*Herbière*, gris pommelé, morte à Burgos, le 29 septembre 1810 ; — l'*Héraclius*, gris, le blanc dominant, pris par l'ennemi à Troyes, le 7 février 1814 ; — le *Géorgien*, gris de fer, réformé en 1814 ; — le *Bondroff*, gris pommelé, « disposé par l'Empereur » en avril 1814.

1810. — Le *Boukarre*, gris blanc, mort au retour de Moscou, dans la campagne de 1812 ; — l'*Intime*, entier, surnommé *Commode*, donné par l'Empereur en avril 1814 ; — le *Poliantus*, gris pommelé, réformé le 6 décembre 1815 ; — l'*Ilione*, gris étourneau, passée aux écuries du duc de Berry, le 7 avril 1818 ; — l'*Idolâtrée*, gris mélangé, réformée le 15 avril 1815 ; — la *Jacinthe*, gris clair, sept ans en 1810, morte près Ostende le 13 juin 1812 ; — l'*Hector*, gris blanc, mort au retour de Moscou, le 6 décembre 1812 ; — la *Julienne*, cinq ans en 1811, gris vineux, passée aux écuries de la duchesse d'Angoulême en 1815 ; — l'*Ispahan*, passé à l'attelage en 1815 ; — la *Judith*, gris pommelé, six ans et demi en 1811, réformée le 15 avril 1815 ; — le *Jarnac*, gris sanguin, mort le 30 mai 1812.

1811. — La *Lorraine*, gris pommelé, morte à Versailles le 22 février 1812 ; — le *Libéral*, le *Ladislas*, la *Levrette*, la *Roche*, la *Louvette*, etc., robe grise.

1812. — Le *Lantara*, huit ans, pris par les Cosaques, au retour de Moscou ; — la *Lisette*, la *Jeunesse*, la *Lionne*, la *Lance*, le *Lamineux*, le *Loir*, le *Lionceau*, le *Loyal*, le *Lion*, le *Médor*, le *Maraudeur*, robes grises ; — le *Lutzelberg*, pris par les Autrichiens à Dresde, en octobre 1813 ; — le *Memphis*, le *Muphti* ; — le *Bautzen*, entier, pris par les Autrichiens à Dresde, en octobre 1813.

1814. — Le *Pallas*, le *Nadir*. Venus de l'île d'Elbe, le 20 mars 1815 ; — le *Tauris*, gris pommelé ; — le *Gladiateur*, le *Roitelet*, le *Favori*, le *Gonzalve*, le *Grisou*, le *Caressant*, etc., tous de robe grise ; — le *Cerbère*, perdu dans la retraite du 18 au 19 juin 1815 ; — le *Florissant*, surnommé *Mourad-Bey*, « parti à la suite de Bonaparte le 29 juin 1815 » ; le *Gracieux*, gris argent ; — le *Lampus*, le *Capucin*, le *Java*. (Arch. nat. O^{2*}79.)

III

Voici vingt-trois superbes chevaux mentionnés comme étant « du rang de Sa Majesté » et dont l'Empereur fait faire les portraits par les peintres Sauewied et Horace Vernet. Que veut dire cette phrase obscure « du rang de Sa Majesté » ? Nous supposons que, dans les écuries impériales les chevaux réservés à Napoléon occupaient un rang particulier désigné sous le nom de « rang de Sa Majesté ».

1813. — A M. Horace Vernet, pour les portraits des quatre chevaux, le *Vizir*, le *Gisors*, le *Lowka* et le *Favori* « du rang de Sa Majesté », à 250 fr. l'un, 1,000 fr.

A M. Horace Vernet, pour les portraits de six chevaux, le *Harbet*, le *Néron*, le *Wagram*, le *Calvados*, le *Tamerland* et le *Hippogriffe*, « du rang de Sa Majesté », à 250 fr. l'un, 1,500 fr.

A M. Sauewied, peintre à Paris, pour les portraits de treize chevaux « du rang de Sa Majesté », à 130 l'un, 1,690 fr. — Ces chevaux sont le *Curde*, le *Labrador*, le *Cyrus*, le *Cid*, le *Cordoue*, le *Sara*, le *Sagonte*, l'*Epicurien*, l'*Intendant*, l'*Embelli*, le *Gessner*, le *Bréant*, le *Wurtzbourg*. (*Arch. nat.* O²82.)

Fourni par Roland, marchand d'estampes, place des Victoires, vingt-trois bordures pour les portraits de chevaux « du rang de Sa Majesté », 460 fr.

Ces diverses sommes sont payées sur le fonds de 90,000 fr. mis à la disposition du grand écuyer, pour les dépenses imprévues. (*Arch. nat.* O²82.)

IV

C'est dans cette liste et mieux encore dans le Registre d'où nous l'avons tirée, qu'il faut chercher les chevaux de selle à l'usage de Napoléon. Dès à présent, nous pouvons, avec certitude en citer quelques-uns, le *Timide*, le *Conquérant*, le *Russe*, l'*Estimé*, le *Coceyre*, l'*Artaxerce*, l'*Aly* et le *Bouffon*. Comme toujours, nous joignons les preuves à l'appui.

Le 23 septembre 1806, le grand écuyer M. de Caulaincourt, fait partir pour Mayence les palefreniers Bouquet, Simonet et Adelchim avec quatre chevaux de selle de Sa Majesté, nommés le *Timide*, le

Conquérant, le *Russe*, et l'*Estimé*. « Le nommé Bousquet commandera le détachement et réglera sa marche de manière à faire huit lieues par jour et à être rendu à sa destination dans dix-huit jours. » (*Arch. nat.* O²76.)

Le 7 septembre 1808, un convoi de trente-trois chevaux de selle, des écuries impériales, se rendit de Paris à Erfurt en dix-neuf jours, après avoir franchi 204 lieues. Dans ce convoi, se trouvaient quatre chevaux réservés à l'Empereur, pour la célèbre entrevue ; c'étaient le *Coceyre*, l'*Artaxerce*, l'*Aly* et le *Bouffon*. Le grand écuyer, Caulaincourt, montait l'*Extrême* et le *Sultan* ; le général de Nansouty, premier écuyer, s'était réservé le *Folâtre*, le *Renard* et le *Géant*. (*Arch. nat.* O² 77.)

V

L'Empereur donnait beaucoup sous toutes les formes et ne s'en tenait pas seulement aux bijoux et aux produits de ses manufactures nationales, il offrait à l'occasion quelques-uns de ses propres chevaux.

Le 13 janvier 1806, le *Commode*, des écuries de l'Empereur, est donné au roi de Bavière.

Le 29 septembre suivant, le grand écuyer, de Caulaincourt, ordonne au palefrenier de la selle Legrand aîné, de partir le jour même, pour conduire deux chevaux, l'*Etoile* et l'*Ethiopienne*, donnés à S.A.I. la princesse de Bade. (*Arch. nat.* O²76.)

Le 2 juillet 1807, Napoléon offre le *Sélim* à l'empereur Alexandre,

1ᵉʳ décembre 1807. Présent du *Soliman*, gris moucheté, au général Vharville.

En 1811, la *Fauvette* est donnée à M. de Kergariou. (*Arch. nat.* O²79.)

Ces six chevaux, ainsi qu'une partie de ceux venus de l'île d'Elbe, le 20 mars 1815, cités à la fin de la grande liste précédente, peuvent figurer parmi les chevaux historiques montés par Napoléon.

Au mois d'avril 1808, le général Sébastiani, ambassadeur à Constantinople, achète, pour l'Empereur, huit chevaux arabes et trois turcomans.

Le *Circassien*, gris; le *Harbert*, gris clair; le *Darius*, gris rougeâtre ; le *Hélavert*; l'*Hagias* ; le *Herac*; l'*Arabella*, l'*Euphrate*; gris clair; le *Babylonien* ; le *Hahim*, gris rougeâtre ; l'*Héricle* ; l'*Hapas* ; l'*Hadramat*. Prix, 25,989 fr. (*Arch. nat.* O²82.) Ces chevaux étaient-ils destinés à l'Empereur, ou bien étaient-ce des étalons pour les haras ? C'est ce que nous ignorons.

Tous ces chevaux n'étaient appelés que pour compléter un service existant déjà, et nous avons lieu de penser que l'Empereur, en campagne, n'avait pas moins de huit chevaux de selle, pour son service personnel. Notre opinion s'appuie sur cette lettre de Napoléon au grand écuyer, datée de Saint-Cloud, 10 septembre 1806. On y retrouvera la prévoyance habituelle du grand capitaine.

« M. de Caulaincourt, faites arranger toutes mes lunettes. Faites partir demain soixante chevaux de mes écuries parmi lesquels il y en aura huit de ceux que je monte. Vous me remettrez l'état de ceux de mes chevaux que vous voulez faire partir. Je désire que cela se fasse avec tout le mystère possible. Tâchez qu'on croie que c'est pour la chasse de Compiègne. Ce sera toujours deux jours de gagnés... Dans la journée de demain préparez mes fourgons. Je désire qu'il y en ait un qui porte une tente avec un lit de fer... » (*Corresp. de Napoléon I*er, t. XIII, p. 200.)

VI

Le 16 août 1806, le grand écuyer donne l'ordre d'envoyer à Rambouillet, pour les chasses qui vont avoir lieu, quatre-vingt-dix employés, cent trente chevaux de selle et cent trente-cinq chevaux d'attelage. Les chevaux de selle se nomment :

Le *Sélim*, le *Cyrus*, l'*Artaxerce*, l'*Aly*, le *Chébreis*, l'*Epicurien*, l'*Embelli*, le *Coquet*, le *Discret*, le *Léger*, l'*Agréable*, le *Madrid*, l'*Extravagant*, le *Bienveillant*, le *Muscadin*, le *Gaillard*, le *Plaisant*, le *Réchappé*, le *Gouverneur*, le *Mylord*, le *Déserteur*, le *Coureur*, le *Danseur*, le *Chevreuil*, le *Renard*, l'*Effréné*, le *Médiateur*, le *Joyeux*, le *Russe*, l'*Autrichien*, le *Solide*, le *Volage*, le *Pétillant*, le *Courtois*, le *Docile*, le *Confident*, le *Trompeur*, l'*Ami*, le *Brusque*, l'*Etonnant*, le *Marbré*, le *Veneur*, l'*Arpenteur*, l'*Emeraude*, l'*Etoile*, la *Bonne-Fille*, la *Boudeuse*, la *Vicieuse*, la *Divine*, la *Syrène*, la *Sauteuse*, la *Jenny*, l'*Aimable*, la *Légère*, la *Cadence*, la *Bellone*, la *Sylvie*, la *Belliqueuse*, la *Brillante*, la *Prude*, la *Mazette*, la *Mésange*, la *Pie*, la *Linotte*, la *Demoiselle*, la *Dame*, la *Novice*, la *Vestale*, l'*Amazone*, la *Comtesse*, la *Marquise*, la *Cauchoise*, la *Bergère*, la *Villageoise*, l'*Amazone*, etc. (*Arch. nat.* O²76.)

Les instructions du grand écuyer ne disent rien concernant les chevaux réservés à l'Empereur ; mais nous reconnaissons l'*Artaxerce* et l'*Aly*, cités troisième et quatrième sur la liste, où l'ordre alphabétique n'est pas observé. On ne déplaçait pas moins de quatre chevaux pour l'Empereur. Par induction, nous avons lieu de penser que le *Sélim* et le *Cyrus*, cités premier et deuxième, doivent être classés parmi les chevaux « du rang de Sa Majesté ».

VII

Les chevaux d'attelage sont :

Le *Compagnon*, le *Consulteur*, le *Charlatan*, le *Démon*, le *Chéri*, le *Dromadaire*, le *Constant*, le *Dictateur*, le *Condamné*, le *Devin*, le *Chapelain*, le *Chanoine*, le *Candidat*, le *Célibataire*, le *Destructeur*, le *Corsaire*, le *Combattant*, le *Cyclope*, le *Dey*, le *Derviche*, le *Converti*, le *Conquis*, le *Convalescent*, le *César*, le *Dauphin*, le *Diseur*, le *Basset*, le *Dominateur*, le *Déserteur*, le *Causeur*, l'*Affamé*, le *Cordier*, le *Chimiste*, l'*Opérateur*, le *Connétable*, l'*Argonaute*, le *Don Quichotte*, le *Chérubin*, l'*Ariane*, la *Diane*, la *Duchesse*, la *Danseuse*, la *Débutante*. (Arch. nat. O^{2}76.)

Parmi les chevaux d'attelage des écuries de l'Empereur, citons encore les noms suivants :

Le *Rustique*, le *Gaillard*, le *Soldat*, le *Pacha*, le *Baron*, l'*Admirateur*, le *Bucentaure*, le *Turbulent*, le *Bélisaire*, l'*Affamé*, le *Brillant*, la *Danseuse*, l'*Artisan*, la *Danaé*, la *Bonne*, la *Traîtresse*, l'*Hélène*, l'*Hébé*, la *Laërte*, la *Légataire*, le *Nègre*, le *Sénateur*, l'*Achille*, le *Grivois*, le *Directeur*, le *Militaire*, le *Caporal*, le *Drogman*, le *Gaulois*, l'*Africain*, le *Janissaire*, le *Ligurien*, le *Lion*, le *Confident*, le *Triomphant*, le *Tranquille*, le *Grave*, le *Vainqueur*, le *Belliqueux*, l'*Intrépide*, l'*Eclatant*, l'*Harmonica*, le *Beau*, le *Corbeau*, le *Hibou*, le *Cyclope*, le *Savant*, le *Lancier*, l'*Hydromel*, le *Légataire*, le *Lovelace*, le *Luth*, le *Masque*, le *Météore*, le *Moscou*, le *Bouffon*, le *Mage*, le *Magnifique*, etc... (Arch. nat. O^{2}80.)

VIII

Les Haras. — Pour entretenir ses écuries, en chevaux de selle, d'attelage et d'équipage de campagne, l'Empereur avait créé trois haras, dont un à Saint-Cloud, un autre en Normandie et le troisième en Limousin. Ces sages précautions n'empêchaient pas de faire chaque année des achats considérables de chevaux pour un prix dépassant cinq cent mille francs.

Les écuries de l'Empereur étaient à Paris, à Saint-Cloud, à Meudon, à Viroflay.

Etalons, inscrits en 1807, pour le service des haras : le *Cheik*, l'*Aboukir*, le *Sésostris*, le *Distingué*, le *Volant*, le *Chebreis*, le *Salahié*, le *Mourad-Bey*, le *Mameluck*, le *Calife*, l'*Omar*, le *Soliman*, l'*Aga*, l'*Algérien*, le *Néron*, le *Romulus*, le *Carthaginois*, l'*Alexandre*, le *Cadi*, le *Capitoul*, le *Turcoman*, tous chevaux de sang, arabes, turcs, anglais, barbes. (*Arch. nat.* O²76.)

14 mars 1809. — « Il est ordonné au sieur Berngillon, brigadier des écuries de l'Empereur, de partir sur-le-champ, en Normandie, avec quatre palefreniers et huit étalons pour la monte, nommés le *Romulus*, l'*Alexandre*, le *Cygne*, l'*Omar*, l'*Aboukir*, le *Drogman*, l'*Orosman*, le *Carthaginois*. » (*Arch. nat.* O²*77.)

IX

Parfois, l'Empereur acceptait des chevaux qui lui étaient offerts, mais il y répondait par un présent.

Le 28 février 1810, MARGUERITE, joaillier de la couronne, livre au général de Nansouty une bague d'un rubis balais avec entourage de vingt brillants. Prix : 1,200 fr. « Cette bague a été donnée par ordre de Sa Majesté à M... en remplacement d'un cheval, qui a été offert pour le service des écuries. »

Le 13 juillet 1810, FONCIER fait au général une nouvelle livraison consistant en une riche bague d'un brillant monté à jour, serti à huit griffes, valant 7,800 fr. Somme réduite, après expertise, à 7,703 fr. Le bijou est envoyé à M. Devoise, consul général et chargé d'affaires à Tunis, « en remplacement de trois chevaux barbes qu'il a offerts pour le service des écuries ».

« Vu, ordonné et approuvé sur le fonds de 50,000 fr., pour dépenses imprévues. » Signé du grand écuyer CAULAINCOURT DUC DE VICENCE. (*Arch. nat.* O²*82.)

X

Fournisseurs de chevaux. — Nous trouvons aux *Archives nationales* les noms de quelques fournisseurs des écuries impériales :

Janvier 1812. — Au sieur Rivière, pour trois chevaux destinés aux écuries de l'Empereur, 1,368 fr.

Au sieur Manet, pour huit chevaux de transport, 5,004 fr.

Mars 1812. — Au sieur Rivière, pour un cheval gris moucheté, 1,012 fr.

Avril 1812. — Au sieur Vincent, pour avoir fourni la *Lyre*, gris moucheté, 1,212 fr. ; et la *Lydienne* (bai), 1,112 fr.

Janvier 1814. — Au sieur Verdure la somme de 1,412 fr. pour une jument appelée la *Nymphe*, d'un gris très légèrement moucheté à la tête, au cou et aux épaules.

Au sieur Petitjean, pour trois chevaux d'attelage, le *Nacré*, le *Naïf* et le *Négociant*, 3,436 fr. Ces chevaux sont payés tant sur le fonds de 700,000 fr. pour l'équipage de guerre que sur le fonds de 121,663 fr. provenant de la vente de chevaux réformés. (*Arch. nat.* $O^2 82$.)

Février 1814. — Remboursement au sieur Rivière du prix de neuf chevaux qu'il a fournis pour les écuries de l'Empereur, pendant le mois de février 1814, soit, 7,300 fr. Les neuf chevaux sont inscrits sous les noms suivants : le *Naufragé*, le *Navigateur*, le *Navire*, le *Naturaliste*, le *Nankin* (hongres) ; la *Naïade*, la *Ninon*, la *Navette*, la *Nausica*. (*Arch. nat.* $O^{2^1} 107$.)

Mars 1815. — Des livraisons de chevaux sont faites par Simon, Vincent, Gervais aîné, Manet, Lendormi, marchands, et Turquet, propriétaire.

Mai 1815. — Le général Le Tellier cède à l'Empereur le *Friedland*, en échange du *Narcisse*, et 312 fr. M. Pierre Laurent, propriétaire, fournit l'*Olmutz*, au poil gris, légèrement vineux, pour 936 fr. (*Arch. nat.* $O^2 84$.)

XI

Les courriers de l'Empereur. — Voici le tableau des courriers de l'Empereur, en 1808 :

Chazal, chef courrier, 2,200 fr. ; Auradour, sous-chef, 1,800 fr. ; Mothey, Murat, Germain, Chazal dit Blondin, Maillard, Soyé, Loir, Marchand, Suzy et Giroux, courriers à 1,000 fr.

Six surnuméraires de première classe, à 600 fr. : Roventy, Dieulouard, Sechesne, Lecocq, Grégoire, Lyot.

Six surnuméraires de deuxième classe, à 500 fr. : Créteil, Chazal fils, Lange, Charbonnier, Haureau et Sauvage. (*Arch. nat.* O^{2*}101.)

Les courriers n'arrivaient pas toujours à destination ; guettés, surpris par l'ennemi, les uns couraient à la mort, d'autres étaient enlevés avec leurs dépêches. En Russie, ils eurent à redouter les paysans et la lance des Cosaques. L'Empereur s'en émut et donna les instructions suivantes au prince de Neufchâtel, major général de la grande armée :

« *Des Hauteurs de Viazma*, 29 août 1812. — Mon cousin, écrivez au gouverneur de Smolensk qu'il organise nos communications. A cet effet, on retranchera la maison de poste de Goredikino avec de fortes palissades, de manière à la mettre à l'abri de toute attaque de cosaques et de paysans. Il y placera un commandant avec cent hommes d'infanterie, un piquet de quinze hommes de cavalerie, des chevaux de poste et les chevaux de l'estafette. Il aura soin que cette redoute soit toujours approvisionnée pour huit jours en pain et viande. Un pareil établissement sera placé au point de Sloboda-Pnevo, de manière à défendre en même temps les ponts. Un pareil sera fait à Mikhaïlowka...

« Les ordres seront donnés pour que les estafettes soient escortées par de l'infanterie et de la cavalerie quand on aura à craindre quelque chose. Aussitôt qu'il sera possible et que l'artillerie sera arrivée à Smolensk, on placera une pièce de canon dans chacune de ces redoutes ou blockhaus. » (*Corresp. de Napoléon Ier*, t. XXIV, p. 217.)

L'Empereur voulait être au courant de tout ce qui se passait dans son vaste Empire et n'admettait pas qu'on pût lui cacher une dépêche expédiée par un de ses ministres. Le 21 avril 1813, il écrivait :

« A Monsieur Maret, duc de Bassano, ministre des relations extérieures, à Erfurt.

« Monsieur le duc de Bassano, je suis très mécontent qu'un de vos courriers soit passé par Mayence, sans se rendre chez le grand écuyer et qu'à Kaiserlautern il ait continué sa route, nonobstant l'ordre que M. de Rumigny lui a donné de retourner.

« *P.-S.* J'attends avec impatience l'envoi que vous me ferez de ce dont était porteur le courrier de Vienne qui a passé ici le 19. J'ai des raisons de croire qu'il portait des choses importantes. » (*Corresp. de Napoléon Ier*, t. XXV, p. 250.)

XII

L'Equipage de guerre. — Dans ses campagnes, Napoléon se faisait suivre de voitures et de fourgons renfermant ce dont un souverain chef d'armée peut avoir besoin à la guerre, trésor, lits de camp, tentes, garde-robe, bibliothèque, selles et harnais de rechange, etc., puis des forges, des outils de toute sorte pour remédier sur place aux accidents.

D'après un document des *Archives nationales* (O²87), l'équipage de guerre, en 1812, comprenait : 1° un équipage léger, fort de soixante-seize chevaux ; 2° un équipage d'expédition de cent soixante chevaux ; 3° un équipage de gros bagages, de deux cent quarante chevaux de dépôt. Le budget pour ce service était de 700,000 fr.

Le personnel se composait de bourreliers, de selliers, serruriers, forgerons, charrons, maréchaux, vétérinaires, brigadiers, cochers, postillons, courriers, etc. Ils étaient bien payés et sans avoir d'étrennes ils recevaient, après chaque campagne, de larges gratifications. Mais chacun devait faire son devoir et si le souverain récompensait généreusement les services rendus, d'où qu'ils vinssent, il savait aussi punir les délinquants. Quelques exemples en feront foi.

1806. — « Le nommé Dufour, délivreur à Meudon, sera renvoyé et rayé du contrôle, à dater d'aujourd'hui 29 juillet, pour avoir reçu dans son magasin du fourrage de mauvaise qualité. Le présent ordre du jour sera affiché dans les écuries de Paris, Saint-Cloud, Meudon, Viroflay, par les écuyers commandants. »

Eylau, 12 février 1807. — « Le cocher d'Argence sera mis à la troisième classe pour avoir fait le motionneur dans les cafés. Quand on a des plaintes à porter ou des abus à faire connaître, on s'adresse à ses chefs, au grand écuyer même, qui écoute tout le monde et on ne met pas le public dans ses confidences. »

Berlin, 13 novembre 1807. — « Le courrier de cabinet Thiébaud est cassé pour indiscrétion dans son service ; en considération de son ancienneté, il sera mis à la queue des surnuméraires de deuxième classe ; s'il ne se conduit pas mieux, il sera définitivement réformé. » (*Arch. nat.* O^{2*}76.)

13 septembre 1808. — « Girardet est rayé des contrôles de l'administration des écuries, pour n'avoir pas paru aux écuries depuis son arrivée du 25 août et s'être marié sans permission. » (*Arch. nat.* O^{2*}77.)

XIII

La bibliothèque de campagne mérite quelques détails. Une lettre de M. de Méneval à M. Barbier, bibliothécaire de l'Empereur, va nous faire connaître les genres de livres dont Napoléon aimait à s'entourer.

Bayonne, 17 juillet 1808. — « L'Empereur désire se former une bibliothèque portative d'un millier de volumes, petit in-12, imprimés en beaux caractères. L'intention de Sa Majesté est de faire imprimer ces ouvrages pour son usage particulier sans marges, pour ne point perdre de place. Les volumes seront de cinq à six cents pages, reliés à dos brisé et détaché et avec la couverture la plus mince possible. Cette bibliothèque serait composée d'à peu près quarante volumes de religion, quarante des épiques, quarante de théâtre, soixante de poésie, cent de romans, soixante d'histoire. Le surplus, pour arriver à mille, serait rempli par des mémoires historiques de tous les temps.

« Les ouvrages de religion seraient l'*Ancien* et le *Nouveau Testament*, en prenant les meilleures traductions, quelques épitres et autres ouvrages les plus importants des Pères de l'Eglise ; le *Coran* ; de la mythologie ; quelques dissertations choisies sur les différentes sectes qui ont le plus influé dans l'histoire, telles que celles des Ariens, des Calvinistes, des Réformés, etc. ; une histoire de l'Eglise, si elle peut être comprise dans le nombre des volumes prescrit.

« Les épiques seraient Homère, Lucain, le Tasse, *Télémaque*, la *Henriade*, etc.

« Les tragédies ; ne mettre de Corneille que ce qui est resté, ôter de Racine les *Frères ennemis*, l'*Alexandre* et les *Plaideurs* ; ne mettre de Crébillon que *Rhadamiste*, *Atrée* et *Thyeste* ; de Voltaire, que ce qui est resté.

« L'histoire ; mettre quelques-uns des bons ouvrages de chronologie, les principaux originaux anciens, ce qui peut faire connaître en détail l'histoire de France. On peut mettre comme histoire, les *Discours de*

Machiavel sur Tite-Live, l'*Esprit des Lois*, la *Grandeur des Romains*, ce qu'il est convenable de garder de l'histoire de Voltaire.

« Les romans : la *Nouvelle Héloïse* et les *Confessions* de Rousseau. O.i ne parle pas des chefs-d'œuvre de Fielding, de Richardson, de Lesage, etc., qui trouvent naturellement leur place ; les contes de Voltaire.

« Nota. — Il ne faut mettre de Roussseau ni l'*Emile*, ni une foule de lettres, mémoires, discours et dissertations inutiles ; même observation pour Voltaire.

« L'Empereur désire avoir un catalogue raisonné avec des notes qui fassent connaître l'élite des ouvrages et un mémoire sur ce que ces mille volumes coûteraient de frais d'impression, de reliure. Ce que chaque volume pourrait contenir des ouvrages de chaque auteur ; ce que pèserait chaque volume ; combien de caisses il faudrait, de quelles dimensions et quel espace cela occuperait ?... » (*Corresp. de Napoléon Ier*, t. XVII, p. 463.)

Comme on va le voir par cette seconde lettre du secrétaire de l'Empereur à M. Barbier, Napoléon aimait à prendre connaissance des ouvrages sérieux dès leur apparition et avant tout le monde.

Laa, 10 juillet 1809. — « Je dois prévenir M. Barbier que deux ouvrages importants sont parvenus à Sa Majesté par le courrier d'avant-hier ; le *Fragment d'histoire d'Angleterre*, de Fox, en deux volumes, et un ouvrage de M. de Montgaillard, intitulé *Du Rétablissement du royaume d'Italie* et *Du droit de la couronne de France sur le duché de Rome*... Il faudrait faire prendre les ouvrages avant qu'ils soient livrés au public. Il me semble que l'Empereur peut bien avoir ce droit. » (*Corresp. de Napoléon Ier*, t. XIX, p. 277.)

Trois années plus tard, M. de Méneval informe Barbier que l'Empereur désire remplacer dans sa bibliothèque les romans et la plus grande partie des poésies par des ouvrages d'histoire ; puis il ajoute : « Je prie M. Barbier de rassembler un choix d'ouvrages de ce genre et de m'envoyer, en attendant, une *Histoire de France*, de Velly, complétée jusqu'à la Révolution. Sa Majesté désire lire cette histoire. » (*Corresp. de Napoléon Ier*, t. XXIII, p. 298.)

Autre lettre du 19 décembre 1811 : « Je prie M. Barbier de m'envoyer, pour Sa Majesté, quelques bons ouvrages les plus propres à faire connaître la topographie de la Russie et surtout de la Lithuanie, sous le rapport des marais, rivières, bois, chemins.

Par ordre de l'Empereur.

Sa Majesté désire aussi ce que nous avons, en français, de plus détaillé sur la campagne de Charles XII en Pologne et en Russie. Quelques ouvrages sur les opérations militaires dans cette partie seraient également utiles. (*Corresp. de Napoléon Ier*, t. XXIII, p. 110.)

Ailleurs, l'Empereur demande l'ouvrage du colonel anglais Wilson, sur l'armée russe, et l'ouvrage de M. de Plotho sur l'organisation de l'armée russe. (*Idem*, t. XXIII, p. 466.)

Enfin, le 18 février 1813, l'Empereur envoie de Paris à son bibliothécaire la note suivante :

« Je n'ai pas besoin qu'on forme une nouvelle bibliothèque de voyage ; il faut seulement préparer quatre caisses pour des in-12 et deux pour des in-18. Quelque temps avant mon départ, on me remettra la liste des livres de ce format que j'ai dans ma bibliothèque, et je désignerai les volumes qu'il faudra mettre dans les caisses. Ces volumes seront successivement échangés contre d'autres de ma bibliothèque, et le tout sans qu'il soit nécessaire de faire de nouvelles dépenses. » (*Idem*, t. XXIV, p. 618.)

Dans le courant de l'année 1810, l'ébéniste de l'Empereur, Jacob Desmalter, livre : six boîtes d'acajou massif garnies en peau, pour servir de bibliothèques portatives. Les couvercles se lèvent, maintenus par un compas. Prix : 1,440 fr. ; — deux boîtes en chêne des Vosges, faites comme les précédentes, garnies en molleton de laine, 290 fr. — Le mémoire, augmenté de 252 fr., pour réparation de trois boîtes d'acajou et frais divers, se monte à 1,982 fr. — « Vu, ordonné et approuvé sur le fonds de 50,000 fr., que le budget de 1810 met à notre disposition pour achat de livres et entretien de bibliothèques. » Signé du grand chambellan : le comte de Montesquiou. (*Arch. nat.* O^{2}33.)

XIV

Après la bibliothèque de campagne viennent les fameux lits de camp.

En septembre 1807, Aubineau, pelletier, livre pour l'Empereur deux lits de camp en peau d'ours doublée de coutil rayé et de velours vert, au prix de 940 fr. (*Arch. nat.* O^{2}35.)

Mentionnons de suite une autre commande de ce genre, au retour de l'île d'Elbe. Paris, le 27 avril 1815. Lettre de l'écuyer commandant à M. Desmazis, administrateur du mobilier de la couronne :

« M. le grand écuyer, auquel j'ai rendu compte qu'il n'existe que trois lits en peau d'ours pour l'Empereur, a trouvé ce nombre très insuffisant et désire que vous en fassiez confectionner encore quatre. J'ai l'honneur de vous transmettre les intentions de Son Excellence, et je vous prie de vouloir bien donner des ordres pour que ces lits soient prêts le plus tôt possible. » (*Arch. nat.* $O^{2*}67$.)

Desouches, serrurier du garde-meuble, fournit à l'Empereur, en 1809, deux lits de campagne comme suit. Le premier, en fer poli, à ornements dorés, avec un fond élastique et son étui doublé de drap bleu, 1,000 fr.; deux porte-manteaux en cuir et quatre courroies en cuir jaune, de deux mètres, 360 fr., deux forts cadenas et leurs clés en fer poli, avec le chiffre N, 90 fr.

Un autre lit de campagne du petit modèle, pouvant être transporté à dos de mulet, avec impérial exhaussé portant platine et pomme en cuivre doré; les ornements dorés et son étui en cuir doublé de drap, 1,100 fr; deux porte-manteaux en cuir et quatre courroies, 360 fr. Total, 2,910 fr.

« Vu, ordonné et approuvé sur le crédit de 8,000 fr. ouvert par le budget de 1809, pour supplément et faire face aux dépenses occasionnées par le séjour de Sa Majesté, à Erfurt, en 1808. » (*Arch. nat.* $O^2 34$.)

XV

Voyages. Déplacements. Frais de poste. — Dans les voyages et déplacements de l'Empereur et de l'Impératrice à travers l'Empire Français, les frais de poste étaient établis sur le taux de 3 francs par poste, pour les postillons, et de 2 francs pour les chevaux.

En 1808, quand l'Empereur se rendit à Bayonne, au-devant du roi d'Espagne, qu'il devait garder prisonnier, le cortège était ainsi composé : la berline à huit chevaux de l'Empereur, douze voitures à six chevaux, dix-sept voitures à quatre chevaux et sept à trois chevaux, plus trente et un « bidets » pour deux sous-inspecteurs, trois piqueurs, six sous-officiers coureurs, seize courriers et quatre guides. La dépense pour aller fut de 85,158 fr. — Le retour de Bayonne à Saint-Cloud, composé au départ de trente-six voitures, coûta 126,085 fr.

1808. — Le voyage de l'Empereur à Erfurt, pour l'entrevue, est inscrit avec le retour pour 300,814 fr. (*Arch. nat.* $O^2 87$.)

1809. — Voyage de l'Impératrice Joséphine de Strasbourg à Plombières et retour à la Malmaison, 40,500 fr. — Voyage de Leurs Majestés à Fontainebleau, aller et retour, 11,449 fr. (*Id.* O^{2}87.)

1810. — Pour aller chercher, à Braunau, la nouvelle Impératrice Marie-Louise, avec cent quarante-six chevaux et soixante-treize postillons, les frais s'élevèrent à 139,794 fr. (*Id.* O^{2}77.)

1810. — Le voyage de Hollande, entrepris par l'Empereur en compagnie de Marie-Louise peu de temps après leur mariage, coûta, en frais de poste, 239,481 fr. (*Id.* O^{2}77.)

1811. — Voyage de Leurs Majestés à Rambouillet et Cherbourg, 87,927 fr. — Voyage de Saint-Cloud à Rambouillet, de Trianon à Compiègne et de Compiègne en Hollande, et retour, 396,878 fr.

Pour les années 1810 et 1811, les frais de poste s'élèvent ensemble à 724,286 fr. (*Id.* O^{3}87.)

Il ne s'agit ici que des sommes à rembourser au directeur général des postes. Toutes les dépenses concernant les voitures, les harnais, la nourriture, les frais de représentation, etc., sont en dehors.

XVI

FRAIS DE POSTE DE QUELQUES OFFICIERS D'ORDONNANCE DE L'EMPEREUR. — Le 6 février 1813, le duc de Vicence reçoit des « états de frais de poste et de missions de MM. les officiers d'ordonnance de Sa Majesté pendant 1812, dont le détail suit » :

A M. le baron Christin, de Skranne à Paris, 2,620 fr. ; à M. Atthalin, de Vilna à Razasna, 530 fr. ; au même, de Vierballen à Paris, 2,580 fr. ; à M. le comte de Montaigu, de Vilna à Vitepsk et Smolensk, 1,440 fr. ; au même, de Gumbinen à Paris, 3,100 fr. ; à M. le comte de Chabrillan, de Gumbinen à Paris, 3,100 fr. ; à M. le baron de Mortemart, d'Osunina à Paris, 2,902 fr. ; à M. de Teinteignies, de Gumbinen à Paris, 2,717 fr. ; à M. le baron d'Hautepoul, de Gumbinen à Paris, 2,440 fr. ; à M. le baron Gourgaud, de Vilna à Paris, 2,967 fr. ; à M. de Lauriston, de Gumbinen à Paris, 2,462 fr.

21 février 1813. — Etat des frais de poste de trois officiers d'ordonnance de l'Empereur, en 1812, à M. de Chateigner, de Gumbinen à Paris, 3,457 fr. ; à M. le baron Desaix, pour le même trajet,

3,457 fr.; à M. de Galz, pour le même parcours, 2,505 fr. (*Arch. nat.* O²71.)

Ajoutons, pour la même année, les frais de poste d'un autre officier d'ordonnance de l'Empereur, le baron de Montmorency, 3,730 fr. (*Id.* O²71.)

XVII

Les voitures, les équipages de l'empereur. — Les voitures du sacre ont été décrites, mais n'ayant pas trouvé aux *Archives nationales* les mémoires des fournisseurs, nous n'en dirons rien. Notre travail ne comprend que des documents officiels, inédits, puisés aux sources mêmes sur des feuilles manuscrites, ou sur les factures délivrées par les fournisseurs. Nous avons été plus heureux en ce qui concerne les voitures de la cour, commandées par l'Empereur, en 1810, lors de son mariage avec Marie-Louise.

Les carrossiers de Napoléon se nommaient Devaux, faubourg Poissonnière ; Cauyette et Gœtting, rue des Martyrs. En dehors des fournisseurs brevetés, l'Empereur étendait ses commandes à de nombreux fabricants de premier ordre, tels que Braidy, Rasp, Dussaussoy, Grosjean, Pichard, Leduc, Chibourg, Vosgien, Boutin, Deloche, Dehague, Blancheton, etc.

Le 10 juin 1810, le grand écuyer, M. de Caulaincourt, écrit à M. Daru, intendant général de la liste civile : « Monsieur le Comte, j'ai l'honneur de vous adresser ci-joint, en double expédition, des pièces de dépenses du service des écuries dont le détail suit. Ces pièces sont imputées sur le fonds de 516,995 fr. mis en ma disposition, par décision du 10 mars dernier pour les dépenses du mariage de Sa Majesté. »

Les dépenses, dont il est question dans cette lettre, ont trait aux mémoires des habiles maîtres carrossiers cités plus haut ; elles s'élèvent à la somme de 377,112 fr. — Ce sont ces mémoires que nous allons résumer ; ils donneront une idée de ce qu'étaient les somptueux équipages de la cour impériale. Disons de suite que les trente-quatre berlines mentionnées ci-dessous avaient toutes la caisse décorée à fond d'or.

Braidy, sellier-carrossier, 4, rue de l'Arcade : deux berlines garnies de drap et satin blancs : 19,000 fr. — Gœtting, rue des Martyrs, 9 ; une berline de ville élégante, l'intérieur garni de velours rose, à bouquets et guirlandes de roses sur les panneaux ; toutes les ferrures, moulures et ornements dorés en plein pour le service de l'Impératrice, 17,000 fr.

Pour le service de l'Empereur : une riche berline de six places, l'intérieur garni de velours blanc, une housse en velours blanc, une courroie de laquais et deux poignées de pages ; le train en frêne richement sculpté. Le fond de la caisse doré, glacé en vert, sur un fond d'or. Sur les panneaux, les armes impériales et quatre bouquets peints, 20,000 fr.

Rasp, sellier-carrossier, 46, rue de Verneuil : quatre berlines garnies de drap blanc et galons de soie, les matelas de custode en satin, 17,500 fr. ; deux autres voitures, 16,600 fr.

Dussaussoy, sellier, rue Neuve-du-Luxembourg : deux berlines garnies de drap blanc, les matelas en satin et galon de soie ; les châssis garnis en velours de soie vert, 18,000 fr.

Grosjean frères, selliers, rue du Helder : trois berlines riches, à fond d'or, l'intérieur garni de drap blanc, satin au custode, les armes de l'Empereur sur chaque face de la voiture, 28,500 fr.

Pichard, sellier, rue Montmartre, 170 : une berline à flèche et à cou de cygne garnie de drap et satin blancs. La caisse, fond d'or ; les armes sur les quatre faces ; des bouquets aux quatre panneaux d'en bas, des couronnes dans les frises et dans la coquille, 9,000 fr. — Une autre berline, fond orange garnie de même, 9,000 fr. — Une berline à brancards, garnie de drap et satin blanc, 8,672 fr.

Leduc, fabricant de voitures, rue du Bac, 28 : deux berlines peintes, les caisses à fond d'or, avec les armes de Sa Majesté sur les quatre faces des panneaux du milieu et autres décors sur ceux de côté, les trains peints en fond vert glacé, l'intérieur garni de drap blanc, avec galon de soie bleu et blanc, 18,500 fr.

Chibourg, sellier et bourrelier, rue Neuve-Saint-Augustin, 49, et rue Napoléon : deux berlines garnies de drap blanc et galon de soie, avec des matelas en satin, 16,000 fr. — Deux autres berlines riches, peintes à fond d'or, 14,800 fr.

Vosgien, sellier-carrossier, rue Neuve-Saint-Augustin : deux berlines garnies de drap blanc, les caisses peintes fond d'or, avec les armes dans les quatre panneaux, fleurs dans les petits panneaux et couronnes dans les frises, 16,000 fr.

Boutin, sellier, rue Saint-Dominique : trois berlines, fond d'or, garnies de drap blanc, le train doré et rechampi de vert, 24,000 fr.

Deloche, sellier-charron-serrurier (autrement dit carrossier), 24, rue Hautefeuille : trois berlines garnies de drap blanc, les caisses à fond d'or, les armes de l'Empereur sur les quatre faces ; des branches de laurier de chêne et d'immortelles dans les frises et sur les panneaux de custodes, 27,000 fr.

Jean-Baptiste Behaghe jeune, carrossier, rue de Provence, 48 : deux berlines peintes à fond d'or, doublées de drap blanc ; sur les panneaux, des bouquets et les armes impériales, 15,000 fr.

Blancheton, sellier, 68, rue de Lille : une berline, avec armoiries et bouquets sur les panneaux, garnie de drap blanc, 8,000 fr.

Perchelet, bourrelier des écuries de Leurs Majestés : — vingt-quatre attelages riches, à six chevaux, à la française, garnis en plaqué d'argent, 43,200 fr. — Vingt-deux attelages, à six chevaux, de guides en laine écarlate, garnis de leurs glands de parade et en boucles plaquées, tous les bouts et enchapures en cuir rouge dans la main du cocher, 1,320 fr.

Milbourn, sellier et harnacheur, rue Saint-Honoré, 159 : vingt-quatre selles d'attelage, 1,236 fr. (*Arch. nat.* O^{2*}77.)

Duon, passementier, 32, rue Bourg-l'Abbé : — vingt-deux attelages à six chevaux, guides en laine écarlate, glands, nattes, pompons, cocardes, à 486 fr. l'attelage. Total, avec diverses fournitures de même genre, 12,669 fr.

Feuchère, ciseleur-doreur, rue Notre-Dame-de-Nazareth, 25 : pour avoir fourni aux harnais et voitures des ornements ciselés, dorés au mat, tels que rosettes, étoiles, petits aigles, frontaux découpés à jour, etc., 592 fr. 50.

Terwaen, brodeur, 33, rue de l'Arbre-Sec : quatre demi-soleils brodés en paillettes d'or de trois pouces de diamètre, pour une berline, 80 fr.

Malgré la sécheresse de ces renseignements, puisés sur les factures mêmes, nous croyons devoir citer encore, par ordre de date, les acquisitions suivantes :

Duchemin : un fourgon à cassettes, 5,800 fr. Pour réparations diverses faites l'année précédente, 25,214 fr.

Devaux : « charron » une berline, 15,600 fr. — Un chariot de poste, 7,600 fr. — Une calèche de poste, 6,300 fr. — Une gondole, 5,000 fr. — Deux fourgons, 8,000 fr. — Une guinguette, 7,000 fr. — La plupart de ces voitures sont désignées pour « l'équipage des transports ». C'est l'équipage de guerre qui suit l'Empereur dans ses campagnes. Le budget de 1811, pour l'équipage des transports, est de 77,060 fr. (*Arch. nat.* O²*71.)

1812. — Devaux : une calèche Daumont, 5,500 fr. — Un cabriolet, 1,600 fr. — Réparations aux voitures de voyage, 4,455 fr. — Une berline de ville et de voyage, cotée 9,000 fr., prix réduit après expertise à 8,300 fr. (*Idem*, O²71 et O²84.)

Voici neuf voitures de la fabrique de Cauyette, dirigée par Getting, rue des Martyrs : un landau en berline, 11,560 fr. — Un landolet, en forme de dormeuse, 7,600 fr. — Deux voitures pour les lits de Sa Majesté, 10,240 fr. — Une voiture de ville incognito, 7,000 fr. — Une dormeuse, 10,282 fr. — Un landau, 9,000 fr. — Une calèche Daumont, 5,500 fr. — Une diligence, 6,000 fr. — Réparations de diverses voitures, 1,900 fr. (*Arch. nat.* O²71.) Une dormeuse, d'une nouvelle voie allemande, offrant à l'intérieur un lit complet et tout ce qu'il faut pour écrire, 8,500 fr. (*Id.*, O²84.)

Mars 1812. — Voici, pour le service de l'Empereur ; une berline de voyage d'un prix exceptionnel ; elle coûte 17,000 fr. après avoir subi une réduction de 1,000 francs. Le mémoire est ainsi apostillé :

« Vu, ordonné et approuvé sur le fonds de 1,178,794 fr. mis à notre disposition pour achat de chevaux, nourriture, voitures, voyages, par le budget arrêté le 8 février dernier. — A Paris, le 19 mars 1812. Le grand écuyer, duc de Vicence. » (*Arch. nat.* O²84.)

Presque toutes ces voitures vont faire la campagne de Russie ; elles iront jusqu'à Moscou. Combien en reviendra-t-il ?

Janvier 1814. — Cauyette est toujours le fournisseur préféré ; sa facture se résume à cinq berlines, 36,000 fr. ; trois dormeuses, 24,282 fr.

Nous trouvons à la même date quelques autres fournisseurs : Devaux, pour trois voitures, 18,200 fr. — Percuelet, pour harnais, 22,010 fr. Daydé, chapelier, 3,369 fr. — Laurent, bottier, 6,062 fr. — Bastide, tailleur, pour habillement des employés, 115,542 fr. Les employés dont parle Bastide comprennent surtout le nombreux personnel des écuries impériales et des équipages de guerre. Lerebours, opticien, pour fournitures et réparations de lunettes, 1,518 fr. (*Arch. nat.* O²*73.)

1815. Les Cent-Jours. — Au nombre des dernières voitures livrées par Cauyette à l'Empereur, nous remarquons : une dormeuse, cotée 9,753 fr. Napoléon n'eût guère le temps d'en faire usage ; le repos qu'il y chercha dut être bien troublé par d'amères réflexions sur l'instabilité des grandeurs humaines.

Devaux fait pour 10,121 fr. de réparations et Gautuier, peintre, pour 10,944 fr. de peintures (*Idem*, O^2*74). Sans avoir le détail de ces travaux, il est facile de s'en rendre compte. Il s'agit des voitures de la cour ; on a changé leur habit en les remettant aux couleurs et aux armes impériales, en attendant qu'elles reprennent les fleurs de lis et le chiffre de Louis XVIII.

Le registre (O^2 *107) qui mentionne les dépenses du grand écuyer, pendant les *Cent-Jours*, porte à l'en-tête des comptes : *Maison de Bonaparte. 2 mois et 10 jours de 1815.*

CHAPITRE XVI

LES THÉATRES DE LA VILLE ET DE LA COUR

ACADÉMIE IMPÉRIALE DE MUSIQUE. THÉATRE DE
L'IMPÉRATRICE

I

Napoléon était partisan du faste extérieur, dès qu'il s'agissait de représentations théâtrales, soit à la ville, soit à la cour, soit à l'étranger. Dans ce dernier cas surtout, il recommandait de déployer le plus grand luxe, voulant que la France en imposât par sa civilisation autant que par ses armes.

On en trouvera un exemple dans la lettre suivante de l'Empereur au comte de Rémusat, premier chambellan, surintendant des spectacles, à Paris :

8 février 1810. — « Vous ne me rendez aucun compte de l'administration des théâtres et vous faites mettre de nouvelles pièces à l'étude sans m'en instruire. J'apprends que *la Mort d'Abel*[1] et un ballet sont mis à l'étude. Vous ne devez mettre aucune nouvelle pièce à l'étude sans mon consentement. Faites-moi un rapport làdessus. » (*Corresp. de Napoléon Ier*, t. XX, p. 224.)

Nouvelle lettre datée de Paris le 2 mars 1810 : « Monsieur de Rémusat, mon premier chambellan, il faudrait donner *la Mort d'Abel*, le 20 mars ; donner le ballet de *Persée et Andromède* le lundi de Pâques ; donner *les Bayadères*, quinze jours après ; *Sophocle, Armide*,

---

[1] Opéra en trois actes, par Rodolphe Kreutzer, premier violon de la musique de l'Empereur.

dans le courant de l'été ; *les Danaïdes*, dans l'automne ; *les Sabines*, à la fin de mai. En général, mon intention est que, dans le mois de Pâques, il y ait le plus de nouveautés possible, vu qu'il y aura un grand nombre d'étrangers à Paris, à cause des fêtes. » (*Corresp. de Napoléon Ier*, t. XX, p. 292.)

A son retour de l'île d'Elbe, pendant les Cent-Jours, Napoléon eut le temps de donner quelques fêtes. Au milieu des graves préoccupations qui l'absorbaient, ce n'était certes pas pour se divertir, mais il voulait rassurer l'opinion publique et donner une confiance qu'il n'avait peut-être pas lui-même.

Nous voyons, sur un Mémoire de Migneret :

1815. 12 avril. — 400 lettres pour le spectacle du Palais des Tuileries, dont 200 pour les Excellences, sur papier blanc superfin, composition, tirage et papier. . . . . 16 fr.

13 avril. — 400 lettres pour annoncer que le spectacle n'aura pas lieu . . . . 16 fr.

19 avril. — 400 lettres pour le spectacle, au Palais de l'Elysée, dont 100 pour les Excellences. 16 fr.

3 mai. — 400 lettres pour le spectacle au Palais de l'Elysée . . . . 16 fr.

10 mai. — 400 lettres pour le spectacle au Palais de l'Elysée . . . . 16 fr.

11 mai. — 500 lettres pour être admis au lever de Sa Majesté . . . . 20 fr.

16 mai. — 400 lettres pour le spectacle au Palais de l'Elysée . . . . 16 fr.

24 mai. — 400 lettres pour le spectacle au Palais de l'Elysée . . . . 16 fr.

29 mai. — 300 billets pour être admis à la cérémonie du champ de Mai, pour la musique de la Chapelle. . . . . 9 fr.

Total 141 fr.

Vu, ordonné et approuvé, sur le fonds de 155,556 fr. que le budget de 1815 met à notre disposition pour les théâtres de la cour, ballets, etc.

Le Grand Chambellan,
Le comte de Montesquiou.

Paris, 19 juin 1815.

II

L'Empereur avait sa loge dans les grands théâtres de Paris, qu'il payait trimestriellement sur un budget établi chaque année ; celui de 1806 s'élevait pour les locations à 60,000 fr. Les reçus des directeurs nous en indiquent les prix par trimestre :

Deux loges à l'Académie impériale de Musique, 5,000 fr. — La loge impériale à l'Opéra-Comique, 3,000 fr. — Au théâtre de l'Impératrice (Italiens), 4,000 fr. — Au Théâtre-Français, 3,000 fr. (*Arch. nat.* $O^2 30$.)

Suivant un *Mémoire* datée de 1809, Jacob Desmalter fournit pour la loge de l'Empereur, à Feydeau :

Une chaise d'affaire en bois d'acajou, le dessus avec couvercle garni de compas et charnière en cuivre, l'intérieur, avec un vase en faïence, 60 fr. — Une table de nuit en acajou, de forme carrée, le marbre dessus et celui intérieurement en petit granit, garnie de deux vases en porcelaine blanche, 100 fr. (*Arch. nat.* $O^2 36$.)

Des modifications surgissent au cours des événements.

Le 15 janvier 1814, le comte de Montesquiou, grand chambellan, écrivait à M. Mogé, conservateur du mobilier :

« J'ai l'honneur de vous prévenir, Monsieur, que l'intention de Sa Majesté est de ne point conserver les deux loges qu'elle avait prises il y a trois ans, à l'Opéra du côté de l'Impératrice, non plus que la grande, située au Théâtre-Français du même côté. Vous pouvez, en conséquence, faire retirer de ces trois loges les meubles appartenant au mobilier de la couronne que vous y auriez fait placer.

« Je vous prie, Monsieur, de recevoir l'assurance de ma parfaite considération.

Signé : « LE COMTE DE MONTESQUIOU. »

Enfin, le 12 mai 1814, pendant que Napoléon était à l'île d'Elbe, M. de Rémusat, surintendant des spectacles, donnait l'ordre de faire porter dans la loge du roi Louis XVIII, à l'Académie royale de Musique :

« Un fauteuil très large, pour le roi ; une chaise toute prête pour servir au besoin ; un pliant, pour Mme la duchesse d'Angoulême et cinq tabourets. » (*Arch. nat.* $O^2 555$.)

III

Le théâtre de l'Opéra, sous la dénomination d'*Académie impériale de Musique*, venait alors en première ligne.

En 1807, pour fêter le retour de la grande armée, il y eut dans tous les théâtres des spectacles gratis. L'Opéra donna *le Triomphe de Trajan*, tragédie lyrique en trois actes, paroles d'Esménard, musique de Lesueur et Persuis.

« Le parterre, l'orchestre et les principaux rangs de loges et de galeries étaient réservés à la garde impériale. L'Opéra donna *le Triomphe de Trajan*... Cet opéra n'était qu'une série d'allusions ingénieuses à la gloire de Napoléon..... Au moment du triomphe, quand l'Empereur romain apparaissait sur un char traîné par quatre chevaux blancs, ce n'était pas Trajan qu'on applaudissait, c'était Napoléon. » (Imbert de St-Amand, *La Cour de l'impératrice Joséphine*, p. 401.)

IV

Quant au budget de la danse, il s'élevait à 40,000 fr. En 1808, le corps de ballet était ainsi composé : Gardel, maître de ballet : 6,000 fr. — Despréaux, maître à danser : 3,000 fr. — Vestris, premier danseur : 3,000 fr. — Saint-Amand et Beaulieu, deuxièmes danseurs, chacun 2,400 fr. — Beaupré et Branchu, troisièmes danseurs, chacun 2,000 fr. — Mmes Gardel et Clotide, premières danseuses, chacune 3,000 fr. — Mmes Bizottini et Chevigny, deuxièmes danseuses, chacune 2,400 fr. — Mmes Millière et Duport, troisièmes danseuses, chacune 2,000 fr. — Pilate et Launer, répétiteurs, chacun 600 fr.

« Vu, ordonné et approuvé, sur le fonds de 40,000 fr. que le budget de 1808 met à notre disposition pour le maître de ballets, danseurs, danseuses et le maître à danser.

« Le vice-grand électeur, grand chambellan,

« CHARLES MAURICE. »

Signé par Talleyrand, d'une très mauvaise écriture, à Valençay le 15 juillet 1808. (*Arch. nat.* O^{2}33.)

V

Concurremment avec l'Académie impériale de musique, le *Théâtre de l'Impératrice* « Opéra *seria e buffa* », autrement dit : *Théâtre-Italien* donnait des représentations spéciales auxquelles assistaient la plupart des grands personnages.

De temps à autre, les premiers sujets de ce théâtre étaient appelés à jouer sur les théâtres de la cour.

Parmi les artistes italiens engagés pour l'année 1808, nous remarquons Mme Grassini, première chanteuse : 36,000 fr. par an. — Mme Paër, première chanteuse de la chambre : 30,000 fr. — Nozzani, engagé pour quatre mois : 10,000 fr. — Barrilli, ténor, et Tarilli, chacun 666 fr. 66 par mois. — Lombardi, première basse, 1,000 fr. par mois. (*Arch. nat.* O^{2}48.)

Benelli, premier ténor : 11,000 fr. par an. — Pianelli, deuxième ténor : 7,000 fr. — Lombardi, première basse : 12,000 fr. — Angrizani, deuxième basse : 11,000 fr. Mme Angiola Chies, deuxième dame, et Antonio Chies, deuxième ténor : 9,000 fr.

« Sur le fonds de 60,000 fr. mis à notre disposition suivant le décret daté de Bayonne le 26 mai 1808, pour les appointements des nouveaux artistes italiens. » (*Arch. nat.* O^{2}34.)

« Signé par Talleyrand,

« Charles Maurice. »

VI

Dans le second semestre de l'année 1810, le Théâtre-Italien donna les représentations suivantes : le 22 juillet, aux Tuileries : *la Molinara*. — A Saint-Cloud, les 23 août, 6 et 20 septembre : les *Nozze di Dorina*. — Les *Due Rivali*.

A Fontainebleau, du 1er octobre au 5 novembre. *J. Zingari in fiera*. — *Due Gemelli*. — *La Grisilda*.

Aux Tuileries, du 27 novembre au 18 décembre : l'*Impresario* et *la Provera dell' opera seria*. — *Il Barbiere di Siviglia* et *Il Matrimonio secreto*. — *La Nina* et *la Cosa rara*.

Voici, d'ailleurs, quels étaient les appointements des nouveaux artistes italiens, employés au théâtre de la cour en 1810 :

Gentilli, premier ténor 14,000 fr. — Benelli, premier ténor 9,000 fr. — Angrizani et Boggia, premières basses, chacun 9,000 fr. — Mme Giacomelli et Mlle Hymin, chacune 5,000 fr. — Ravelli, remplissant les fonctions de régisseur, 3,600 fr. — Rinaldi, souffleur, 1,200 fr.

« Sur le fonds de 56,000 fr. que le budget de 1810 met à notre disposition pour les appointements des nouveaux artistes italiens attachés aux théâtres de la cour. » (Arch. nat. O²33.)

Signé : « Le comte de Montesquiou. »

« 25 mai 1810. »

VII

Le 2 mai 1811, le Théâtre de l'Impératrice joue à Saint-Cloud, *la Destruction de Jérusalem*, 2,400 fr. ; le 16 juin, aux Tuileries : *Didon*, 2,000 fr. ; le 25 juillet, *la Grisilda* ; le 21 août, *la Molinara*. En septembre, à Compiègne : *Cosi fantutte*. — *Nemici generosi*. — *Le Cantatrice villane*. Les premières à 1200 fr., ces dernières à 2,700 fr.

1811. Du 3 au 19 mars, le même théâtre vient donner six représentations devant la cour : *la Provera dell' opera seria* (deux fois). — Les *Virtuosi ambulanti*. — *Le Cantatrice villane*. — Un acte de *la Grisilda*. Une autre fois, le second acte de la même pièce.

(O²36). Le prix de 1200 fr. par soirée nous montre que les représentations ont eu lieu soit aux Tuileries, soit à Saint-Cloud.

« Toutes ces sommes sont payées sur le fonds de 458,400 fr. que le budget de 1811 met à la disposition du grand chambellan « pour les théâtres de la cour, artistes italiens, danseurs, danseuses, décorations, loyers aux différents théâtres ».

Signé : « Le comte de Montesquiou. »

Enfin, dans le cours de la même année, Duval, directeur du Théâtre de l'Impératrice, et Spontini, directeur général de la musique, reçoivent chacun, par trimestre, une somme de 2,000 francs, tandis que Gordigiani, premier ténor italien, engagé à Paris le 1er août 1811, reçoit 1,000 francs pour ses frais et voyages de Florence à Paris. (Arch. nat. O²36.)

VIII

Malgré les plus vives préoccupations, l'Empereur voulut que, pendant les Cent-Jours, les théâtres de la cour jouassent comme à l'ordinaire.

Voici le bordereau des représentations données dans le courant de mai 1815, par la troupe du théâtre de l'Impératrice, à l'Elysée Napoléon :

11 mai. — 2º acte d'*Il Fanatico in Berlina* . . . 1200 francs
25 mai. — 1er acte de l'*Oro non compra amore* . . 1200 —
20 avril. — 1er acte d'*Il Fanatico in Berlina* . . . 1200 —

THÉATRE FRANÇAIS

I

Après l'Académie impériale de musique et le *Théâtre-Italien*, venait le *Théâtre-Français*.

Napoléon, autant que possible, ne manquait pas d'assister aux représentations de gala ; mais habituellement, c'étaient les comédiens ordinaires de l'Empereur qui se rendaient aux théâtres de la cour.

En effet, des représentations théâtrales avaient lieu assez fréquemment dans les diverses résidences impériales, et nous constatons d'après les documents officiels, que le répertoire du Théâtre-Français était l'objet de ses préférences.

Le 13 avril 1806, les acteurs de la comédie viennent jouer, à Saint-Cloud : *Athalie*, et le 24, *le Misanthrope*. En mai, nous comptons six représentations : *la Mort de Pompée*. — *L'Avare*. — *Polyeucte*. — *Coriolan*. — *La Mort de César*. — *Cinna* et *la Gageure*. En juin : *Le Cid* et *les Projets de mariage*. — *Le Philosophe sans le savoir*. — *Sertorius* et *l'Epreuve nouvelle*. — *Philinte* et *Minuit*. — *Andromaque* et *la Jeunesse d'Henri IV*. — *L'Inconstant* et *les Fausses confidences*. — *La Mort d'Henri IV* et *les Fausses infidélités*. Du 3 au 30 juillet, toujours au Palais de Saint-Cloud : *Britannicus* et *l'Amour* et la Raison. — L'Intrigue épistolaire. — Zaïre et les Originaux. — Rhadamiste et Zénobie et les Rivaux d'eux-mêmes. — Le Festin de Pierre. — Œdipe et Heureusement. — Les Femmes savantes. — Mahomet et le Legs. — Nicomède et l'Aveugle clairvoyant. Du 3 au 31 août : l'Amant bourru. — Héraclius et les Héritiers. — Bajazet et la Pupille. — Iphigénie en Aulide. — La Métromanie. Chaque représentation donnée à Saint-Cloud, était payée 1,600 fr. (Arch. nat. O²39.)

1807. — Etat des sommes dues aux comédiens français, pour avoir joué devant Leurs Majestés.

6 août, à Saint-Cloud, *Esope à la Cour*; 13 août, *Bérénice* et *le Parleur contrarié*, 3,200 fr.

Voyage de Fontainebleau, 27 septembre, *les Horaces*; le 28, *Tartufe*; le 30, *Iphigénie en Aulide*; 2 octobre, *Philinte*; le 4, *Radaminte et Zénobie*; le 7, *l'Intrigue épistolaire*; le 9, *Œdipe*; le 14, *le Cid*; le 16, *le Joueur*; le 19, *les Vénitiens*; le 23, *Mithridate*; le 26, *les Châteaux en Espagne*; le 28, *la Mort de Pompée*; le 2 novembre *Iphigénie en Tauride*; le 4, *l'Optimiste*; le 6, *Manlius*; le 6, *Rodogune*; le 11, *les Précepteurs*; le 13, *Nicomède*; le 16, *le Comte d'Essex*, à 3,000 fr. par soirée, total 60,000 fr. (Arch. nat. O²36.)

Sur un mémoire daté de 1808, les artistes de la Comédie-Française réclament 8,000 fr. pour avoir joué cinq fois devant Leurs Majestés, à Saint-Cloud.

Le 31 mars, *Electre* et *le Florentin*.

Le 1ᵉʳ septembre, *Philoctète*.

Le 8 septembre, *Oreste* et *l'Epreuve nouvelle*.

Le 15 septembre, *Electre* et *le Retour imprévu*.

Le 20 octobre, *Tartufe* et *les Héritiers*.

Le prix de chaque représentation était fixé à 1,600 fr. (Arch. nat. O²45.)

A la date du 7 mai 1808, M. Ernest Vanhove est admis au Théâtre-Français, aux appointements de 4,000 fr. pour jouer les rôles de l'emploi des manteaux, financiers grimés et paysans, ainsi que tous les autres rôles qui lui seront distribués par la Société.

Le 18 mai de la même année, Mˡˡᵉ Emilie Levert est admise à débuter l'emploi des premiers rôles de la Comédie, et le 30 août, elle est appelée à jouer à l'essai, aux appointements de 4,000 fr. pour doubler Mᵐᵉˢ Contat, Talma, Mézeray et Mars dans l'emploi des principaux rôles de la Comédie. (Arch. nat. O²45.)

II

Un jour, la troupe jouait *Mahomet*, de Voltaire. On en vint à ce passage bien connu :

> Les mortels sont égaux, ce n'est point la naissance,
> C'est la seule vertu qui fait la différence,
> Il est de ces esprits favorisés des cieux
> Qui sont tout par eux-mêmes et rien par leurs aïeux.
> Tel est l'homme en un mot que j'ai choisi pour maître ;
> Lui seul dans l'univers a mérité de l'être.
> Tout mortel à ses lois doit un jour obéir.

Et ces magnifiques vers, si bien appropriés à la fortune du nouveau César, lui attiraient tous les regards de l'assemblée, que le respect seul empêchait d'applaudir :

> Qui l'a fait Roi ? Qui l'a couronné ? La Victoire.

« Puis, peut-être jouait-on l'attendrissement lorsque Omar ajoutait :

> Aux noms de conquérant et de triomphateur
> Il veut joindre le nom de pacificateur.

« A ce dernier vers, insinue M. Talleyrand, Napoléon montra une émotion habile, qui indiquait que c'était là où il voulait que l'on trouvât l'explication de sa vie ; on s'empressa même de faire un mouvement d'approbation lorsque Saint-Prix, dans la *Mort de César* (Voltaire, acte Ier, scène IV) dit avec un mouvement admirable en parlant de Sylla :

> Il en était l'effroi... *j'en serai les délices.*

(*Mémoires du prince de Talleyrand*), Paris 1891, p. 430 et suiv.

III

A la célèbre entrevue d'Erfurth, où Napoléon et Alexandre signèrent un traité favorable aux vues de l'Empereur (12 octobre

1808), de riches meubles, parmi les plus beaux du mobilier de la couronne, des tapisseries des Gobelins et de la Savonnerie, des porcelaines de Sèvres furent expédiés pour meubler les maisons de la ville qui devaient recevoir les Empereurs, les Rois, les Princes, les Ministres et les grands dignitaires.

Les acteurs de la Comédie-Française furent appelés, sous la direction de Dazincourt, à jouer leurs chefs-d'œuvre classiques. Ces artistes incomparables et toujours acclamés étaient Talma, Lafont, Donnas, Després, Lacave, Varennes, Mme Talma, Mlles Bourgoing, Duchesnois, Gros, Rose Dupuis et Patrat.

Par ordre de l'Empereur, les doublures seules devaient rester à Paris. Le choix des pièces, rapporte le prince de Talleyrand dans ses *Mémoires*, avait été fait avec un grand soin et beaucoup d'art. Les sujets pris dans les temps héroïques ou dans les grands événements de l'histoire offraient, dans divers passages, des allusions favorables au grand rôle que remplissait Napoléon sur le théâtre du monde.

L'entrevue d'Erfurth fut pour les grands artistes de la Comédie-Française l'occasion d'un éclatant triomphe ; elle commença le 27 septembre, au milieu de fêtes splendides interrompues seulement le 14 octobre, jour de la séparation.

Tous les petits princes et souverains de l'Allemagne reçus par Napoléon, dînaient chaque soir à sa table, chacun à son rang.

Alexandre s'y rendait aussi, et était l'objet des prévenances, des assiduités même de l'Empereur qui voulait s'en faire un allié. Il n'est pas d'attentions que le souverain français n'eût pour son auguste invité.

De son côté, Alexandre était subjugué et ne tarda pas à en donner publiquement la preuve.

Pendant seize jours, les comédiens français jouèrent sans interruption. D'abord, du 28 septembre au 5 octobre, *Cinna, Andromaque, Britannicus, Zaïre, Mithridate, Œdipe, Iphigénie en Aulide, Phèdre*. Le 6 octobre, la cour transportée à Weimar, entendit la *Mort de César*. Le 7, les souverains revinrent à Erfurth et assistèrent, jusqu'au 13, aux représentations suivantes : *les Horaces, Rodogune, Mahomet, Radaminte et Zénobie, le Cid, Manlius, Bajazet*. Chaque représentation était payée 1,500 fr., les frais de déplacement : voyage, logement nourriture, largement comptés en sus. Pour chacun, 10 fr. par poste et 24 fr. par jour.

C'était le 3 octobre 1808, à la représentation de l'*Œdipe* de Voltaire qu'Alexandre eut ce beau mouvement dont on a tant parlé depuis. Lorsque l'acteur chargé du rôle de Philoctète eut prononcé ce vers :

> L'amitié d'un grand homme est un bienfait des dieux.

Alexandre se tourna spontanément vers Napoléon et lui serra la main au milieu d'un murmure général d'approbation.

Cette même pièce avait déjà valu une ovation à Bonaparte, Premier Consul, accompagnant au Théâtre-Français, le roi d'Étrurie. Lorsque Philoctète s'écrie :

> J'ai fait des souverains et n'ai pas voulu l'être

des applaudissements éclatèrent dans la salle; ils étaient évidemment, à l'adresse du Premier Consul. « L'application avait été trop marquée, dit Bourrienne, pour que ce ne fût pas, le soir, le sujet d'une conversation entre le Premier Consul et moi.

« Les avez-vous entendus, Bourrienne ? — Oui, général. — Les imbéciles ! ils verront ! ils verront !... »

« Nous avons vu en effet; et non content de faire des rois, Bonaparte, le front ceint d'une double couronne, après avoir créé des princes, réalisa enfin le projet qu'il couvait depuis longtemps, de fonder une nouvelle noblesse qu'il dota du droit d'hérédité » (*Mémoires de Bourrienne*, t. VIII, p. 72.)

IV

En 1810, année du mariage de l'Empereur avec Marie-Louise, de nombreuses pièces jouées par diverses troupes, vinrent animer les résidences impériales. Commençons par le Théâtre-Français. Aux Tuileries, du 25 janvier au 25 février, on joue *Zaïre*, *Polyeucte*, *Brueys et Palaprat*, *Molière avec ses amis*. — Au château de Saint-Cloud, le 31 mars : *Iphigénie en Aulide*, *le Legs*. — Pour ces deux résidences, chaque représentation est payée 1,600 fr.

Pendant le séjour à Compiègne, les comédiens de l'Empereur donnent du 6 au 25 avril : *le Cid*, *Phèdre*, *Andromaque*, *Britannicus*, le *Misanthrope*, *Tartufe*, *la Gageure* et *la Jeunesse d'Henri IV*, le *Secret du ménage* et les *Projets de mariage*. Le 10 avril on devait donner *Bajazet*, mais la pièce fut contremandée; elle n'en fut pas moins payée sur le taux de 3,200 fr. comme si elle avait été jouée.

Le compte est réglé sur le fonds de 150,000 fr. que le budget de 1810 met à la disposition du grand chambellan « pour les maisons impériales ». (*Arch nat.* O²36.)

1810. — Saint-Cloud. Du 22 juin au 2 août : *les Etats de Blois, Hector, Omasis, le Philosophe sans le savoir, le Tyran de Musique, le Bourru Bienfaisant* et *le Parleur contrarié*. Une autre pièce dont nous ne pouvons déchiffrer le nom est encore jouée le 22 juillet.

Le 5 août, à Trianon : *le Barbier de Séville* et *les Héritiers*. — A Saint-Cloud, du 16 août au 13 septembre : *les Deux Gendres, Athalie, l'Avare, le Joueur*. — A Fontainebleau, du 28 septembre au 10 octobre, *la Mort de Pompée* et *Minuit, l'École des Bourgeois* et *les Etourdis, le Tartufe de Mœurs* et *l'Epreuve nouvelle, Œdipe* et *le Parleur contrarié*. Dans cette résidence le prix de la représentation est de 2,700 fr. — Sur le petit théâtre des Tuileries, du 27 novembre au 18 décembre : *les Fausses Infidélités, le Somnambule, Shakespeare amoureux*.

V

1811. — La troupe du Théâtre-Français donne, au palais des Tuileries, du 3 au 31 janvier : *les Jeux de l'amour et du hasard, la Gageure imprévue, le Sourd*. — Du 12 au 21 février : *les Fausses Confidences, l'Avocat Patelin*. — Le 5 mars : *l'Abbé de l'Epée*. — Le 27 juin : *les Deux Pages*. — Le 24 juillet : *la Revanche*. — Du 5 au 20 septembre, à Compiègne : *le Menteur, les Etourdis, les Héritiers* et *le Parleur contrarié*. (O¹36.)

1812. — Aux Tuileries, du 2 au 27 janvier : *Hector, la Revanche, les Etourdis, la Jeunesse d'Henri V*. — Du 2 au 30 mars : *le Conteur, la Fausse Agnès, Andromaque, le Joueur*. — Les 13 et 27 avril : *les Femmes savantes*. — Le 6 août : *l'Ecole des Bourgeois*. — A Saint-Cloud, le 24 septembre : *la Jeunesse de Henri V*. — Le 28 octobre : *les Châteaux en Espagne*. — Le 17 décembre : *l'Homme du jour*. (*Arch. nat.* O¹36.)

D'après l'article 68 du décret du 15 octobre 1812, la lecture des pièces nouvelles se faisait devant un comité composé de neuf personnes choisies parmi les plus anciens sociétaires par le surintendant des spectacles. (*Arch. nat.* O²45.)

VI

Pendant l'armistice de 1813, l'Empereur crut devoir faire venir la Comédie-Française à Dresde. Il écrivit :

« Au prince Cambacérès archi-chancelier de l'Empire. Mon cousin, le grand écuyer doit avoir écrit au comte de Rémusat pour demander des comédiens pour Dresde. Je désire assez que cela fasse du bruit dans Paris, puisque cela ne pourra faire qu'un bon effet à Londres et en Espagne, en y faisant croire que nous nous amusons à Dresde. La saison est peu propre à la comédie : il ne faut donc envoyer que six ou sept acteurs tout au plus, mais de bon choix et capables de monter six ou sept pièces. Il faudrait également les faire voyager sans éclat et de manière à ne faire aucun embarras sur la route. Il n'en faut pas moins laisser faire à Paris les demandes comme si toute la tragédie devait partir et laisser bavarder sur ce sujet. Rémusat choisira ou la Comédie-Française ou Feydeau. Si l'on ne pouvait pas avoir du bon, il faudrait abandonner cette idée. » (*Corresp. de Napoléon Ier*, t. XXV, p. 435.)

Les représentations eurent lieu. Napoléon suivant ses habitudes généreuses, adressa cette lettre au général faisant fonctions de maréchal du palais, à Dresde, 9 août 1813.

« Il est nécessaire que vous me présentiez un projet de gratifications à donner aux acteurs de mon théâtre et que vous fassiez connaître au comte de Turenne qu'il doit tout disposer afin que ces acteurs partent le 12 pour la France. » (*Corresp. de Napoléon Ier*, t. XXVI, p. 26.)

VII

Nous croyons intéressant de donner ici le tableau des artistes sociétaires en 1814, avec la date de leur réception :

MM. Fleury, reçu en 1778, une part; Saint-Phal, reçu en 1788, une part; Talma, reçu en 1788, une part; Michot, reçu en 1790, demi-part en 1799, trois quarts en 1803, sept huitièmes en 1807 et part entière en 1809; Baptiste cadet, reçu en 1792 aux grands appointements, les distributions de parts n'ayant eu lieu qu'en 1799, lors de la réunion de la société le 30 mai 1799 ; Armand, reçu sociétaire le 30 mai 1799, à trois huitièmes de part; demi-part en 1802, cinq huitièmes en 1806, trois quarts, en 1807, sept huitièmes en 1809 et part entière en 1811. Lafond a débuté le 8 mai 1800, aux appointements de 3,600 fr. Reçu sociétaire en septembre de la même année ; en 1801, aux appointements de 7,200 fr., parce qu'il n'y avait pas alors de part vacante ; demi-part en octobre 1802 ; trois quarts en janvier 1803 ; sept huitièmes en avril 1807 et part entière en 1809. Després, reçu en 1803, a débuté en 1792, dans *Mahomet ;* mis, en 1799, aux appointements de 3,000 fr. ; en 1803, à 4,000 fr. ; en mars 1807, à quart de part; en avril 1808, à trois huitièmes ; en novembre 1809 à demi-part et en avril 1811 à cinq huitièmes.

Lacave, reçu en 1803, a débuté en 1796 ; il a été en 1799 aux appointements de 3,000 fr. ; en 1803, à 3,500 fr. les six premiers mois et à 4,000 fr. les six derniers ; en mars 1807, à quart de part; en avril 1808, à trois huitièmes ; en novembre 1809, à demi-part; en avril 1811, cinq huitièmes de part.

Thénard, admis en 1810, a débuté le 3 novembre 1807 dans le *Dissipateur* et la *Fausse Agnès*, aux appointements de 3,000 fr. ; en novembre 1808 à 4,000 fr. ; en octobre 1810, à quart de part; en avril 1811, à trois huitièmes ; en mai 1812, à demi-part.

Vigny, reçu en 1811, a débuté le 18 octobre 1808, dans la *Métromanie*, aux appointements de 3,000 fr. ; mis à 4,000 fr. ; en juin 1810, à quart de part, en avril 1811 ; à trois huitièmes, au mois d'octobre suivant et à demi-part, en avril 1812.

Michelot, reçu en 1811, a débuté en mars 1805, dans *Britannicus* et les *Fausses Infidélités*, aux appointements de 2,400 fr. ; en mars 1807, porté à 3,000 fr. ; en juillet 1808, à 3,500 fr. ; en avril 1809, à 4,000 fr. ; en octobre 1811, mis à quart de part et en avril 1813, à trois huitièmes.

Mmes Rancourt, reçue en 1775 ;

Thénard, reçue en 1781 ;

Contat (Emilie), reçue en 1785 ;

Mézerai, reçue en 1793, a débuté le 21 juillet 1791, dans *les Dehors trompeurs* aux appointements de 2,000 fr. ; puis à 4,000 fr. en 1792 ; en 1799, admise à trois quarts de part et en janvier 1803, à part entière ;

Mars, reçue en 1799, a débuté en janvier 1795 ; admise à trois huitièmes de part, l'année de sa réception ; à cinq huitièmes, en janvier

1803 ; à trois quarts en octobre ; à sept huitièmes, en septembre 1804, et à part entière, en mars 1807 ;

Bourgoin, reçue en 1802, a débuté en mars 1801, a repris ses débuts le 28 novembre, dans *Mélanie* et l'*Ecole des femmes*, aux appointements de 7,000 fr. Admise en janvier 1802 à trois huitièmes de part ; en avril 1804, à demi-part, en avril 1809 à cinq huitièmes de part ; en avril 1811, à trois quarts de part ;

Volnais, reçue en 1802, a débuté le 4 mai 1801 dans *Britannicus*, aux appointements de 2,400 fr. ; mise en janvier 1803, à 4,000 fr. ; à trois huitièmes de part, en avril 1804 ; à demi-part, en avril 1807 ; à cinq huitièmes, en avril 1809 ; à trois quarts, en novembre de la même année, et à sept huitièmes en avril 1811 ;

Duchesnois, reçue à trois huitièmes de part en 1804, a débuté, le 6 août 1802, dans *Phèdre* aux appointements de 4,000 fr. ; admise à demi-part, en 1806 ; à cinq huitièmes en avril 1807 ; à trois quarts en août 1808 ; à sept huitièmes en avril 1809, et à part entière en novembre de la même année ;

Georges a débuté, le 29 novembre 1802, par le rôle de Clytemnestre dans *Iphigénie en Aulide*, aux appointements de 4,000 fr. ; reçue sociétaire, en février 1804, à trois huitièmes de part ; en 1806, à demi-part ; en avril 1807, à cinq huitièmes de part ; est partie pour la Russie en mai 1808 ; est rentrée à la Comédie-Française en septembre 1813, à cinq huitièmes de part ; mise à part entière au mois d'avril suivant ;

Leverd, a débuté le 30 juillet 1808, par le rôle d'Aramynthe, dans le *Misanthrope*, aux appointements de 4,000 fr. ; reçue le 1er avril 1809 à trois huitièmes de part ; en novembre à demi-part ; en janvier 1811 à cinq huitièmes ; en avril, à trois quarts et en avril 1812, à sept huitièmes ;

Dupuis a débuté, le 17 février 1808, dans *Andromaque* et l'*Ecole des Maris*, aux appointements de 3,000 fr. ; mise, en avril 1809, à 4,000 fr. ; reçue sociétaire en janvier 1813, à quart de part et à trois huitièmes en avril de la même année.

Demerson a débuté, le 9 juillet 1810, dans le *Joueur*, à 2,400 fr. ; portée à 3,000 fr. en avril 1812 et reçue le 1er avril 1813, à quart de part. (*Arch. nat.* O^{2}45.)

VIII

Pendant les Cent-Jours, l'Empereur voulut que des représentations dramatiques eussent lieu sur les théâtres de la Cour comme par le passé. C'était, à ses yeux, le meilleur moyen de rassurer l'opinion publique.

Voici, à cet égard, ce que nous trouvons aux *Archives nationales*.

THÉATRE-FRANÇAIS. — Aux Comédiens français ordinaires de Sa Majesté l'Empereur, pour la représentation *Suite d'un bal masqué*, donnée par eux sur le théâtre de l'Élysée-Napoléon, le 4 mai 1815, la somme de 1,200 fr.

« Vu, ordonné et approuvé sur le fonds de 155,556 fr. pour 9 mois et 10 jours que le budget de 1815 met à notre disposition... »

Aux Comédiens français pour la représentation de la *Nièce supposée* donnée par eux sur le théâtre de la cour au Palais des Tuileries, le 13 avril 1815, 1,200 fr.

1815. — La loge de l'Empereur est payée seulement du 20 mars au 31 mai, 3,111 fr. 10.

« LE COMTE DE MONTESQUIOU.

« Paris, ce 8 juin 1815. »

Au mois d'avril 1815, le grand chambellan nomme Membres du Comité de lecture MM. Fleury, Saint-Prix, Saint-Phal, Talma, Michot, Damas, Baptiste aîné, Lafond et Mlle Mars. Sont nommés jurés supplémentaires, Baptiste cadet, Mmes Duchesnoy et George. (*Arch. nat.* O²45.)

LES SPECTACLES, LES CONCERTS ET LES BALLETS

OPÉRA-COMIQUE

I

En 1810, les artistes de l'Opéra-Comique furent souvent appelés sur les théâtres de la cour. Nos recherches aux *Archives nationales* nous permettent de citer vingt-neuf représentations, aux Tuileries, à Saint-Cloud, à Compiègne et à Fontainebleau.

Tuileries, du 4 février au 15 mars : *le Roi et le Fermier. — L'Epreuve villageoise. — Le Prisonnier. — Le Trente et Quarante.* Total pour les quatre soirées : 6,400 fr. — A Compiègne, du 11 au 18 avril, sept représentations à 3,200 fr. — Le 8 juin, à Saint-Cloud : *Joseph*, 2,000 fr.

A Fontainebleau, du 7 octobre au 12 novembre : *le Calife de Bagdad. — Les petits Savoyards. — Le Roi et le Fermier. — Le Prisonnier. — Une Folie. — Une Heure de mariage. — Maison à vendre.*

Palais des Tuileries, du 20 novembre au 30 décembre : *l'Ami de la maison. — La Fausse Magie. — Renaud d'Ast. — L'Oncle valet. — Le Tableau parlant. — La Mélomanie. — Alexis* ou *l'Erreur d'un bon père. — La belle Arsène. — Zémire et Azor. — Le Calife de Bagdad. — Stratonice. — La Servante maîtresse.* Aux Tuileries, le prix de la représentation est de 1,200 fr. tandis qu'à Fontainebleau, il est de 2,700 fr.

II

1811. — L'Opéra-Comique joue, au palais de Saint-Cloud, du 8 au 22 janvier : *les Evénements imprévus. — Les Visitandines. — Azema* ou *les Sauvages.* — Le 10 et le 28 février : *Ma tante Aurore. — Gulnare.* Total : 6,000 fr.

Mmes Barilli, Festa et Camporesi reçoivent chacune une indemnité de 500 fr. pour leurs frais de costumes dans la pièce jouée sur le théâtre de la cour, à Trianon, le 25 août 1811. (O^{2}39.)

L'engagement de Mme Camporesi date du 14 mai 1811. Ses appointements étaient de 24,000 fr. Elle touche en outre, une somme de 2,000 fr.

III

Pendant la courte période des Cent-Jours, le théâtre impérial et l'Opéra-Comique jouèrent plusieurs fois sur les théâtres de la cour.

1815. — Bordereau des représentations données sur le théâtre de la cour à l'Élysée-Napoléon, pendant les mois d'avril et de mai, savoir :

25 avril : *le Nouveau Seigneur du village*. . . . . 1,200 fr.
'8 mai : *les Deux Jaloux* . . . . 1,200 fr.

THÉATRES DE LA COUR

I

Peu de temps avant le divorce, le *Moniteur* parlant des fêtes de Fontainebleau dit : « 5 novembre 1809. — ... Avant-hier, on a joué, sur le théâtre de la cour, la comédie intitulée : *le Secret du ménage*. Les artistes de l'Opera-Buffa ont ensuite exécuté un acte de la *Serra innamorata*. Sa Majesté a chassé à courre hier pendant cinq heures et demie et a fait plus de vingt lieues à cheval. »

« Fontainebleau, 8 novembre. — Le nombre des personnes que la cour attire ici augmente chaque jour. On a joué ce soir, sur le théâtre de la cour, le premier acte d'un opéra de M. Paër, intitulé : *Leonora*. »

« Fontainebleau, 11 novembre. — S. M. le Roi de Westphalie est ici depuis plusieurs jours. Il y a eu hier et avant-hier chasse à tir, et aujourd'hui chasse à courre... On dit qu'il y aura un bal nombreux dans la grande salle du château et une représentation de *Roméo et Juliette*, sur le théâtre de la cour. » (Imbert de Saint-Amand. *Les dernières années de l'Impératrice Joséphine*, p. 102.)

II

La dernière fête à laquelle assista Joséphine avant son divorce eut lieu le 12 décembre 1809, au château de Grosbois, chez Berthier, prince de Neufchâtel et de Wagram. L'Empereur et l'Impératrice s'y trouvaient avec le roi de Wurtemberg, le roi et la reine de Naples, le roi et la reine de Westphalie.

Pour distraire ses augustes hôtes, Berthier chargea Brunet, le célèbre comique, de venir jouer une des pièces les plus drôles de son répertoire dont il lui laissa le choix, négligeant de s'assurer si elle ne renfermait pas d'allusions désagréables à entendre. Brunet, ignorant les projets de divorce, choisit un vaudeville très amusant en toute autre circonstance : *Cadet Roussel, maître de déclamation*, où précisément on parlait de divorce. « Qu'on juge de l'embarras, de la stupeur de l'infortuné Berthier, dit M. Imbert de Saint-Amand, quand Cadet Roussel annonce l'intention de divorcer « pour avoir des ancêtres », puis change d'avis en faisant cette très sage remarque : « Je sais ce qu'est ma femme, je ne sais ce que serait celle que je prendrais. »

L'Impératrice luttait contre les larmes, l'Empereur paraissait sombre, triste, et leur attitude contrastait avec l'hilarité de Berthier, dont le gros rire cherchait à dissimuler le malaise. (*Les dernières années de l'Impératrice Joséphine*, p. 135.)

III

Le divorce était résolu, cependant Napoléon pour donner le change à l'opinion publique, voulut qu'une représentation théâtrale eût lieu à la Malmaison pour fêter la présence du roi de Saxe. Dans cette demeure qui devait être bientôt le refuge de Joséphine, les artistes de la Comédie-Française vinrent jouer deux charmantes pièces, la *Gageure imprévue* et la *Coquette corrigée*. Mlle Contat, bien que retirée du théâtre, vint y jouer pour la dernière fois. Elle voulait remercier l'Impératrice de la bienveillance qu'elle lui avait toujours témoignée.

IV

Dans certaines circonstances la poste était insuffisante pour transporter la masse de voyageurs qui se présentaient sur le même parcours. Lors des fêtes données à Compiègne à l'occasion du mariage de l'Empereur avec Marie-Louise, on dut recourir à des entreprises particulières.

En avril 1810, Le Prevost, entrepreneur de voitures, rue Contrescarpe, réclame 3,204 fr. pour le transport de Paris à Compiègne, et de Compiègne à Paris de toutes les personnes qui ont été employées au théâtre de l'Opéra-Comique, pendant le séjour de Sa Majesté. Le transport des bagages était compris dans la réclamation. (*Arch. nat.* $O^2 33$.)

V

1810. — Le 1er mars, les acteurs de M. Barré, directeur du Vaudeville, jouent, sur le petit théâtre des Tuileries : *Monsieur Guillaume*. Prix : 900 fr.

« Vu, ordonné et approuvé » par le grand chambellan comte de Montesquiou, sur le fonds de 150,000 fr. que le budget de 1810 met à sa disposition pour les théâtres des maisons impériales. (*Arch. nat.* O²36.)

VI

1810. — La troupe équestre de Franconi, dans l'éclat de sa renommée, fut appelée à Trianon où se trouvaient l'Empereur et l'Impératrice. Une somme de 6,600 fr. fut remise à « M. M. Franconi, tant pour la représentation qui a eu lieu devant Leurs Majestés, au palais de Trianon, le 11 août 1810, que pour onze journées de séjour avec leur troupe, frais d'orchestre et déplacement ».

Compte soldé « sur le fonds de 150,000 fr. que le budget de 1810 met à notre disposition pour les théâtres des maisons impériales ». Le grand chambellan : « le comte DE MONTESQUIOU. » (*Arch. nat.* O²36.)

VII

En dehors des théâtres de Paris, qui venaient assez souvent donner des représentations sur les théâtres de la cour, l'Empereur avait son théâtre particulier avec corps de ballet, composé d'artistes distingués dont l'engagement se renouvelait chaque année. Quelques-uns n'étaient engagés que pour une saison.

CONCERTS

I

En 1806, Paër, l'auteur du *Maître de chapelle*, quitta Parme, sa patrie, pour venir à Paris prendre la direction du théâtre de la cour et de la musique particulière de l'Empereur. Ses appointements s'élevaient à 28,000 fr. Dans ses déplacements, il touchait en plus 10 fr. par poste et 24 fr. par jour.

Mme Paër, chanteuse hors ligne, engagée au théâtre de la cour, au prix de 30,000 fr. par an, jouissait des mêmes avantages que son mari, dans ses déplacements. D'ailleurs ces frais supplémentaires étaient semblables pour tous les artistes distingués ; les autres avaient bien aussi leurs frais de poste payés, mais ils ne recevaient, en outre, que 12 fr. par jour.

Le costume de directeur, que portait Paër, gracieusement payé par l'Empereur, coûtait 1,515 fr. La broderie d'argent seule de la veste et de l'habit montait à 1,130 fr., Frassy, tailleur, ne demandait, en ce qui le concernait, que 255 fr. L'épée, à poignée de nacre, fournie par Dupont, fabricant d'armes, *Au Dieu Mars*, valait avec le ceinturon en soie blanche, 130 fr. (*Arch. nat.* O^{2}38.)

Comblé de bienfaits par l'Empereur, Paër joignit à ses fonctions de directeur des spectacles de la cour, celui de maître de chant de l'Impératrice. A la chute de l'Empire, il fit des démarches pour être appelé à Parme, auprès de Marie-Louise, mais il abandonna bientôt ce projet, ayant été nommé directeur des concerts de Louis XVIII.

Le maestro se plaisait à raconter une aventure qui lui était arrivée avec François Ier, empereur d'Autriche, en l'accompagnant sur le piano ; l'empereur jouait du violon. Je me permis, dit Paër, de faire observer à Sa Majesté que son *la* était faux ; aussitôt François Ier posa son violon sur le piano et se retira. Le lendemain, je parus à son lever et lui prodiguai les flatteries les plus exagérées ; « je l'appelai *Titus, Trajan, Marc-Aurèle...*, il ne m'écouta pas. Je n'étais qu'un sot... Si je l'eusse appelé Paganini, il m'aurait embrassé. » (Vatout. *Le Château de Compiègne*, p. 510.)

II

En dehors des théâtres et des concerts, il y avait aussi la musique de la Chapelle, dirigée par Lesueur ; elle comptait des instrumentistes de premier ordre.

Le budget pour la musique et les artistes de la Chapelle était, en 1806, de 110,000 fr. Le Sueur, directeur, touchait 10,000 fr. ; Rey, maître et chef d'orchestre, 4,000 fr. ; Kreutzer, premier violon,

4,000 fr. Les autres artistes, chanteurs et instrumentistes, au nombre de trente-huit, recevaient de 1,500 fr. à 3,000 fr. par an.

Les artistes de la Chapelle et des concerts de l'Empereur recevaient 12 fr. d'indemnité par jour quand ils étaient appelés dans les résidences impériales, loin de Paris, telles que Compiègne et Fontainebleau. Une somme de 11,112 fr. est payée à ce sujet, le 27 novembre 1807. Le reçu est signé par « le Directeur de la musique de l'Empereur, Le Sueur », pour indemnité de séjour de ses artistes à Fontainebleau. (*Arch. nat.* O^{2}34.)

III

1807. — A Mlle Colbran, première cantatrice de la reine d'Espagne, pour avoir chanté dans un concert à Saint-Cloud, devant l'Impératrice, le 20 juillet 1807 : 1,200 fr. Le 24 décembre suivant, la même artiste reçoit 1,000 fr. pour le loyer d'une loge à la salle Favart, au concert qu'elle a donné.

En juin, Mme Gervasio reçoit 1,200 fr. pour avoir chanté dans six concerts aux Tuileries.

A Mlle Hinon, pour s'être fait entendre dans cinq concerts aux Tuileries et à Fontainebleau, 1,200 fr.

Bianchi, Tarulli, Barilli, et plus tard Cuvelli et Tachinardi touchaient aussi 200 fr. quand ils participaient à un concert, soit aux Tuileries, soit à Saint-Cloud.

IV

Etat des concerts italiens donnés à Saint-Cloud devant Leurs Majestés pendant le mois de mai 1808.

Mme Barilli, première cantatrice, un concert le 7 mai : 240 fr. Tachinardi, premier ténor, deux concerts, le 3 et le 7 mai, 400 fr.

Tarulli reçoit 1,000 fr. pour s'être fait entendre dans cinq concerts, à Paris et à Fontainebleau du 25 octobre au 30 novembre 1807.

V

Si, en 1809, les artistes ne viennent pas jouer à Compiègne devant Leurs Majestés, c'est qu'à cette époque le château était la résidence du roi d'Espagne Charles IV. De fréquents accès de goutte le privant des plaisirs de la chasse, il se rabattait sur la musique et se plaisait à faire sa partie dans des morceaux d'ensemble. Peu soucieux de la mesure, il partait souvent trop tôt; sur les observations de son premier violon, le célèbre Boucher, il lui répondit majestueusement : « Monsieur, je ne suis pas fait pour attendre ». (Vatout. *Le Château de Compiègne*, p. 510.)

VI

1810. — Etat des frais de voyage à Fontainebleau, pendant le séjour de Leurs Majestés, pour M. Paër, directeur des théâtres de la cour et la musique particulière de l'Empereur, et Mme Grassini, première cantatrice de la musique particulière, suivant leur engagement.

Paër, directeur, pour 51 jours à 24 fr.	1,224 francs.
Aller, neuf postes à 10 fr.	90 —
Retour, neuf postes à 10 fr.	90 —
Mme Grassini, 49 jours à 24 fr.	1,176 —
Aller, neuf postes à 10 fr.	90 —
Retour, neuf postes à 10 fr.	90 —
Total.	2,760 francs.

« Vu, ordonné et approuvé sur le fonds de 40,000 fr. que le budget de 1810 met à notre disposition pour copie de musique, achats d'instruments, entretien et dépenses diverses.

« Le Grand Chambellan
Signé : « Le Cte DE MONTESQUIOU. »

VII

1811. *Voyage de Bruxelles et de Hollande.*

Au château de Lacken, près de Bruxelles, deux concerts sont donnés les 24 et 27 septembre. Chacun des artistes suivants reçoit 120 fr. par soirée : Artot, cor solo; Robberechts, violon solo; Borremann, premier violon; Geusse, second violon; Faucquette, alto; Beeckmans, premier violoncelle.

Le directeur du théâtre de Bruxelles touche 1,200 fr. pour location de loges, pendant le séjour de l'Impératrice à Lacken.

Boggui et le ténor Gentilli reçoivent de fortes indemnités de voyage pour venir chanter dans des concerts à Lacken et ailleurs. (*Arch. nat.* O²37.)

Concert au palais d'Amsterdam, le 21 octobre 1811. Les chanteurs Pantœnida et Chiodi s'y font entendre et reçoivent chacun 200 fr. — Nauvigille, premier violon, touche 150 fr.; Ceulen, second violon; Raup, premier violoncelle; Sòla, alto; Berti, contrebasse, chacun 80 fr. (*Arch. nat.* O²36.)

Une indemnité de 3,000 fr. est accordée à l'administration du Théâtre-Français d'Amsterdam, pour les loges et places occupées tant par Leurs Majestés que par différentes personnes de leur suite pendant le voyage de Hollande. (*Arch. nat.* O²37.)

VIII

Les derniers concerts furent donnés sur le théâtre de la Cour, à l'Elysée-Napoléon, du 16 mai au 11 juin 1815.

Mme Mainvielle-Fodor : concerts du 30 mai, du 6 et du 11 juin.	360 francs.
Mme Crivelli : concerts des 16, 21 et 28 mai . . .	600 —
M. Reyez : concert du 30 mai.	100 —
Total	1,060 francs.

INDEMNITÉS. — GRATIFICATIONS. — BÉNÉFICES

I

Comme on l'a vu précédemment, les diverses troupes des grands théâtres étaient appelées à jouer sur les théâtres de la cour, aux Tuileries, à l'Elysée-Napoléon, à Saint-Cloud, à Trianon, à Compiègne et à Fontainebleau.

Lors de certaines fêtes qui attiraient d'Allemagne beaucoup de princes à Paris, comme au mariage de l'Empereur avec Marie-Louise, à la naissance du roi de Rome, des loges supplémentaires étaient louées à l'intention des princes allemands.

Certains artistes obtenaient dans leur engagement une représentation à leur bénéfice. Dans ce cas l'Empereur, soit qu'il assistât à la représentation, soit que sa loge restât fermée, envoyait au bénéficiaire 1,000 fr. et le plus souvent 1,200 fr. — Les auteurs et compositeurs recevaient aussi à l'occasion des gratifications. Dans les concerts à Paris et à Saint-Cloud les premiers artistes recevaient, en général, 200 fr. par soirée. En voici quelques exemples tirés des *Archives nationales* :

II

1807. — A M. Olivier, mécanicien, pour une représentation de son spectacle, le 31 mars, devant l'Impératrice, aux Tuileries : 1,000 fr.

1807. — A M. Steibelt, pianiste, pour un concert donné à l'Impératrice, le 30 avril : 1,200 fr.

1807. — A M. Pierre, directeur du théâtre pittoresque et mécanique pour une représentation donnée à Sa Majesté l'Impératrice, le 24 janvier : 3,000 fr.

1807. — Au sieur Bogulawski, directeur du théâtre polonais de Varsovie, pour la représentation donnée sur l'ordre de l'Empereur, suivant la quittance du 24 janvier : 3,000 fr.

Adrien, de l'Académie impériale de musique, reçoit pour une représentation à son bénéfice, le 5 février 1807, à l'Opéra : 1,200 fr.

A Mme Gontier, de l'Opéra-Comique, pour la représentation donnée en sa faveur, le 30 mars 1807 : 1,200 fr. (*Arch. nat.* O^{2}36.)

III

1808. — Pour trois mois de loyer des loges de Sa Majesté à l'Académie impériale de musique, à commencer du 1er avril 1808, 5,000 fr.

« Vu, ordonné et approuvé sur le fonds de 60,000 fr. que le budget de 1808 met à notre disposition pour le loyer des loges aux différents théâtres.

« Le vice-grand électeur, grand chambellan

« CHARLES MAURICE.

« A Valençay ce 8 juin 1808. »

(*Arch. nat.* O^{2}33.)

1808. — La loge de Sa Majesté au théâtre de l'Impératrice était de 4,000 fr. par trimestre. Au Théâtre-Français, 3,000 fr.

1,200 fr. accordés pour la loge de Sa Majesté à M. Chéron, artiste du grand Opéra, pour la représentation donnée à son bénéfice, le 25 avril 1808, sur le théâtre de l'Académie impériale de musique.

Gratification de 1,200 fr. à M. Rode pour le concert qu'il a donné au théâtre de l'Impératrice, le 23 décembre 1808, pour la loge de Sa Majesté.

1808. — Gratification de 600 fr. accordée à la veuve Dozainville, pour la représentation donnée le 2 avril au profit de feu Dozainville artiste sociétaire de l'Opéra-Comique, pour la loge de Sa Majesté.

Dû pour le loyer pendant six mois de la loge n° 2 au second à commencer du 15 janvier 1808, 2,100 fr.

Loge à l'Académie impériale de musique par ordre de l'Empereur pour l'usage des princes de Mecklembourg-Schwérin et Strélitz et de Saxe-Cobourg.

1808. — Gratification accordée à Mme Grassini, première chanteuse de Sa Majesté pour les loges de l'Empereur à l'Opéra à l'occasion du concert donné au bénéfice de cette artiste en mai 1808.

1808. — Indemnité de 1,500 fr. accordée au sieur Cortais dit Beaujolais, directeur du théâtre de Bordeaux, pour les deux loges qu'ont eues Leurs Majestés pendant leur résidence, en 1808.

21 juillet 1808. — Gratification de 600 fr. à Mme Crespi-Bianchi, pour avoir joué le rôle de Lisette dans la *Grisilda*, opéra italien représenté le 9 janvier au palais des Tuileries.

(Sur le fonds de 150,000 fr.)

1808. — Gratification de 1,200 fr. chacun aux sieurs Nourrit et Dérivis, pour avoir chanté dans cinq concerts à Fontainebleau et à Paris.

(Sur le fonds de 60,000 fr.)

1808. — Gratification de 400 fr. au sieur Carmanini pour avoir joué le rôle du grand prêtre dans le deuxième acte d'*Achille*, opéra italien représenté le 19 mars, aux Tuileries.

(Sur le fonds de 150,000 fr.)

« CHARLES-MAURICE. »

(*Arch. nat.* O^{2}36.)

1808. — A M. Brizzi, 1er ténor du théâtre de la cour, pour son voyage de Paris à Munich, 126 postes à 10 fr. 1,260 fr.

Idem pour son voyage de Munich à Paris : 1,260 fr. — (*Arch. nat.* O²34.)

IV

Le 14 novembre 1809, l'Empereur accorde une gratification de 36,000 fr. aux artistes qui ont fait partie du dernier voyage de Fontainebleau. Mme Grassini reçoit 10,000 fr. ; Crescentini et Mme Festa, chacun 6,000 fr. ; Mme Barilli, 4,000 fr. (O²38.)

Décembre 1809. — Il est dû au théâtre de l'Impératrice 18,000 fr. pour six représentations et dix jours de séjour à Fontainebleau. (O²38.)

V

1810. — Dans son premier voyage à Compiègne, du 24 au 30 mars, Mme Grassi touche une indemnité de 398 fr. pour sept jours à 24 fr. et 23 postes à 10 fr., aller et retour.

Pour son second voyage à Compiègne, du 7 au 27 avril, l'indemnité s'élève à 734 fr. (21 jours à 24 fr. et 23 postes à 10 fr.)

1810. *Voyage de Belgique.* — L'Empereur fait un don de 6,000 fr. aux artistes qui ont joué devant lui et l'Impératrice, sur le grand théâtre de Bruxelles, le 15 mai 1810. La somme est ainsi répartie : MM. Desfossés, Eugène, Coriolis, Perceval, Bousigue ; Mmes Berteau, Luisel, Saint-Albin, Depoix, chacun 650 fr. — Les choristes, au nombre de six, chacun 25 fr.

L'acteur Pierre Bourson, auteur de la pièce de vers récitée devant Leurs Majestés, reçoit 3,000 fr. (*Arch. nat.* O²36.)

VI

1812. — Gratification de 1,000 fr. à Mme veuve Dugazon, pour une représentation à son profit, sur le théâtre français, pour l'indemniser des loges de Sa Majesté qui sont restées fermées pendant la représentation.

20 mars 1812. — Une indemnité de 1,500 fr. est accordée à M. Alissan de Chazet, auteur de deux pièces en vaudeville.

30 avril 1812. — A M. Delouët, compositeur, auteur d'une messe pour la chapelle de Sa Majesté, 600 fr.

Mars 1812. — A M. La Durner, professeur de piano, qui a touché de Sa Majesté l'orgue expressif, au concert spirituel du 25 mars, 300 fr.

12 août 1812. — Indemnité de 600 fr. à M. Delouët, pour un *Te Deum* et un *Domine, salvum fac Imperatorem nostrum* qu'il a fait pour la musique de la chapelle de l'Empereur.

CHAPITRE XVII

LES PRÉSENTS DE NAPOLÉON

I

Comme on l'a vu dans la plupart des chapitres qui précèdent, le nombre des présents offerts par Napoléon est incalculable. Naturellement généreux et habile dans l'art de manier les hommes, il donna beaucoup sous toutes les formes. Il a multiplié ses dons envers ceux qui lui avaient rendu service, comme aucun souverain ne l'a jamais fait ; les services militaires primaient chez lui tous les autres et il a distribué dans son armée, en dotations, en secours, en présents, des centaines de millions.

Napoléon a donné des bijoux, des tabatières, son portrait enrichi de diamants, des porcelaines de Sèvres, des tapisseries, des médailles, des livres richement reliés, etc. Il a même offert de ses propres chevaux, comme l'*Etoile* et l'*Ethiopienne*, qu'il envoyait en 1806 à sa fille adoptive, la princesse de Bade, et le *Sélim*, qu'il donnait l'année suivante, à l'empereur Alexandre.

Les bijoux se composent le plus souvent de médaillons, de bagues ou de tabatières, ornés soit du portrait de l'Empereur entouré de brillants, soit de son chiffre couronné, soit de l'N seul, en brillants.

Les peintres en miniature chargés de multiplier l'image impériale étaient Aubry, Augustin, Isabey, Gilliard, Jean Guérin, Gauci, Robert Lefèvre, Muneret, Nitot, Prosper, Quaglia, Saint et l'habile peintre en émail, Soiron père.

Les tapisseries sortaient des Gobelins, de Beauvais ou de la Savonnerie.

Quant aux porcelaines, toutes provenaient de la manufacture de

Sèvres. Pour l'ameublement des palais impériaux, l'Empereur s'adressait parfois à l'industrie privée, entre autres à la fabrique de Dihl et Guérard et à celle de Dagoty, mais pour les présents, il aimait mieux offrir les beaux modèles de Sèvres.

Napoléon donna aussi des armes, fabriquées à Versailles, sous la direction de Boutet, puis encore des pièces d'orfèvrerie pour les églises, comme lors du sacre à Notre-Dame, et des services d'argenterie à quelques-uns de ses grands officiers, de ses ambassadeurs, ou aux mess des régiments de la Garde.

Pour certains pays comme Alger, Tunis, Constantinople, les présents consistaient surtout en montres, pendules, fusils, en draps de couleurs vives, en étoffes de soie, de velours, d'or et d'argent.

Quelques industriels adressèrent des demandes au ministre des relations extérieures, pour le prier de faire comprendre leurs produits parmi les objets de l'industrie française dignes d'être envoyés en présents, aux ambassadeurs étrangers.

M. Girard, habile fabricant de lampes, écrivait de Fontainebleau une demande de ce genre, en 1807.

M. Etienne Michel, éditeur du *Traité des arbres et des arbustes*, par M. Duhamel, faisait la même année semblable demande, pour cet ouvrage qu'il désirait faire admettre parmi les présents diplomatiques. La réponse du ministre ne nous est pas connue, mais nous savons que des livres imprimés par Pierre Didot reçurent cette destination.

Les demandes de l'industrie française étaient motivées par ce décret de l'Empereur du 12 mai 1806 :

Article premier. — « Tous les présents donnés par le ministre des relations extérieures seront en porcelaine de la manufacture de Sèvres, en tapisseries des Gobelins ou de la Savonnerie, en gravures et armures et, sous quelque prétexte que ce soit, il n'en sera plus donné en diamants.

Art. 2. — « Le ministre des relations extérieures commandera chaque année, pour la somme de trois cent mille francs, en différentes manufactures, des présents suivant la valeur déterminée par les décrets précédents, à donner aux ambassadeurs et ministres. »
(*Arch. nat.* A F, iv, 1324.)

L'Empereur ne persista pas longtemps dans ces idées, comme nous le verrons plus loin.

Rappelons de suite que, dès la même année, il commandait à son joaillier Marguerite (successeur de Foncier), cent riches tabatières d'or, serties de brillants de différents prix, pour lesquelles il avait établi un budget de 380,688 fr. (*Arch. nat.* O²30.)

II

Consulat. — Nous commençons, avec le Consulat, par la série des présents diplomatiques, en nous guidant sur les documents qu'on a bien voulu nous communiquer aux *Archives nationales*. Malgré ses lacunes et son énumération un peu sèche, cette liste a le mérite d'être presque entièrement inédite.

Sous la monarchie précédente, lorsqu'un ministre ou chargé d'affaires, étranger, accrédité à la cour de France, avait terminé sa mission, il recevait, après son audience de congé, un présent du roi; c'était, le plus souvent, sous Louis XIV, une boîte à portrait, sous Louis XV et sous Louis XVI, une tabatière de prix. Cet usage était si bien établi, qu'en cas de décès de l'ambassadeur, le présent était envoyé à la veuve.

Devenu Premier Consul, Napoléon Bonaparte voulut rétablir les présents diplomatiques; ses collègues, habitués à respecter ses décisions, se rallièrent à son avis.

Le 7 thermidor an VIII, « les consuls de la République arrêtent ce qui suit :

« Le présent d'usage du gouvernement français aux ministres étrangers sera une boite d'or, portant le chiffre R. F., enrichi de diamants.

« En conséquence, il sera fait des boîtes de différentes valeurs et en raison du titre des agents auxquels elles seront destinées. Celles pour les ambassadeurs seront du prix de 15,000 fr. — Celles pour les ministres plénipotentiaires, de 8,000 fr. — Celles pour les chargés d'affaires, de 5,000 fr.

« Les présents, pour les négociations de paix, traités de commerce, et autres circonstances extraordinaires, seront, quant à leur nature et leurs valeurs, déterminées en particulier.

« Le ministre des relations extérieures est chargé de l'exécution du présent arrêté, qui ne sera pas imprimé. » (*Arch. nat.* AF, IV, 97.)

« Le Premier Consul,
Signé : « Bonaparte. »

III

28 brumaire an IX (19 novembre 1800). — Les Consuls de la République, après avoir entendu le ministre des relations extérieures, arrêtent : « Il sera fait à M. de Bouligny, ambassadeur d'Espagne, à Constantinople, un présent en argenterie de la valeur de 30,000 fr. — Le ministre des Relations extérieures fera au nom du gouvernement, le présent d'usage au Sr Boccardi, ex-ministre plénipotentiaire de la République ligurienne. Conformément à l'arrêté du 7 thermidor dernier, il consistera en une tabatière d'or, enrichie de diamants, de la valeur de 8,000 fr. » (*Arch. nat.* AF, IV, 139.)

7 frimaire an IX (28 novembre 1800). — Il sera fait à M. le chevalier Urquijo, secrétaire d'Etat de Sa Majesté le roi d'Espagne, un présent en tapisseries des Gobelins, de la valeur de 36,000 fr. — A M. San y Barres, premier secrétaire de la secrétairerie d'Etat de Sa Majesté le roi d'Espagne, un présent de trois cents pièces d'or de vingt-quatre francs. (*Arch. nat.* AF, IV, 142.)

15 nivôse an IX. — La lettre suivante est adressée à Boutet directeur de la manufacture d'armes de Versailles : « J'ai besoin, citoyen, pour le service de mon département, de trois ou quatre nécessaires d'armes, composés chacun d'une carabine et d'une paire de pistolets renfermés dans leur boite d'acajou et dans le prix de 6,000 fr. l'une.

« Je vous prie de vous occuper immédiatement de ce travail et de donner tous vos soins pour sa prompte exécution. Vous n'épargnerez rien, sans doute, pour que ces ouvrages, par leur richesse et leur perfection, remplissent les vues que je me propose et ajoutent encore à la réputation de votre établissement. » (*Aff. étr. Comptabilité*, 1795 à 1815.)

18 nivôse an IX (8 janvier 1801). — Présent au prince de la Paix, d'un nécessaire d'armes, de la manufacture de Versailles, du prix de 20,000 fr.

Talleyrand, ministre des relations extérieures, proposait une armure et pressait les Consuls de ne pas négliger le présent au prince de la Paix.

« J'ignore, leur écrivait-il, par quelles circonstances, l'envoi de ce présent a été retardé ; mais quoi qu'il en soit, il n'a point été fait encore, et il paraît cependant que le prince de la Paix serait très flatté de le recevoir.

« C'est ce que M. de Musquiz a fait entendre à mon prédécesseur avec discrétion, et duquel pourtant on a pu inférer que M. d'Urquijo l'avait expressément invité à rappeler cet objet.

« Dans l'état actuel de nos relations avec l'Espagne et à raison de l'influence que conserve le prince de la Paix, il paraît convenable de lui faire le présent qu'on lui a donné le droit d'attendre. » (*Arch. nat.* AF, IV, 157.)

Le présent du prenier Consul ne passa pas inaperçu. « Cette attention du plus grand personnage de l'Europe, dit M. Thiers, avait touché la vanité du prince de la Paix. Quelques soins de notre ambassadeur (M. Alquier) avaient achevé de nous le conquérir, et depuis lors la cour d'Espagne tout entière semblait se donner à nous sans réserve. »

« Le roi Charles IV, ayant vu les belles armes expédiées au prince, exprima le désir d'en avoir de pareilles. « On se hâta d'en faire fabriquer de magnifiques qu'il reçut avec une véritable joie. La reine aussi désira des parures, et Mme Bonaparte, dont le goût était renommé, lui envoya tout ce que Paris produisait en ce genre de plus recherché et de plus élégant. Charles IV, généreux comme un Castillan, ne voulut pas rester en arrière, et prit soin de s'acquitter d'une manière toute royale. Sachant que des chevaux seraient agréables au premier Consul, il dépeupla de leurs plus beaux sujets les haras d'Aranjuez, de Medina-Celi et d'Altamire, pour trouver d'abord six, puis douze, puis seize chevaux, les plus beaux de la péninsule. » (*Le Consulat et l'Empire*, t. II, p. 117 et 118.)

On verra un peu plus loin, de quelle façon furent récompensés les conducteurs et palefreniers de ces magnifiques chevaux.

11 ventôse an IX (2 mars 1801). — Le ministre de la marine rendra un témoignage de satisfaction au contre-amiral Decrès, pour le combat glorieux qu'il a soutenu avec le *Guillaume Tell*, contre trois vaisseaux anglais. Il lui sera fait présent d'une montre marine et d'un sabre d'abordage. (*Arch. nat.* AF, IV, 175.)

28 germinal an IX (18 avril 1801). — A le M. le Marquis de Musquiz, ex-ambassadeur d'Espagne, présent d'une boîte d'or, enrichie de diamants, de 15,000 fr. (*Arch. nat.* AF, IV, 189, dossier.)

7 fructidor an IX (25 août 1801). — Il est mis à la disposition du ministre des relations extérieures, une partie des diamants exis-

tant au Trésor public, et d'une valeur de 205,075 fr. pour les présents d'usage à la légation de l'Empereur, à Lunéville » (*Arch. nat.* AF, iv, 229.)

17 fructidor an IX (4 septembre 1801). — Il sera fait présent à M. Hoppé, secrétaire de la légation de l'Empereur à Lunéville, d'une bague et d'une épingle en diamants, du prix total de 30,000 fr. — A M. de Micheroux, ministre plénipotentiaire de Sa Majesté le roi des Deux-Siciles et à l'occasion du traité de paix conclu entre la République française et le Roi de Naples, présent d'une tabatière d'or enrichie de diamants, estimée 18,660 fr. (*Arch. nat.* AF, iv, 233.)

IV

7 vendémiaire an X (29 septembre 1801). — Présent à l'amiral Gravina, d'une boîte d'or enrichie de diamants, de la valeur de 8,000 fr. (*Arch. nat.* AF, iv, 242, dossier.) — Il sera fait présent aux ministres plénipotentiaires de la cour de Rome, savoir : à M. le cardinal Consalvi, d'une boîte de 15,000 fr., et à M. Cazelli, d'une boîte de 5,000 fr. (*Arch. nat.*, même dossier.) — Le paiement de la somme de 7,000 fr. fait chaque année au chirurgien Bocardi, sera continué aux ministres de la République ligurienne, en France, pour leur tenir lieu des droits de franchise auxquels les ministres de Gênes ont renoncé, par arrangement. — Le même jour, les Consuls arrêtent qu'il sera prélevé des diamants au Trésor public pour une valeur de 72,719 fr. afin d'établir sept tabatières destinées aux présents. (*Arch. nat.* AF, iv, 242.)

Le ministre des relations extérieures fera remettre cinq cent quatre-vingts pièces d'or (13,920 fr.) à M. l'ambassadeur d'Espagne près le gouvernement français, pour être distribués par lui à dom Chely et autres personnes qui ont amené les chevaux donnés par Sa Majesté Catholique au premier Consul.

Cette somme sera imputée sur les dépenses secrètes.

Une somme de quatre cents pièces d'or de vingt-quatre francs (9,600 fr.) sera remise au directeur des affaires étrangères à Naples, à l'occasion du traité de paix entre la République française et Sa Majesté le roi des Deux-Siciles. Ce présent sera transmis par le chirurgien Alquier, ambassadeur de la République, à Naples, à M. le chevalier Acton. (Même dossier.)

24 vendémiaire an X (16 octobre 1801). — Il sera mis à la disposition du ministre des relations extérieures, une partie des diamants, déposés au Trésor public et d'une valeur de 200,000 fr., pour les présents à faire, à l'occasion de la paix avec l'Empire de Russie. Une somme de 24,000 fr. sera envoyée à Pétersbourg, pour y être distribuée aux officiers du Collège des affaires étrangères de la cour de Russie. Elle sera remise à M. le comte de Marcoff. Présent à M. de Cetto, ministre plénipotentiaire de S. A. Electorale le duc de Bavière, d'une somme de 24,000 fr. à l'occasion du traité de paix conclu avec la Bavière. Une somme de 15,000 fr. sera aussi envoyée à la chancellerie de Munich par l'entremise de M. de Cetto.

LE GUIDE DE BONAPARTE POUR FRANCHIR LE SAINT-BERNARD. — Bonaparte franchit le Saint-Bernard le 20 mai 1800. Il était accompagné d'un guide dont M. Thiers ne donne pas le nom dans son *Histoire du Consulat et de l'Empire*, mais sur lequel il entre dans quelques détails, en relatant le mémorable passage des Alpes par l'armée française. Laissons d'abord parler M. Thiers :

« Les arts ont dépeint le général Bonaparte franchissant les neiges des Alpes sur un cheval fougueux ; voici la simple vérité. Il gravit le Saint-Bernard, monté sur un mulet, revêtu de cette enveloppe grise qu'il a toujours portée, conduit par un guide du pays, montrant dans les passages difficiles la distraction d'un esprit occupé ailleurs, entretenant les officiers répandus sur la route, et puis, par intervalles, interrogeant le conducteur qui l'accompagnait, se faisant raconter sa vie, ses plaisirs, ses peines, comme un voyageur oisif qui n'a pas mieux à faire. Ce conducteur, qui était tout jeune, lui exposa naïvement les particularités de son obscure existence, et surtout le chagrin qu'il éprouvait de ne pouvoir, faute d'un peu d'aisance, épouser l'une des filles de cette vallée. Le premier Consul, tantôt l'écoutant, tantôt questionnant les passants dont la montagne était remplie, parvint à l'hospice, où les bons religieux le reçurent avec empressement. A peine descendu de sa monture, il écrivit un billet qu'il confia à son guide, en lui recommandant de le remettre exactement à l'administrateur de l'armée resté de l'autre côté du Saint-Bernard. Le soir, le jeune homme retourné à Saint-Pierre, apprit avec surprise quel puissant voyageur il avait conduit le matin, et sut que le général Bonaparte lui faisait donner un champ, une maison, les moyens de se marier enfin et de réaliser tous les rêves de sa modeste ambition. » (T. I, p. 375.)

Rétablissons les faits. La vive imagination du grand historien l'a entraîné un peu au delà des limites de la vérité. Le guide, qui devait acquérir une certaine célébrité, par le fait même de la mission qu'il avait l'honneur de remplir, se nommait Pierre-Nicolas Dorsas. Une fois sa mission accomplie, il ne revint certainement pas les mains vides, mais il n'apprit que plus tard la récompense qui lui était réservée, ainsi qu'on va le voir, par ces documents officiels.

5 brumaire an X (27 octobre 1801). — Le ministre des relations extérieures fera remettre à Pierre-Nicolas Dorsas, habitant du bourg de Saint-Pierre-Montjoux en Suisse, et qui a servi de guide au Premier Consul, au passage du mont Saint-Bernard, une somme de 1,200 fr. en récompense de son zèle et de son dévoûment dans cette circonstance.

C'était le prix de la maison habitée par Dorsas et la réponse des Consuls au rapport suivant, que Talleyrand venait de leur adresser :

« J'ai mandé au ministre de la République, en Suisse, de faire l'acquisition de la maison habitée par Nicolas Dorsas, guide du Premier Consul, au passage du mont Saint-Bernard. Il vient de me répondre que Dorsas est aujourd'hui propriétaire de cette maison. Je crois remplir l'intention du premier Consul en lui proposant d'envoyer à cet homme le prix qu'il avait mis dans le temps à cette habitation et que j'avais fixé moi-même au ministre de la République.

« Le citoyen Verninac m'annonce qu'il va faire placer au-dessus de la porte de la maison, un marbre qui, en rappelant le grand événement du passage des Alpes, consacre le zèle de Dorsas et la récompense qu'il a obtenue. »

Présent à M. de Kalistchew, ministre plénipotentiaire de S. M. l'empereur de Russie, pour la négociation de la paix entre la République française et la Russie, d'une tabatière d'or enrichie de diamants de 8,000 fr.

1er ventôse an X (20 février 1802). — Le ministre des relations extérieures fera remettre au citoyen Beaussier, les objets suivants, existant au dépôt des présents des relations extérieures pour être offerts au pacha de Tripoli et à ses principaux officiers, au nom du gouvernment, à l'occasion de la conclusion de la paix entre la République et cette Régence.

Savoir, pour le pacha : une montre d'or enrichie de diamants, avec sa chaîne : 4,800 fr. — Un tapis de la Savonnerie : 3,000 fr.

Pour les grands et autres officiers de la Régence : un nécessaire d'armes de la manufacture de Versailles : 6,000 fr. — Un cangiar : 3,600 fr. — Un *dito* : 1,700 fr. — Cinq montres d'or avec leurs chaînes : 3,100 fr. — Huit montres d'argent, avec leurs chaînes : 576 fr. — Une écritoire à la Turque, en vermeil : 96 fr. — Total : 22,872 fr.

Il sera mis de plus à la disposition du citoyen Beaussier, une somme de 3,000 fr. pour être employée par lui à l'acquisition des présents particuliers à distribuer au nom du commissaire de la République près cette Régence.

17 pluviôse an X. — Par l'intermédiaire du ministre des affaires étrangères, le gouvernement fait présent au roi d'Etrurie d'un magnifique lot de porcelaines de Sèvres s'élevant au prix de 66,157 fr. Nous y remarquons : deux vases, en bleu avec fleurs, en biscuit : 4,800 fr. — Un grand vase blanc, avec bas-reliefs en biscuit, monté en bronze par Thomire : 50,000 fr. — Un service de vingt-quatre couverts, fond jonquille et guirlandes de raisins sur toutes les pièces : 4,280 fr. — Une table avec bas-reliefs, cotée 3,000 fr. sans comprendre le pied, livré par le citoyen Lignereux. (*Aff. étrang. Comptabilité*, 1795 à 1815, carton.)

29 ventôse an X (20 mars 1802). — Envoyé au citoyen Dovoize commissaire général, chargé d'affaires de la République près le bey de Tunis, une boîte de 2,300 fr. pour être remise au nom du gouvernement français au citoyen Nyssen, commissaire batave. Ce présent est un témoignage de bienveillance et de satisfaction pour les services qu'il a rendus à la République pendant la détention des Français et postérieurement, lorsque le commissaire général et la nation française ont été forcés de quitter la Régence et de repasser en France.

11 germinal an X (1er avril 1802). — Présent au cardinal Bellinzoni, envoyé du pape à la Consulta de Lyon, d'une boîte d'or, enrichie de diamants du prix de 15,700 fr. — Au citoyen Melsy vice-président de la République italienne, une boîte de même valeur : 15,700 fr.

Rapport de Talleyrand aux Consuls.

« La confection des boîtes destinées aux présents exige un temps considérable, il faut donc calculer à l'avance les besoins du service et prendre des mesures pour que l'assortissement reste complet, malgré les dispositions que les circonstances nécessitent.

« J'ai ordonné l'établissement de deux boîtes de 15,000 fr. chacune pour lesquelles je n'ai point de diamants. Je crois convenable d'en faire faire encore quatre autres du même prix et deux de 8,000 fr. Ces huit boîtes s'élèveront à 98,800 fr.

« Je propose aux Consuls, un projet d'arrêté pour que ces diamants me soient remis par le Trésor public. »

Les Consuls, faisant droit à la demande du ministre prirent un arrêté par lequel ils l'autorisaient à prélever au dépôt du Trésor, un lot de diamants de 98,800 fr. pour établir huit boîtes destinées aux présents.

1er nivôse an IX (22 décembre 1801). — Offert au bey de Tunis et à ses principaux officiers, à l'occasion de la conclusion de la paix entre la République et cette Régence. Savoir : Pour le bey de Tunis, une tabatière d'or, enrichie de diamants, de 10,266 fr. — Pour le sabtabb, un nécessaire d'armes de 6,008 fr.; plus une lunette de longue vue (objet promis depuis longtemps). — Pour Sidi-Mustapha, premier ministre, beau-père du bey, une boîte d'or et diamants : 2,540 fr. — Pour Marianna Stinca, secrétaire particulier du bey, une montre d'or à répétition, avec sa chaîne : 920 fr. — Pour les deux grands écrivains, deux montres, dont une avec sa chaîne d'or : 770 fr., et une boîte d'or : 720 fr. — Pour différents officiers du bey, quatre boîtes d'or : 1820 fr. et quatre montres d'argent : 264 fr. — Total : 23,300 fr. (*Arch. nat.* AF, IV, 292.)

Même date, même dossier. — Il sera fait présent au général Sprengporten, commissaire de S. M. l'empereur de Russie, pour l'échange des prisonniers, d'une boîte d'or enrichie de diamants, d'une valeur de 15,000 fr. — Une somme de 12,000 fr. sera payée au citoyen Cacault, ministre plénipotentiaire à Rome en remboursement de pareille somme remise par lui à M. de Hompesch, grand maître de l'ordre de Malte. Cette somme sera imputée sur les dépenses secrètes. Il est mis à la disposition du ministre des Relations extérieures un lot de diamants, valant 48,000 fr. pour établir quatre tabatières réservées aux présents.

8 floréal an X (28 août 1802). — Dans un rapport aux Consuls, M. Barbé-Marbois annonce qu'il a fait choisir parmi les diamants du Trésor public, dix pierres précieuses pour être employées à la confection de dix bagues, dont une destinée au cardinal-légat, et les autres aux archevêques de France.

Le prix de l'estimation des pierres de couleur est ainsi fixé, par Gibert, joaillier expert. — Un saphir de 30 karats; 4,000 fr. — Huit balais rubis (pesant ensemble 176 k. 1/4) : 6,000 fr. — Un *dito*, de 20 kilogrammes : 1,800 fr.

26 floréal an X (16 mai 1802). — Il sera fait un présent de 100,000 fr.

à M. le chevalier de Azara, ambassadeur de Sa Majesté Catholique près de la République française, à l'occasion du traité de paix conclu à Amiens. — Présent de 100,000 fr. au citoyen Shimmel Penninck, ambassadeur extraordinaire de la République batave près la République française, à l'occasion de la paix d'Amiens.

11 prairial an X (30 mai 1802). — Présent d'un nécessaire d'armes de la manufacture de Versailles, à l'aide de camp du général Mollendorf venu à Paris avec le prince d'Orange : 6,000 fr. (*Arch. nat.* AF, IV, 362.)

20 prairial an X (9 juillet 1802). — Deux lots de diamants de 38,000 fr. chacun, tirés du Trésor public, sont mis à la disposition du ministre des relations extérieures pour établir deux tabatières. L'une est destinée à l'ambassadeur de Portugal ; l'autre, à lord Cornwallis, en souvenir du traité conclu à Amiens. (*Arch. nat.* AF, IV, 366.)

10 messidor an X (29 juin 1802). — Le ministre des relations extérieures remettra au premier Consul, deux boîtes à portrait, enrichies de diamants, tirées du dépôt des présents, et du prix total de 36,700 fr. (*Arch. nat.* AF, IV.)

6 fructidor an X (24 août 1802). — A Ali Effendi, ex-ministre plénipotentiaire de la Porte ottomane auprès de la République française, présent d'une tabatière de 15,000 fr. — Présent à M. Merry, secrétaire d'ambassade de Sa Majesté Britannique au congrès d'Amiens, d'une boîte de 15,000 fr. A MM. de Lucchesini, Haugwiz et Avensleben, ministres de Sa Majesté Prussienne, de deux tabatières, valant chacune 20,000 fr. — Une somme de 100,000 fr. sera envoyée à MM. Haugwiz et Avensleben. — Une somme de 24,000 fr. sera également envoyée à M. Lombard, secrétaire privé au département des affaires étrangères, à Berlin. Ce présent sera fait à l'occasion du traité particulier conclu entre la République française et Sa Majesté, le roi de Prusse. Présent à M. de Fère, ministre plénipotentiaire de la reine de Portugal, d'une boîte de 41,025 fr. à l'occasion du traité conclu entre la République française et le Portugal. — Une somme de 12,000 fr. sera aussi envoyée à Lisbonne, pour présent de chancellerie, en faveur du même traité ; elle sera remise à cet effet, à M. de Souza. — Présent à M. de Normann, ministre plénipotentiaire du duc de Wurtemberg, d'une somme de 12,000 fr. et d'une boîte de 8,000 fr. à l'occasion de la paix conclue entre la République française et le duc de Wurtemberg. — Une somme de 15,000 fr. sera envoyée à Stuttgard, pour présent de chancellerie, à l'occasion du même traité ; elle sera remise, à cet effet, à M. de Normann.

A la même date du 6 fructidor, les Consuls arrêtent : « Il est mis à la disposition du ministre des Relations extérieures, une partie des diamants se trouvant au Trésor public, et dont l'estimation s'élève à 112,000 fr. pour l'établissement de six boites destinées aux présents du gouvernement. » Comme toujours, cet arrêté est signé :

« BONAPARTE. »

(*Arch. nat.* AF, IV, 392.)

11 vendémiaire an X (3 octobre 1801). — Rapport du ministre des relations étrangères aux Consuls :

« Dans le courant de l'an IX, j'ai payé : 1° plusieurs objets de modes envoyés par le gouvernement à la reine d'Espagne, savoir : au citoyen LEROY, marchand de modes, la somme de 19,958 fr. ; — à la dame MINETTE, marchande de modes, 29,000 fr. ; — à la demoiselle LOLIVE, marchande lingère, 5,686 fr., et au citoyen DUPLAN, marchand de fleurs artificielles : 3,173 fr.

« 2° Une somme de 15,487 fr. pour deux boites enrichies de diamants, données en présent par le premier Consul, aux deuxième et troisième Consuls. »

V

26 vendémiaire an XI (18 octobre 1802). — Au capitan pacha, un nécessaire d'armes de la manufacture de Versailles : 10,000 fr. — A Ghalib Effendi, ministre plénipotentiaire de la Porte ottomane, une boite d'or à portrait, enrichie de diamants : 21, 700 fr. à l'occasion du traité conclu entre la République française et la Sublime Porte. — Au prince Monrousi, secrétaire de la légation ottomane, une boite d'or garnie de diamants.

5 brumaire an XI (27 octobre 1802). — Le ministre des relations extérieures fera remettre au citoyen Cavaignac, résident et commissaire des relations commerciales à Mascate, les objets suivants, existant au dépôt des présents des Relations extérieures, pour être offerts à l'Iman de Mascate, au nom du gouvernement français. Savoir :

Un nécessaire d'armes de la manufacture nationale de Versailles : 6,000 fr. — Trois montres d'or, à répétition et à timbre, avec leur chaîne garnie de diamants : 5,000 fr. — Une aigrette en diamants de couleur : 3,000. — Une lunette achromatique, en or émaillé : 700 fr. — Deux tabatières d'or : 1,200 fr. (*Arch. nat.* AF, IV, 430.)

28 brumaire an XI (19 novembre 1802). — Rapport de M. de Talleyrand aux Consuls : « Il a été fait depuis quelque temps, un emploi de boîtes très considérable et il devient urgent de les remplacer. Sur le million qui avait été mis en réserve au Trésor public, par l'arrêté du 15 thermidor an IX, il a été extrait des diamants en vertu des arrêtés précédents, pour une somme de 862,897 fr. Il n'en reste plus que pour 137,103 fr. Ils serviront à établir douze boîtes, dont sept dans les prix inférieurs, il n'en existe plus aucune au dépôt.

« Il en sera établi une très riche à portrait monté en roses de la valeur de 32,000 fr. Il a fallu employer en totalité l'assortiment de ces roses qu'on ne pourrait dépareiller sans inconvénient et sans perte. Il y aura en sus une bague de 14,000 fr. et une autre de 9,000 fr. Ces pierres ne peuvent être montées qu'en solitaire.

« Au reste, les besoins du service ont été tellement variés qu'il a fallu souvent sortir des coupures ordinaires et faire des présents de genre différent de ceux que les premiers arrêtés prescrivaient ; l'emploi de ces derniers objets deviendra donc aussi facile que celui des boîtes ordinaires. » (*Arch. nat.* AF, IV, 441.)

5 frimaire an XI (26 novembre 1802). — A l'occasion du traité de paix conclu entre la République française et l'Angleterre, un présent de porcelaines de Sèvres de la valeur de 43,972 fr. est fait à lord Hawkesbury. Le même jour, le ministre des Relations extérieures remet au Premier Consul quatre boîtes d'or enrichies de diamants, dont deux à portrait et du prix de 15,000 fr., la troisième de 8,000 fr. et la quatrième de 5,000 fr. (*Arch. nat.* AF, IV, 444.)

23 frimaire an XI (16 décembre 1802). — Présent à M. Merry, ex-ministre plénipotentiaire de Sa Majesté Britannique près la République française, d'une boîte d'or enrichie de diamants : 8,000 fr. — Une somme de de 20,000 fr. sera remise à M. de Sandoz, ci-devant ministre plénipotentiaire de Prusse près la République française, pour lui tenir lieu du présent d'usage qui devait lui être fait aux termes de l'arrêté du 7 thermidor an VIII. — Au citoyen Schimmel-Penninck, ex-ambassadeur de la République batave près la République française, une boîte d'or, enrichies de diamants : 15,000 fr. — Au citoyen Fravega, ex-ministre de la République ligurienne, près la République française, une boîte de 8,000 fr. (*Arch. nat.* AF, IV, 453.)

13 nivôse an XI (3 janvier 1803). — Au secrétaire de la Légation

espagnole, au congrès d'Amiens, lors du traité de paix conclu en cette ville, un présent de 15,000 fr. — Pareil présent au secrétaire de la Légation batave, audit congrès. (*Arch. nat.* AF, IV, 464.)

10 floréal an IX (30 avril 1803). — Présent à M. d'Affry, premier Landamman de la République helvétique, d'une riche tabatière de 18,235 fr. — A chacun des dix membres de la commission helvétique une boîte d'or, ornée du chiffre des Républiques française et helvétique. Prix total des dix boîtes : 8,734 fr. — Au général Decaen, capitaine général aux Indes-Orientales. une boîte d'or offrant au milieu d'un entourage de diamants le portrait du premier Consul : 5,049 fr. (*Arch. nat.* AF, IV, 522.)

15 prairial an XI (4 juin 1803). — A M. Marcoff, ministre plénipotentiaire de Russie, un présent de la valeur de 100,000 fr. à l'occasion de l'accession de Sa Majesté l'empereur de Russie, au traité conclu entre le Premier Consul et l'empereur d'Allemagne et relatif aux indemnités du grand duc de Toscane. (*Arch. nat.* AF, IV, 540.)

Un arrêté du 24 prairial an XI (13 juin 1803) ordonne la confection des bijoux suivants :

Douze bagues du prix de 6,000 fr. chacune. — Six bagues de 12,000 fr. — Une ganse de 40,000 fr. — Quatre boîtes ou tabatières d'or enrichies de brillants de 5,000 fr. — Neuf boîtes de 6,000 fr. — Dix boîtes de 8,000 fr. — Deux de 12,000 fr. — Huit de 15,000 fr. — et trois de 24,000 fr. — Total, 554,000 fr.

VI

10 vendémiaire an XII (3 octobre 1803). — Le gouvernement de la République (c'est-à-dire le Premier Consul) arrête : Il sera fait présent aux citoyens Bicker et Brantzen, membres du gouvernement Batave, et van der Goes, secrétaire d'Etat, chargés de complimenter le Premier Consul pendant son voyage en Belgique, de boîtes d'or, enrichies de diamants, de la valeur de 10,000 fr. chacune. D'autres présents sont accordés en date du même jour. A M. de Cobentzel, ambassadeur d'Allemagne, une tabatière de 36,000 fr. — A M. le président Carelli, chargé par le roi de Naples, de présenter au Premier Consul les objets d'art antique, qu'il lui a envoyés, une boîte de 8,000 fr. — Une somme de 1,200 fr. remise au concierge du muséum de Naples chargé d'accompagner à Paris, les précieux objets. — Au

général d'Hitroff, envoyé de l'empereur de Russie, une tabatière de 19,000 fr. (*Arch. nat.* AF, IV, 595.)

15 frimaire an XII (7 décembre 1803). — Présent au chevalier d'Arazza, ambassadeur de Sa Majesté Catholique « d'une valeur de 100,000 fr. » et d'une boîte à portrait enrichie de diamants, de 8,655 fr. (*Arch. nat.* AF, IV, 624.)

7 pluviose an XII (17 février 1804). — « Le trésor public acquittera une ordonnance de 15,000 fr. délivrée par le ministre des Relations extérieures pour remplacement de pareille somme remise par lui à M. le chevalier d'Arazza, ex-ambassadeur d'Espagne, pour lui tenir lieu de présent d'usage. » (*Arch. nat.* AF, IV, 665.)

5 ventôse an XII (25 février 1804). — Présents au bey de Tunis : Diverses pièces d'orfèvrerie en vermeil, 17,711 fr. — Un fusil de la manufacture de Versailles, 4,245 fr. — Pendules, trépieds, vases en cuivre doré et ébénisteries, 9,597 fr.

5 ventôse an XII (25 février 1804). — Présents distribués aux grands de la Régence : draps, velours, étoffes d'or et d'argent, 6,078 fr.

Somme à répartir entre les officiers de la maison du Bey, les secrétaires et les écrivains, 20,000 fr.

Présents à l'envoyé de Tunis. La chaîne d'or d'usage, 1,800 fr. — Argenterie dorée, 6,000 fr. — Présents aux personnes de sa suite, un poignard enrichi de diamants, 3,800 fr. — Une montre et une tabatière d'or, 1416 fr. — Quatre montres en or et deux en argent, 1,732 fr. — Pour distribuer aux valets et esclaves, 1,210 fr.

Présents faits, à Paris, à l'occasion du séjour de l'envoyé du Bey de Tunis. A l'adjudant commandant Doucet, une boîte d'or, 2,970 fr. Au chef de la division des Relations commerciales, une boîte d'or, 3,820 fr.

Les dépenses faites pour la réception, les voyages et le séjour de l'envoyé de Tunis à Paris, et celles de toute nature qui y sont relatives, sont fixées à la somme de 95,555 fr.

9 ventôse an XII (29 février 1804). — Envoyé au dey d'Alger, un « foccone » et autres pièces d'orfèvrerie, en vermeil à l'usage des Orientaux, 55,929 fr. — Deux pendules dont une à régulateur, 8,000 fr.

Pour les grands du pays et les chefs de la Régence : dix pièces de draps de différentes couleurs, 9,443 fr. — Trois pièces de velours, étoffes d'or, d'argent et de soie, 6,932 fr.

Pour être distribués aux officiers de la maison du dey, secrétaires et écrivains, 20,000 fr. espèces. Total, 101,364 fr. (*Arch. nat.* AF, IV, 671.)

28 germinal an XII (18 avril 1804). — Envoyé à Dréjar Pacha un fusil de la manufacture d'armes de Versailles de la valeur de 7,500 fr. Cette arme fut remise par l'intermédiaire du citoyen Taitbout, sous-commissaire des Relations commerciales à Saint-Jean d'Acre. — Au citoyen Bazile, négociant à Damiette, une bague de 2,400 fr. en témoignage de satisfaction pour les services qu'il a rendus au colonel Sébastiani pendant sa mission dans le Levant.

En date du même jour. Le ministre des Relations extérieures est chargé de remettre au Premier Consul une boîte d'or enrichie de diamants de la valeur de 34,100 fr. (*Arch. nat.* AF, IV, 702.)

VII

Ici nous sommes arrêtés, par l'absence de documents. Les registres ne fournissent plus de renseignements sur les présents de Napoléon. Messieurs les archivistes nous assurent n'en pas connaître d'autres. Au ministère des Affaires étrangères, M. Girard de Rialle, ministre plénipotentiaire et directeur des *Archives*, nous affirme de son côté n'avoir ni registre, ni carton ayant trait aux présents de l'Empereur. Nous ne mettons pas un instant en doute la parole de ces messieurs, qui ont été si obligeants pour nous, mais nous pensons que ces documents existent parmi les pièces non classées.

Nous nous souvenons avoir vu aux *Archives nationales*, dans un carton de la série O^2, une note dictée par l'Empereur, ordonnant que ses arrêtés, décrets, décisions fussent copiés à trois exemplaires dont un devait être déposé aux *Archives*.

Aux Affaires étrangères, il doit y avoir aussi une copie de tout ce qui concerne ce département. L'Empereur, par l'intermédiaire de ce ministère a fait des présents diplomatiques considérables. La liste détaillée de ces dons doit exister avec la description de chaque boîte, son prix et le nom du destinataire.

La série des *Présents du Roy*, depuis 1672 jusqu'en 1786, se trouve dans soixante volumes in-folio manuscrits ; nous la donnons dans notre *Livre des Collectionneurs* et il ne resterait pas de traces de ces présents officiels distribués par l'Empereur, pendant plus de dix années ! de ce souverain qui avait plus d'ordre que n'en a jamais eu aucun de ses prédécesseurs ! Ce n'est pas admissible. Nous demeurons dans la conviction intime que ces documents existent et qu'on finira par les trouver.

La difficulté devient grande pour continuer notre tâche, sur les présents de Napoléon. Réduit à nous-même, nous dirigeons nos recherches dans les interminables cartons de la série O² (Consulat et Empire) où nous trouvons à glaner. Parmi des milliers de factures, quelques-unes portent en tête : *Service des présents*, mais elles mentionnent rarement les destinataires.

Pour accroître l'intérêt de notre laborieuse étude, nous demandons le complément de nos renseignements aux nombreux ouvrages qui ont paru sur la grande époque impériale.

VIII

Après la signature du Concordat (15 juillet 1801), qui rétablissait la religion en France, en fixant les droits respectifs de l'Eglise et de l'Etat, le Premier Consul fit de riches présents aux signataires de cet acte célèbre et à de nombreux prélats. Mgr Spina fut très généreusement traité, et le cardinal Consalvi reçut une magnifique tabatière.

Le bruit avait couru que la cour de Rome n'était pas dans une situation assez prospère pour que les présents qu'il était d'usage qu'elle accordât de son côté, correspondissent à ceux de la France. Dans une note, envoyée par M. de Talleyrand à M. de Cacault, notre conciliant et intelligent ambassadeur à Rome, se trouvait le passage suivant dicté par le Premier Consul.

« Quelques chapelets, un camée à chaque plénipotentiaire, une boîte ornée d'un portrait du pape, sans un seul diamant, c'est là le genre de présents le mieux fait pour être accueilli. »

Pie VII voulut faire dignement les choses et M. de Cacault écrivait en 1802 : « Le pape m'a donné, le 22 floréal (12 mai), son portrait enrichi de diamants, sur une boîte semblable à celles qui furent données à Paris aux ministres français signataires du Concordat.

« Sa Sainteté m'a dit qu'elle avait attendu le moment de la publication pour me témoigner la satisfaction du zèle avec lequel j'avais concouru au succès de cette grande affaire. C'est une preuve que le Saint-Père est très content de la publication et charmé de voir qu'enfin le Concordat va s'accomplir.

« D'ailleurs le bon pape se pique de correspondre à la générosité du Premier Consul. Les présents au légat, à la légation, ont excité la reconnaissance du Saint-Père, qui a voulu en marquer sa sensibilité en m'en faisant un autre. Cela est fort nouveau ici. Les anciens papes n'ont jamais donné en présents que des chapelets, des corps saints, un morceau de la vraie croix et, tout au plus, un morceau de mosaïque et des têtes d'apôtres en tapisserie. »

Le chevalier Artaud, auquel nous empruntons ces détails, ajoute :

« Le lendemain, le cardinal Consalvi me remit une boîte d'or émaillée, enrichie de brillants, avec le chiffre de Sa Sainteté en brillants. Je montai sur-le-champ dans les appartements du pape pour le remercier, et il eut la bonté de me dire qu'il avait voulu faire faire la boîte à Paris chez FONCIER, pour que le travail fût plus élégant qu'on n'aurait pu le faire à Rome. » (Le chevalier Artaud. *Histoire de Pie VII*, t. I, p. 250.)

Les évêques français qui se conformaient à la politique ferme et conciliatrice de Napoléon étaient l'objet de ses libéralités. « Aux uns, il donnait des ornements d'église, aux autres un mobilier pour leurs hôtels, à tous, des sommes considérables pour leurs pauvres. Il accordait jusqu'à deux ou trois fois dans un seul hiver, 50,000 fr. à M. de Belloy pour les distribuer lui-même aux indigents de son diocèse.

« Il envoyait à l'évêque de Vannes qui était le modèle accompli du prélat, doux, pieux, bienfaisant, 10,000 fr. pour rémunérer les prêtres dont il approuvait la conduite, 70,000 fr. pour distribuer à ses pauvres. Dans l'année courante, celle de l'an XI, il adressait 200,000 fr. à l'évêque Bernier pour secourir secrètement les victimes de la guerre civile dans la Vendée, somme dont ce prélat faisait un emploi humain et habile. Il puisait, pour ces largesses, dans la caisse du ministère de l'intérieur, alimentées par ces divers produits qui, alors, ne rentraient pas au Trésor et dont il purifiait la source en les consacrant aux plus nobles usages. » (Thiers. *Le Consulat et l'Empire*, t. IV, p. 220.)

IX

Lors du sacre et du couronnement, le pape, les cardinaux, Borgia, Antonelli de Bayane, Baschi, Cazelli, les seigneurs, officiers et autres personnes composant la suite de Pie VII, reçurent des présents magnifiques. L'Empereur fit remettre à chacun des cinq cardinaux, une boîte d'or ciselée, émaillée, enrichie de son portrait entouré de gros diamants du prix de 30,000 fr., et un rochet de dentelles de 10,000 fr., de la part de l'Impératrice.

Pour la suite, dix-neuf bagues valant ensemble 132,000 fr., savoir : cinq bagues de 10,000 fr. chacune; cinq autres de 8,000 fr. trois autres à 4,000 fr., six autres de 4,000 fr. Plus une somme de 26,000 fr. en argent à distribuer aux domestiques de Sa Sainteté.

Les présents réservés au Saint-Père comprenaient des tapisseries des Gobelins, des porcelaines de Sèvres, une tiare d'or et de pierreries valant seule 180,000 fr., une superbe chapelle, aussi de 180,000 fr. y compris le calice, la patène, les burettes et le bassin d'or. Cette chapelle, véritable chef-d'œuvre était l'ouvrage du célèbre orfèvre-ciseleur Auguste.

Il avait été question d'un rochet de dentelles de 20,000 fr., mais Joséphine ayant eu déjà l'occasion d'adresser à Pie VII un présent de ce genre, avait désiré qu'on le remplaçât par deux vases de Sèvres. (*Arch. nat.* O^{2}205.)

Le pape fut en outre exonéré de tous frais de séjour et de voyage. Le voyage seul, aller et retour, coûta 400,000.

Pie VII répondit par quelques présents d'un rare mérite artistique, tels que des vases antiques d'un admirable travail, et deux rarissimes camées choisis avec un tact infini, représentant *Achille* et la *Continence de Scipion*. Sur les conseils de Talleyrand, Sa Sainteté avait apporté de Rome de nombreux chapelets qui eurent, auprès des dames de la cour, un très grand succès.

Pie VII était la bonté même et ne manquait pas d'esprit d'à-propos. Il fut accueilli par toute la France avec respect et mieux qu'il n'osait l'espérer. Un jour, toutefois, qu'il donnait sa bénédiction dans une des galeries du Louvre, à une foule recueillie composée en majeure partie de mères qui tenaient à faire bénir leurs enfants, un homme, au regard fier, semblait protester par sa tenue inconvenante. Le pape s'approche de cet inconnu et lui dit avec bonté : « Monsieur, la bénédiction d'un vieillard n'a jamais fait de mal à personne. »

X

Extrait de la dépense du ministère des Relations extérieures, sur les fonds affectés par le corps législatif, à l'exercice de l'an XII.

15 ventôse. — A M. de Talleyrand, ministre des Relations extérieures, pour être distribués entre les officiers de la maison du dey d'Alger, les secrétaires et écrivains, en argent : 20,000 fr. — Au sieur PETITAIN, marchand de drap, pour la fourniture de draps de différentes couleurs, distribués aux grands du pays et chefs de la Régence : 9,443 fr. — Au sieur LEVACHER, marchand de soieries, pour fournitures de trois pièces de velours, étoffes d'or, d'argent et de soie, pour être distribués aux grands du pays : 6,932 fr. — Au sieur LÉPINE, horloger, prix de deux pendules, dont une à régulateur, destinées en présents au dey d'Alger : 8,000 fr.

30 nivôse. — Au sieur AUGUSTE, orfèvre, solde de sa fourniture d'objets d'orfèvrerie destinées au dey d'Alger s'élevant à 56,989 fr. pour un *foccone* et autres pièces en vermeil, à l'usage des Orientaux.

11 messidor. — A M. de Talleyrand, ministre des Relations extérieures, remboursement de la somme de 40,000 fr. remise pour présents d'usage à M. le comte Viella Verda, à l'occasion de la ratification du traité conclu avec le Régent de Portugal. — Remboursement de la somme de 12,000 fr. remise pour présent d'usage, à la chancellerie de Portugal.

10 thermidor. — A M. GUILLAUMOT, directeur de la manufacture impériale des Gobelins : 24,000 fr. pour prix des tapisseries remises en présents d'usage à M. de Souza (décret impérial du 13 prairial an XII). — Remboursement de la somme de 40,000 fr. pour présents à l'Empereur ottoman. — Acompte en remboursement d'une somme de 15,000 fr., valeur de tapisseries des Gobelins données en présents : 10,000 fr.

16 brumaire. — A M. BOUTET, directeur de la manufacture d'armes de Versailles, pour prix d'un nécessaire d'armes offert à Dzéjar, pacha de Saint-Jean-d'Acre : 7,500 fr. — Au même prix, de quatre autres nécessaires pour présents : 31,000 fr. — A M. GIBERT, joaillier, pour fournitures et façon de divers objets de joaillerie, destinés en présents..... — A M. PIRANESI, artiste, acompte sur sa collection de gravures de monuments antiques et autres objets d'art, destinés en présents : 22,000 fr. — A M. ISABEY, 5,500 fr., prix de ses petits portraits de l'empereur, pour le service des présents. — A M. ROBILLARD PÉRONVILLE, chargé de la partie administrative de l'ouvrage sur l'iconographie ancienne, destinée pour présents, acompte pendant l'an XII, sur les dépenses que nécessitent son exécution : 17,000 fr.

15 ventôse an XII. — A M. MELLING, artiste, solde du prix de

l'abonnement du voyage pittoresque de Constantinople, classé aux présents : 6,000 fr. — A M. Masquetier, graveur, acompte sur le prix de ses gravures de la galerie de Florence : 3,000 fr.

30 nivôse an XII. — Au sieur Pierre Didot, imprimeur, pour la fourniture de ses livres, destinés aux présents : 10,800 fr. (*Aff. étr. Comptabilité*, 1783 à 1830.)

XI

6 septembre 1806. — Boutet, directeur artiste de la manufacture impériale d'armes de Versailles, livre au duc de Cadore, ministre des Relations extérieures, une paire de pistolets riches du prix de 3,000 fr. aux armes de M. de Franquini. (*Aff. étr. Compt.*, 1795 à 1815.)

Le 12 mai 1806, nous l'avons dit plus haut, l'Empereur avait arrêté qu'il ne serait plus fait de présents en diamants et qu'on s'en tiendrait aux produits des manufactures françaises. Dès la même année, nous voyons le souverain changer d'avis et ordonner la confection de cent tabatières d'or, enrichies de brillants, quelques-unes, le quart environ, avec portrait. Cette dépense s'éleva, en totalité, à 380,688 fr.

L'année suivante, 1807, le grand maréchal du palais, Duroc, transmit à l'intendant général de la maison de l'Empereur (Daru) une pareille commande, sur les mêmes bases. Elle fut exécutée par les joailliers Marguerite et Nitot et fils. Marguerite, pour cinquante tabatières, reçut 182,375 fr. — Nitot et fils, par suite d'un petit changement, livrèrent quarante-deux tabatières et douze bagues, pour 184,391 fr. — Vingt-cinq petits portraits (à 600 fr. l'un) coûtèrent 15,000 fr. — Total : 381,766 fr. (*Arch. nat.* O²30.)

Nous venons de voir que le comte Daru, poète et historien, nommé par l'Empereur en 1805 conseiller d'État et intendant de sa maison, remplissait encore en 1807 ces importantes fonctions.

De l'avis même de Napoléon, Daru était un homme d'une extrême probité, sûr et grand travailleur. Devenu ministre secrétaire d'État, aucune des innombrables affaires dont il était chargé ne resta en souffrance. Le travail semblait être son élément. Il s'y trouva pourtant pris une fois, dit M. de Las Cases.

« L'Empereur l'ayant demandé après minuit pour travailler, M. Daru était tellement accablé de fatigue qu'il savait à peine ce qu'il écrivait, et que, la nature l'emportant, il s'endormit sur son papier. Après un sommeil profond, venant à rouvrir les yeux, quel fut son saisissement d'apercevoir l'Empereur travaillant tranquillement à ses côtés ! L'état des bougies l'avertissait assez que son absence devait avoir été longue. Atterré, confondu, ses yeux incertains vinrent rencontrer ceux de l'Empereur, qui lui dit :

« Eh bien oui, monsieur, vous me voyez faire votre travail, puisque vous n'avez pas voulu le faire. J'ai pensé que vous aviez bien soupé, passé une bonne soirée ; mais encore faudrait-il que le travail n'en souffrît point.

— Ah ! Sire, lui dit alors M. Daru, moi avoir passé une bonne soirée ! Voilà plusieurs nuits blanches que je passe au travail, et Votre Majesté vient d'en voir la triste conséquence, ce qui m'afflige cruellement.

— Eh ! que ne me disiez-vous cela ? lui dit l'Empereur, je n'ai point envie de vous tuer, allez vous coucher ; bonne nuit, monsieur Daru. »

Voilà certes, ajoute M. de Las Cases, un trait caractéristique et bien propre à détromper des fausses idées dans lesquelles nous étions généralement dans ce temps-là sur le naturel intraitable de Napoléon.

XII

6 décembre 1807. — M. Desmaisons écrit à l'intendant général de la maison de l'Empereur, pour lui donner des explications au sujet de cette nouvelle commande de cent tabatières.

« ... à propos de l'urgence du besoin de son exécution et avec l'agrément de M. le grand maréchal, je la divisai entre MM. MARGUERITE et NITOT... M. NITOT n'a point fourni la totalité de cinquante boîtes, dont il avait été chargé. Dans le cours de l'exécution, M. le grand maréchal m'écrivit que l'intention de Sa Majesté était qu'on fabriquât quelques bagues, sans augmenter la dépense ; en conséquence, je fis convertir le prix de huit tabatières en douze bagues qui ont été livrées.

« ... Les portraits n'ont point été compris dans cette dépense. Sa Majesté a témoigné du mécontentement des portraits faits par M. ISABEY ; en conséquence, M. le grand maréchal m'a chargé d'en faire faire par tous les peintres qui voudraient s'en charger. J'ai donc établi une espèce de concours qui ne m'en a encore fourni qu'une dizaine qui soient admissibles... » (*Arch. nat.* O²30.)

Envers les hommes qui lui rendaient des services, la générosité de l'Empereur se montrait sans bornes. L'armée, sur laquelle il s'appuyait pour exécuter ses grands desseins, était l'objet de ses préférences ; il la comblait de bienfaits. Depuis le simple soldat jusqu'au maréchal de France, chacun était récompensé selon ses mérites. On voyait des militaires non gradés recevoir la croix de la Légion d'honneur, puis le titre de chevalier de l'Empire avec 1,200 fr. de pension. Laissons la parole à M. Thiers :

« En attendant que Napoléon eût décerné à Lannes, Masséna, Davout, Berthier, Ney et autres, les titres qu'il se proposait d'emprunter aux grands événements du règne, il voulut assurer tout de suite leur opulence. Il leur donna des terres situées en Pologne, en Allemagne, en Italie, avec faculté de les revendre, pour en placer la valeur en France, plus des sommes en argent comptant, pour acheter et meubler des hôtels. Ce n'était là qu'un premier don, car ces dotations furent plus tard doublées, triplées, quadruplées même pour quelques-uns.

« Le maréchal Lannes reçut 328,000 fr. de revenu et un million en argent ; le maréchal Davout, 410,000 fr. de revenu et 300,000 fr. en argent ; le maréchal Masséna 183,000 fr. de revenu et 200,000 fr. en argent (il fut plus tard l'un des mieux dotés) ; le major-général Berthier, 405,000 fr. de revenu, et 500,000 fr. en argent ; le maréchal Mortier, 198,000 fr. de revenu et 200,000 fr. en argent ; le maréchal Augereau, 172,000 fr. de revenu et 200,000 fr. en argent ; le maréchal Soult, 305,000 fr. de revenu et 300,000 fr. en argent ; le maréchal Bernadotte, 291,000 fr. de revenu et 200,000 fr. en argent.

« Les généraux Sébastiani, Victor, Rapp, Junot, Bertrand, Lemarois, Caulaincourt, Savary, Mouton, Moncey, Friand, Saint-Hilaire, Oudinot, Lauriston, Gudin, Marchand, Marmont, Dupont, Legrand, Suchet, Lariboissière, Loison, Reille, Nansouty, Songis, Chasseloup et autres, reçurent, les uns 150,000, les autres 100,000, 80,000, 50,000 francs de revenu, et presque tous 100,000 fr. en argent.

« Les hommes civils eurent aussi leurs parts de ces largesses. L'archichancelier Cambacérès, et l'architrésorier Lebrun obtinrent chacun 200,000 fr. de revenu. MM. Mollien, Fouché, Decrès, Gaudin, Daru, en obtinrent chacun 40,000 ou 50,000. Tous, civils ou militaires, n'étaient encore que provisoirement dotés par ces dons magnifiques.

« Après les généraux, les officiers et les soldats reçurent aussi des marques de sa libéralité... Napoléon leur fit donner des gratifications considérables. Les blessés avaient triple part... A ces gratifications du moment, il fut ajouté des dotations permanentes de 500 fr. pour les soldats amputés, et de 1,000, 2,000, 4,000, 5,000, 10,000 fr. en faveur des militaires qui s'étaient distingués, depuis le grade de sous-officier jusqu'à celui de colonel. Pour les officiers comme pour les généraux, ce ne fut là qu'une première rémunération suivie postérieurement d'autres plus considérables et indépendante des traitements de la Légion d'honneur, ainsi que des pensions de retraite légalement dues à la fin de la carrière militaire. » (Thiers. *Le Consulat et l'Empire*, t. VIII, p. 139.)

XIII

Cinq jours après la bataille d'Austerlitz, Napoléon rend le décret suivant :

« Du camp impérial d'Austerlitz, 7 décembre 1805. — Les veuves des généraux morts à la bataille d'Austerlitz jouiront d'une pension de 6,000 fr. leur vie durant ; les veuves des colonels et des majors d'une pension de 2,400 fr. ; les veuves des capitaines d'une pension de 1,200 fr., les veuves des lieutenants et sous-lieutenants d'une pension de 800 fr. ; les veuves des soldats d'une pension de 200 fr. » (*Corresp. de Napoléon Ier*, t. XI, p. 565.)

En 1807, Napoléon, au faîte de sa puissance, accorde de nouvelles récompenses aux chefs de sa glorieuse armée. Le 23 septembre, il écrit au prince de Neufchâtel (Berthier) :

« Mon cousin, vous trouverez ci-joint une lettre au ministre des finances par laquelle je lui ordonne de mettre onze millions à votre disposition, sur les fonds appartenant à la grande armée, qui sont déposés à la caisse d'amortissement.

« Vous disposerez de ces onze millions de la manière suivante : Vous garderez un million pour vous, que vous prendrez, moitié en argent, moitié en rentes sur l'Etat au cours de 85 fr.

« Vous donnerez 600,000 fr., moitié en argent et moitié en rentes au cours de 85 fr., aux maréchaux Ney, Davoust, Soult et Bessières, et 400,000 fr. moitié en argent et moitié en rente au cours de 85 fr., aux maréchaux Masséna, Augereau, Bernadotte, Mortier et Victor. Vous ferez connaître à chacun de ces maréchaux que les rentes sur l'Etat doivent être réunies aux autres biens, et faire partie du fief que je veux établir incessamment en leur faveur et qu'ainsi ils ne peuvent aliéner ces rentes ; que, quant à la somme qui leur est donnée en argent, ils doivent l'employer à se procurer un hôtel à Paris qui doit être compris dans le fief que nous érigeons en leur faveur, étant nécessaire que les possesseurs de grands fiefs aient un hôtel à Paris ; qu'il faudra donc qu'ils vous fassent connaître l'hôtel qu'ils auront acheté, et que dès ce moment ils ne pourront ni le vendre ni l'aliéner. Vous ferez connaître au maréchal Lannes qu'il est nécessaire que, sur les fonds de la grande armée que je lui ai donnés, il se procure un hôtel à Paris qu'il ne pourra plus aliéner.

« Vous donnerez 200,000 fr. à chacun des généraux dont la liste est ci-jointe. Cette somme leur sera donnée également moitié en rentes sur l'Etat, au cours de 85 fr., et il faut qu'ils aient un hôtel à Paris ou dans un chef-lieu de département. Cette maison sera inaliénable et fera partie du fief que je veux ériger en leur faveur. »

Annexe à la pièce précédente. Répartition des onze millions accordés par l'Empereur. — 100,000 fr. argent, et 100,000 fr. sur l'Etat, aux généraux Oudinot, Songis, Chasseloup, Walther, Dupont, Grouchy, Nansouty, Belliard, La Riboisière, Suchet, Junot, Marmont, Saint-Hilaire, Friant, Duroc, Legrand, Caulaincourt, Savary, Lauriston, Caffarelli, Bertrand, Rapp, Mouton, Clarke et Ordener.

A M. de Ségur et à M. de Beauharnais, sénateur, les mêmes sommes.

Aux généraux Reille et Lacoste, 25,000 fr. placés en rentes sur l'Etat.

Note autographe.

« *Ducs*. — Il faut trente maisons à Paris qui s'élèvent avec le trône. Il faut leur donner 500,000 fr. argent, ou bons de la caisse pour payer la maison et au moins 100,000 fr. de rente : 15,000,000 fr. ; 3,000,000 fr.

« *Comtes*. — Soixante maisons qui aient maison à Paris ou dans les chefs-lieux de département. Il faut qu'ils aient 50,000 fr. de rente au moins et 200,000 fr. pour payer la maison : 12,000,000 fr. ; 3,000,000 fr.

« *Barons*. — Quatre cents barons ayant au moins 5,000 fr. de rente : 2,000,000 fr. (*Corresp. de Napoléon I*er, t. XVI, p. 52 et suiv.)

XIV

Le 15 août 1809, l'Empereur écrit de Schœnbrun au comte Daru, intendant général de l'armée d'Allemagne :

« Monsieur Daru, j'ai pris aujourd'hui un décret pour accorder une dotation de 500 fr. à mes enfants adoptifs d'Austerlitz, garçons et filles, et 2,000 fr. aux enfants d'officiers. Prenez les mesures nécessaires pour faire toucher cette rente en leur nom ; et comme ils doivent être entretenus à mes frais jusqu'à leur majorité, vous en ferez verser le montant à la caisse d'amortissement et on le placera sur le grand-livre pour former avec le temps un bien-être à ces enfants. » (*Corresp. de Napoléon Ier*, t. XIX, p. 405.)

Voici encore un beau décret du même jour, 15 août 1809 :

« Tous les généraux, officiers et soldats, de quelque arme qu'ils soient, qui, aux batailles de Thann, d'Abensberg, d'Eckmühl, de Ratisbonne, d'Essling et de Wagram, auraient perdu un membre et seraient vivants aujourd'hui 15 août, seront compris dans les dotations que nous accordons pour récompense de services qui nous ont été rendus. » (*Corresp. de Napoléon Ier*, t. XIX, p. 407.)

Ces dotations sont de plusieurs classes, suivant le rang de chacun, et forment un total de deux millions de revenu.

Le 18 janvier 1810, Napoléon mande au duc de Bassano (Maret) de lui présenter à signer des projets de lettres patentes.

« 1° Pour instituer la principauté de Raab, en mémoire de la victoire de Raab et en faveur du prince Eugène et de sa descendance masculine. J'affecte à la dotation de cette principauté le château de Saverne, à la charge, d'ici à dix ans, de le rétablir et de le mettre en état d'être habité et un revenu de 500,000 fr...

« 5° Pour instituer six comtés attachés aux grandes charges de la cour, chaque comté doté d'un revenu de 100,000 fr. de la manière suivante :

« Un comté pour le grand aumônier, doté de 50,000 fr. de rente sur le grand-livre de France, 50,000 fr. de rente en bons sur la Westphalie ;

« Un comté pour le grand maréchal doté de 50,000 fr. de rente sur le grand-livre de France, 50,000 fr. de rente en bons sur la Saxe ;

« Un comté pour le grand chambellan, doté de 50,000 fr. de rente sur le grand-livre de France, 50,000 fr. de rente en bons sur la Westphalie ;

« Un comté pour le grand veneur, doté de 50,000 fr. sur le grand-livre de France, 50,000 fr. en bons de Saxe.

« Un comté pour le grand maître des cérémonies, doté de 50,000 fr. sur le grand-livre de France, 50,000 fr. en bons de Saxe.

« Notre intention est que le titre et le revenu soient attachés à la charge et transmissible avec elle. NAPOLÉON. » (*Corresp. de Napoléon Ier*, t. XX, p. 148.)

Deux jours après, le 20 janvier 1810, l'Empereur, craignant d'avoir laissé dans l'oubli quelques-uns de ses officiers, adresse cette seconde lettre au duc de Bassano :

« Monsieur le duc de Bassano, je désire que vous réunissiez le prince de Neufchâtel et le duc de Frioul, pour former un conseil pareil à celui qui a été tenu à Vienne et que :

« 1° Vous me fassiez connaître quels sont les individus de l'armée d'Allemagne auxquels j'ai accordé des dotations, ceux que j'aurais oubliés et ceux à qui il conviendrait d'accorder de nouvelles dotations ;

« 2° Vous me présenterez le même travail pour l'armée d'Espagne sous le rapport des dotations et des titres : il y a entre autres le général Bonet, qui s'est distingué en Espagne et que je voudrais récompenser ;

« 3° Présentez-moi le même travail sur les officiers employés dans l'intérieur et sur les officiers de la marine ;

« 4° Présentez-moi le même travail sur les sénateurs, conseillers d'Etat, préfets, ministres et administrateurs quelconques, employés civils. Il est nécessaire que ce travail me soit bien en règle au 1er février. » (*Corresp. de Napoléon Ier*, t. XX, p. 154.)

Napoléon connaissait le dévouement absolu de la Garde impériale pour sa personne, aussi ne négligeait-il jamais l'occasion de la récompenser. Le 11 février 1811, il écrivait au maréchal Bessières :

« Mon cousin, réunissez les chefs de corps de la Garde, et présentez-moi un travail qui me fasse connaître ce que j'ai donné à ma Garde dans les trois campagnes comme dotations et ce qu'il est convenable de lui donner encore. Tous les officiers ont-ils eu quelque chose ? Vous me remettrez l'état des officiers et soldats indiquant ce qu'ils ont eu ou ce qu'il faudrait leur donner. » (*Corresp. de Napoléon Ier*, t. XX, p. 213.)

XV

2 février 1811. — Lettre de l'Empereur au grand maréchal Duroc :
« Depuis Marengo, un certain nombre de colonels et chefs d'escadron et de bataillon de notre Garde ont été tués sur le champ de bataille. Ils ont des enfants qui auraient hérité de leurs titres et de leurs dotations si l'institution eût existé alors ; mon intention est de revenir là-dessus et de donner des titres et des dotations à leurs enfants. Ce qui me met sur la voie, c'est que Dahlmann, Morland et d'autres ont laissé des enfants sans dotation ni titres ; faites-moi un rapport là-dessus. » (*Corresp. de Napoléon I*er*, t. XXI, p. 446.)

Morland, colonel des chasseurs de la Garde, fut tué à Austerlitz. Il fut remplacé par Dahlmann, tué à Eylau.

Pendant la campagne de Russie, le général Deroy, qui commandait une des deux divisions bavaroises de la grande armée, avait été blessé mortellement au combat de Polotsk ; il expirait le 18 août. L'Empereur lui écrivait le 27, ignorant encore ce malheur :

« Monsieur le général de division comte Deroy, je vous fais cette lettre pour vous témoigner toute ma satisfaction de la belle conduite que vous avez tenue au combat de Polotsk et le regret que j'ai de vous savoir blessé. Je veux moi-même vous apprendre que je vous ai nommé comte de l'Empire et vous ai accordé une dotation de 30,000 fr. transmissible à vos enfants ; et voulant vous rassurer sur le sort de votre famille, je vous fais passer un brevet de 6,000 fr. de pension pour la comtesse Deroy. » (*Corresp. de Napoléon I*er*, t. XXIV.)

Après la mort de Duroc l'Empereur écrivait au prince Cambacérès :
« Mon cousin, vous recevez un décret par lequel je transmets le duché de Frioul à la fille du grand maréchal. Je désire que vous fassiez connaître ce décret à sa veuve et que vous régliez tout ce qui est relatif au placement des 100,000 fr. par an, ainsi qu'au placement des intérêts. Le duché étant de plus de 200,000 fr., il restera donc 100,000 fr. à la disposition de la veuve... » Haynau, 7 juin 1813.

XVI

Les hommes de lettres avaient aussi leur part des largesses impériales. Le 3 janvier 1810, Napoléon adressait au comte de Montalivet, ministre de l'intérieur, l'« État des gens de lettres et savants qui ont des pensions sur les journaux » :

MM. Haüy, 6,000 fr. — Bernardin de Saint-Pierre, 2,000 fr. — Duthel, 2,000 fr. — Gosselin, 2,000 fr. — Coraï, 2,000 fr. — Monge, 6,000 fr. — Gianni, 3,000 fr. — Lebrun, 1,200 fr. — Legendre, 3,000 fr. — Barré, 4,000 fr. — Radet, 4,000 fr. — Desfontaine, 4,000 fr. — Monsigny, 2,000 fr. — Palissot, 3,000 fr. — Villevieille, 2,000 fr. (Décrets de 1806.)

Chénier, 6,000 fr. — Ducret-Duminil, 3,000 fr. — Baour-Lormian, 6,000 fr. — Picard, 6,000 fr. (Décrets de 1807.)

Delrieu, 2,000 fr. (Décret du 20 août 1808.)

Luce de Lancival, 6,000 fr. (Décret du 6 février 1809.) (*Corresp. de Napoléon I*er, t. XX, p. 113.)

A propos de Baour-Lormian, Ernest Legouvé, dans ses *Soixante ans de Souvenirs*, raconte la visite qu'il lui fit, en allant lui demander sa voix pour l'Académie française. Le prince Louis-Napoléon venait d'être élu Président et Baour-Lormian s'était empressé de lui adresser des vers d'une louange outrée, dans l'espoir que la rente faite jadis par l'oncle lui serait continuée par le neveu. Legouvé dut subir jusqu'au bout la lecture de cette épître que l'auteur n'hésitait pas à trouver admirable et dont il attendait le succès.

« Au bout de quinze jours, écrit Legouvé, je reviens le voir, je lui trouve la mine un peu triste.

« Eh bien, monsieur Baour-Lormian, lui dis-je, et votre épître ? et la réponse du prince ?

— « Oh ! le c..... ! s'écria-t-il, voyez ce qu'il m'a envoyé ! Une tabatière de deux cents francs ! »

Un poète dont nous avons oublié le nom, avait reçu, comme Baour-Lormian, une pension de 6,000 fr. Loin de s'en montrer reconnaissant, il faisait le bel esprit aux dépens de son bienfaiteur. « Ce diable d'homme, disait-il, en parlant de Napoléon, dès qu'il aperçoit quelqu'un s'élever au-dessus des autres, il faut qu'il le flétrisse d'une pension. » Après la chute de l'Empire, les Bourbons réduisirent la pension à 3,000 fr., ce qui fit dire que Louis XVIII lui avait ôté la moitié de sa flétrissure.

Napoléon, ayant appris la situation précaire des héritiers du grand Corneille, ordonna qu'on lui soumît un projet de décret pour leur venir en aide. Le projet suivant lui fut présenté.

« Nous accordons à la demoiselle Catherine Corneille, fille de

Louis-Ambroise, et à la demoiselle Marie-Alexandrine, fille de Jean-Baptiste-Antoine, toutes deux descendant en ligne directe de Pierre Corneille : 1° à la première, une pension annuelle et viagère de 300 fr. ; 2° à la seconde, également une pension annuelle et viagère de 300 fr. »

L'Empereur répondit par cette « Décision » :

« Ceci est indigne de celui dont nous ferions un Roi. Mon intention est de faire baron l'aîné de la famille, avec une dotation de 10,000 fr. ; je ferai baron l'aîné de l'autre branche avec une dotation de 4,000 fr., s'ils ne sont pas frères. Quant à ces demoiselles, savoir leur âge et leur accorder une pension telle qu'elles puissent vivre. » (*Corresp. de Napoléon Ier*, t. XXV, p. 140.)

XVII

La veuve Ilari, nourrice de Napoléon, fut pensionnée dès le début de l'Empire et reçut en donation une maison à Ajaccio et deux vignes situées au terroir dit Vitullo. (*Corresp. de Napoléon Ier*, t. XX.)

Deux autres nourrices, la dame veuve Mallard, nourrice de Louis XVI et la dame veuve Laurent « nourrice de la fille de Louis XVI » reçurent chacune une pension de 1,200 fr. par un décret daté de Saint-Cloud, le 2 septembre 1810. (*Corresp. de Napoléon Ier*, t. XXI, p. 101.)

Un décret daté de Fontainebleau, 16 octobre 1810, accorde une pension de 30,000 fr. à Mme Hyacinthe-Dominique de Bourbon, religieuse au couvent de Saint-Dominique, à Rome. (*Corresp. de Napoléon Ier*, t. XXI, p. 260.)

1807. — Le ministre de la guerre propose à l'Empereur d'accorder une somme de 2,000 fr. à Mlle Dujardin, nièce du général d'artillerie et sœur du commissaire ordonnateur de ce nom, pour la faire entrer à l'hospice des ménages.

La réponse part de Tilsitt le 22 juin 1807. « Accordé le secours proposé. Sa Majesté désire qu'en outre un projet de décret lui soit présenté pour une pension de 500 fr. » (*Corresp. de Napoléon Ier*, t. XV, p. 449.)

Ayant à se louer de Mme Boubers et de M. de Canisy, Napoléon écrivait le 3 décembre 1811, à Mme la comtesse de Montesquiou, gouvernante de la Maison des enfants de France :

« Madame la comtesse de Montesquiou, sur le rapport que vous m'avez fait de la satisfaction que vous avez du service de la dame Boubers, sous-gouvernante de nos enfants, et du baron de Canisy, notre écuyer, nous avons accordé à la dame Boubers une dotation de 10,000 fr. de rente, et au baron de Canisy un supplément de dotation de 6,000 fr. » (*Corresp. de Napoléon Ier*, t. XXIII, p. 53.)

XVIII

Napoléon pensait à tous les déshérités, à tous les malheureux. De Valladolid, le 13 janvier 1809, il informait son oncle, le cardinal Fesch, qu'il mettait à sa disposition une somme de 60,000 fr. par an « pour soulager, disait-il, les pauvres veuves et les enfants de mes soldats et autres veuves de mon Empire ». (*Corresp. de Napoléon Ier*.)

Le 8 mai 1811 il adressait ces instructions au comte de Montalivet, ministre de l'intérieur :

« Je désire que, pendant le mois de mai et juin, les secours des comités de bienfaisance soient doublés, et ce à dater de demain 9, et que, dans les faubourgs Saint-Antoine et Saint-Marceau, ils soient même triplés. Faites cela avec le moins d'éclat possible. Donnez des ordres pour que tous les travaux prennent plus d'activité.

« Je mets sur mon domaine, à votre disposition, 300,000 fr. pour être distribués par les comités de bienfaisance de Paris, 100,000 fr. pour être distribués par ceux de Rouen et 200,000 fr. pour ceux de Lyon. » (*Corresp. de Napoléon Ier*.)

L'Empereur ne négligeait pas les petits présents quand il les croyait utiles à sa politique ; sa lettre du 4 avril 1807 au prince Eugène en est une preuve :

« Mon fils, envoyez au général Lauriston vingt-cinq montres du prix de dix louis à celui de deux louis. C'est-à-dire les unes d'or à répétition et les autres d'argent. Ces montres sont destinées à faire des présents aux Turcs. Envoyez-en également vingt-cinq au général Marmont. » (*Corresp. de Napoléon Ier*, t. XV.)

XIX

20 janvier 1808. — Lettre du grand maréchal Duroc à M. de Champigny, ministre des Relations extérieures :

« J'ai l'honneur d'envoyer à Votre Excellence le mémoire dû à M. Boutet, entrepreneur de la manufacture d'armes de Versailles, pour le fusil dont j'ai eu l'honneur de vous parler, qui a été envoyé par le dernier courrier à M. de Caulaincourt, ambassadeur de Russie, et que Sa Majesté désire faire payer sur les fonds des Relations extérieures. »

Le fusil, tourné, garni d'argent ciselé, avec de riches fonds en or, coûtait 3,000 fr. (*Affaires étrangères. Comptabilité*, 1795 à 1815.)

XX

1808. Erfurt. — La célèbre entrevue d'Erfurt dura du 17 septembre au 14 octobre, au milieu de fêtes magnifiques non interrompues. Napoléon se montra très empressé auprès d'Alexandre dont il voulait non seulement se faire un ami, mais encore un puissant et fidèle allié. Alexandre ayant admiré un superbe nécessaire d'or, au chiffre impérial, Napoléon le lui offrit aussitôt. Un autre jour il le pria d'accepter son épée, parce que le Tsar avait oublié la sienne. « Je ne la tirerai jamais contre Votre Majesté, » dit Alexandre avec son aimable esprit d'à-propos. Par malheur, les circonstances en décidèrent autrement. L'épée du grand homme est conservée au musée de l'Hermitage. (Albert Vandal. *Napoléon et Alexandre.*)

Ayant su que Nicolas Spéranski, jeune homme de grand mérite, était le favori du Tsar, Napoléon manifesta le désir de le voir ; après s'être longuement entretenu avec lui, il lui offrit son portrait entouré de brillants.

A l'entrevue d'Erfurt, les deux souverains échangèrent à profusion des croix, des tabatières, des bijoux et autres présents. Le général comte Tolstoï recevait les huit tapisseries qui ornaient à Erfurt le logement de l'Empereur, ainsi que les porcelaines de Sèvres, sauf quelques-unes des plus belles pièces, réservées à l'Impératrice de Russie.

Tolstoï, ambassadeur d'Alexandre à Paris, d'un caractère sec, ne convenait pas à l'Empereur qui venait de demander son remplacement. Pour ôter à ce départ l'apparence d'une disgrâce, Napoléon lui avait offert les belles pièces dont nous venons de parler.

Le doyen Meimung, après avoir dit deux fois la messe au palais, reçut une bague en brillants, avec le chiffre N couronné, et il fut remis cent napoléons aux deux prêtres qui l'avaient assisté.

Alexandre ne se montra pas moins généreux que son illustre ami et multiplia les cadeaux, sous toutes les formes. Voulant donner un gage de sa bienveillance au secrétaire de Napoléon, M. le baron de Méneval, il lui remit une tabatière ornée de son chiffre en diamants, d'une valeur d'environ 10,000 francs. (Baron de Méneval. *Napoléon et Marie-Louise*.)

L'année précédente, à la fin de 1807, Savary, duc de Rovigo, en quittant son ambassade de Saint-Pétersbourg, avait été l'objet des mêmes attentions.

« Outre les présents d'usage qui consistaient dans une tabatière de grand prix, dit Savary, Alexandre me fit remettre un collier d'améthystes qui était le plus bel ouvrage qu'il y eût chez le joaillier de la couronne; il était accompagné de tous les accessoires de cette parure; il y ajouta deux fourrures, l'une de martre zibeline, qui fit l'admiration des dames de Paris, et l'autre d'oursin noir, d'une égale rareté... » Son successeur était M. de Caulaincourt. (*Mémoires du duc de Rovigo*, t. III, p. 202.)

XXI

Voici un compte des *Archives nationales* qui élargit un peu le cercle de nos renseignements relatifs aux présents de l'Empereur à Erfurt :

« Il est dû à S. E. le Ministre des Relations extérieures une somme de 23,012 fr. pour le prix de deux boîtes et de deux bagues données de la part de l'Empereur (à Erfurt) au grand écuyer de Wurtemberg, Goeurlitz ; à M. de Reus, aide de camp du roi de Bavière ; à M. de Brennig, aide de camp du roi de Wurtemberg, et à M. de Salm, aide de camp du même roi, ci : 23,012 fr. » dont voici le détail : Une boîte à portrait (c'est-à-dire ornée du portrait de l'Empereur, entouré de brillants) : 6,602 fr. — Une boîte à chiffre (un N couronné, en brillants) : 6,118 fr. — Une bague de 5,800 fr. ; une autre de 4,492 fr.

« Ces quatre objets ont été compris dans le compte général des cadeaux qui a été remis à M. le comte Estève, au retour du voyage d'Erfurt dès que leur destination a été indiquée. »

Les bijoux dont nous venons de parler, estimés ensemble 23,012 fr., étaient une avance du Ministère des Relations extérieures. La rentrée se faisant attendre, M. de Champagny, duc de Cadore, écrivit au duc de Frioul, grand maréchal du Palais :

« ... Ces objets devaient être rétablis en même temps par le trésorier général de la couronne. Ce replacement n'a pas encore eu lieu. Je les réclamai quelque temps après le retour à Paris et il me fut répondu par Votre Excellence qu'elle ne pouvait me rendre que des boîtes dans les prix de 2,400 fr. à 3,000 fr. attendu qu'il n'en existait aucune au trésor de la couronne, dans des coupures supérieures. Comme ces boîtes ne seraient d'aucun usage, attendu que je ne fais aucun présent en boîtes dans ces différentes valeurs, je ne dois pas les accepter... »

Le duc de Cadore termine en priant que les bijoux lui soient rendus de même nature, ou en espèces. (*Arch. nat.* O²33.)

Nous avons tenu à reproduire cette lettre, pour bien montrer que les présents ayant un caractère diplomatique étaient d'un prix élevé et ne descendaient ni à 2,400 fr., ni même à 3,000 fr.

XXII

Avant d'aborder l'aride description des présents anonymes, entrons dans quelques détails pour que le lecteur puisse juger, d'après le prix du bijou, à quel genre de personnes il pouvait être adressé. Les ambassadeurs de carrière, les ministres plénipotentiaires, les chargés d'affaires, qui avaient terminé leur mandat, recevaient en se retirant, une tabatière d'un prix élevé, fixé dans le principe, sous le consulat, à 15,000 fr. pour les premiers, 8,000 fr. pour les seconds et 5,000 fr. pour les chargés d'affaires. Ces prix s'élevèrent encore pour les signataires d'actes importants, concordats de 1801 et de 1813, traités de commerce, de paix ou d'alliance, mariage de Marie-Louise, baptême du Roi de Rome, etc. Quant aux cadeaux de l'Empereur à sa famille, ils n'avaient pas de limites. Les petits présents étaient offerts, comme dons gracieux, aux courtisans, aux dames de la cour qui assistaient aux cérémonies sans avoir rendu de service personnel. En voyage, l'Empereur les distribuait aux maires, aux notables, qu'il voulait s'attacher ou remercier d'une bonne action. Ces cadeaux si appréciés, si vivement recherchés, étaient toujours en rapport avec la condition des personnes qui les recevaient.

La tabatière que Napoléon donna de sa main au brave curé d'Iéna, pour avoir soigné, après la bataille, les blessés des deux camps, rentrait certainement dans cet ordre d'idées. Il y ajouta sans doute un secours d'argent, toujours accueilli avec reconnaissance dans cette Allemagne où la guerre avait apporté tant de misères. Napoléon le savait et un jour il dit à Rapp : « N'est-ce pas que les Allemands aiment bien les petits napoléons ? — Oui, sire, répondit Rapp, avec sa grosse franchise, bien plus que le grand. »

XXIII

Mars 1810. — L'année du mariage de Napoléon avec Marie-Louise donna un grand mouvement au service des présents. Nitot et fils, les célèbres joailliers-bijoutiers de l'Empereur, furent très occupés à multiplier la production de leurs charmants bijoux. Il ne nous reste que les mémoires de leurs fournitures ; nous les résumons, persuadé que tout ce qui touche à l'histoire, de près ou de loin, n'est jamais dépourvu d'intérêt.

7 avril 1810. (*Services des Présents.*) — Livraison de vingt-huit tabatières d'or enrichies de brillants, dont vingt-cinq avec le portrait de l'Empereur, une avec son chiffre (N), deux avec le chiffre de Marie-Louise (M) ; et de cinq bagues, ornées du chiffre couronné de Napoléon. Bijoux expertisés par les orfèvres joailliers, Lecomte, Grouvelle et Bouillier.

Parmi ces magnifiques présents, nous remarquons :

Une tabatière de trente-deux brillants, avec portrait, 17,338 fr. — Une autre, de vingt-six brillants, 16,047 fr. — Une autre, de trente-quatre brillants, 13,254 fr. — Quatre boîtes offrant ensemble, cent vingt-quatre brillants, 47,126 fr. — Le prix des autres boîtes, chargées de plus de diamants, mais de moindre valeur, descend depuis 9,781 fr. jusqu'à 2,824 fr.

Deux bagues, de huit brillants et quarante-sept roses de Hollande, sont marquées ensemble 8,409 fr. — Les trois autres, de douze brillants et quarante-six à quarante-huit roses, chacune, valent (réunies) 4,169 fr.

Bijoux expertisés à l'intendance générale le 12 *juillet* 1810. Leur valeur s'élève à 320,092 fr.

Un médaillon composé de douze gros brillants de 4,200 fr. à 6,000 fr. chaque et le portrait de l'Impératrice (payé 600 fr.), 58,779 fr. Pour la reine de Naples.

Un médaillon de quatorze gros brillants et le portrait de l'Empereur (payé 600 fr.), 50,077 fr. Pour la vice-reine d'Italie.

Un médaillon de quatorze gros brillants entourant le portrait de l'Empereur, 50,079 fr. Pour la grande-duchesse de Toscane.

Un autre médaillon semblable et du même prix, pour la princesse Pauline, 50,079 fr.

Suit une série de médaillons de moindre importance, mais encore fort beaux, et dont les destinataires ne sont pas nommés :

Un médaillon de quatorze brillants, orné du portrait de l'Empereur (payé 600 francs à l'artiste) : 12,400 fr.

Seize autres médaillons de seize brillants chacun, avec bélière enrichie de cinq petits brillants et le portrait de l'Empereur (payé 600 fr.) Les prix de ces médaillons varient entre 7,953 fr. et 5,761 fr. (*Arch. nat.* O^{2}33.)

Une autre facture de N<small>ITOT ET FILS</small>, de ce même mois de juillet 1810, mentionne, pour le service des présents, deux médaillons pareils, valant ensemble 24,102 fr. Ils sont ornés du portrait de l'Empereur entouré de seize brillants à 700 fr. pièce, avec cinq petits brillants à la bélière (le portrait payé 600 fr.). (*Arch. nat.* O^{2}33.)

12 octobre 1810. — Boutot, directeur de la manufacture d'armes de Versailles, réclame 3,000 fr. au duc de Cadore, ministre des Relations extérieures. C'est le prix de la facture d'une caisse d'armes contenant une paire de pistolets riches, livrée le 6 septembre 1806, d'après l'ordre de son prédécesseur et sur lesquels furent gravées les armes de M. de Franquini. (*Affaires étrangères. Comptabilité*, 1795 à 1815.)

31 décembre 1810. (*Services des Présents.*) — Voici une livraison qui acquiert de l'importance par la beauté des pièces qui la composent. Elle comprend deux médaillons et quatre tabatières :

Un médaillon enrichi de douze brillants de 4,000 fr. la pièce, de cinq brillants plus petits, de neuf roses de Hollande et des portraits de l'Empereur et de l'Impératrice (payés à Isabey 1,200 fr. les deux) ; 49,877 fr. — L'autre médaillon vaut 39,619 fr. Il est formé de douze brillants de 2,400 fr. la pièce, de treize roses de Hollande, d'un brillant de 10,000 fr. formant la bélière et du portrait de Napoléon payé à Isabey 600 fr.

Une tabatière, ovale, émaillée en bleu, avec le portrait de l'Empereur, entouré de vingt-six brillants, 9,500 fr. — Tabatière carrée, sertie de quarante brillants, dont trente-six formant l'entourage, et quatre placés en chatons autour du portrait, 12,600 fr. — Une autre boîte de même genre, 8,000 fr. — La quatrième, sans chatons et moins riche en brillants, 5,000 fr. (Pour ces diverses tabatières le prix du portrait n'est pas compté.) (*Arch. nat.* O^{2}29.)

XXIV

Quelques mois après son second mariage, Napoléon entreprit un voyage en Belgique et en Hollande. Il emmena sa jeune femme, et tous deux furent acclamés sur leur passage et reçus en triomphateurs.

Pendant ce voyage, l'Empereur distribua un grand nombre de tabatières. Il en offrit une, entre autres, qui donna naissance à l'historiette suivante : En arrivant dans une bourgade pauvre de Hollande, il remarqua un modeste arc de triomphe, formé d'arbustes et de branchages, au-dessus duquel on avait écrit :

> Il n'a pas fait une sottise
> En épousant Marie-Louise.

L'Empereur adressa au maire quelques paroles bienveillantes et lui remit une tabatière, en disant :

> « Quand vous y prendrez une prise,
> Vous penserez à Marie-Louise. »

Il y a quelque vingt ans, Champfleury adressait à son ami de Liesville, mort depuis, conservateur adjoint du musée Carnavalet, une tabatière populaire, en carton verni, offrant sur le couvercle le portrait colorié de Marie-Louise. A l'intérieur, il avait écrit de cette fine écriture qui lui était particulière le distique attribué plaisamment à l'Empereur :

> « Quand vous y prendrez une prise
> Vous penserez à Marie-Louise. »

2 janvier 1811. — Un riche médaillon contenant entre autres douze brillants de 2,400 fr. la pièce, orné du portrait de l'Impératrice (payé à Isabey 600 fr.), 29,903 fr. — Une bague de dix brillants entourant un N couronné, formé de quarante-quatre roses de Hollande, 1,090 fr. — Une autre bague, de même genre, 993 fr.

6 février 1811. — Vingt-cinq médaillons en brillants, ornés chacun des portraits de l'Empereur et de l'Impératrice (le premier payé 500 fr. le second, 600 fr. à l'artiste), 135,000 fr.

19 mars 1811. — Nitot et fils livrent au trésor de la couronne vingt-sept tabatières et treize bagues estimées, après expertise, 166,537 fr.

Ces tabatières sont carrées, longues, à pans coupés ou arrondis, ovales, émaillées, enrichies pour la plupart d'un cercle de vingt-six à quarante brillants, encadrant le portrait de l'Empereur ; parfois le cercle est cantonné de quatre chatons. Sur quelques boîtes, le portrait est remplacé par le chiffre N, avec ou sans couronne.

Voici dix bagues ornées de dix à douze brillants et de trente-huit à quarante roses de Hollande, valant chacune de 841 fr. à 1,708 fr. — Une bague d'une émeraude (de 720 fr.) entourée de huit brillants, 4,291 fr. — Une bague d'un saphir d'Orient (de 1,200 fr.) entourée de dix brillants, 4,900. — Une bague d'une émeraude (de 800 fr.) entourée de dix brillants, 2,915. — La façon de chacune de ces bagues est marquée à 50 fr.

Mars (1811). Nitot et fils. *Service des présents.* — Une tabatière carrée, longue, en or ciselé, à filets d'émail, ornée du portrait de l'Empereur et de trente-huit brillants (le portrait payé 600 fr.), 7,439 fr. — Une tabatière de même genre, enrichie de quarante-quatre brillants (le portrait payé 600 fr.), 4,683 fr. — Tabatière ovale, en or émaillé, décorée d'un cercle en brillants et du portrait de l'Empereur peint par Gilliard : (payé 300 fr. à l'artiste), 4,691 fr. — Deux autres tabatières de même genre (chaque portrait payé à Gilliard 300 fr.), 4,484 fr. et 3,893 fr. — Tabatière carrée, longue, arrondie, offrant quarante-deux brillants et le portrait de l'Empereur (payé 300 fr. à Gilliard), 7,986 fr. — Tabatière ovale, d'or émaillé serti de brillants (le portrait de l'Empereur payé 500 fr. au miniaturiste, non désigné), 5,910 fr. — Autre tabatière, de trente-quatre brillants, le portrait de l'Empereur (payé 600 fr.), 4,397 fr. — Trois tabatières ovales, de même genre (chaque portrait payé 600 fr.), 11,167 fr., 10,278 fr. et 9,643 fr. — Tabatière, forme longue (le portrait payé 600 fr.), 10,583 fr. — Tabatière carrée, longue, arrondie (le portrait payé 600 fr.), 7,431 fr.

Trois tabatières d'or, émaillées, ovales, enrichies de brillants comme les précédentes, et du portrait de l'Empereur payé 600 fr. chacun : 5,507 fr. — 6,382 fr. et 10,618 fr.

Tabatière à huit pans, en or ciselé et émaillé, surmontée du N, en brillants, 2,211 fr. — Tabatière carrée, longue, portant l'N et la couronne en brillants, 1,651 fr. — Huit tabatières d'or, au chiffre de l'Empereur, en brillants, 1,657 fr. — 1,697 fr. — 1,745 fr. — 1,778 fr. — 2,400 fr. — 2,400 fr. — 2,616 fr. et 5,132 fr.

Bagues en brillants ornées du chiffre de Napoléon et d'une couronne en diamants roses, 891 fr. — 841 fr. — 844 fr. — 954 fr. — 1,118 fr. — 1,129 fr. — 1,332 fr. — 1,464 fr. — 1,703 fr. — 1,708 fr. — Deux bagues d'une émeraude, entourée de brillants, 4,020 fr. et 2,715 fr. — Bague d'un saphir, entouré de brillants, 4,590 fr.

« Tous ces bijoux sont destinés en présents sur le fonds de 400,000 fr. du budget de 1811, destiné à cet usage. » (*Arch. nat.* $O^2 34$.)

9 juillet 1811. — Un médaillon composé de seize gros brillants, renfermant le portrait de l'Impératrice (payé à Isabey 600 fr.) ; cinq diamants plus petits et cinq roses de Hollande, complètent ce médaillon, 10,022 fr. — Une parure de chrysoprases et brillants, composée d'un peigne, d'un collier et d'une paire de boucles d'oreilles. Le collier, 17,790 fr.; le peigne, 7,927 fr.; les boucles d'oreilles, 3,257 fr.

10 août 1811. — Une plaque de ceinturon en émeraudes et brillants, offrant, au centre, une grande émeraude ronde (de 9,000 fr.), 17,443 fr.

4 septembre 1811. — Neuf tabatières de forme ovale, carré long ou à huit pans, ciselées, émaillées, enrichies d'un cercle en brillants et du portrait de l'Empereur (payé à l'artiste anonyme, 600 fr.), 66,431 fr. — Seize tabatières à chiffre, en brillants et roses de Hollande, ornées d'un N seul ou couronné, 41,762 fr. — Douze bagues, ornées d'un N, avec ou sans couronne, entouré de brillants, 13,639 fr. — Six montres riches, en or émaillé, enrichies d'un cercle en brillants et du chiffre de l'Empereur en roses de Hollande (N), 9,312 fr. — Vingt-six petites montres de col divers, en or émaillé, avec entourages, chiffres, emblèmes superbes, et accompagnées de leurs chaînes et clés, 12,175 fr.

7 décembre 1811. — Une tabatière carrée, longue, en or ciselé, émaillé, enrichie du portrait de l'Empereur dans un cercle de trente-six brillants, 3,970 fr. — Un médaillon, serti de quatorze brillants, renfermant les portraits de Napoléon et de Marie-Louise (payés à l'artiste 1,200 fr.), 12,000 fr.

XXV

21 janvier 1812. — Une tabatière d'or, offrant, dans un cercle en brillants, le portrait de l'Empereur (payé à l'artiste 600 fr.), 26,267 fr.

Dans cette superbe boite l'or, au poids, entre pour 457 fr.; la façon pour 450 fr.; la façon du cercle, le cristal et l'étui, 150 fr.; le reste est pour les diamants. — Trois médaillons renfermant les portraits de Napoléon et de Marie-Louise entourés de gros brillants, le premier, de 29,965 fr.; le second, de 49,534 fr.; le troisième avec un rang de chatons qui en double le prix, 98,944 fr. — Un bracelet, composé d'un diamant recouvrant des cheveux du Roi de Rome, et entouré de diverses pierres de couleur signifiant le mot Napoléon, le tout attaché par des tresses de cheveux, 4,048 fr.

Le Concordat de Fontainebleau, définitivement arrêté le 27 janvier 1813, fut signé au milieu d'un cercle magnifique de grands officiers, de cardinaux et d'évêques. Pie VII, affaibli, malade, presque mourant, conseillé par des prélats timorés, gagnés par l'Empereur, signa contre son gré des conventions qu'il n'avait pas le droit de reconnaitre.

L'article 4 donnera une idée de cet étrange concordat.

« Dans les six mois qui suivront la notification d'usage de la nomination par l'Empereur, aux archevêchés et évêchés de l'Empire et du royaume d'Italie, le Pape donnera l'institution canonique conformément aux concordats et en vertu du présent indult. L'information préalable sera faite par le métropolitain. Les six mois expirés sans que le Pape ait accordé l'institution, le métropolitain, et à son défaut ou s'il s'agit du métropolitain, l'évêque le plus ancien de la province procédera à l'institution de l'évêque nommé, de manière qu'un siège ne soit jamais vacant plus d'une année. (Le Chevalier Artaud. *Histoire de Pie VII.*)

C'était réduire à néant le rôle de la papauté. Il suffisait à l'Empereur d'attendre six mois pour donner l'institution canonique aux évêques nommés par lui, sans avoir besoin de recourir au pape.

Par suite des événements, le traité n'eut pas d'effet ; malgré cela, Pie VII se reprocha toujours sa faiblesse. Suivant l'usage, après la signature du Concordat de Fontainebleau, des décorations, des tabatières et des présents de toute sorte furent distribués aux membres du clergé qui avaient su plaire à l'Empereur.

« Le cardinal Doria reçut de la propre main de Sa Majesté, le grand aigle de la Légion d'honneur. Le grand aigle fut aussi donné au cardinal Fabricio Ruffo ; le cardinal Maury, évêque de Nantes, l'archevêque de Tours reçurent la grande croix de l'Ordre de la Réunion ; les évêques d'Evreux et de Trèves, la croix d'officier de la Légion d'honneur, enfin, le cardinal Bayane et l'évêque d'Evreux furent faits sénateurs par Sa Majesté. Le docteur Porta, médecin du pape, fut gratifié d'une pension de 12,000 fr. et le secrétaire ecclésiastique qui était venu dans le cabinet transcrire les articles du Concordat, reçut en cadeau une magnifique tabatière. »

XXVI

Le 24 décembre 1813, le comte Bertrand écrivait au duc de Cadore : « Monsieur le duc, l'Empereur est dans l'intention de faire, cette année comme les précédentes, des cadeaux choisis dans les produits de sa manufacture de Sèvres, pour être distribués aux princesses et dames de la Cour. Sa Majesté désire que votre excellence fasse porter le plus tôt possible chez S. M. l'Impératrice, les porcelaines partagées en un même nombre de lots que l'année dernière et à peu près du même prix.

« Le directeur de la manufacture pourra les remettre au concierge du Palais, qui en donnera un reçu et, après la distribution, il en donnera l'état et rendra les objets qui resteront. » *(Arch. nat.* $O^2 202$.)

Le général Bertrand exerçait, depuis peu, les fonctions de grand maréchal du palais ; il remplaçait Duroc, tué par un boulet le 22 mai précédent, vers la fin de la bataille de Wurtschen.

En 1814, lorsque Napoléon se rendit à l'île d'Elbe, il effectua son passage sur la frégate anglaise *the Undounted* (*l'Indomptable*), commandée par le capitaine Asher.

« L'Empereur lui donna, lorsqu'il vint prendre congé de lui, une tabatière en or, avec son portrait entouré de vingt gros brillants (chacun estimé 4,500 fr.). On m'a assuré que le capitaine Asher avait refusé de cette tabatière 110,000 fr. » (La générale Durand. *Mémoires sur Marie-Louise*, p. 239.)

XXVII

Pendant les Cent-Jours, NITOT ET FILS firent encore quelques fournitures pour le service des présents. Voici celles du 5 mai 1815.

Une tabatière carrée, longue, en or ciselé, émaillé, enrichie d'un cercle en brillants et du portrait de l'Empereur, par Robert Lefèvre, 10,773 fr., le portrait est de 600 fr., et les brillants seuls, au nombre de trois cent vingt-six, pesant trente karats, sont estimés 9,000 fr. — Deux tabatières ovales, en or ciselé, émaillé, ornées, l'une de trente-quatre brillants et l'autre de vingt-six, avec le portrait de Napoléon, par Robert Lefèvre (chaque portrait payé 600 fr.), 7,599 fr. et 11,615 fr. — Une tabatière de même genre, sertie de vingt-huit brillants, surmontée du portrait de l'Empereur, peint par Saint (payé 600 fr.), 6,139 fr.

La deuxième livraison des bijoutiers-joailliers NITOT ET FILS, date du 5 juin 1815 ; elle s'élève en chiffres ronds à 30,000 fr. pour six tabatières et six bagues que l'Empereur voulait offrir en présents. Eut-il le temps de les distribuer ? On sait que treize jours plus tard, il était vaincu à Waterloo. Voici en détail le prix de ces divers bijoux :

Tabatière de forme carrée longue, en or ciselé et émaillé, ornée d'un cercle en brillants et du portrait de Sa Majesté, par Robert Lefèvre (le portrait payé 600 fr.), 5,699 fr. — Tabatière semblable à la précédente, enrichie de quarante brillants, le portrait de l'Empereur peint par Isabey (payé à l'artiste 600 fr.), 4,863 fr. — Tabatière carrée longue, en or ciselé, émaillé, surmontée d'un N couronné, enrichie de brillants, 2,096 fr. ; — trois tabatières de même genre, avec chiffre (N) sans couronne, 6,577 fr. ; — trois bagues en brillants, offrant sur le chaton un aigle, en roses, 6,598 fr. ; — trois bagues en brillants, ornées du chiffre couronné de l'Empereur : 4,682 fr.

« Vu, ordonné et approuvé sur le fonds de 200,000 fr. que le budget de 1815 (dépenses extraordinaires) met à notre disposition pour achat de diamants et bijoux destinés à être donnés en présents.

Signé : « Le comte de Montesquiou.

« Paris, ce 5 juin 1815. »

L'Empereur étant rentré le 20 mars, tous les budgets de l'année furent diminués de près d'un quart.

Pour la suite des présents, nous renvoyons aux chapitres sur la *Manufacture de Sèvres*, la *Manufacture des Gobelins, Marie-Louise* et le *Roi de Rome*, insérés dans la deuxième partie du présent ouvrage.

LIVRE TROISIÈME

L'ART ET L'INDUSTRIE SOUS LE PREMIER EMPIRE

CHAPITRE PREMIER

LES PEINTRES EN MINIATURE

I

Sous le règne de Napoléon Ier, les peintres en miniature de talent étaient nombreux. Isabey, soutenu par sa grande vogue, par son titre de « peintre en miniature du cabinet de l'Empereur », tenait la tête de ces artistes distingués, mais à la condition de faire des efforts journaliers pour ne pas se laisser distancer.

Parmi les miniaturistes qui ont répété le portrait de l'Empereur pour être monté sur des tabatières, des bracelets, des médaillons, etc., nous citerons Aubry, Augustin, Dumont, Gauci, Gilbert, Gilbard, Guérin, Isabey, Muneret, Nitot, Robert Lefebre, Prosper, Quaglia, Saint, Soiron père.

Ils reçurent d'abord cinq cents francs par portrait, mais, dans la suite (1808), sur les réclamations personnelles d'Isabey, classé dans le service des portraits sur le même pied que les autres, il fut alloué le plus souvent 600 fr. pour chaque portrait reçu.

L'Empereur n'était pas toujours satisfait de ses petits portraits et eut plusieurs fois l'occasion de s'en plaindre.

Le 15 septembre 1807, M. Daru, intendant général de la maison de l'Empereur, écrivait à...? :

« Sa Majesté n'est pas satisfaite, Monsieur, du portrait que vous m'avez envoyé. Elle trouve que le ton de la figure est trop dur; elle préfère être représentée avec ses habits militaires. Sa Majesté désire que sans avoir égard à tel ou tel peintre, on en prévienne plusieurs que l'on a besoin de quarante à cinquante portraits de l'Empereur : qu'ils seront payés vingt-cinq louis chacun, c'est-à-dire ceux reconnus bons et qui conviendront à Sa Majesté. Tant mieux, par conséquent, pour celui qui réussira. Recommandez-leur de faire des figures plutôt gracieuses. Signé : Daru. » (*Arch. nat.* O²204.)

Malgré son grand talent, Isabey lui-même se relâchait quelquefois, et l'Empereur en témoignait avec vivacité son mécontentement. On en peut juger par cette lettre de M. Daru au peintre du cabinet :

1807. « L'Empereur a ordonné, Monsieur, la confection de cent boîtes d'or enrichies, parmi lesquelles vingt-cinq doivent être ornées de portraits. J'ai déjà eu l'honneur de vous en prévenir de vive voix et de vous engager à vous occuper de ces portraits avec tout le bien dont vous êtes capable. Je ne dois pas vous laisser ignorer que Sa Majesté a été fort mécontente des derniers, et ce n'est qu'à la condition de l'engagement du mieux que je suis autorisé à vous en charger, mais avec un artiste de votre talent, le désir de plaire au héros que vous peignez et l'amour de la gloire sont de bien sûrs garants de l'exécution de votre engagement. » (*Arch. nat.* O²30.)

Le goût répandu de ce style étrange, emprunté à la Grèce et à l'ancienne Rome fit naître l'idée, chez quelques peintres, de donner à leurs petits portraits l'apparence de camées en sardoine, en agate-onyx. Ce goût se continua sous la Restauration. Ce n'était pas à proprement parler une nouveauté. Pendant le règne de Louis XVI, Degault s'était fait une réputation par ses petits sujets peints à l'imitation de camées antiques. Il y a si bien réussi qu'il est resté le maître du genre.

Tout en reconnaissant aux miniaturistes de l'Empire un faire habile à imiter dans leurs portraits des camées sculptés sur pierre dure, nous constatons que les peintres de grande réputation, tels que Dumont, Augustin, Isabey, Jacques, Périn, Saint, Jean Guérin, etc., se sont abstenus de ces imitations.

II

Nous allons passer en revue les peintres en miniature de Napoléon Ier et de son temps.

Pour éviter de nous répéter, nous renvoyons le lecteur à notre *Livre des Collectionneurs*, surtout pour les artistes suivants: Aubry, Augustin, Isabey, Jacques, Guérin, Mme Kugler, Musson, Parrant, Périn, Quaglia, Saint, Soiron, Thouron, Van Daël, Van Pol et Van Spaëndouck.

Nous nous contentons ici d'élargir notre cadre, soit en donnant de plus amples renseignements, soit en citant de nouveaux artistes.

III

Augustin, peintre de portraits à l'huile, en miniature et en émail, est un des plus habiles miniaturistes du XIXe siècle. Tous les critiques qui ont parlé de lui ont fait son éloge.

Au Salon de l'an IX, Augustin partage avec Isabey l'attention des connaisseurs : « Si le second paraît avoir plus de finesse dans le dessin, dit le *Moniteur* de l'an X, le premier plaît davantage aux coloristes. Tous deux ont un talent supérieur dans ce genre. »

A propos du portrait de la reine de Naples, le *Mercure* de 1808 s'écrie : « Il est impossible, je crois, de voir en ce genre rien de plus agréablement composé, de plus délicatement peint, de plus précieusement fini que ce portrait de la reine de Naples. Tout est charmant dans cet ouvrage fait peut-être, et c'est beaucoup dire, pour ajouter à la réputation de son auteur. »

Vente La Béraudière, 1885. — Portrait de femme, en robe noire serrée sous les seins. Signé : *Augustin*, 1798, 360 fr. — Portrait de jeune femme, à chevelure blonde, en robe blanche, les bras nus, assise sur un canapé. Signé : *Augustin*, 1792. Cadre d'or ciselé, 6,900 fr.

Vente Maze-Sencier, 1886. — Portrait de Rosalie Duthé, vue à mi-corps, vêtue de blanc ; le sein et le bras gauche découverts. Miniature ronde, signée : *Augustin*, 1793. Cadre d'or à réverbère, 1790, 2,900 fr.

Vente Lafaulotte, 1886. — Portrait de femme vêtue de blanc et d'une écharpe noire, le sein en partie découvert. Signé : *Augustin*. Dans un médaillon en or à double face, 6,000 fr.

Vente Lévy-Crémieux, 1886. — duchesse de Penthièvre. Elle est assise en robe blanche et tient un crayon d'une main et de l'autre, un carton à dessin. Signé : *Augustin*, 1791. Adjugé, 3,500 fr.

Autissier (Louis-Marie), né à Vannes en 1772, mort à Paris en 1823. Il résida longtemps en Belgique où il vécut honoré et devint membre de l'Académie des beaux-arts de Gand.

Au Salon de l'an IX, il exposa un cadre renfermant plusieurs miniatures, entre autres le portrait de son oncle, le sien, celui de sa femme et celui du frère du général Moreau.

En 1819, Autissier eut l'honneur de faire le portrait du roi des Pays-Bas.

Vente Bouvier, 1873. — Deux portraits de femmes, dont l'un est signé : *Autissier*, 72 fr.

Vente A. Terme. — Portrait de femme, en costume de la fin du xviiie siècle. Signé : *Autissier*, 300 fr.

Barraband (Pierre-Paul), né à Aubusson (Creuse) en 1767, mort à Lyon en 1809.

Très habile peintre d'histoire naturelle. Il a peint sur vélin, avec un rare talent, des fleurs, des insectes et des oiseaux de toute espèce. Il a collaboré au grand ouvrage d'Egypte, au *Buffon* de Sonnini, à l'ouvrage sur l'Egypte, de Fournier, à l'*Histoire des insectes*, de Latreille. Ses dessins pour l'*Histoire naturelle des oiseaux d'Afrique*, de Le Vaillant, sont particulièrement admirables.

Barraband a peint des oiseaux sur des porcelaines de la manufacture de Guérard et Dihl, dite d'*Angoulême*, exposés au Salon de 1798. Plus tard, il fit des dessins pour la manufacture de Sèvres. En 1807, il était professeur à l'école des beaux-arts de Lyon, où il termina sa carrière deux ans plus tard.

Berjon (Antoine), né à Lyon, le 17 mai 1753, mort dans la même ville au mois de novembre 1843. Fleurs et fruits, genre, à l'huile, au pastel et en miniature. Il a fait aussi le portrait en miniature, notamment le sien, qu'il a peint à l'âge de soixante-cinq ans.

Les œuvres de Berjon ont figuré à diverses expositions depuis 1791 jusqu'en 1842.

Vente Bouvier, 1855. — Jeune femme portant les attributs de Diane chasseresse, ivoire signé : *Berjon*, 55 fr.

Vente La Béraudière, 1885. — Boîte d'écaille brune surmontée d'un portrait de jeune femme, ornée de perles et vêtue d'une robe de soie violette ouverte sur la poitrine. Signé : *Berjon*, an VI, 190 fr.

Berny d'Ouville (Charles-Antoine-Claude), né à Clermont, dans la seconde moitié du xviiie siècle. Genre : portrait en miniature. En 1808, il exposa les *Regrets de l'absence* et le portrait de Mlle Levert, actrice du Théâtre-Français. Dans son compte rendu de l'exposition, le *Journal de l'Empire* dit : « Après les très belles miniatures de M. Aubry et Augustin, je placerais ensuite les cadres de MM. Bertrand, Berny et Thiboust. »

Bertrand (Vincent), élève de Regnault, et bon peintre de portraits en miniature. Il a exposé avec succès de 1804 à 1817 et mérita, en 1810, une médaille d'or de première classe.

Au nombre de ses meilleurs portraits nous citerons ceux de Félix Rousseau, de Lemaire et Redouté, peintres de fleurs ; de Lemaire, peintre d'histoire, 1808 ; du colonel Tascher, du duc d'Angoulême ; de Mlle Bertrand, harpiste, fille de l'auteur ; de Guillon, première flûte de l'école royale et de la Chapelle, 1817.

A la date de 1804, nous lisons dans les *Lettres impartiales* : « Le portrait de M. Félix Rousseau, par M. Bertrand, est peint avec beaucoup de talent. »

Le *Journal de l'Empire* dit, ainsi que nous le rappelons plus haut, à propos du Salon de 1808, qu'après les miniatures d'Augustin et d'Aubry, il placerait ensuite « les cadres de MM. Bertrand, Berny et Thiboust ».

En 1817, le *Journal de l'Empire* cite encore le nom de Bertrand parmi ceux qui « ont produit de bonnes miniatures ».

Barrois (Jean-Pierre-Frédéric), né à Paris, en 1786, décédé à Meaux où il s'était retiré. Genre : portrait à l'huile et en miniature. Elève de Fontalland et de Louis Hersent.

Il a souvent exposé de 1806 à 1841. Le portrait en miniature de Mlle Julie Béry, de l'Opéra, lui valut en 1819 une médaille d'or de seconde classe. En 1817, l'artiste avait présenté au Salon : *Le Billet doux*, grande miniature.

Boichard (Joseph-Alexandre), élève de Vincourt. De 1804 à 1814, il a exposé à chaque Salon de Paris « un cadre de miniatures ».

A la vente de la comtesse de Montesquiou-Fezensac, en 1871, une tabatière d'écaille, rectangulaire, surmontée d'un portrait d'homme, en costume de l'Empire, signé : *Boichard*, a été adjugée 460 fr.

Boileau, peintre en émail, qui florissait sous Louis XVI. Il exposa au *Salon de la correspondance*, en 1779, un portrait en émail de Pierre le Grand, qui fut très apprécié.

Charrin (Mlle Fanny), peintre en miniature, puis sur porcelaine, née à Lyon, vers la seconde moitié du règne de Louis XVI, morte à Paris en 1854. Durant l'Empire, elle a exposé à tous les Salons des portraits en miniature. Sous Charles X, elle fut attachée à la manufacture de Sèvres, où elle ne tarda pas à prendre rang parmi les meilleurs.

Mlle Charrin a fait beaucoup de petites miniatures sur ivoire, représentant des personnages historiques du xviiie et surtout du xviie siècle. Quelques-uns de ces gentils portraits ont eu l'honneur d'être montés sur de riches tabatières. Le musée céramique de Sèvres possède de cette artiste une belle copie du *Trompette* de Gérard Dow et un portrait de Mme de Sévigné.

Vente Jacquinot-Godard, 1859. — Portraits en miniature sur ivoire, par Mlle Charrin, Mlle de Retz, 158 fr. — Mlle de Fontanges, 80 fr. — Mme de Château-Renaud, 100 fr. — Mlle de Blois, 64 fr. — La duchesse d'Aiguillon, 61 fr. — Mme de Grignan, 95 fr. — Mme de Grammont, 79 fr. — La marquise du Châtelet, 67 fr. — Mme de Rochefort, 100 fr.

Vente Laperlier, 1867. — Le duc de Beaufort : 125 fr.

Vente Allègre, 1872. — Boîte d'or, Louis XVI, émaillée gros bleu, avec demi-perles incrustées. Sur le couvercle, le portrait de Mme de Sévigné, par Mlle Charrin, 2,100 fr.

Vente J. Théret, 1873. — La reine Christine de Suède, 155 fr.

CHASSELAT (Pierre), né à Paris dans le courant du xviiie siècle, mort dans cette ville en 1814. Elève de Vien. Sujets de genre à la gouache et portraits en miniature.

Il était peintre en miniature de Mesdames de France, filles de Louis XV, et son nom figure à diverses reprises sur les livrets du Salon, de 1793 à 1810.

Les œuvres de Chasselat méritent une place honorable dans nos collections, et il faut surtout rechercher ses petits portraits du siècle dernier.

Le catalogue de la vente Soret, 1863, mentionne : une *Jeune Fille* en riche costume Louis XV, dans un parc, sur une boîte d'écaille galonnée d'or et signée : *Chasselat*.

CHATILLON (Charles), né à Doullens (Somme) dans la seconde moitié du xviiie siècle. De 1795 à 1808, il a exposé aux Salons de Paris des paysages à la gouache, des portraits en miniature et des sujets de la Fable, à l'imitation des camées en agate-onyx.

Vente Jacquinot-Godard, 1859. — Portrait d'homme, grande miniature, 34 fr.

Hôtel Drouot, 1862.

Cior (Pierre-Charles), né à Paris en 1769, peintre en miniature du roi d'Espagne. Il a exposé des cadres de miniatures aux Salons de 1796 et de 1797, puis en 1831 et en 1838. On lui doit les portraits à l'huile de divers grands personnages, tels que l'empereur Paul Ier ; l'Impératrice douairière de Russie ; le prince Kourakin ; le prince Nérakin et son fils ; la princesse Poniatowska ; la reine des Pays-Bas ; le prince Esterhazy ; le duc de Luxembourg, pour lequel il fit le portrait en miniature de Louis XVIII.

Cless (Jean-Henri), né à Strasbourg, élève de David. Il a exposé des cadres de miniatures aux Salons de 1806 et de 1808.

Cossard, établi à Paris, à la fin du xviiie siècle et au commencement du xixe. « Artiste d'un mérite distingué pour les camées et le portrait en miniature ». (*Tablettes de Renommée...* Paris, 1791.)

Cossard a exposé diverses miniatures aux Salons de 1808, de 1810 et 1812.

Delacazette (Mlle Sophie-Clémence), née à Lyon en 1774, morte à Paris le 27 octobre 1854. Elève de Regnault et d'Augustin. Elle a souvent pris part aux Salons de Paris de 1806 à 1838, et remporta deux médailles, l'une au Salon de 1819, l'autre, en 1834. On cite, parmi ses bons portraits, ceux de Garat, de Mlle Crispi et de Mme Morand dans le rôle de Suzanne. Le Louvre renferme, dans la salle des émaux de Petitot, un charmant portrait de jeune femme dû au gracieux pinceau de Mlle Delacazette ; c'est une œuvre très fine et d'une belle couleur, signée et datée de 1814.

Delacluze (Jean-Edme-Pascal-Martin), né à Paris en 1778, mort vers 1858. Peintre de portraits à l'huile, à l'aquarelle et en miniature. Elève de Regnault et d'Aubry. Il prit part à divers Salons de Paris, de 1810 à 1852, et remporta dès son début une médaille de seconde classe.

Delacluze tenait un atelier d'élèves et donnait des leçons particulières, ce qui ne l'empêcha pas de beaucoup produire. Sans être un artiste hors de pair, il jouissait d'une bonne réputation. Le musée de Rouen possède de ce maître le portrait de Hyacinthe Langlois.

Drolling (Martin), né à Oberbergheim, près Colmar, en 1752, mort à Paris en 1817. Genre, Intérieurs. Il prit des leçons d'un peintre obscur de Schlestadt et vint assez tard se perfectionner à Paris. Il a peint beaucoup d'intérieurs avec un soin minutieux et un incontestable talent, mais sa touche est monotone. « On peut dire de Drolling, observe M. Ch. Blanc, ce que disait Voltaire de je ne sais plus qui : « *Il fait toujours bien, jamais mieux.* »

Le chef-d'œuvre de ce maître est un *Intérieur de cuisine*, qui fut acheté en 1817, au fils de l'auteur, 4,000 fr.

Martin Drolling a laissé de jolis fixés, très estimés des collectionneurs. On sait que les fixés sont des miniatures à l'huile, peintes sur taffetas et collées ensuite à une glace qui leur tient lieu de vernis.

Vente Jacquinot-Godard, 1859. — Boîte carrée en racine de bois, ornée d'un fixé, par Drolling : *la Sortie de l'école*, 32 fr. — Sur une autre boîte : *Jeune fille puisant de l'eau à une fontaine*, 47 fr.

Hôtel Drouot, 1873. — *Jeune paysanne*, en buste, coiffée d'un bonnet blanc à ruban bleu ; un fichu en mousseline lui couvre les épaules ; une rose orne son corsage. Charmant fixé, dans la manière de Greuze, signé : *Drolling*. Cadre en or (D. 0,075), 535 fr.

Vente La Béraudière, 1885. — Miniature à l'huile (probablement un fixé). Sujet tiré du conte de La Fontaine : *Le Faucon*, 400 fr.

Vente Sichel, 1886. — *Villageoises assises à la lisière d'un bois*. Fixé. (D. 0,07), 75 fr.

Doucet-Suring (Madeleine). Elle naquit à Lyon, mais toute sa vie artistique se passa à Paris. De 1793 à 1806, elle exposa de nombreux portraits en miniature.

Dubois (Frédéric), miniaturiste de talent qui florissait à Paris vers la fin du XVIIIe siècle et au commencement du XIXe siècle.

En 1780, il présenta au *Salon de la Correspondance* le « portrait du jeune prince de Craon ». De 1795 à 1804, l'artiste a exposé, aux Salons du Louvre, bon nombre de portraits en miniature qui le firent avantageusement connaître.

Lors du Salon de l'an IX, le *Moniteur* écrivait, après avoir fait le plus grand éloge d'Augustin et d'Isabey : « Aubry et Dubois sont les premiers, après ces deux maîtres. »

Dumont (François), né à Lunéville, le 7 janvier 1751, mort à Paris le 27 août 1831. Peintre en miniature de la reine Marie-Antoinette. Il eut pour maître Girardet et fut reçu à l'Académie en 1788, « sur le portrait en pied de M. Pierre, premier peintre du Roi, » exécuté en miniature.

Au mois de janvier 1785, quand Isabey vint chercher fortune à Paris, sa première visite, comme il le dit lui-même dans d'intéressants mémoires, fut pour François Dumont : « J'étais porteur d'une lettre de recommandation pour Dumont, mon compatriote, premier peintre en miniature de la Reine. Je me rendis chez lui. Il habitait un bel appartement où tout respirait le luxe ; je le trouvai enveloppé dans une robe de chambre bleu et or, coiffé et poudré à l'oiseau royal. Sa froideur me déconcerta. « Je ne puis rien faire pour vous, « me dit-il, je ne prends pas d'élèves pour la miniature, mais je con- « nais un atelier de modèles que je visite quelquefois le matin; si vous « le désirez, je vous recommanderai à la personne chargée de rece- « voir. » Ce n'était pas la réception à laquelle je m'attendais. Faute de mieux, j'acceptai son offre et me rendis à l'atelier... » (Edm. Taigny.)

Dumont paraît avoir été très occupé à la ville et à la cour. Lorsque Marie-Antoinette voulait offrir son portrait à quelque amie, comme elle le fit pour Mmes de Tourzel et de Polignac, c'est au « peintre en miniature de la Reine » qu'elle s'adressait le plus souvent.

Notre artiste a beaucoup exposé depuis 1789 jusqu'en 1830. Parmi les personnages qui ont posé devant lui nous citerons, après la famille royale, la duchesse de Polignac, Charles de Calonne, contrôleur général des finances sous Louis XVI ; le comte de Montmorin ; Duvivier, graveur de médailles ; Mme de Saint-Phar ; l'acteur La Rive ; Vien ; Mme Drouais et son fils ; David ; Viennet ; Régnault ; Daru ; Chérubini ; Arnault, de l'Académie française ; Mandini, chanteur italien ; Anne Morichelli. Dumont a fait aussi des portraits à l'huile et au pastel et a laissé quelques tableaux d'histoire.

Le peintre de la Reine figure parmi les bons miniaturistes chargés de multiplier l'image du Roi et de la famille royale, pour orner les bijoux et les riches tabatières que Louis XVI offrait en présents. Nos recherches nous permettent de citer plusieurs exemples de ces dons gracieux.

Le 22 juin 1788, le secrétaire de M. de Montmorin, ministre des affaires étrangères, écrit à Ouizille, joaillier du Roi, pour lui commander une tabatière d'or, émaillée, enrichie de diamants, du prix de dix à onze mille livres, y compris le portrait du Roi. Ouizille est informé que Dumont doit fournir le portrait et qu'il devra se concerter avec lui sur les dimensions dans lesquelles il faudra l'exécuter.

Dans une autre lettre, datée du 11 novembre 1790, le même joaillier est chargé d'exécuter une tabatière ronde, assortie de diamants, d'une valeur totale de quatorze à quinze mille livres, puis il est prié de « vouloir bien s'entendre avec M. Dumont pour le portrait du Roi, à placer sur cette tabatière ».

Sans sortir de notre sujet, nous citerons cette lettre, adressée au joaillier Solle, le 18 mars 1789 :

« M. le comte de Montmorin aura besoin pour le service du Roi, monsieur, de deux beaux bracelets en diamants avec les portraits du Roi et de la Reine, du prix d'environ neuf mille livres, chaque bracelet : et de deux boutons de chapeau, avec leur ganse de la valeur d'environ quatre mille livres chacun ; c'est-à-dire pour le tout à peu près 26,000 livres. Cette fourniture est destinée pour les présents d'un baptême qui doit avoir lieu dans les premiers jours du mois de mai prochain. Vous voudrez bien vous entendre avec M. Dumont pour que les deux portraits qu'il aura à exécuter soient prêts pour ce temps. Les boutons de chapeau doivent être à peu près dans la même forme que ceux que vous avez fournis, en 1783, pour le baptême des enfants de M. l'ambassadeur de Portugal.

« Je vous serai obligé de m'informer de vos dispositions sur cette commande afin que je puisse en rendre compte au ministre. »

(*Affaires étrangères. Comptabilité.*)

Dumont a fait quelques petits portraits de l'Empereur pour le Service des présents. Voici une lettre qu'il écrivait en 1808 à M. Daru, intendant général de la maison de l'Empereur.

« Monsieur le comte, pendant votre absence, j'ai été chargé par feu M. Desmaisons, votre ancien secrétaire, de faire trois portraits en miniature de Sa Majesté l'Empereur.

« Au décès de M. Desmaisons, j'ai réclamé, ils m'ont été rendus ; je vous supplie de me permettre de vous les présenter, je les crois toujours susceptibles d'être employés pour le service de Sa Majesté. Vous en jugerez mieux que moi, que mes soins et mon zèle pourraient abuser... »

Dumont demeurait alors Cour-des-Fontaines, n° 5. (*Arch. nat.* O²30.)

Vente A. Maze-Sencier. — Charles-Alexandre de Calonne, contrôleur général des finances sous Louis XVI, 1,020 fr. — Portrait de la duchesse de Polignac, la célèbre amie de Marie-Antoinette. La miniature est montée sur une tabatière d'écaille jaspée, décorée de cercles à torsades en or vert, 4,220 fr. — Portrait du comédien Jean Mauduit de la Rive, 1,520 fr.

Quelques jours plus tard, un portrait de M. de Calonne, par Dumont, un peu plus petit que le précédent, et d'une exécution peut-être moins parfaite, a été adjugé 400 fr.

Vente Lévy-Crémieux, 1886. — Portrait de jeune femme, vue à mi-jambe, en robe vert clair, les cheveux retenus par un ruban rose.

Elle tient des roses de ses deux mains. Signé, au bas, à gauche : Dumont, 5,100 fr.

Dun, artiste flamand, établi à Naples au commencement du xixe siècle, peintre en miniature du roi Murat. OEuvres finies jusqu'à la mollesse.

Esmenard (Mlle Inès d'), née à Paris vers la fin du xviiie siècle. Peintre d'histoires, de portraits. Elève de Colson et de Franque pour la peinture à l'huile, et de Hollier pour la miniature.

Pendant longtemps, son nom figure sur les livrets du Salon, où il paraît pour la dernière fois en 1831.

Le *Journal des Débats* écrivait, en 1817 : « MM. Aubry, Bertrand, Mlle Esménard, d'autres encore, ont produit aussi de bonnes miniatures. Le nombre de ceux qui font bien augmente. » Cette artiste obtint, en 1819, une médaille de deuxième classe. Au Salon de 1834, elle exposa le portrait de Redouté, grande miniature.

Evrard (Jean-Marie), né à Chauny (Aisne) vers 1780. Peintre de tableaux à l'huile et de portraits en miniature que l'on fit figurer à divers Salons de Paris, de 1810 à 1835.

Gilbert. Cet artiste, dont nous ne trouvons de trace nulle part qu'aux *Archives nationales*, a travaillé pour le Service des présents.

Au mois de novembre 1810, l'Empereur établit un budget de 135,000 francs pour vingt-cinq médaillons à donner aux enfants tenus par Leurs Majestés sur les fonts de baptême, à Fontainebleau. Chaque médaillon offrait les portraits de l'Empereur et de l'Impératrice, entourés de brillants. Gilbert fit quatorze de ces portraits pour lesquels il reçut, le 15 février 1811, la somme de 7,000 fr. (*Arch. nat.* O^{2}50.)

Gilliard, artiste peu connu qui a fait, pour le service des présents, plusieurs petits portraits de l'Empereur.

En mars 1811, il livre aux bijoutiers Nitot et fils, trois portraits de Napoléon qui sont montés sur de riches tabatières d'or, ciselées, émaillées, serties de brillants, valant à elles trois 16,570 fr.

Tandis que, dans la même livraison, d'autres portraits sont payés à leurs auteurs 500 fr. et 600 fr., Gilliard ne reçoit pour chacun des siens que 300 fr.

Le mois suivant, il fournit encore trois portraits qui lui valent cette fois 1,200 fr.

En somme, de tous les peintres qui ont travaillé pour les présents c'est le moins rétribué ; tous les autres ne touchent pas moins de 500 fr. et le plus souvent 600 fr. par portrait. (*Arch. nat.* O^{2}34.)

Guérin (Jean). Ce maître hors de pair, se montra l'égal d'Isabey et d'Augustin. Il exposa souvent aux Salons de Paris, de 1798 à 1827. Son chef-d'œuvre est le portrait de Kléber, grande miniature acquise par le musée du Louvre en 1849, au prix de 500 fr. Bonaparte, alors général, voulut voir ce portrait et le conserva plusieurs jours sur la cheminée de son petit salon de la rue Chantereine, où il l'admira longuement à diverses reprises.

Guérin travailla pour le Service des présents, notamment vers la fin de 1810. Le 26 novembre de cette même année, l'Empereur établit un budget de 135,000 fr. pour vingt-cinq médaillons à donner en cadeaux aux enfants tenus sur les fonts de baptême par Leurs Majestés, à Fontainebleau. Chaque médaillon, serti de brillants, offrait les portraits de l'Empereur et de l'Impératrice. (*Arch. nat.* O²34 et O²50.) Guérin fut associé à ce travail ; il fit dans la circonstance six petits portraits, et son mémoire, écrit de sa main, est ainsi formulé :

« Mémoire présenté à Son Excellence le grand chambellan de France, par Jean Guérin, peintre, pour six portraits de Leurs Majestés Impériales, à raison de 500 fr. chaque. Total : 3,000 fr.

(*Arch. nat.* O²34.)

« Jean Guérin. »

« Paris, le 15 janvier 1811. »

Hollier (Jean-François), né à Chantilly dans la seconde moitié du xviii° siècle, mort à Paris en 1845. Portrait en miniature, à l'aquarelle et à la sépia.

Elève de David et d'Isabey. Il a beaucoup exposé depuis 1804, jusqu'en 1831. Il obtint une médaille d'or en 1817 et une seconde en 1824.

Ce maître a fait preuve de talent et cependant les critiques d'art en parlent peu. Nous lisons dans le *Mercure de France*, à propos du Salon de 1806 : « Les miniatures ne sont pas moins nombreuses que les portraits à l'huile. J'ai remarqué celles de M. Saint, de M. Hollier et de Mlle Capet. » On voit que notre artiste est en bonne compagnie. Parmi ses nombreux portraits nous citerons ceux de Talma, de Lafont, de Mlles Duchénois, Volnai, Mézeray, Boissière, de Mme Michelot, artistes du Théâtre-Français ; de Mme Paradol, du même théâtre, dans le rôle de Sémiramis ; d'Etienne de Choiseul-Stainville, capitaine aide de camp, mort en 1809 ; du docteur Carre, du maréchal Ney, de la princesse Radzivill ; du général comte Lobau, aide de camp de l'Empereur ; du cardinal Maury, de la baronne Blondeau et de l'Infante d'Espagne Dona Louisa Carlotta.

Hôtel des Ventes, Paris, 1846. — Portrait du docteur Broussais, 12,50. — Portrait de Mlle Raucourt (?), 11 fr.

Vente La Béraudière, 1885. — Jeune femme en robe blanche et chapeau de paille orné d'un bouquet de roses. Signé : *Hollier*, 195 fr.

IASER (Marie-Marguerite-Françoise), née à Nancy, en 1782. Aquarelle et miniature. Elève de Claudot, d'Aubry et d'Augustin. Elle prit aussi des leçons de Regnault, pour la peinture à l'huile. Mlle Iaser vint s'établir à Paris, où elle exposa souvent de 1808 à 1844.

Parmi ses principales miniatures nous citerons les portraits de la princesse de Danemark, de Mlle de Berry et du duc de Bordeaux. Ce dernier a été lithographié par l'auteur.

INGLES, artiste espagnol, né à Valence en 1718, mort en 1786. Histoire, portrait et miniature. Elève de Richarte, membre de l'Académie. Il avait une palette brillante et se fit, comme portraitiste, une bonne réputation.

ISABEY (Jean-Baptiste). La grande réputation d'Isabey date de l'Empire. Dans notre *Livre des collectionneurs*, nous parlons longuement de ce maître charmant qui fut comblé par la fortune jusqu'à la fin de ses jours.

Son titre officiel, celui qu'il mettait comme en-tête à ses lettres, est le suivant : « J. Isabey, peintre, dessinateur du cabinet de Sa Majesté l'Empereur, des cérémonies et des Relations extérieures. »

Au Salon de 1806, Jean-Baptiste exposa, sous le n° 264, *la Visite de Sa Majesté l'Empereur à Jouy*. A propos de ce tableau, un journal du temps, *le Flâneur au Salon ou M. Bonhomme*, Paris, Aubry, 1806, fit paraître les vers suivants :

> « Gros sait de son pinceau sévère,
> D'un héros peindre les hauts faits,
> Ici d'une main plus légère
> Isabey trace ses bienfaits :
> Quelle frappante ressemblance
> Règne en ce dessin enchanteur,
> Mais sa bonté, mais sa vaillance
> L'ont mieux gardé dans notre cœur. »

Tous les critiques d'art font l'éloge d'Isabey. A propos du Salon de 1812, le *Moniteur* du 22 janvier 1813 nous renseigne sur divers procédés du célèbre artiste, dans cet intéressant compte rendu :

« M. Isabey, qui après avoir porté la miniature à un degré de perfection que peu de ses rivaux ont atteint, avait tracé d'une main aussi adroite que savante des dessins au pointillé, manière particulière à laquelle on donna le nom de l'artiste et qui fut adoptée avec une sorte de fureur pendant quelques années. Dès lors, ce genre devenu banal a été abandonné par M. Isabey ; il en a cherché et trouvé bientôt un autre dont il aura la fleur ; elle conservera son éclat entre ses mains et ne risque de se faner que sous les doigts pesants de ses imitateurs. La collection de portraits d'après nature de la famille impériale d'Autriche, tient le milieu entre le dessin aquarelle et la miniature. Le vélin sert de fond et les chairs sont réservées et non touchées, comme à la gouache. Les têtes sont au pointillé et atteignent presque à la vigueur des plus belles miniatures ; les fonds et les vêtements sont traités au lavis avec une telle légèreté qu'ils semblent aériens ; ces accessoires accompagnent les chairs sans disputer de vigueur avec elles et les font valoir en sacrifiant leur propre éclat ; cet artifice, qui serait un abus en peinture, convient à ces jolis dessins et leur donne une fraîcheur et un agrément tout particulier. La composition dans laquelle le même artiste a groupé les enfants de S. E. le duc de Rovigo autour du buste en marbre de leur mère, est un petit chef-d'œuvre de grâce et de sentiment. »

Malgré le temps consacré aux fonctions de *Dessinateur du cabinet*, Isabey, très recherché des plus illustres personnages, multipliait à la cour et dans la famille impériale, ses jolies miniatures ; il faisait de nombreuses répétitions du portrait de l'Empereur, pour orner les bijoux et les tabatières.

Lors du mariage de Napoléon avec Marie-Louise, en 1810, Isabey fut très occupé ; il livra, entre autres, à Frièse et Devillers, bijoutiers du Roi et de la Reine des Deux-Siciles, deux petits portraits de l'Empereur, dont l'un pour être monté en bague, l'autre pour orner une boîte d'or, à cure-dents, gravée et ciselée. Ces dépenses furent comprises dans l'état des achats de bijoux faits pour le mariage de Sa Majesté. (*Arch. nat.* O²34.)

En 1806, Isabey recevait 500 francs pour chacun de ses petits portraits, bien qu'il en demandât 600. Sur une demande de sa main, nous voyons cette réponse de M. de Fleurieu : « Sa Majesté, ayant décidé que les petits portraits seraient payés 500 fr., ne peut revenir sur cette décision. »

Dans une lettre, datée du mois d'octobre 1808, Isabey se montre moins endurant :

« Je vous adresse, Monsieur, deux portraits de l'Empereur. J'ai l'honneur de vous prévenir que mon prix est de 600 fr. et que je ne souffrirai aucune diminution. »

Cette fois, notre artiste eut gain de cause et désormais le prix de 600 fr. fut établi, pour tous les petits portraits de Napoléon, quel qu'en fût l'auteur. Toutefois, nous l'avons déjà dit, l'Empereur ayant eu à se plaindre de la mauvaise expression de quelques-uns de ses portraits, avait exigé qu'ils fussent, à l'avenir, soumis à son examen et acceptés par lui avant d'être envoyés chez le bijoutier.

Vente X..., 1885. — Portrait d'homme miniature, ovale, 425 fr.

Vente de Mme Jubinal de Saint-Albin, 1886. — Petit portrait de Louis XVIII, de trois quarts, à droite, 145 fr.

Vente Maze-Sencier, 1886. — Jeune femme de profil, à droite. Elle est coiffée d'un grand voile blanc et porte autour du cou une écharpe jaune. Robe bleue, bordée au corsage d'une dentelle, à larges dents tombantes. Cadre en bronze ciselé, de style Louis XIII, timbré d'un écusson aux armes du duc d'Harcourt, 640 fr.

Vente Defoer, 1886. — Portrait de jeune femme, 460 fr. — Autre, 1,010 fr. — Portrait de Mme Récamier, 800 fr.

Hôtel Drouot, 1887. — Portrait de jeune femme, coiffée d'un chapeau à rubans, le visage encadré d'une voilette de gaze. Signé. 1,650 fr. — Louis XVIII, en buste, dans son costume fantaisiste de général. Signé : *Isabey*, 1814, 510 fr.

Vente de Mad***, 1886. — Jeune femme vêtue d'un corsage rouge, à col et revers de velours, passé sur une robe blanche, 1,010 fr. — Très petit portrait ovale de Mme Récamier, de face, en robe blanche décolletée, 800 fr.

Vente Adolphe Kohn, 1889. — Napoléon Ier, 201 florins. — L'impératrice Joséphine, 355 florins. — Lafayette, 108 florins.

Hôtel Drouot, 1889. — Portrait de Marie-Louise, miniature ovale sur ivoire, 1,000 fr. — Bonbonnière d'écaille, cerclée d'or décorée du portrait de la femme d'Isabey, 2,500 fr.

Vente à Londres, 1889. — La comtesse Colloredo, miniature signée : *Isabey*, 1829, 27 livres.

JACOB (Nicolas-Henri), peintre et dessinateur lithographe, né à Paris en 1782. Elève de David, de Dupasquier et de Morgan. Sous l'Empire, il a été dessinateur du prince Eugène de 1805 à 1814. Il exposa pour la dernière fois en 1865 et fut décoré en 1838. Il paraît n'avoir fait que très peu de miniatures.

Vente Jules Haas, 1884. — Grande miniature ovale, représentant un dame de la cour de Napoléon Ier en grand costume. Signé : *Jacob*, 280 fr.

JACQUES, né en 1789, mort en 1844. Miniaturiste de talent déjà avantageusement connu sous Napoléon Ier.

Elève de David et d'Isabey, Jacques traita largement la miniature et s'éleva au niveau des bons maîtres en ce genre. Son dessin est pur et sa couleur vraie. C'est sur le portrait qu'il fit du roi Léopold de Belgique, alors prince de Saxe-Cobourg, que la fille aînée de Louis-Philippe décida du choix de son époux. Jacques remporta deux médailles, l'une en 1810, l'autre en 1817. Son nom est peu connu ; ses portraits ne paraissent presque jamais dans les ventes ; ils sont restés dans les grandes familles pour lesquelles ils ont été faits. « Les œuvres de ce maître, dit M. Théodore le Jeune, sont classées sur le même rang que celles d'Isabey et de Saint, quoiqu'elles s'en distinguent essentiellement et avec avantage. » Cette opinion n'est pas admise par tout le monde ; un de nos amis, M. de Pommayrac, peintre en miniature de premier ordre, nous affirmait que Mme de Mirbel, Isabey, Saint et Augustin étaient bien supérieurs à Jacques. Nous regrettons de ne pouvoir confirmer cette opinion.

KUGLER (Louise Bourdon, dame), veuve en premières noces de l'habile peintre en émail Weyler, son maître. Elle continua l'œuvre interrompue de son premier mari, en exécutant les portraits d'un grand nombre de personnages célèbres des XVIIe et XVIIIe siècles.

En 1811, Mme Kugler reçut « une indemnité, pour un portrait en émail de Sa Majesté l'empereur d'Autriche ». La somme n'est pas indiquée. (*Arch. nat.* O^{2}33.)

LECOURT, peintre en miniature à Versailles. De 1804 à 1819 il exposa, à Paris, de nombreux portraits en miniature.

LEFEBVRE (Robert), peintre de portraits, né à Bayeux le 18 avril 1756, mort à Paris le 3 octobre 1830. Il a exposé depuis 1791 jusqu'en 1827. Il eut l'honneur d'être admis à faire les portraits de l'Empereur, d'une partie de la famille impériale, du pape Pie VII, pendant son séjour à Paris et d'une foule de notabilités. Il peignait surtout à l'huile, mais il n'a pas dédaigné le genre de la miniature ; nous voyons qu'il a exécuté de cette manière plusieurs portraits de Napoléon, pour orner de riches tabatières.

Chacun de ses petits portraits lui était payé 600 fr., ce qui indique un véritable talent de miniaturiste.

Dans un mémoire de Nitot et fils, daté du 5 mai 1815, nous remarquons la mention de trois tabatières émaillées, enrichies d'un cercle en brillants et du portrait de l'Empereur, peint par Robert Lefebvre, cotées ensemble 29,987 fr. (*Arch. nat.* O²23.)

Sur une autre facture, du 15 juin 1815, nous retrouvons de Robert Lefebvre un portrait de Napoléon dans un cercle de 38 brillants, sur une tabatière d'or, émaillée, du prix de 5,699 fr., y compris les 600 fr. du portrait. (*Arch. nat.* O²33.)

Leguay (Charles-Etienne), né à Sèvres en 1762. Peintre en miniature sur ivoire et porcelaine. Elève de l'école de Sèvres, puis de l'académie de Paris. Il a beaucoup exposé depuis 1795 jusqu'en 1819.

Pendant la Révolution, Leguay travailla dans la manufacture de porcelaine de Dihl, dite du duc d'Angoulême, et fut le chef des travaux d'art. Il décora de jolies pièces qui parurent aux Salons de l'an VI à l'an XII.

Entré à Sèvres, sous l'Empire, il s'y fit remarquer par des ouvrages admirables au nombre desquels nous citerons les suivants : une table offrant l'histoire de Psyché, d'après Raphaël ; elle fut offerte au roi d'Espagne. — Un vase, pour Louis XVIII, figurant *Diane au retour de la chasse*. — Un déjeuner représentant, sur les tasses et le plateau, *les Peines et les Plaisirs de l'amour*, avec 54 figures, enfin un superbe vase de six pieds de circonférence dont les sujets : *Diane triomphante*, ne comptait pas moins de 33 figures de 11 pouces de haut. Ce vase, auquel Ch. Leguay consacra trois années, était estimé 50,000 fr. A l'époque de son sacre, Charles X en fit présent au duc de Northumberland.

Les *Lettres impartiales*, sur le salon de 1804, consacrent à notre artiste ces quelques mots flatteurs : « Voyez ce portrait de M. Leguay, en grande miniature, il est charmant pour le faire ; il est d'une ressemblance étonnante. »

Vente La Béraudière, 1885. — Mme Jaquotot en robe blanche, la tête recouverte d'une voilette de gaze ; elle est occupée à feuilleter un carton de dessins posé sur un chaise. Cadre en bois noir, à feuillure en bronze cisé et doré, à palmettes, 485 fr.

Lemain (Antoine), reçu à l'Académie en 1648, en même temps que ses deux frères Louis et Mathieu. Antoine était l'aîné, « il excellait pour les miniatures et les portraits en raccourci ».

MOREAU (Louis-Gabriel), né à Paris en 1740, mort dans cette ville, en 1806. Elève de Demachy, puis membre de l'Académie de Saint-Luc et peintre du comte d'Artois. Son œuvre comprend le paysage à l'huile, à la gouache, à l'aquarelle et en miniature. Son morceau de réception à l'Académie est un *Paysage avec architecture* qu'il exposa en 1764.

A partir de 1791, Louis Moreau prit une part active aux diverses expositions de Paris. Au Salon de 1804, il est représenté par les paysages suivants : *Vue prise dans le parc de Saint-Cloud ; — Ruines du monastère de Montmartre ; — Vue de la maison indienne de Petit-Bourg ; — Vue de Paris, prise de l'entrée des Champs-Elysées.*

Louis Moreau, ou Moreau aîné, bien que ne faisant pas partie de l'Académie de peinture comme son frère, Moreau le jeune, n'était cependant pas le premier venu. Recommandé par son propre talent et protégé par le comte d'Artois, dont il était le peintre attitré, il s'était fait de belles relations.

Au commencement de 1784, il fut chargé par le comte de Vergennes, ministre des Affaires étrangères, d'aller prendre diverses vues de Châteauneuf, pour les réduire en miniature, de manière à être montées sur une tabatière.

Châteauneuf, sur la Loire, près de Chanteloup, appartenait au duc de Penthièvre.

Cette tabatière confiée à Solle, « joaillier des Affaires étrangères », dit une note, doit être d'or émaillé, en carré long, sans diamants, ni autres ornements que les miniatures, par Louis Moreau.

Le 18 juin, l'artiste, ayant achevé son travail, écrivait au secrétaire du ministre : « Monsieur, j'ai remis à M. Solle, mardi soir, les tableaux représentant les vues de Châteauneuf, la boite doit être terminée samedi et nous nous proposons d'aller ensemble, dimanche prochain, la remettre au ministre. J'ai l'honneur d'être, Monsieur, votre très humble et très obéissant serviteur. — L. MOREAU. »

Le prix demandé n'était pas excessif. Pour la peinture des deux grands dessins et des quatre côtés, 600 fr. ; et 150 fr. pour le voyage à Châteauneuf.

La lettre suivante, adressée du ministère des Affaires étrangères à Louis Moreau, le 31 décembre 1783, mérite d'être citée ; elle fait honneur à l'habile paysagiste, dont les travaux avaient su intéresser M. de Vergennes : « Il m'a été rendu compte, Monsieur, du projet que vous avez formé de profiter d'un voyage en Touraine pour dessiner des vues de quelques endroits de cette province et d'élever des plans relatifs à votre art. Je ne puis, Monsieur, qu'applaudir à votre projet ; j'y contribuerais moi-même bien volontiers, si mon concours vous était nécessaire.

« Vous n'avez besoin ni de permission, ni de passeport pour voyager dans l'intérieur du royaume. Je compte qu'à votre retour, vous voudrez bien me communiquer votre travail. » (*Affaires étrangères. Comptabilité*, 1783 à 1830. *Présents. Pierreries.*)

MUNERET, un des meilleurs élèves d'Isabey. De 1804 à 1814, il a exposé un assez grand nombre de portraits en miniature parmi lesquels nous citerons les personnages suivants : l'auteur ; Chenard, de l'Opéra ; de Cavandon et sa femme, du même théâtre ; la belle-sœur de l'auteur, les peintres Corbet et Watelet, le général Jomini, la comtesse de Nesselrode, etc.

Ouvrons le *Journal de l'Empire*, 1er nov. 1806. « MM. Augustin, Sicardi, Muneret, plus anciennement connus par des succès dans la miniature, ont aussi exposé de leurs ouvrages. »

9 février 1813. — « Quelques artistes ont déjà retiré leurs ouvrages ; de ce nombre sont Mlle Thibault, élève très habile de M. Saint, et M. Muneret, l'un de nos bons peintres en miniature. De trois portraits pour lesquels cet artiste est porté au livret, celui de M. Talma, en habit de théâtre, est le seul que j'eusse remarqué les premiers jours de l'exposition : c'était une miniature de grande dimension, ressemblante et bien exécutée. »

Vente Laperlier, 1867. — Mme Boulanger, de l'Opéra-Comique, par Muneret, 50 fr.

MUSSON. — Nous avons parlé assez longuement de ce miniaturiste dans notre *Livre des collectionneurs*. Artiste de talent, il travailla pour les présents diplomatiques et pour la famille royale sous Louis XVI, et cependant, il est moins connu comme peintre que par sa verve désopilante. La duchesse d'Abrantès le cite dans ses *Mémoires* comme un des plus fameux mystificateurs du temps de l'Empire.

Suivant le *Dictionnaire d'anecdotes* de Ghérard, Musson eut une fin tragique précédée de noirs pressentiments. Depuis quelque temps il était triste, parlant de sa mort prochaine. Un matin, un de ses amis vient le voir et le trouve abattu. « Ah ! mon ami, lui dit Musson, je viens de faire un rêve affreux. J'ai rêvé qu'étant occupé à travailler dans mon atelier, j'entendais frapper à ma porte. — Entrez, m'écriai-je. Une femme, vêtue de noir, couverte d'un long voile, se présente devant moi et me prie de vouloir bien faire son portrait. — A vos ordres, madame, lui dis-je en m'inclinant. — Je vous remercie, monsieur ; je suis très pressée et je voudrais commencer de suite. — Soit. Veuillez prendre place dans ce fauteuil, mais avant, il faudrait ôter votre voile. Elle ôte son voile, mon ami, et que vois-je ? une horrible tête de mort, dont les yeux, semblables à des trous, flamboyants, me regardent en face et dont la bouche édentée me crie, comme un sifflement : — Ah ! ah ! ah ! comment la trouvez-vous, celle-là, monsieur le mystificateur ? Elle est bien bonne, n'est-ce pas ? »

Après ce récit, Musson, malgré les affectueuses paroles de son ami, restait triste, et répétait que sa fin était proche. Le soir, il dînait en ville chez Mme Hainguerlot, rue du Mont-Blanc. En sortant, vers onze heures, le temps était sombre, la rue mal éclairée ; absorbé dans ses idées, il ne vit pas une voiture de maître qui s'avançait rapidement vers lui, il tomba après que le timon lui eut défoncé la poitrine.

Ainsi finit l'homme, peut-être le plus gai de son temps, qui pendant de longues années provoqua des explosions de fous rires et dont les *Tablettes de Renommée* disaient dès 1791 : « Cet artiste a fait plusieurs portraits, à la cour, pour la famille royale et a eu l'art de l'amuser souvent par son caractère naïf et facétieux. »

NITOT, miniaturiste de talent, dont le nom nous est révélé aux *Archives nationales*. Il a travaillé pour le Service des présents de l'Empereur. En 1808, il livre deux petits portraits de Napoléon qui lui sont payés 1,200 fr. les deux. C'est le prix accordé à Aubry, à Augustin, à Isabey, à Muneret, à Quaglia, à Saint, etc.

Ces miniatures, enrichies d'un cercle de brillants, sont destinées à surmonter de riches tabatières d'or, ciselées, émaillées, faites par les joailliers Marguerite et Nitot et fils. (*Arch. nat.* O^{2}30.)

PARANT (Louis-Bertin), né à Mer (Indre) en 1768, mort en 1851. Peintre de genre, d'histoire et de portraits sur ivoire, sur pierre, sur porcelaine et à l'huile. La plupart de ses sujets et de ses petits portraits sont petits en grisaille, en camée, imitant l'agate-onyx, la sardoine, le jaspe vert.

L'auteur des *Lettres impartiales sur les expositions de l'an XIII* (1804) écrivait : « N'oublions pas, madame, ces charmantes imitations de pierres précieuses de M. Parent. Il est impossible de faire mieux ; il faut savoir que cela est peint. »

Vente Lafaulotte, 1886. — Portrait de l'impératrice Joséphine, de profil à gauche, peint à l'imitation d'un camée. (H. 0,023 ; L. 0,017.) Signé : *Parant*, 200 fr.

Pécheux (Cajetan), peintre en miniature qui florissait sous Napoléon Ier et sur lequel on manque de renseignements, ce qui ferait croire qu'il avait peu de talent.

Périn (Louis-Lié), habile miniaturiste né à Reims en 1753, mort en 1817. Ses œuvres sont fort estimées.

Hôtel Drouot, 1878. — Jeune femme le sein découvert, la tête coiffée d'un foulard. Cadre d'or, à points d'émail blanc, 700 fr.

Vente Sapia, 1885. — Mlle de Cossé, assise dans un parc, tenant un livre à la main. Attribué à Périn, 1,150 fr.

Vente Maze-Sencier, 1886. — Tabatière en poudre d'écaille jaspée, galonnée de cercles en or de couleur, ciselés. Sur le couvercle, un ravissant portrait de femme, par Périn, 1,000 fr.

Petit (Louis-Marie), né à Fontainebleau en 1784, graveur, peintre de divers genres. De 1814 à 1839, il a exposé, à Paris, des tableaux de genre, des aquarelles et des portraits en miniature.

Pichorel (Mlle Eugénie) florissait à Paris, sous Napoléon Ier. Elle exposa diverses miniatures aux Salons de 1808, 1810 et 1812. Cette artiste n'était pas sans mérite, si nous en jugeons d'après l'appréciation du *Journal de l'Empire* (1808) : « Le moins agréable des portraits de Mlle Pichorel n'est point assurément celui qu'elle a fait d'elle-même sous le n° 473 ; mais tous sont la preuve d'un talent distingué. »

Point, élève de Vincent. Il a présenté aux Salons de Paris, de 1796 à 1806, plusieurs cadres renfermant des portraits en miniatures, entre autres, le portrait de Montgolfier (1804).

Quaglia (Ferdinand), artiste de talent, dont les œuvres devraient être plus répandues, l'artiste ayant vécu soixante-treize ans.

La duchesse d'Abrantès avait pour Quaglia une admiration sans bornes. Dans ses *Mémoires*, elle raconte qu'en 1812, elle fit faire le portrait de son fils, âgé de trois ans, en uniforme de lancier polonais. « Je m'adressai, dit-elle, à Quaglia, l'homme qui, selon moi, a le mieux peint la miniature. Celle qu'il fit de mon fils est une des plus belles choses en ce genre que l'on puisse voir au monde ; elle était pour son père et lui fut portée en Russie. »

La duchesse ajoute en note : « J'excepte Isabey, parce que son genre est tout autre et tellement spécial que personne ne l'a encore imité lui-même. » (XIV, 374.)

C'est là une opinion toute personnelle et qui ferait croire que la duchesse d'Abrantès ne connaissait pas les plus habiles peintres en miniature de son temps. Il y avait alors Aubry, Augustin, Saint, Dumont, Gilbert, Guérin, Soiron père et Robert Lefebvre, qui partageaient avec Isabey l'honneur de faire des portraits de Napoléon Ier, pour être montés sur de riches tabatières, serties de brillants, par les bijoutiers Nitot et fils.

Quaglia, protégé par Joséphine, obtint de faire quelques répétitions du portrait de l'Empereur, mais sa réputation n'a pas égalé celle des peintres dont nous venons de citer les noms.

Quaglia est enterré à Montmartre, 9e division ; sa tombe porte cette inscription :

« Ici repose Paul-Ferdinand-Louis Quaglia, artiste peintre ; attaché à Sa Majesté l'Impératrice Joséphine, pensionnaire du Roi de Suède, et Norvège, né à Plaisance (duché de Parme, Italie), le 13 octobre 1788. Mort à Paris, le 3 février 1853. *Ave Maria*. L'Espérance du juste est pleine d'Immortalité. »

SAINT (Daniel), artiste hors ligne, a traité la miniature de main de maître. C'est un charmeur, dans ses petits portraits fort bien dessinés, et peints d'une brillante couleur.

Le *Journal de l'Empire* du 1er novembre 1806 parle de ce maître en ces termes : « La miniature délaissée (momentanément) par M. Isabey, a trouvé un nouvel appui dans M. Saint. Le cadre exposé par cet artiste, n° 462, contient six portraits de femmes et d'hommes de différents âges ; tous sont remarquables par la franchise du caractère.

« Le dessin de M. Saint n'est pas aussi sûrement arrêté, aussi historique, s'il est permis d'employer ce grand mot en parlant de si petites choses, que celui de M. Isabey ; mais sa couleur est plus suave ; sa touche, moins posée que celle de la plupart des autres peintres en miniature, est plus pittoresque et ses figures ont dans leurs petites dimensions une grâce et une élégance que l'on finira peut-être par regarder comme le caractère particulier de l'école de Regnault. »

Au Salon de 1812, Saint exposa plusieurs portraits parmi lesquels furent très remarqués le portrait du ministre de l'Intérieur et celui d'un géographe ; « ce dernier est à peu près en pied de la plus grande dimension que comporte la miniature et d'une très belle exécution ».

L'auteur de cet article si justement louangeur élève Saint au niveau d'Isabey.

Saint est du nombre des artistes privilégiés qui ont été appelés à faire le portrait de l'Empereur pour orner les tabatières et les bijoux qu'il offrait si libéralement.

Saint travaillait encore pour l'Empereur en 1815. Sur un mémoire de Nitot et fils, où sont décrites de riches tabatières livrées pour le Service des présents, nous relevons une boîte d'or, ovale, émaillée, surmontée du portrait de l'Empereur dans un cercle de 28 brillants. Elle est cotée 6,139 fr., y compris le portrait payé à Saint, 600 fr. (*Arch. nat.* O^2 33.)

Hôtel Drouot, 1885. — Portrait d'un général en costume du premier Empire. Signé : Saint, 520 fr.

Vente Lévy-Crémieux, 1886. — Portrait de l'impératrice Joséphine vêtue de blanc, couronnée d'un diadème de perles. (H. 0,036. L, 0,026.) La miniature signée : Saint, est montée sur une boîte d'or, guilloché), gravé et ciselé, 2,500 fr.

Vente Maillard de Valenciennes, 1888. — Mlle Mars, dans un de ses rôles, 300 fr.

Vente Adolphe Kohn, 1889. — L'impératrice Joséphine, 406 florins.

Vente de Lancey, 1889. — Portrait de femme, grande miniature carrée par Saint, 1,480 fr. (Elle avait fait 2,400 fr. à la vente Allègre, en 1872.)

(Voir *le Livre des collectionneurs*, p. 536.)

Sauvage (Piat-Joseph), peintre de grisailles, à l'huile et en miniature, né à Tournay (Belgique), en 1747, mort dans la même ville en 1818. Son père était vitrier ; l'honnête artisan, ayant reconnu chez son fils des dispositions pour la peinture, l'envoya étudier à Anvers sous l'habile direction de Geeraerts.

Dans la suite, Piat-Joseph vint s'établir à Paris, où il se fit avantageusement connaître. L'Académie de peinture le reçut en 1783. Dès 1776, à la suite d'une exposition à l'académie de Saint-Luc, l'*Almanach historique* disait : « M. Sauvage mérite les éloges des curieux pour deux raisons : la première, c'est qu'il paraît avoir bien étudié la Fable, l'Allégorie et leur application ; la seconde, c'est la manière avec laquelle il a l'adresse de tromper nos yeux et nous rendre sur la toile de beaux bas-reliefs de marbre. Son tableau de *Germanicus mourant* a été très applaudi et méritait de l'être. »

En 1808, il retourna dans sa ville natale pour y diriger les écoles académiques, mais, au bout de quelques années, il eut le chagrin de se voir préférer un rival indigne de lui.

Sauvage a souvent exposé au Louvre, depuis l'année 1781. Il exécutait les sujets à *trompe-l'œil* avec une vérité surprenante. En 1783, le *Mercure de France* s'exprime ainsi : « Les tableaux de M. Sauvage sont des enchantements par l'illusion et la vérité trompeuse qu'il met dans son imitation de la nature morte, des bas-reliefs et de tout ce que son pinceau réalise. » Ces observations ont trait à la peinture à l'huile.

En miniature, il a fait une foule de portraits et de petits sujets, soit en *camées*, soit surtout en grisailles, qui ont établi sa réputation en ce genre ; c'est à ce point que toutes les grisailles non signées, sont attribuées à Sauvage, comme on attribue tous les camées à Degault.

Sauvage a peint aussi des bas-reliefs sur porcelaine, pour une fabrique célèbre connue dans le principe sous le nom de *Manufacture du duc d'Angoulême* et longtemps dirigée par Guérhard de Dihl.

Séguin, peintre en émail, demeurait à Paris, rue Saint-Victor, n° 78.

Au Salon de 1806, il exposa « un cadre contenant plusieurs émaux ».

Sieurac (François-Joseph-Juste), né à Cadix (Espagne) de parents français, en 1801, mort à Sorrèze, près de Toulouse vers 1832. Elève de l'Académie de Toulouse et d'Augustin.

De 1801 à 1830, il exposa à divers salons de Paris bon nombre de portraits en miniature, parmi lesquels nous citerons les suivants :

Salon de 1812 : S.A.I. Madame Letitia, Bonaparte, mère de l'Empereur. — Salon de 1827 : Sir Thomas Moore et Washington Irving. — Salon du Luxembourg 1830 : Walter Scott, lord Byron, la duchesse de Berry, etc...

Vente Adolphe Kohn, 1889. — Marie-Letitia Bonaparte, mère de l'Empereur, par Sieurac, 110 florins.

Silvy (Mme), née à Paris, élève d'Augustin. Elle a exposé deux portraits au Salon de l'an X.

Singry, mort en 1824, élève d'Isabey. Parmi les portraits qu'il a exposés au Louvre, nous citerons les suivants : l'auteur, 1806. Le portrait en pied de Mlle Alexandrine Saint-Aubin, dans le deuxième acte de *Cendrillon*, 1810. — Michelot, des Français, 1817. — Henry Berthoud, 1824.

Soiron (Jean-François), habile peintre en émail, qui a travaillé pour le service des présents.

Le 1ᵉʳ mars 1811, notre artiste réclame 600 fr. pour un portrait en émail de l'Empereur, puis il signe : « Jean-François Soiron, dit père, peintre en émail rue de Bondy, 48. » (*Arch. nat.* $O^2 34$.)

Un des beaux émaux de Soiron appartient à Mme Charles Lenormant et représente le portrait de Mme Récamier, sa tante. Elle porte un voile de dentelle sur la tête et un châle jaune, drapé sur l'épaule droite. Les yeux sont baissés. Ce ravissant portrait est signé : Soiron père.

Strasbeaux, élève de Regnault. De 1801 à 1824, il a exposé à divers Salons de Paris de nombreux portraits en miniature.

Swebach, dit Fontaine, né à Metz en 1769, mort à Paris le 10 décembre 1823. Peintre de batailles et de genre. Il a fait beaucoup de petits *fixés*, où le cheval joue le principal rôle.

Sous le premier Empire, il entra, comme premier peintre, à la manufacture de Sèvres. Appelé en Russie en 1815, il y dirigea la manufacture impériale de porcelaine de Saint-Pétersbourg. Au bout de cinq années, il revint en France, rapportant des dessins et des croquis, dont il composa de nombreux tableaux, qui établirent sa réputation.

Thibault (Mlle Aimée), née vers le milieu du règne de Louis XVI, morte à Paris en 1868. Elève de Saint et de Leguay. Cette habile artiste a exposé de 1804 à 1817, divers portraits, entre autres ceux de Mme Giacomelli, de la marquise Delia de Mayo, le portrait en pied du roi de Rome, peint d'après nature, grande miniature. Les portraits de Ferdinand VII et de Marie-Isabelle, reine d'Espagne, miniatures gravées par Dieu en 1817 ; l'encadrement de ces deux portraits, dit M. Louis Auvray, a été composé et dessiné par Percier. (*Dictionnaire général des artistes de l'école française.* Paris, Renouard, 1885.)

Le *Journal de l'Empire* écrivait à propos du salon de 1808 : « Plusieurs dames cultivent aussi avec succès ce genre de peinture (la miniature). Aucune ne fait mieux, ce me semble, que Mlle Thibault. Ses ouvrages dans le cadre n° 577 sont peints et coloriés à la manière de l'école d'Isabey et singulièrement remarquables par la perfection des détails de l'ajustement. Je cite à l'appui de cette remarque le portrait d'un officier supérieur vêtu de son uniforme chargé de dorure. »

Thiboust (Jean-Pierre), né à Paris en 1763. Elève de Durameau et de Leguay. Peintre en miniature et sur porcelaine. Ses ouvrages ont figuré aux Salons de Paris depuis 1793 jusqu'en 1819.

En 1808, le *Journal de l'Empire* accorde quelques éloges à Thiboust qu'il met sur le même rang que Berny et Bertrand et qu'il place immédiatement après Isabey, Saint, Augustin et Aubry.

Au nombre des miniatures exécutées par ce maître, nous citerons les portraits des peintres Fournier, Barraband et Dabos ; le portrait de l'auteur ; l'auteur faisant le portrait de sa mère ; un tableau de famille ; le portrait de M. Persius, chef d'orchestre de la musique de l'Empereur.

Van Daël, très habile peintre de fleurs et de fruits à l'huile et en miniature. Il a souvent exposé, depuis l'an IX jusqu'en 1833. Ses tableaux étaient toujours très admirés.

Van Daël a été enterré au cimetière du Père-Lachaise, 11ᵉ division. On lit sur sa tombe : Ci-gît Jean-François Van Daël, peintre de fleurs, né à Anvers le 27 mai 1784, mort à Paris, le 20 mars 1840.

« Si tu viens au printemps, dans ce lieu de douleurs,
Ami des arts, tu dois le tribut d'une rose
A ce tombeau modeste, où pour jamais repose
La cendre de Van Daël notre peintre de fleurs. »

Van Spaendonck (Gérard), (1746-1822). — Fleurs et fruits à l'huile et en miniature. Grand talent.

Membre de l'ancienne Académie en 1781, puis de l'Institut en 1795. A cette époque, il était professeur d'iconographie au Jardin des Plantes, place qu'il conserva jusqu'à sa mort.

Tablettes de Renommée... — Paris, 1791 : Van Spaëndonck, peintre et dessinateur du roi pour les objets d'histoire naturelle et de botanique. Cet artiste célèbre a le sublime talent de rendre la nature d'une manière inimitable. Il a produit au Salon une infinité de tableaux de fleurs et de fruits dont la touche précieuse et la vivacité des couleurs ne le cèdent en rien aux tableaux si recherchés de Vanhuyseim.

Vente Charles Van Loo de Gand, 1881. — Bonbonnière d'écaille brune, ronde, ornée d'une miniature sur ivoire et provenant de la reine Marie-Antoinette, 7,400 fr.

Vente Marquise de Turgot, 1887. — Boîte d'écaille ronde, ornée de deux miniatures cerclées d'or : la *Madeleine en prière* et une corbeille de fleurs avec des fruits sur une table, par Corneille Van Spaëndonck, 660 fr.

Vente Maze-Sencier, 1886. — Tabatière en vernis Martin à raies tricolores, cerclée d'or ciselé à jour et enrichie de deux belles miniatures. Celle du couvercle offre un vase posé sur une table, remplie de fleurs et près duquel se trouve un nid renfermant quatre œufs. Signé sur l'épaisseur de la table : C. VAN SPAENDONCK. La miniature qui remplit le dessous de la boite représente des fleurs et des fruits, 1,180 fr.

Hôtel Drouot, 1887. — Tabatière d'écaille, ornée sur le couvercle d'une miniature gouachée, par Van Spaëndonck. Vase de fleurs, 630 fr.

Hôtel Drouot, 1888. — Tabatière d'écaille, sur le couvercle, dans un cercle d'or, une miniature signée : *G. Van Spaëndonck*, représentant un vase de fleurs, 830 fr.

Hôtel Drouot, 1889. — Boite d'écaille doublée d'or. Sur le couvercle, une guirlande de fleurs, 395 fr.

CHAPITRE II

VIVANT DENON

Au nombre des artistes en vogue à l'époque du premier Empire, nous ne saurions oublier le baron Dominique-Vivant Denon. Dessinateur, graveur et archéologue, Denon s'attacha à Bonaparte qu'il suivit en Egypte et qu'il accompagna plus tard dans ses campagnes 'Autriche, d'Espagne et de Pologne.

L'en-tête de lettres de Denon mérite d'être cité. Le voici :

« Le chevalier Denon, officier de la Légion d'honneur, chevalier des Ordres de Sainte-Anne de Russie et de la couronne de Bavière, membre de l'Institut, directeur général du Musée Napoléon, de la monnaie, des médailles, etc. »

Il aurait pu ajouter, comme certains nobles d'autrefois, après l'énoncé d'une kyrielle de titres : « Excusez du peu. »

Quand le Pape fut interné à Fontainebleau, l'Empereur lui envoya Denon, dont le caractère aimable et la conversation nourrie furent bien vite appréciés. Le Pape ne tarda pas à l'aimer ; en lui parlant, il le tutoyait et l'appelait *mon fils*.

Un jour, il lui dit: « Mais, mon fils, tu as fait un bel ouvrage sur l'Egypte ; apporte-le-moi, je veux le lire. » Denon ne se hâtait pas d'apporter son livre qui avait été mis à l'index et l'auteur excommunié. Cependant, pressé de nouveau, il dut s'exécuter.

Le lendemain Pie VII adressa à Denon ses félicitations : « C'est très beau, mon fils... ton ouvrage m'a vivement intéressé. » Denon après avoir remercié ajouta doucement : « Et cependant, Sa Sainteté a mis mon livre à l'index et m'a excommunié. » — « Comment ! je t'ai excommunié ; mon fils ! ma foi, je ne m'en doutais pas. »

Quelques années auparavant le même ouvrage avait valu à Denon un compliment bizarre.

Le prince de Talleyrand, devant recevoir à dîner le directeur général du Musée Napoléon, avait prié la princesse, sa femme, de prendre dans le rayon qu'il lui désigna, de sa bibliothèque, l'ouvrage de Denon pour le parcourir et l'en complimenter le soir.

La princesse, on le sait, était dépourvue d'intelligence; elle commença par se tromper de volume, puis le soir venu, s'adressant à Denon : « Vous avez fait un voyage bien extraordinaire, monsieur, lui dit-elle. » Denon s'inclina et attendit un instant pour répondre. « Mais vous avez dû bien vous ennuyer... jusqu'à l'arrivée du fidèle Vendredi... » La princesse avait lu le *Robinson Crusoé* de Daniel de Foë.

CHAPITRE III

LA CÉRAMIQUE

I

L'Empire ne fut pas pour la céramique une époque de prospérité. Quand Napoléon arriva au pouvoir, les fabriques de faïence et de porcelaine étaient déjà aux abois, les unes fermées, les autres sur le point de tomber faute de commandes et aussi de prix rémunérateurs.

Dès 1786, le traité de commerce avec l'Angleterre porta un coup terrible à nos faïenceries françaises qui ne purent lutter contre la nouveauté et l'extrême bon marché des produits anglais. Quelques années plus tard, la Révolution réduisait à néant nos industries de luxe. De nombreuses fabriques, rivalisant presque avec Sèvres, longtemps soutenues par de puissants protecteurs, se virent, tout à coup, mortellement frappées.

En 1791, GLOT, *maire de Sceaux et propriétaire de la manufacture de porcelaine et faïence dudit lieu*, adresse une pétition à l'Assemblée nationale dans le but de se plaindre « de l'immensité des maux occasionnés par le traité de commerce avec l'Angleterre... traité si destructeur du commerce français. »

A cette adresse était joint un *Etat des manufactures de faïence et de porcelaine établies dans le royaume, non compris les poteries de terre.*

Parmi ces fabriques, au nombre de 165, nous citerons celles de *Paris, Sceaux, Bourg-la-Reine, Chantilly, Melun, Montereau, Rouen, le Havre, Nevers, Marseille, Lyon, Roanne, Tours, Saint-Omer, Lille, Valenciennes, Douay, Dijon, Mâcon, Orléans, Apray* (sic), *Grenoble, Montpellier, Moustiers, Varages, Nismes, Bordeaux,*

Toulouse, Rennes, Nantes, Quimper, Angoulême, La Rochelle, Saint-Cenis (sic), Lunéville, Saint-Clément, Toul, Vaucouleurs, Nidreville, Hagueneau, Montauban, etc.

Environ soixante-dix établissements, de moindre importance, n'avaient pu signer la pétition, mais se trouvaient dans le même état. (*Archives de la préfecture de la Nièvre.*)

II

Sous le Consulat, lorsque le calme commence à renaître, l'industrie céramique cherche à se relever ; elle supplie qu'on lui vienne en aide et fait entendre partout ses doléances.

Au mois de novembre 1802, le Premier Consul vint à Rouen où l'on avait organisé une grande exposition industrielle ; elle eut lieu dans le bâtiment de la Bourse, dit des Consuls, et la faïence de Rouen y occupa une place importante. On y remarquait d'abord huit vases provenant de la manufacture des héritiers Vavasseur ; divers vases de faïence bronzée fabriqués chez M. de la Mettairie ; des biscuits de faïence, de chez Bedeau, rue Martainville, décorés avec goût, pouvant servir aux usages domestiques.

Guibert, faïencier à Forges-les-Eaux, avait exposé des ustensiles de cuisine et une caisse pour recevoir un arbuste ou des fleurs. Mais cette visite, observe M. André Pottier, ne remédia pas aux souffrances de l'industrie qui resta frappée d'un coup fatal. (*Histoire de la faïence de Rouen*, p. 349.)

Dans sa séance du 6 janvier 1797, le conseil général de la commune de Nevers, constatait que sur douze manufactures de faïence, six avaient suspendu leurs travaux, les avaient réduits de moitié. (Du Broc de Segange. *La faïence, les faïenciers et les émailleurs de Nevers*, p. 215.)

Quel était le décor des faïences françaises sous Napoléon Ier ? Chose curieuse, on est moins bien renseigné sur les produits de cette récente époque, que sur ceux des siècles précédents.

« Autant sont fréquentes les faïences relatives aux événements de la période révolutionnaire, dit M. Gustave Gouellain, autant sont rares celles qui rappellent les hommes et les choses du Directoire, du Consulat et de l'Empire. » (*Note sur une faïence avec portrait du général Bonaparte.*)

III

Dès le commencement de l'Empire, l'aigle remplace partout les derniers emblèmes de la Révolution. On voit aussi se répandre le goût des assiettes chargées, sur le marly, d'attributs militaires. Toute une variété de costumes, d'uniformes, de dolmans, de bonnets à poil, de shakos, de casques, de sabres, de canons, de cuirasses, imprimés ou peints, couvrirent le bord des assiettes de service.

Mais le plus souvent, les fabriques du Nord et du Midi, de l'Est et de l'Ouest, reproduisent sur la faïence, sur la terre de pipe et sur la porcelaine, l'aigle symbolique dont les serres reposent sur la foudre.

« L'aigle dont les serres reposent sur la foudre apparait seul, sans légende, écrit M. Champfleury. Le profil napoléonien n'apparait pas au début sous l'émail de la faïence populaire. Plus tard, seulement après le martyre de Sainte-Hélène, la figure du héros sera popularisée par l'imagerie et la poterie au fond des chaumières.

« Napoléon devient alors une machine d'opposition. Son nom sans cesse est mis en regard de la Restauration. Alors les presses d'Epinal suffisent à peine à imprimer portraits et conquêtes de l'homme qui préoccupe poètes, peuples et gouvernants.

« Au fond de chaque chaumière, chaque soldat veut se réveiller en face du portrait de son Empereur.

« La légende traverse quatre règnes, puisant de nouveaux rayonnements dans chaque gouvernement renversé et aboutissant au règne de Napoléon III.

« Plus l'art est grossier, plus il devient enthousiaste ; chansons, complaintes, vaudevilles, gravures crûment enluminées, grossières poteries, forment une monographie la plus considérable qu'on connaisse relative à un souverain. » (*Les faïences patriotiques et la Révolution*, p. 398.)

M. A. Mareschal, dans l'*Imagerie de la faïence française*, donne huit types d'assiettes de l'Empire, qui toutes se composent de l'aigle seul, sans légende. Mais il existe d'autres types. Une assiette, offerte récemment au musée de Sèvres par M. Alph. Maze, figure l'aigle impérial bordé de quatre abeilles posées sur le marly.

Les décorateurs céramistes ont abordé divers sujets d'actualité relatifs au grand Empereur. Le musée de Saint-Etienne (Loire) possède un plat de Nevers, au fond duquel est représenté Napoléon Ier parlant à un lieutenant. On lit au bas :

— *Dans quel régiment, sire ?*
— *Dans ma garde.*

L'Empereur s'est trompé, il a appelé le lieutenant capitaine, et celui-ci, homme d'esprit, en a profité pour s'en faire conférer le grade. (A. Maze. *Recherches sur la céramique*.)

Une faïencerie de l'Argonne, établie aux Islettes, a figuré sur des plats et des assiettes non seulement des aigles, mais des types variés de militaires, le lancier, le hussard, le cuirassier, etc., et les épisodes se rattachant à la vie de Napoléon Ier. Un de ces sujets représente l'Empereur, vêtu de la redingote grise, en face d'un troupier qui porte la main à son shako, avec cette légende explicative : *On m'a fait trois fois la queue pour la croix.*

Voici un sujet bien connu : un jeune soldat, n'ayant jamais vu l'Empereur, croise la baïonnette devant lui et lui dit, dans le jargon de son pays : *Je vous disons qu'on ne passe pas !*

Un plat représente l'épisode de l'entrevue d'Erfurt (1808) : l'empereur de Russie et les souverains d'Allemagne sont groupés autour d'une table sur laquelle ils rédigent le projet du fameux traité contre Napoléon Ier. Une porte s'ouvre et Napoléon paraît ; les souverains coalisés, saisis de terreur, s'écrient : « *Ah ! mon Dieu, le voilà !* »

Sur d'autres plats on voit l'*Entrevue de Napoléon et de François II, d'Autriche ;* — *la Mort du prince Louis, de Prusse ;* — *la Prise d'un drapeau prussien ;* — *Marie-Louise en pied,* etc. Tous ces ouvrages sont de Dupré père et fils.

Les mêmes artistes ont peint aussi des scènes égrillardes et des pochades militaires, dans lesquelles des voltigeurs de la garde et d'autres jolis cœurs en congé, après les batailles d'Austerlitz ou d'Iéna, viennent surprendre leurs payses au moment où elles se disposent à s'ébattre aux bords d'une source fraîche.

> Dans le simple appareil
> D'une beauté qu'on vient d'arracher au sommeil.

Mais ces dessins, d'un goût douteux, sont aussi d'une médiocre exécution.

Les fabriques des Charentes figurèrent aussi l'Aigle symbolique. M. Ris-Paquot, dans ses *Documents inédits sur les faïences charentaises*, nous donne le dessin d'une gourde qu'il attribue à l'atelier de

Cognac. L'aigle peint en jaune, surmonté d'une couronne de lauriers, est posé sur un médaillon dans lequel est inscrit le nom du propriétaire : « Denis Duvignaud, gendarme impérial. »

On fabriquait, à Roanne et à Lyon, des assiettes ornées d'attributs militaires et offrant parfois le portrait du *Petit Caporal*. En 1810, Claude Besson peignait sur un saladier un écusson jaune, entouré de drapeaux, lauriers et canons, avec le buste de Napoléon, la lettre N au-dessus de la croix d'honneur et les initiales C. B. (Dr Noëlas. *Histoire des Faïences roanno-lyonnaises*, Roanne, Raynal, 1883.)

Une assiette, en terre de pipe, appartenant à M. Gustave Gouellain, décorée en bistre, provenant de l'usine de Bosc, dans le Luxembourg, représente, au centre, un aigle couronné tenant de sa patte droite le globe du monde au milieu duquel se trouvent les lettres E. F. (*Empire français*).

Le marly est orné d'un filet et d'un rang de perles.

L'aigle jaune et l'aigle rouge ont été faits à Rouen simultanément. On y a fabriqué aussi des médaillons polychromes modelés en relief, figurant Napoléon, Joséphine, Marie-Louise.

En dehors de l'aigle symbolique, très répandu, des épisodes militaires et de quelques portraits de Napoléon, on dessinait sur les assiettes et sur les pièces de service des scènes familières d'enfants qu'on croirait inspirées de Proud'hon, des scènes contemporaines de la vie privée, des réminiscences de sujets exécutés sous Louis XVI, amours, fleurs, etc.

Malgré l'état précaire des fabriques de l'Empire, poteries opaques et translucides, elles ont suffi pour alimenter la consommation ; mais, en somme, elles n'ont rien produit de remarquable. Leur médiocrité les a fait peu rechercher ; œuvres sans valeur, on a négligé de les recueillir, et cet abandon semble expliquer pourquoi il en reste aujourd'hui si peu.

Quant aux pièces historiques ou symboliques, comme les assiettes à l'aigle et autres, on a dû en détruire des quantités durant les premières années de la Restauration. En 1815 et pendant tout le temps de la *Terreur blanche*, les cris et emblèmes séditieux étaient punis avec la dernière rigueur.

Dans le Midi, où les passions politiques se traduisaient par des arrestations illégales, par le vol et l'assassinat, on était exposé, sur le moindre soupçon, à voir sa maison envahie, livrée au pillage ; on courait même le risque d'être égorgé lorsque le mobilier semblait vous désigner comme un ardent bonapartiste.

Les passions se calmèrent avec le temps, et à la mort de Napoléon, le gouvernement cédant à l'opinion publique et n'ayant plus à redouter l'*usurpateur*, toléra sur les vitrines des marchands les portraits du grand homme. « Ce furent partout et de toutes parts des compositions en prose et en vers, des peintures, des portraits, des tableaux, des lithographies et mille petits objets plus ou moins ingénieux, constatant bien plus que ne saurait faire toute la pompe des rois, la sincérité, l'étendue, la vivacité des sentiments qu'il laissait après lui. » (Comte de Las Cases. *Mémorial de Sainte-Hélène*.)

Les faïenciers, toujours prêts à saisir l'impression du moment, ne furent pas les derniers à suivre le mouvement des esprits. Leurs ouvrages en cette occasion, ne sont pas d'un classement facile ; souvenirs de l'épopée impériale, ils sont confondus souvent avec les types fabriqués de 1804 à 1814.

Sous la Restauration, les assiettes populaires présentent des fleurs de lis, trois fleurs pendant le règne de Louis XVIII, une seule plus grande, du temps de Charles X. Sous Louis-Philippe, le coq gaulois fut souvent reproduit, mais les sujets à la gloire de Napoléon lui firent une rude concurrence. Les procédés d'impression permirent de reproduire à l'infini les batailles de l'Empire, les portraits de l'Empereur et ceux de ses généraux.

A l'avènement de Napoléon III, l'aigle reparut sur les assiettes.

IV

Malgré les encouragements donnés par Napoléon Ier à l'industrie française, les guerres incessantes, qui appelèrent en peu d'années tous les Français sous les drapeaux, nuisirent à sa prospérité.

Une grande exposition industrielle eut lieu à Paris en 1806 ; ce fut la seule du règne. Les grandes occupations du conquérant et ses absences trop répétées, ne lui permirent pas de la renouveler, mais elle fit connaître l'état de l'industrie au début de l'Empire et le rapport du jury va nous permettre de donner un peu plus d'importance à nos renseignements.

Alluaud, de Limoges, « a envoyé (à l'exposition industrielle de 1806) une grande quantité de porcelaines usuelles et groupes de biscuit. Cette manufacture est une des plus anciennes de France ». Mention honorable.

Bertrand, établi à Paris, rue Neuve-Saint-Gilles, prit part à l'exposition universelle de 1806. Il présenta des fleurs, en biscuit de porcelaine, « exécutées avec beaucoup de délicatesse » qui lui valurent une mention honorable.

Bonnet, d'Apt (Vaucluse), et Mme veuve Arnoux de la même ville, ont obtenu des mentions honorables à l'exposition de l'Industrie, de 1806.

« La poterie marbrée que ces fabricants ont envoyée à l'exposition est d'un aspect agréable et a très bien soutenu les épreuves. » (*Rapport du jury*.)

Caron et Lefèvre, rue Amelot, ont mérité, à l'exposition industrielle de 1806, une médaille d'argent de seconde classe.

« Des pièces d'une grande dimension, richement décorées et peintes avec goût, ont donné au jury une idée très avantageuse de la manufacture de MM. Caron et Lefèvre et de celle de M. Dagoty. »

Dagoty, obtient une médaille d'argent de seconde classe, à l'exposition de 1806, pour ses belles pièces « de grande dimension, richement décorées et peintes avec goût ».

Porcelaines de la manufacture du sieur P.-L. Dagoty, pour l'ameublement des palais de Compiègne et de Versailles.

En dehors des pièces ordinaires, nous citerons : Une paire de vases à ornements étrusques, 120 fr. — Une paire de vases à sujets et ornements, 192 fr. — Une paire, forme Médicis, à ornements riches, 600 fr. — Une paire, de style égyptien, 700 fr. — Une autre paire avec couronne en biscuit, parsemée d'abeilles, 1,200 fr. — Un grand vase représentant la bataille d'Austerlitz, 1,200 fr. — Un grand vase figurant le combat de Lower, 1,200 fr.

Soumission du sieur P.-L. Dagoty, manufacturier de porcelaine.

Vases à ornements étrusques variés, 120 fr. ; 192 fr. et 340 fr. la paire. —Vases, forme Médicis, à repos de chasse, en couleur, ornements riches, 600 fr. — Vases dits forme égyptienne, décoration analogue et sujets coloriés, 700 fr. — Vases de deux pieds, couronne de fleurs en biscuit, relief sur fond de couleur et parsemé d'abeilles d'or, la paire, 1,200 fr. — Grands vases de batailles, l'un la bataille d'Austerlitz, l'autre, le combat de Lowes, gagné sur les Autrichiens par le lieutenant général Deroi, commandant les Bavarois (sujets peints en couleur), 2,400 fr. — Un grand Vase représentant le Retour de l'Empereur. Les Arts et l'Abondance l'accompagnent, 2,400 fr.

Darthe frères, rue de la Roquette, obtiennent une médaille de seconde classe, à l'exposition industrielle de 1806, pour porcelaine usuelle, de bon goût, et bien décorée. »

Després, rue des Récollets, à Paris, remporta, à l'exposition industrielle de 1806, une médaille d'argent de seconde classe. Il a exposé des camées en pâte de porcelaine, « parfaitement exécutés ». Ce genre trouve son application dans la décoration des vases de porcelaine et dans la bijouterie.

« M. Després a aussi exposé des tasses en porcelaine d'une forme et d'une décoration élégantes. »

Dihl et Guérhard, *rue du Temple*. — Cette fabrique a produit des ouvrages admirables soit peints, soit modelés, qui lui valurent la médaille d'or à l'exposition industrielle de 1806.

« Cette fabrique, dit le rapport du jury, jouit depuis longtemps de la première estime. M. Dihl s'est appliqué avec succès à la préparation des couleurs, et il a soin de n'en confier l'emploi qu'à des artistes d'un mérite distingué. Il est un des hommes qui ont le plus contribué à porter l'art de la porcelaine au haut degré où il est parvenu en France.

« Cette fabrique avait déjà obtenu en l'an VI, la distinction de premier ordre, équivalente à la médaille d'or. » (L'usage de distribuer des médailles n'a été établi que postérieurement à l'exposition de l'an VI.)

Manufacture de Dihl et Guérhard. Pour l'ameublement des palais de Compiègne et de Versailles :

Groupes en biscuit à 100 fr. ; 200 fr. ; 400 fr. ; 800 fr. ; 1,500 fr. — Pendules à 400 fr. ; 800 fr. ; 1,200 fr. et 2,400 fr. ; 4,800 fr. — Vases à fleurs ornés de peintures et dorure à 300 fr. ; 600 fr. — D'autres à 1,200 fr. ; 2,400 fr. et 4,500 fr. Total de la commande proposée : 20,780 fr.

1807. — Soumission des sieurs Dihl et Guérhard, manufacturiers de porcelaine.

Vases à fleurs, la pièce 1,000 fr. ; 800 fr. ; 600 fr. ; 360 fr. ; 240 fr. ; 150 fr. ; 120 fr. et 72 fr. — Groupes en biscuit : 1,200 fr. ; 720 fr. ; 400 fr. ; 350 fr. ; 300 fr. ; 240 fr. ; 200 fr. ; 150 fr. ; 96 fr. ; 84 fr. ; 72 fr. et 60 fr. — Pendules à 850 fr. ; 800 fr. ; 720 fr. ; jusqu'à 250 fr. Les plus chères sont de 6,000 fr.

1807. — Soumission des sieurs Fabry et Olzsctneider, de Sarreguemines, en faïence et terre cuite.

Nous y remarquons de grands vases en terre étrusque ou en terre bronze à 45 fr. (*Arch. nat.* O²623.)

Nast, *rue des Amandiers*. Porcelaines de toute espèce. Vases de très grande dimension et bustes de l'Empereur et de l'Impératrice en porcelaine.

Il obtint une médaille de première classe. Le rapport du jour dit : « La manufacture de M. Nast se distingue par le choix et le bon goût des formes. Le jury regarde ce mérite comme essentiel et fondamental. » (Exposition industrielle de 1806.)

Les frères Piranési, rue de l'Université, 296, obtiennent à l'Exposition industrielle de l'an IX, une médaille d'argent. Le motif en est formulé : « Pour avoir formé, à Paris, un établissement de calcographie qui doit fournir de l'occupation à beaucoup d'artistes et assurer à la France une branche intéressante d'industrie. »

L'un de ces deux fabricants établit à Morfontaine (Oise), en 1807, une fabrique d'objets artistiques en terre cuite. L'Empereur les trouva dignes d'orner les palais impériaux. Sur un « Etat des objets en terre cuite provenant de la fabrique du sieur Piranési, à Morfontaine, nécessaires pour l'ameublement des palais de Compiègne et de Versailles », nous trouvons :

Des vases étrusques à 50 fr.; 100 fr. et 200 fr. la paire. — Des vases avec bas-reliefs, à 48 fr.; 96 fr. et 192 fr. la paire. — Des caisses à fleurs en terre, avec bas-reliefs, à 36 fr.; 72 fr. et 144 fr. — Des candélabres en terre cuite, ornés de bas-reliefs imitant les plus beaux marbres et dorés, à 200 fr.; 400 fr. et 609 fr. (*Arch. nat.* O²622.)

Pouyat et Russinger, rue Fontaine-Nationale, ont présenté à l'Exposition industrielle de 1806 « un groupe en biscuit d'une très grande dimension et d'une exécution difficile dont la réussite est bonne ».

Mention honorable.

Wouters, fabricant de faïence noire, à Andenne (département de Sambre-et-Meuse, sous l'Empire) prit part à l'Exposition industrielle de 1806. « Sa faïence noire, par sa solidité et par la manière dont elle soutient le passage du chaud au froid, mérite d'être honorablement mentionnée. »

CHAPITRE IV

LA MANUFACTURE DE SÈVRES

I

Napoléon fut pour la manufacture de Sèvres, un protecteur éclairé. Il l'alimenta d'importantes commandes pour son service personnel, pour l'embellissement des palais impériaux et pour les présents nombreux qu'il se plaisait à distribuer.

Des pièces de toutes sortes et notamment de magnifiques vases d'une dimension inusitée jusqu'alors furent, par son ordre, décorés de sujets historiques pour rappeler la gloire de son règne, pour retracer ses hauts faits et ceux de sa vaillante armée.

Percier, architecte et dessinateur habile, après avoir longtemps étudié à Rome l'art ancien, inspira ou donna de nombreux modèles de vases et de pièces diverses. Ces imitations fantaisistes de l'antique, très goûtées sous l'Empire, sont peu estimées aujourd'hui. Heureusement Percier eut pour collaborateurs des artistes distingués.

Bergeret fournit les dessins à l'aquarelle de diverses campagnes de l'Empire : *la Levée du camp de Boulogne, la Prise d'Ulm, la Prise de Vienne, l'Entrée de Vienne, la Bataille d'Austerlitz*, etc.

Swebach fit, à l'aquarelle, *la Bataille des Pyramides*, en projet de meuble. « Cette aquarelle dont l'idée appartenait à Percier, dit M. Champfleury, fut vraisemblablement exécutée sur plaque de porcelaine à la manufacture de Sèvres, vers 1805 ou 1806, pour l'Empereur. »

Le baron Gérard fut chargé de peindre, sur deux toiles, les portraits de Napoléon et de Joséphine. L'Empereur porte une cravate de dentelle blanche et le manteau rouge semé d'abeilles d'or recouvert d'hermine. L'Impératrice est vêtue d'une robe de satin blanc décolletée, à broderies d'or avec manches à bouillon garnies de dentelles. Sur son front brille un diadème de pierres fines, et sur sa poitrine, un collier de perles.

Isabey donna plusieurs modèles. En 1810, il peignit à l'aquarelle : *le Défilé de l'Empereur, de l'Impératricee des personnages de la Cour dans les galeries du Louvre, le 2 avril* 1810, *après la célébration du mariage religieux par le cardinal Fesch.* On ignore l'usage qui fut fait de cet important morceau.

L'année suivante (1811), notre célèbre miniaturiste fit à l'aquarelle, d'après un projet de Percier, un modèle de secrétaire pour l'Empereur. On y voit Napoléon debout sur les marches du trône, ayant à sa gauche Marie-Louise. L'entourage réunit vingt petits portraits-médaillons représentant les membres de la famille impériale y compris le roi de Rome.

Isabey a peint aussi sur porcelaine. Sa pièce capitale est la *Table* dite *des Maréchaux*, exposée au Salon de 1812, d'après le dessin de Percier. « Elle représente, dit le livret, S. M. l'Empereur entouré des portraits des maréchaux de l'Empire et généraux commandant les divisions de la grande armée pendant la campagne de 1805. »

Achille Vallois statuaire, élève de David et de Chaudet dessina à la plume l'*Arrivée à Paris des objets conquis par l'armée française en Italie*. Ce projet de décoration d'un vase commémoratif, fut adopté à quelques variantes près et peint par Béranger, en 1813.

On doit à Heim (François-Joseph), *le Baptême du roi de Rome*, sépia datée de 1814; à Fragonard (Alexandre-Évariste), une frise représentant le *Mariage de l'Empereur*, dessin à la plume que M. Champfleury suppose avoir dû servir pour la décoration d'un vase peint en imitation de camée ; à Alexandre Brongniart, des attributs militaires, pour marlys d'assiettes et des scènes de la vie privée égyptienne antique, reproduites en fac-similé de gravures en creux.

II

Les procédés de fabrication atteignirent, sous la savante direction de Brongniart, des développements considérables, dit M. Edouard Garnier ; « on fit alors des vases qui n'avaient pas moins de $2^m,40$ de hauteur, des plaques rectangulaires de 1 mètre et même de

$1^m,25$ de longueur, sur lesquels des peintres d'une habileté sans égale exécutaient ces admirables copies de tableaux de maîtres qui resteront une des gloires de la manufacture de Sèvres; de grands surtouts de table, composés de monuments égyptiens, de colonnes, de chars de triomphe, etc., œuvres d'un goût et d'un art bien démodés et quelque peu ridicules aujourd'hui, mais dont l'exécution est au-dessus de tout éloge ; des tables, des guéridons, des armoires et des coffrets à bijoux, des pendules, etc., etc. »

III

Tableau des peintres et doreurs de la manufacture de Sèvres, en 1805 et 1806.

PEINTRES

Adam.
Bouillat.
Buteux.
Baraban.
Bergeret.
D^{me} Burel.
Caron.
Choisy.
Cussey.
Drolling.
Delafosse.
Dequilly.
Drouet.
Dépérais.
Evans.
Georget.
Godiné aîné et sa femme.

Godin jeune.
Girard, de Versailles.
D^{me} Jacquotot.
D^{me} Kugler.
Landon.
Le Bel.
Micaud père.
Parant.
Perrenot.
Parpette.
D^{lle} Parpette.
Swebach.
Sisson.
Sauvage.
D^{me} Thibault.
Troyon.
Robert.

DOREURS

Boullemier.
Boitel.
Constans.
Dieu.
Girard.
Le Grand père.

Mozin.
Vandé.
Vincent.
Weydinger père.
Hallette.

METTEURS EN FONDS

Le Gros. | Vandé.

BRUNISSAGE

D^{mes} Asselin.
    Boullemier.
    Baudoin.
    Buteux.
    Boitel.
    Dépérais.
    Godin jeune.

D^{mes} Laleu.
    Legrand.
    Nouhalier.
    Vandé.
    Micaud.
D^{lle} Frédéric.

(*Archives de la manufacture de Sèvres.*)

IV

Les *Archives de la manufacture de Sèvres* sont des plus pauvres; elles se résument à trois in-folio manuscrits, dont deux ont trait à des ventes particulières de menus objets, sans importance. Le troisième volume daté de 1811, est réservé au personnel; il mentionne les travaux des artistes et parfois les prix qui leur sont alloués. Ce volume nous a permis de fournir quelques renseignements sur le

Personnel de Sèvres, en 1811.

PEINTRES

BÉRANGER, figuriste.
BUTEUX, ornemaniste.
BUNEL (D^{me}), fleuriste. Fleurs et fruits.
CARON, peintre d'animaux.
CHOISY, ornemaniste.
DÉPÉRAIS, ornemaniste.
DROUET, fleuriste.
DELAFOSSE, figuriste.
GEORGET, figuriste.

GODIN, ornemaniste.
LEBEL, peintre de genre.
LEGUAY, figuriste.
MICAUD, ornemaniste.
PARPETTE (D^{lle}), fleuriste. Fleurs et fruits.
PHILIPPINE, ornemaniste, fleuriste.
SISSON, fleuriste.
TROYON, ornemaniste.

Travaux extraordinaires.

BLONDI (D^{lle}), peintre de perspectives.

BOSSELMAN. Figures. Nous trouvons à son compte, cette mention : sur une assiette à marly d'or, la Vierge jardinière, d'après Raphaël, 120 fr. — Sur une tasse, tête d'Hippolyte, d'après Guérin, 50 fr.

BRONGNIART, architecte.

COUPIN. Portraits genre cornées et sujets polychromes sur vases et sur assiettes à marly d'or. En 1811, il exécute une peinture allégorique aux couches de Marie-Louise. Ses petits portraits lui sont payés 60 fr. chacun ; ils représentent Pallas, Persée, Proserpine, Cybèle, Alexandre, César, Antoine, Auguste, Vitellius, Antonin le Pieux, Trajan, etc.

DAVIGNON, Français.

DEGAULT. Figures historiques, mythologiques et autres, en imitation de camées.

DÉMARNE. Paysage avec figures. Pour avoir peint, sur deux vases cordelière, deux sujets avec figures, dont un représente une chasse au cerf de l'Empereur, dans la forêt de Fontainebleau, 900 fr. — Sur un autre vase cordelière, vue de Palais et chasse à courre au bord de la forêt, 900 fr.

DEUTSCH. Figures et ornements peints en or et en camée.

DROLLING. Sur un vase Clodion, fond écaillé, un grand cartel carré représentant la Fête de la Paix, sur la place du Corps législatif, 1,500 fr.

FRAGONARD (Alexandre-Evariste).

GONOR.

HUARD.

ISABEY. Il livre, en 1811, un portrait en miniature de l'impératrice Marie-Louise, pour servir de modèle aux peintres de Sèvres. Ce portrait lui est payé 600 fr.

JACQUOTOT (Mme), artiste hors de pair qui a laissé à Sèvres une grande réputation. Ses petits portraits de femmes célèbres sur tasses sont d'un délicieux fini. Dans son œuvre de 1811, nous pouvons citer les portraits suivants : Héloïse, Jeanne d'Arc, Jeanne Gray, Blanche de Castille, la duchesse de Montmouth, Jeanne Seymour, Elisabeth d'Angleterre, la princesse d'Orange Hortense Mancini, la duchesse de

Longueville, Mlle de Fontanges, Mme de Sévigné, Mme de Grignan, Mme de Maintenon, la princesse de Conti, Marie-Thérèse, Mme Deshoulières.

LANGLACÉ. Paysage. Sur une assiette à marly d'or, vue de Saint-Sauveur (Pyrénées-Orientales).

LEGUAY. Portraits et sujets divers, sur des assiettes à marly d'or, sur des tasses, des jattes, des vases, etc. — *Paul et Virginie, surpris par un orage. Les Peines et les Plaisirs de l'Amour. Enfants dans un paysage.* Les portraits de Napoléon, de Marie-Louise, du Roi de Rome, de Joseph II, de la reine Hortense, de la reine de Naples, etc.

LEGRAND, peintre et doreur.

PARANT, peintre de sujets en imitation de camées. Sur une coupe à bouillon pour deux camées allégoriques à la naissance du Roi de Rome, 300 fr. — Sur un vase œuf, à anse poisson, pour grands camées, 1,200 fr.

RATH (D^lle). Figures : pour un portrait de Jean-Jacques Rousseau, sur une tasse jasmin, 72 fr.

RIOCREUX.

SWEBACH, peint sur des vases et particulièrement sur des assiettes à marly d'or, des tombeaux de mamelucks, des temples debout et en ruine, le sphinx, près des pyramides, les statues de Memnon, le vieux Caire, la mort du chef de brick Duplessis, etc.

TÉNISE TARD (D^lle). Portraits de personnages anciens sur assiettes. Mithridate, Thémistocle, Cicéron, Trajan, etc., à 36 fr. l'un.

THOMIRE, ciseleur-doreur, mouleur en bronze doré, ajoute une grande valeur aux précieuses porcelaines de Sèvres, très bien ciselées.

VAN OS. Fleurs. Sur un plateau de déjeuner ovale, pour un tableau de fleurs dans la totalité du fond, 600 fr. — Sur tasse et soucoupe, pour trois cartels ovales de fleurs sur fond de tableau, 150 fr. — Deux cartels sur une théière Pœstum, 100 fr. — Un cartel sur un pot au lait Pœstum, 50 fr. — Un autre, sur un pot à café, 50 fr.

Doreurs, MOREAU, LEGRAND.

Pour impression, GONOR. LEGROS.

Brunisseuses. Mmes Buteux, Godin jeune ; Mlles Aimée, Deutsch, Madeleine Legrand, Parpette aînée, Richard, Saint-Omer.

V

Marques des porcelaines de Sèvres, de 1804 à 1814.

1804 à 1809. — Marque appliquée en rouge avec une vignette à jour.

De 1810 à 1814, l'aigle impérial au vol abaissé imprimé en rouge, fut substitué à la marque précédente.

Signes pour marquer les dates de 1801 à 1814.

T. 9 pour	l'an IX,	1801.	8	pour	1808.
X	—	l'an X,	1802.	9	—	1809.
II	--	l'an XI,	1803.	10	—	1810.
—	l'an XII,	1804.	oz	—	1811.
—	l'an —	1805.	dz	—	1812.
—	l'an —	1806.	tz	—	1813.
—	l'an —	1807.	qz	—	1814.

VI

Fraudes. — Le prix élevé des porcelaines de Sèvres sous l'Empire fit naître la fraude et les contrefaçons qui s'exercèrent sur une assez grande échelle. La manufacture, nous devons le dire, y contribua pour beaucoup en se défaisant chaque année par une vente publique, de tous les *blancs* défectueux après la cuisson. Ces pièces achetées par le commerce et décorées de toutes mains, étaient revendues comme du vieux Sèvres.

En 1800, Brongniard arrivant à la direction et voulant renoncer, d'une façon absolue, à la fabrication de la porcelaine tendre, fit vendre tous les *blancs* en pâte tendre, qui attendaient la décoration.

Quelle bonne fortune pour les brocanteurs et les *chambrelans*[1]. Bientôt ces beaux *blancs*, non tarés cette fois, sont décorés de gracieux sujets et enlevés à grands prix par les amateurs étrangers, surtout par les Anglais.

[1] On donnait le nom de *chambrelans*, dit M. Ed. Garnier, à des décorateurs sur porcelaine qui travaillaient en *chambre*, pour les fabricants ou les marchands.

VII

Nous allons donner maintenant quelques détails sur les fournitures faites pour les palais impériaux et le service des présents. La description des pièces, leur prix ; les noms de quelques artistes célèbres et la mention des personnes auxquels étaient adressés les présents de l'Empereur, donnent à ce travail un véritable intérêt.

6 juin 1808. — Livré au garde-meuble, pour la blibliothèque du palais de Compiègne :

Deux figures, Corneille et Molière, 400 fr.

31 octobre 1808. — Pour le palais de Saint-Cloud, une figure d'Uranie, pour pendule, 500 fr. — Deux vases dits de floréal à anses serpent, fond brun, cartels de figures représentant sur l'un, Jeanne Hachette sauvant Beauvais ; sur l'autre, Bayard défendant seul le pont de Carillan. La paire, 6,000 fr.

19 septembre 1808. — Livré pour le compte de l'Empereur.

Quatre bustes de l'empereur Napoléon, 240 fr. — Quatre bustes de l'empereur Alexandre, 240 fr.

Mars 1810. — La manufacture livre pour l'appartement de l'Impératrice à Compiègne :

Un buste de l'Empereur, première grandeur, avec socle et couronne en bronze doré, 1,200 fr. — Deux vases cordelière, fond lilas, fleurs, etc., 5,000 fr. — Deux vases œuf, fond vert antique, figure en or, 2,000 fr. — Un vase cordelier, fond bleu ; sujet de figures coloriés, la toilette de Vénus, 4,000 fr. — Deux vases œuf, fond bleu lapis, d'un mètre de haut, orné de bronze ciselés ; cartel de figures coloriées. L'entrée de l'Empereur à Berlin, 12,000 fr. — Deux vases Médicis, fond rouge. Paysage, 2,000 fr. — Deux vases japonais, fond vert, 520 fr. Compte soldé sur le fonds de 660,000 fr. établi en 1810, pour l'ameublement du palais de Compiègne.

(*Arch. nat.* O²555.)

Cette même année 1810, nous trouvons une autre fourniture s'élevant à 19,886 fr. 50, et dont nous mentionnons les pièces les plus intéressantes.

Deux vases, forme Médicis, à paysage, fond bleu, 2,000 fr. — *Henri IV revenant de l'armée*. Vase du cordelier, beau bleu, sujet colorié, 3,000 fr. — Deux vases jasmins, beau bleu, ornements en or, 1,100 fr. — Deux vases Médicis, beau bleu ; sujet égyptien en gris, 1,500 fr. — Deux vases, tête de bélier, fond vert antique, 480 fr. — Deux vases étrusques, beau bleu ; camées, 500 fr. — Deux vases étrusques, fond vert ; figures imitant le camée, 900 fr. — Lavabo impérial, fond beau bleu ; décor en or, 560 fr. — Buste de l'Empereur, première grandeur, avec socle et couronne en bronze doré, 1,200 fr. — Vase forme Médicis, fond écaille. *Vue de Sans-Souci ;* riche décor en or, 4,000 fr. — Deux vases forme étrusque, fond vert ; figures coloriées, décor en or et platine, 1,600 fr. — Lavabo impérial, blanc et or, 250 fr.

(*Arch. nat.* O^{2}555.)

VIII

État des objets fournis par la manufacture nationale de porcelaine de Sèvres, au ministre des relations extérieures pour être remis à Sa Majesté le Roy d'Etrurie.

Exercice de l'an X.

Deux vases beau bleu, fleurs en biscuit, 4,800 fr. — Cabaret de neuf pièces, beau bleu, miniatures, 1,500 fr. — Cabaret de douze tasses et quatre pièces accessoires bleu tendre, arabesques, 550 fr. — Seau à laver les pieds : beau blanc, monté en bronze, 600 fr. — Tables bas-relief ; pour la porcelaine seulement, sans y comprendre le pied livré par le citoyen Lignereux, 3,000 fr. — Grand vase beau blanc, bas-relief en biscuit, monté en bronze, sans y comprendre les frais de réparation des citoyens Thomire et Lignereux, 50,000 fr. — Un service de vingt-quatre couverts, fond jonquille et guirlandes de raisins sur toutes les pièces, 4,280 fr.

Remise 10 p. 100. Reste dû 58,257 fr. En plus pour frais de réparations faites au grand vase et à la table bas-reliefs, 7,900 fr. — Total : 66,157 fr.

Le Ministre de l'Intérieur,
Chaptal.

(*Affaires étrangères. Comptabilité,* 1795 *à* 1815. *Ouvrages imprimés et objets d'art.*)

Service des présents. — 22 juin 1810. Livré par ordre de S. M. l'Empereur à S. A. I. le grand-duc de Wurtzbourg : Deux vases, fond bleu, anses en tête de bélier, cartel de paysage représentant sur l'un la nouvelle route d'Italie par le Simplon, et sur l'autre, une vue du canal de l'Ourcq, riches ornements en or. La paire 10,000 fr. — Vase fuseau, deuxième grandeur, fond beau bleu, avec portrait de l'Empereur peint en miniature, 1,500 fr.

29 juin 1810. — Livré à S. A. le prince DE HESSE-DARMSTADT : un buste de l'Empereur, première grandeur, avec socle en marbre et couronne en bronze doré, 1,000 fr. — Deux vases œufs, à figures, première grandeur, fond vert de chrome ; dans le fond, ornements en or et platine. Riche garniture en bronze doré, la paire, 6,000 fr. — Quatre figures de grands hommes, Corneille, Racine, La Fontaine et Molière, 800 fr.

9 août 1810. — Livré à Mme la baronne DE LA TURBIE : un buste de l'Empereur, avec socle, 90 fr. — Un service, fond nankin, volubilis, soixante-six assiettes à 12 fr., 792 fr. — Quatre compotiers à pied, 72 fr. — Quatre compotiers étrusques, 72 fr. — Deux sucriers, 80 fr. — Deux jattes, 50 fr. — Deux seaux à glace, 300 fr. — Quatre corbeilles basses, 180 fr. — Un déjeuner composé de douze tasses décorées de raisins, fond d'or, 1,350 fr. — Total : 2,986 fr.

A Mme la baronne DE FARIGLIANO-NOVELLO : un buste de l'Empereur, avec socle, 90 fr. — Un service fond nankin volubilis, composé de soixante-six assiettes, 792 fr. — Huit compotiers, 144 fr. — Deux sucriers, 80 fr. — Deux jattes, 50 fr. — Deux seaux à glace, 300 fr. — Deux corbeilles paniers, 144 fr. — Un déjeuner de seize pièces décorées de raisins sur fond noir, 1,430 fr. — Total : 3,030 fr.

A Mme la baronne D'ALBARET : un buste de l'Empereur, avec socle, 90 fr. — Un service fond rose, vigne, etc. : soixante assiettes, 900 fr. — Six compotiers, 144 fr. — Deux sucriers, 90 fr. — Deux jattes à pied, 60 fr. — Deux seaux à glace, 250 fr. — Quatre corbeilles basses, 144 fr. — Un déjeuner composé de douze tasses et trois pièces, fond pourpre ; riche décor en or, 1,124 fr. — Deux vases jasmins, fond rouge, décor en or. La paire, 200 fr. Total : 3,002 fr.

14 août 1810. — A Mme la baronne DE GAZZONI-VENTURI : un buste de l'Empereur, 2e grandeur, 60 fr. — Deux vases, beau bleu, bronzés, 300 fr. — Un déjeuner de tasses à café composé de seize pièces, fond beau bleu, fleurs, etc., 632 fr. — Huit tasses valant de 15 fr. à 45 fr. — Total : 1,188 fr.

31 août 1810. — A Mme la baronne DE LUCHESINI : une figure équestre de l'Empereur, avec socle en marbre et cage de verre,

460 fr. — Un déjeuner composé de douze tasses et trois grandes pièces fond bleu, agate, fleurs jaunes etc., 439 fr. — Deux vases, forme étrusque, fond vert antique, décor en or, 130 fr. — Une écritoire cygne, fond pourpre, décor en or, 150 fr. — Une tasse fond pourpre, idem, 25 fr. — Plus 5 fr. pour moitié de la valeur d'un médaillon camée de l'Impératrice. Total : 1,209 fr.

Le 4 octobre 1810, l'Empereur décida d'offrir à M. de Metternich, un présent de porcelaines de Sèvres. En conséquence, les pièces suivantes furent livrées au comte de Montesquiou, grand chambellan, pour les faire parvenir à leur adresse :

Un buste de l'Empereur, première grandeur, avec couronne en bronze et socle en tôle vernissée, 1,200 fr. Une tasse, avec portrait en miniature de S. M. l'Impératrice fond bleu, anse en vermeil, 508 fr. — Un vase en forme de coupe élevée de 46 centimètres et 55 de diamètre, fond bleu, frise d'or représentant une bacchanale d'enfants, 2,500 fr. — Deux vases, forme allongée copiée de l'étrusque, ornements en or sur fond d'or. Portraits de Cicéron et de Démosthène, peints à la manière du camée, 1,000 fr.

Service de dessert, fond bleu, frise d'or sur le bord des pièces, fleurs d'or au milieu.

Quatre-vingt-seize assiettes, à 20 fr., 7,920 fr. — Douze compotiers, à 25 fr., 300 fr. — Deux sucriers, à 65 fr., 130 fr. — Deux glacières, à 180 fr., 360 fr. — Deux jattes à pied, à 45 fr., 90 fr. — Deux corbeilles à 140 fr., 280 fr. — Total : 8,280 fr.

25 décembre 1810. — Le duc de Frioul (Duroc), à M. le comte Daru, intendant général de la Maison de l'Empereur «... Sa Majesté désirant faire quelques cadeaux à l'occasion des étrennes, aux princesses de sa famille, comme Elle l'a fait l'année dernière, m'a chargé de vous demander de faire choisir dans ses manufactures de Sèvres, des Gobelins et de la Savonnerie, des objets propres à cela, comme vases, tasses, portraits, petits tapis ou tableaux en tentures.

« Je vous prie d'avoir la complaisance d'ordonner que l'on remette les objets que vous désignerez au concierge des Tuileries, qui les réunira dans un appartement du palais, et lorsqu'ils le seront, je les ferai placer suivant l'ordre que m'en a donné Sa Majesté, dans sa chambre à coucher où elle fera son choix. Il serait nécessaire que chaque objet portât l'indication de sa valeur et que tous pussent être mis sous les yeux de l'Empereur, samedi au plus tard.

« Je vous prie de comprendre dans ces objets, le tableau du portrait de l'Empereur par David et d'autres portraits en buste, que vous y pourriez avoir. » (*Arch. nat.* O²202.)

IX

Le 31 décembre 1810, le directeur de Sèvres livrait, au nom de l'Impératrice, de nombreuses porcelaines pour être distribuées en présents par S. M. à l'occasion du premier jour de l'an. L'Empereur, se réserva un buste de l'Impératrice, première grandeur, de 1,600 fr. les autres pièces furent ainsi réparties.

La reine DE NAPLES, un vase forme fuseau, avec cartel offrant le portrait de l'Empereur, 1,500 fr. — La duchesse DE TRÉVISE, deux vases forme étrusque, avec les portraits de Boileau et de La Fontaine, 600 fr. — La duchesse DE FRIOUL, un pot à eau et sa cuvette, fond vert de chrome à guirlandes de fleurs et oiseaux, 600 fr. — La comtesse DE TALHOUET, une coupe à bouillon, fond pourpre, doublée d'or, riche décor en couleur, 300 fr. — La comtesse DE MONTESQUIOU, une tasse forme jasmin, fond bleu, avec le portrait de l'Empereur, 300 fr. — La grande-duchesse DE TOSCANE, une tasse forme jasmin, fond vert de chrome. *Portrait de Madone*, 350 fr. — La princesse ALDOBRANDINI, une tasse fond bleu, à paysage, 225 fr. — La duchesse DE BELLUNE, une tasse et soucoupe fond bleu. *Vue de la vacherie de la Malmaison.* 240 fr. — La comtesse DE PÉRIGORD, une tasse et soucoupe. *Vue du château de Saint-Cloud*, 220 fr. — La duchesse D'ELCHINGEN, une tasse et soucoupe. *Vue de Saint-Cloud*, 220 fr. — La comtesse DE LUÇAY, un déjeuner de douze tasses et trois grandes pièces. Décor d'oiseaux et d'or en relief, sur fond vert, 2,290 fr. — La comtesse DE BOUILLÉ, un déjeuner de cinq pièces décoré en or et platine, 210 fr. — La comtesse DE MONTMORENCY, un déjeuner de six pièces, fond vert. Décor en or et platine, 390 fr. — La comtesse LAURISTON, un déjeuner de sept pièces, fond vert; décor en or et platine, 350 fr. — La princesse DE NEUFCHATEL, une tasse forme jasmin, fond d'or, cartel avec figures. *Jeux d'enfants*, 500 fr. — La comtesse LOBAU, une tasse conique, à fond d'or, paysage, 220 fr. — La reine DE WESTPHALIE, une tasse litron, fond bleu, doublée d'or. *Portrait de la grande-duchesse de Toscane*, 350 fr. — La duchesse DE BASSANO, une tasse de même genre. *Portrait de Joconde*, d'après Léonard de Vinci, 350 fr. — La comtesse DE MONTALIVET, une coupe à bouillon, fond brun doublé d'or. Riche décor polychrome,

300 fr. — La comtesse Duronel, une assiette à marly d'or. *Vue d'Ermenonville*, 260 fr. — La duchesse de Dalmatie, une assiette à marly d'or. *La Maternité*, 300 fr. — La duchesse d'Elchingen, une tasse. L'*Inconstance*, 300 fr. — La duchesse d'Istrie, un déjeuner à thé, fond agate; doublure et frise d'or sur le fond, 640 fr. — La princesse d'Eckmuhl, un pot à eau, fond bleu. Guirlande de fleurs dans un fond d'or, 530 fr. — Mme de Beauveau, deux vases forme fuseau, fond bleu ; décor en or, 320 fr. — La comtesse Bertrand, une tasse jasmin bleu, doublée d'or, 100 fr. — La duchesse de Rovigo, une tasse jasmin fond vert de chrome, 100 fr. — La vice-reine d'Italie, une coupe à bouillon, fond pourpre, doublée d'or. Décor en or et camée, 240 fr. — Mme de Ségur, une écuelle, même fond et décor, 280 fr. — Les comtesses du Chatel et de Canisy, deux tasses, fond pourpre, décor en or, 200 fr.

X

1811. *Service des présents.* — La naissance d'un fils comblait les vœux de l'Empereur. Après les cérémonies du baptême (2 juin), i distribua de nombreux présents, avec sa largesse habituelle. Nous groupons ici ceux dont nous avons trouvé la mention dans divers cartons des *Archives nationales*.

Au grand-duc de Wurtzbourg, désigné comme parrain, mais représentant l'empereur d'Autriche, les porcelaines de Sèvres suivantes : Portrait en buste de l'Empereur, peint sur porcelaine, d'après *Gérard*, par *Georget*, 7,000 fr. — Buste de Marie-Louise, première grandeur, en biscuit, par *Bosio*, 1,200 fr. — Vase œuf, avec sujet peint en camée, relatif à la naissance du roi de Rome, 2,500 fr. — Grand vase, forme Médicis, de 1^m,40 de hauteur, fond vert de chrome, à riches ornements en bronze doré, 15,000 fr. — Deux vases Médicis, fond d'or. *Vues de la haute Egypte. Marche d'une caravane*, par *Swebach*, 10,000 fr. — Deux vases, dits cordeliers, à guirlandes et bouquets de fleurs, par *Drouet*, 7,000 fr. — Buste de Napoléon, en biscuit, grandeur naturelle, avec socle et couronne, 1,200 fr. — Tasse, avec portrait de Marie-Louise, par *Leguay*, 500 fr. — Vases fuseaux, avec cartel, représentant Napoléon franchissant le Saint-Bernard, d'après *David* par *Georget*, 6,000 fr. — Grand vase de 1^m,30, dit étrusque, riche tors de fleurs par *Drouet*. Ornements en or bruni et riches bronzes

20,000 fr. — Deux vases de 0,85 ; ornements en or ombré et en bronze doré ; sur chaque vase, un grand cartel peint par *Drolling*. Dans l'un, le Marché des Innocents, dans l'autre le Palais du Corps législatif avec les réjouissances à l'occasion de la paix de Vienne, en 1809, 9,000 fr. (*Arch. nat.* O²41.)

A Madame MÈRE, marraine du roi de Rome, un buste de l'Empereur, grandeur naturelle, en biscuit de Sèvres, avec couronne et socle, 1,200 fr. — Une tasse de Sèvres, avec le portrait de Marie-Louise, d'après *Isabey*, par *Leguay*, 500 fr. — Un grand vase de 1ᵐ,30 de hauteur, dit étrusque, à riche tors de fleurs, par *Drouet* ; monture en bronze doré, 20,000 fr. — Un vase, dit fuseau, première grandeur à ornements et anses en or. Cartel représentant Napoléon franchissant le Saint-Bernard, d'après *David*, par *Georget*, 6,000 fr. — Deux vases fond brun écaille ; ornements en or ombré, anses et garniture en bronze doré. Sur chaque vase, un grand cartel peint par *Drolling*. Vue du Marché des Innocents et Vue du Palais du Corps législatif, avec les réjouissances à l'occasion de la paix de Vienne de 1809, 9,000 fr.

A la reine HORTENSE, seconde marraine. Un buste de l'Empereur en biscuit de Sèvres, avec socle et couronne, 1,200 fr. — Tasse, au portrait de Marie-Louise, d'après *Isabey*, par Mᵐᵉ *Jacquotot*, 500 fr. — Deux vases, dits cordeliers, peints par *Demarne*, représentant deux vues de Fontainebleau, avec des chasses de l'Empereur, 10,000 fr. — Déjeuner de douze tasses et quatre grandes pièces avec les portraits des principaux philosophes de l'antiquité, peints en camées, sur un guéridon de cinq plaques, genre étrusque, celle du milieu figurant Homère chantant ses poésies, par *Bergeret*, 3,740 fr. (*Arch. nat.* O²41.)

Au roi DE WESTPHALIE, des porcelaines de Sèvres pour une valeur de 41,420 fr., entre autres : deux vases, forme Médicis, offrant une Vue du palais de Saint-Cloud et une autre des coteaux de Bellevue et de Meudon, 8,000 fr. — Deux grands vases représentant des figures de danseurs, 14,000 fr. — Deux vases forme étrusque ; sur l'un *le Départ pour l'armée*, sur l'autre, *le Retour*, 7,000 fr. — Un vase, dit fuseau, décoré du portrait de l'Empereur, d'après *Gérard* par *Georget*, 2,000 fr. — Une cheminée en marbre noir, avec figures et camées en biscuit, incrustés dans le marbre, avec bronze, 2,500 fr. — Huit figures de grands hommes, Tourville, Turenne, Bayard, Vauban, Fénelon, Bossuet, d'Aguesseau et L'Hôpital, 1,600 fr.

Au prince DE SCHWARZENBERG : un buste de Napoléon en biscuit,

1,200 fr. — Une théière, fond vert, avec les portraits de Marie-Louise et de l'Empereur d'Autriche, 750 fr. — Tasse à déjeuner, portrait de Marie-Thérèse, 400 fr. — Une autre, avec le portrait de Charles-Quint, 200 fr. — Service à dessert de soixante-six pièces, à riche bordure d'or. Sujets variés peints en miniature, 18,750 fr. — Surtout en biscuit, figurant Bacchus et Cérès traînés dans un char par deux bœufs, 1,900 fr. — Deux groupes des trois Grâces, avec socles et vasques, 1,200 fr. — Huit figures antiques du musée Napoléon, 600 fr. (*Arch nat.* O^{2}41.)

Au cardinal Fescu, oncle de l'Empereur : un buste en biscuit de Napoléon, grandeur naturelle, avec socle et couronne, 1,200 fr. — Une tasse au portrait de Marie-Louise, d'après Isabey, avec l'étui en maroquin, 518 fr. — Deux vases dits Médicis, fond bleu ; cartels de paysages, par *Robert*, représentant une chasse de l'Empereur, près la ferme du Bac, 9,000 fr. — Un service de dessert peint en imitation de camées et de pierres gravées, 6,000 fr. — Un grand vase à ornements en or ombré en brun, anses et culots en bronze doré, 3,500 fr. etc. Total : 24,966 fr. (*Arch. nat.* O^{2}41.)

XI

Parmi les nombreuses distributions de porcelaines faites à l'occasion du mariage de l'Empereur avec Marie-Louise et de la naissance du roi de Rome, nous pouvons encore mentionner celles-ci.

Au comte de Ségur, un buste de l'Empereur, grandeur naturelle, deux médaillons en camée de l'Empereur et de l'Impératrice et trois services, dont un à filet d'or, le second, à fond rose, le troisième, à fond nankin. En tout, 12,500 fr. — Au comte Regnault de Saint-Jean-d'Angély, un service et diverses pièces, entre autres une pendule figurant Uranie, groupe de première grandeur, avec monture, valant 1,800 fr., etc. Total : 6,000 fr. — Au baron de Cramayel, un lot de 3,000 fr. — Au comte de Seysel, un lot de 3,000 fr. dont une pendule avec mouvement, représentant les trois Grâces et valant seule, 1,500 fr. — Au baron Prié, un lot de 3,000 fr., notamment un buste de l'Empereur, deuxième grandeur, avec socle en tôle vernissée, 90 fr. — Un médaillon camée de l'Impératrice, 12 fr. — L'Enlèvement de Proserpine, 200 fr. — Huit figures des Muses à 48 fr.

Le baron du Hamel fut aussi gratifié d'un lot d'une valeur de

3,000 fr. — MM. Dargainaratz et Saint-Aignan, aides des cérémonies, reçurent chacun pour 1,500 fr. de porcelaines.

8 novembre 1811. — A S. A. I. la princesse Pauline, six tasses et soucoupes, forme jasmin, doublées d'un fond vert de chrome. Portraits de femmes célèbres peints en miniature par Mme *Jacquotot*, 2,400 fr. (*Arch. nat.* O^{2}202.)

31 décembre 1810. — Princesse Corsini, un buste de l'Empereur, avec socle (90 fr.), un service à dessert et un déjeuner à thé (fleurs), 2,494 fr. — Mme Bianchi, un buste de l'Empereur, sans socle (60 fr.), un service, un déjeuner, etc., 2,486 fr. — Mme Albazzi, un buste (60 fr.), un service, un déjeuner, etc., 2,486 fr. — Baronne Dragomanj, un buste de 60 fr., un déjeuner à thé, etc. 1,199 fr. — Baronne Montecasini, un buste de l'Empereur avec socle (90, fr.), un déjeuner à thé, etc., 1,197 fr. — Comtesse Mozzi, un buste de 90 fr., un café, etc., 1,194 fr. — Baronne Torregiani, un buste de 60 fr., un déjeuner à thé, 1,184 fr.

Nous ne trouvons pas la liste des présents de porcelaine du 1er janvier 1812. L'exécution en était, paraît-il, médiocre. L'Empereur, auquel rien n'échappait, s'en montra fort mécontent et écrivit aussitôt au duc de Cadore (Champagny) :

« Monsieur le duc de Cadore, je viens de voir des porcelaines qui ont été envoyées à l'Impératrice pour ses présents du Jour de l'an. Ces porcelaines sont fort laides ; veillez à ce qu'elles soient plus belles une autre année. Faites faire un déjeuner sur chaque tasse duquel soient les portraits de l'Impératrice et des six princesses mes sœurs et belles-sœurs. Faites-en faire un autre, où soient les portraits des dames du palais de l'Impératrice. Sur ce, je prie Dieu qu'il vous ait en sa sainte garde. Paris, le 31 décembre 1811. Signé : Napoléon [1]. »

24 décembre 1813. — Le comte Bertrand, grand maréchal du palais depuis la mort de Duroc, écrit au duc d (?) : « Monsieur le duc, l'Empereur ; est dans l'intention de faire cette année, comme les précédentes, des cadeaux choisis dans les produits de sa manufacture de Sèvres pour être distribués aux princesses et dames de la cour. Sa Majesté désire que votre Excellence fasse porter le plus tôt possible chez Sa Majesté l'Impératrice, des porcelaines partagées en un même

---

[1] Cette lettre qui avait échappé à nos investigations, aux *Archives nationales*, se trouve dans l'ouvrage de M. Charles de Ujfalvy: *Les Biscuits de porcelaine*. Nous avons éprouvé un grand charme en parcourant ce livre, très étudié et illustré de délicieuses vignettes.

nombre de lots que l'année dernière et dans les mêmes prix. Le directeur de la manufacture pourra les remettre au concierge du palais qui en délivrera un reçu et, après la distribution il en donnera l'état et rendra les objets qui resteront. » (*Arch. nat.* O^{3}202.)

Les présents du 1er janvier 1814 étaient fort beaux et d'un prix élevé. Ils furent livrés par la manufacture le 31 décembre, suivant l'usage, et distribués comme suit :

L'Impératrice, deux vases, dits carafe étrusque, peints en imitation de mosaïque. Vues de Florence, 2,600 fr.; un déjeuner de quatre pièces, sur plateau, fond or. Têtes de Madone, par Mme Jacquotot, et la boîte, 7,270 fr., un portrait du Roi de Rome, d'après *Gérard*, par *Constantin*, 700 fr.; une tasse Regnier, à ornements en relief et camée de la famille impériale, 200 fr.; une tasse Regnier, à ornements en relief. Portraits de l'Empereur et de l'Impératrice, 250 fr. — La reine d'Espagne, un déjeuner de cinq pièces, sur plateau. Portraits de guerriers et de législateurs sur fond de platine, et une boîte, 4,875 fr. — Madame Mère, un tableau ovale, peint en camée, représentant les premiers pas du Roi de Rome, 5,000 fr. — La grande duchesse de Toscane, un déjeuner de cinq pièces. Garde impériale, par *Swebach*, et une boîte, 3,385 fr. — La reine de Naples, un déjeuner de cinq pièces, sur plateau, fond or. Vues des environs de Sèvres, par *Robert* et *Langlaée*, 2,895 fr. — La princesse Pauline, un déjeuner de cinq pièces, sur plateau, fond or, par *Van Os* et *Riocreux*, avec boîte, 2,560 fr. — La reine Hortense, un déjeuner de cinq pièces sur plateau, fond bleu. Sujets anacréontiques, à la manière de camées, par *Parent*, et une boîte, 5,675 fr. — La vice-reine d'Italie, un déjeuner de cinq pièces, sur plateau, fond or laminé. Jeux d'Amours et de Nymphes, par *Leguay*, et la boîte, 6,425 fr. — La reine de Westphalie, deux vases forme fuseaux, avec portraits, l'un de l'Empereur, l'autre de l'Impératrice, 4,000 fr. — La duchesse de Bellune, deux vases dits fuseaux, 3e grandeur, avec camées, par *Degault*, 1,300 fr. — La duchesse de Montebello, deux vases Médicis, 3e grandeur, fond d'or. *Eglogue* de Virgile, par *Gérard*, 3,200 fr. — La duchesse de Dalberg, deux vases de même genre. Fleurs, par *Sisson*, 1,500 fr. — La comtesse de Brignolle, deux vases forme carafe étrusque, fond vert, bouquets de fleurs, 1,400 fr. — Les comtesses Lauriston et de Périgord, chacune un vase, forme étrusque. Vues des bords du Rhin, par *Swebach*, les deux 3,200 fr. — La princesse de la Moskowa, une colonne en bleu et ornements en or.

Marche du Soleil; dans le piédestal, une pendule, 2,400 fr. — La duchesse DE ROVIGO et la comtesse DE MONTALIVET, chacune un vase, forme cornet d'abondance, terminé par des têtes de sanglier, et bouquet de fleurs, 2,400 fr. — La comtesse BERTRAND, un déjeuner de sept pièces, fond bleu. Portraits d'écrivains célèbres antérieurs au XVI° siècle, par *Georget*, avec la boîte, 4,025 fr. — La comtesse DE TALHOUET, un déjeuner de sept pièces, fond bleu. Portraits d'artistes italiens, par *Béranger*, 1,750 fr. — La baronne DE MESGRIGNY, un déjeuner de sept pièces. Portraits de peintres de l'école flamande, par *Drolling*, avec la boîte, 2,950 fr. — La comtesse DE SÉGUR, une tasse offrant le portrait de l'Impératrice, 515 fr. — La comtesse MARMIER, une coupe, à ornements en relief, d'après les dessins de *Jamin*, et cage de verre, 665 fr. — La comtesse DE NOAILLES, une coupe semblable, 665 fr. — La comtesse DE MORTEMART, une aiguière, décorée d'ornements coloriés et de camées sur fond d'or, 2,000 fr. — La baronne DE BOUBERS, un riche piédestal en biscuit, représentant les quatre saisons et ornements analogues, surmonté d'une coupe et renfermant une pendule d'après *Percier*, 1,400 fr. — La comtesse DE LUÇAY, un déjeuner de sept pièces, sur plateau, fond bleu. La comtesse DE CROY, deux vases en biscuit, forme Médicis et bas-reliefs, 800 fr. — La duchesse DE BASSANO, un déjeuner de dix pièces à ornements égyptiens coloriés, avec plateau en tôle, 1,355 fr. — La princesse CHARLOTTE, une tabatière montée en or. Portrait de l'Impératrice d'après *Isabey*, 1,100 fr. — La duchesse DE CASTIGLIONE, un déjeuner de cinq pièces, ornements en relief blancs sur fond d'or. Cage de verre et plateau, 945 fr. — La princesse ALDOBRANDINI, un déjeuner de cinq pièces. Portraits de peintres français, et la boîte, 2,720 fr. — La comtesse DE MONTESQUIOU, un déjeuner de sept pièces sur plateau. Genre mosaïque florentine, par *Huart*, avec boîte, 2,550 fr. — La comtesse DE BEAUVEAU, un déjeuner de cinq pièces, de formes variées, avec plateau, 480 fr. — La duchesse DE PLAISANCE, un vase Médicis, pâte bleue, 600 fr. — La duchesse DE PADOUE, une écuelle, dite GÉRARD, fond vert; riche décor en or, avec l'étui, 620 fr. — La comtesse DE MONTMORENCY, une coupe à bouillon, avec plateau, offrant des Fables de La Fontaine et le portrait du fabuliste; décor en imitation de mosaïque de Florence, et deux étuis, 870 fr. — La comtesse MOLLIEN, un déjeuner de cinq pièces à ornements en relief, genre camée, et cage de verre, 1,015 fr. — La princesse ZÉNAÏDE (?), un portrait de l'Impératrice, d'après *Isabey*, 600 fr. — La comtesse de Bouillé, une coupe, en forme de casque, soutenue par les Amours, 700 fr. — La comtesse de Nansouty, un déjeuner de sept pièces, forme étrusque, godronné, fond rouge et bordure or, 470 fr. — Le total s'élève à 93,130 fr.

CHAPITRE V

LA MANUFACTURE DES GOBELINS ET LA MANUFACTURE D'AUBUSSON

I

La manufacture des Gobelins remonte à 1662; elle s'appelait, à cette époque, *Manufacture royale des Meubles de la Couronne;* c'est qu'on y fabriquait alors, non seulement des tapisseries tissées, mais encore des broderies, de superbes meubles d'ébénisterie, des pièces d'orfèvrerie et des mosaïques pareilles à celle de Florence. Ces divers travaux, exécutés avec une rare perfection, avaient l'inconvénient de coûter fort cher. Dans la suite, l'Etat les rendit à l'industrie privée et la manufacture ne s'occupa plus exclusivement que des tapisseries.

Sous l'Empire, un ordre admirable régna dans l'administration des Gobelins. L'usine, subventionnée par la liste civile, dont elle recevait chaque année 150,000 francs, rentra dans les attributions de l'intendant général de la maison de l'Empereur.

Le budget était encore augmenté par les recettes provenant des fournitures de laines teintes, aux manufactures de Beauvais et de la Savonnerie, et par les livraisons faites au nom de l'Empereur, pour le garde-meuble et le service des présents.

« Le personnel administratif se composait du directeur (Guillaumot), de l'inspecteur-professeur de dessin, du dessinateur des ateliers, du concierge et de son commis, du chapelain, qui avait été rétabli, et du médecin, plus trois hommes de service dont deux portiers. Le personnel des ateliers comprenait : le directeur des teintures, un chef ouvrier et deux compagnons. Un chef d'atelier de haute lisse et soixante tapissiers divisés en quatre classes et six apprentis formés dans l'atelier. Un chef d'atelier de basse lisse, vingt-huit tapissiers, également divisés en quatre classes et deux apprentis, enfin cinq rentrayeurs. » (Alfred Darcel. *Les Manufactures nationales des Gobelins et de tapis de la Savonnerie.* Paris, 1885.)

Lorsque le tissage se fait horizontalement, la tapisserie est dite de basse lisse ; elle devient de haute lisse, quand le travail s'exécute en hauteur, verticalement.

Napoléon voulut qu'une pension fut accordée aux anciens ouvriers ne pouvant plus travailler.

II

En 1805, nous trouvons sur les métiers les pièces suivantes : l'*Enlèvement d'Orythée*, *Aria et Pétus*, le *Combat des Romains et des Sabins*, d'après Vincent ; *Vénus blessée par Diomède* ; *Méléagre entouré de sa famille*, d'après Ménageot ; *Enée quittant Troie embrasée* ; *Léonidas et Cléombrotte*, ou l'*Amour conjugal*, d'après Lemoine ; *Enée poursuivant Hélène dans le temple de Minerve*, d'après Vien ; *Cornélie mère des Gracques*, la *Vestale Clélie* et l'*Offrande à Palès*, *divinité des bergères*, d'après Suvée ; la *Fête de Flore* ou le *Printemps*, la *Fête de Cérès* ou l'*Eté*, la *Fête de Bacchus* ou l'*Hiver*, tenture des quatre saisons, d'après Callet.

Iphigénie reconnaissant Oreste, d'après Regnault ; les *Adieux d'Henri IV à Gabrielle*, l'*Evanouissement de Gabrielle*, *Henri IV rencontrant Sully blessé*, *Henri IV chez Michaud*, l'*Enlèvement de Déjanire par le centaure Nessus*, d'après le Guide ; le *Sommeil de Renaud*, l'*Assassinat de Coligny*, le *Combat de Marcel et Bayard*, le *Courage des femmes de Sparte*, d'après le Barbier aîné ; le *Combat de Mars et Diomède*, le *Parnasse*, le *Zèbre*, les *Pêcheurs*, le *Chasseur*, l'*Eléphant*, les *Taureaux*, le *Combat des animaux*, sujets tirés de la tenture des Indes, de Desportes. D'année en année nous verrons ces pièces sortir du métier, avec leur prix de revient.

III

Parmi les pièces nouvelles relatives à la gloire napoléonienne, on commença par la *Mort du général Desaix*, d'après Regnault, et les

Pestiférés de Jaffa, d'après Gros. Les sujets qui suivirent sont : *Napoléon passant le Saint-Bernard*, de David, et *Napoléon distribuant des sabres d'honneur*.

Pendant l'année 1809, la manufacture fut surtout occupée à l'ameublement du grand cabinet de l'Empereur, aux Tuileries, dont les six portières représentaient les *Armes d'Italie*, les *Armes de l'Empire français*, la *Victoire*, la *Renommée*, les *Sciences* et les *Arts*, le *Commerce* et l'*Agriculture*, d'après Dubois. On mit aussi sur les métiers l'*Empereur donnant des ordres le matin de la bataille d'Austerlitz*, d'après Carle Vernet et l'*Empereur passant en revue les députés de l'armée*.

En 1810, on entreprit *Napoléon pardonnant aux révoltés du Caire*, de Guérin ; l'*Empereur donnant la croix à un soldat russe*, de Delert ; l'*Entrée à Vienne*, d'après Girodet ; les *Préliminaires de la paix de Léoben*, d'après Guillon-Lethière ; les *Soldats du 76ᵉ régiment retrouvant leurs drapeaux dans l'arsenal d'Inspruck*, d'après Meynier.

Puis, en 1811, la *Prise de Madrid*, d'après Gros, et l'*Empereur recevant la Reine de Prusse à Tilsitt*, d'après Berthon, la *Réception des députés de Paris*, d'après Mulard, les *Adieux de Napoléon et d'Alexandre, après la paix de Tilsitt*, par Gautherot, et la *Clémence de Napoléon envers la princesse de Hartsfeld*, d'après Ch. de Boisfremont. (Alfred Darcel. *Les Manufactures nationales de tapisserie des Gobelins...* Paris, 1885.)

L'Empire s'écroula avant que la plupart de ces pièces ne fût terminée.

Nous devons encore mentionner divers travaux exécutés à partir de 1806 et réservés aux présents : les portraits en buste et en pied de l'Empereur, de Joséphine et de Madame Mère ; des morceaux figurant un *Déjeuner*, un *Dessert*, des *Fleurs*, des *Fruits*, par Mme Vallayer-Coster, des *Oiseaux*, par Barraband.

Quant à la partie concernant les meubles destinés aux palais impériaux, elle comprenait des feuilles d'écran et de paravent, à l'aigle couronné, des canapés, des fauteuils-chaises, pliants, tabourets ; des garnitures de fenêtres ; des morceaux avec un N, ou une abeille, pour utiliser d'anciennes bordures et remplacer la fleur de lis dans les coins et dans les milieux.

IV

Maintenant passons en revue, année par année, les pièces exécutées aux Gobelins. A l'indication du sujet, nous joignons la dimension en mètres carrés et le prix de la pièce. Nous ne nous occupons que des tapisseries terminées et non de celles encore inachevées restées sur le métier. Elles exigeaient parfois de longues années de travail ; pour n'en citer qu'un exemple récent, la *Filleule des Fées*, de Mazerolle, commencée en 1879, ne fut terminée qu'en 1888. Elle avait 33 mètres carrés et sept ouvriers y ont travaillé pendant neuf ans. Certaines tentures ont demandé plus de temps encore pour leur achèvement.

Ouvrages terminés en 1805. — La *Reconnaissance d'Iphigénie et d'Oreste* ($14^m,79$), 14,214 fr. ; *Aria et Pétus* ($8^m,21$), 9,502 fr.; deux fonds de fauteuils, à fleurs, sur fond lilas ($0^m,62$), 478 fr. ; une partie de la pièce, le *Parnasse* ($21^m,03$), 18,169 fr. ; dossier de canapé, à fleurs, sur fond lilas ($1^m,09$), 989 fr. ; deux fonds de fauteuils de même ($0^m,62$), 566 fr. ; cent douze plates-bandes pour sièges ($6^m,99$), 4,411 fr. ; deux écrans à fleurs, sur fond lilas ($1^m,07$), 970 fr. ; six dossiers de fauteuils, de même fond ($1^m,19$), 1,030 fr.

Ouvrages terminés en 1806. — Beaucoup de pièces étaient sur le métier en 1805, c'est ce qui explique le nombre des tapisseries achevées qu'on remarque dans les années suivantes :

Enée poursuivant Hélène dans le temple de Minerve ($14^m,61$), 19,148 fr. ; la *Fête des Saturnales* ou l'*Hiver* ($10^m,95$), 12,985 fr. ; l'*Enlèvement de Déjanire* ($5^m,89$), 7,869 fr. ; *Fête à Flore*, ou le *Printemps* ($11^m,25$), 17,534 fr. ; l'*Assassinat de l'amiral de Coligny* ($9^m,19$), 16,533 fr. ; la *Vestale Clélie* ($14^m,26$), 15,751 fr.

10 février 1806. — Sur l'ordre de M. Lefuël, conservateur du Mobilier impérial, M. Guillaumot, administrateur des Gobelins, envoie cinq portières pour le palais des Tuileries : *Neptune*, *Diane*, une portière du *Grand écusson* et deux portières de *Cérès*. (*Arch. des Gobelins*, 1806, chemise n° 1.)

Cette même année, la manufacture livre pour le palais de Fontainebleau, le *Triomphe des Dieux*, 38,440 fr.; *Jason et Médée*, 33,870 fr. ; *Esther*, 29,340 fr. ; les *Saisons et les Eléments*, portières 6,000 fr. (*Arch. des Gobelins*, 1812, cahier n° 6.)

Ouvrages terminés et retirés de métiers en 1807. — *Vénus blessée par Diomède* (10^m,81), 15,572 fr. — Le *Sommeil de Renaud* (3^m,37), 4,542 fr. — Morceau de fleurs (0^m,68), 807 fr. — Morceau de fruits, de même dimension, 805 fr. — Morceau de fleurs (0^m,72), 848 fr. — Deux fonds de fauteuils, à fleurs, sur fond lilas (0^m,77), 483 fr. — Deux autres, de même dimension, 533 fr. — La *Fête de Cérès* ou l'*Eté* (11^m,39), 19,366 fr. — Couronne de fleurs (morceau de 0^m,28), 330 fr. — Le *Sommeil de Renaud* (6^m,91), 12,318 fr. — Fond de canapé, en fleurs, fond lilas (1^m,41), 948 fr. — Morceau représentant deux *Canards* et un *Vautour* (1^m,26), 4,373 fr. — Deux dossiers de fauteuils, à fleurs, fond lilas (0^m,51), 354 fr. — Dossier de canapé, à fleurs, fond lilas (0^m,23), 835 fr. — Huit plates-bandes, pour fonds de fauteuils, fond lilas (0^m,63), 406 fr. — Morceau représentant des *perroquets* (0^m,50), 1,467 fr. — Deux dossiers de fauteuils à fleurs, fond lilas (0^m,51), 398 fr. — Quatre sièges de fauteuils à fleurs et fond lilas (1^m,55), 1,068 fr. — Seize plates-bandes fond lilas, pour dossiers de fauteuils (0^m,82), 516 fr.

1808. — Un superbe envoi de tapisseries et de meubles est adressé au palais de Compiègne.

En voici le détail :

Une pièce, tenture neuve, représentant la *Noce d'Angélique* (H. 3 mètres sur 6^m,10), compris le nettoyage et les menues réparations, 17,735 fr. — Une bordure complète, 725 fr.

Pour le salon ou cabinet de l'Empereur, trois pièces de tentures neuves.

1° Une *Fête à Flore* ou le *Printemps* (H. 3^m,30 sur 3^m,41), 17,600 fr.

2° Une *Fête à Cérès* ou l'*Eté* (H. 3^m,38 sur 3^m,36), 19,430 fr.

3° *Offrande à Palès*, divinité des Bergères (H. 3^m,10 sur 3^m,28), 14,930 fr.

Pour le second salon de l'appartement d'un souverain étranger :

La *Fureur des Taureaux* (H. 3^m,30 sur 4^m,42), 12,840 fr. — Rallonge et bordure, 1,438 fr.

La *Robe empoisonnée de Médée* (H. 4^m,28 sur 5^m,38), 17,360 fr. — Bordure ajoutée, 886 fr.

Un meuble fond lilas, dessin à fleurs, composé de deux canapés, douze fauteuils et une feuille d'écran (sans les fûts), 14,800 fr. Deux tabourets de pied, 600 fr.

Exercice de 1809. — Appointements des employés, 111,061 fr.

Achat de matières premières et dépenses diverses, 48,427 fr. Livrées, secours, gratifications, 3,000 fr.

Les ouvrages terminés en 1809 sont nombreux, mais on remarquera qu'ils comptent beaucoup de petites pièces.

Méléagre entouré de sa famille (15^m,08), 24,801 fr. — Six morceaux avec un N sur fond vert, pour milieux d'anciennes bordures (0^m,39), 234 fr. — Portrait en buste de l'*Impératrice Joséphine* (0^m,62), 1,330 fr. — Un autre, de même dimension, 1,280 fr. — Le *Combat des Romains et des Sabins* (13^m,87), 20,200 fr. — Quatre couronnes pour milieux d'anciennes bordures (0^m,41), 342 fr. — Quatre pliants, fond rouge avec leurs plates-bandes (3^m,16), 3,240 fr. — Portrait en pied de l'*Impératrice Joséphine* (3^m,50), 12, 169 fr. — Portrait en buste de l'*Empereur* (0^m,72), 1,610 fr. — Un portrait semblable (0^m,72), 1590 fr. — *Enée quittant Troie embrasée* (8^m,51), 13,000 fr. — Le *Chasseur*, pièce du sujet des Indes (14^m,77), 27,598 fr. — *Arias et Pétus* (9^m,11), 11,820 fr. — Trois chaises, fond rouge, avec leurs dossiers et leurs plates-bandes (2^m,58), 2,274 fr. — Trente abeilles, pour coins d'anciennes bordures (1^m,72), 1,175 fr. — Trois chaises, fond rouge, avec leurs dossiers et plates-bandes (2^m,58), 2,786 fr. — Quatre coins, fond vert, avec abeilles, pour anciennes bordures (1^m,10), 754 fr. — Quatre coins de même, 745 fr. — Deux parties de bordures de portières (2^m,35), 1,575 fr. — Quatre pliants, fond rouge, avec leurs plates-bandes (3^m,16), 3,218 fr. — Quatre fonds de fauteuils, fond rouge, avec leurs plates-bandes (2^m,89), 2,760 fr. — Douze fonds de chaises, à petits bouquets, fond de soie lilas (5^m,88), 3,680 fr. — Six dossiers de chaises, de même (1^m,32). 800 fr. — Un dossier de fauteuil fond rouge, avec ses quatre plates-bandes (0^m,49), 514 fr. — Trois dossiers pareils (1^m,48), 1,420 fr. — Trois manchettes de fauteuils, fond rouge (0^m,18), 105 fr. — Seize manchettes fond lilas (1^m,22), 345 fr. — Dix-huit dossiers de chaises, à fleurs, fond lilas (3^m,97), 2,186 fr. — Un fauteuil complet, fond rouge, avec manchettes et plates-bandes (1^m,37), 1,222 fr. — Huit étoiles pour le devant des manchettes de quatre fauteuils, fond rouge (0^m,12), 32 fr. — Trente-deux morceaux pour devant et derrière des manchettes de douze fauteuils et deux canapés, fond lilas (0^m,35), 48 fr. — Quatre manchettes de fauteuils, fond lilas (0^m,30), 86 fr. — Cinq manchettes, fond rouge (0^m,30), 224 fr. — Une partie de bordure en forme de pente, pour une portière (1^m,79), 1,271 fr. — Quatre manchettes de canapé fond lilas (0^m,36), 92 fr.

— Quatre manchettes de fauteuils, même fond (0ᵐ,30), 82 fr. — Une partie de bordure, forme de pente pour portière (1ᵐ,79), 1,172 fr.

1809. — Livré à l'administration du mobilier impérial pour l'ameublement du salon-cabinet de l'Empereur, aux Tuileries :

Quatre pièces de tentures neuves, entourées d'une bordure composée d'ornements et d'attributs impériaux préparés et ajustés pour ce salon d'après l'ordre de Sa Majesté.

Enée poursuivant Hélène (H. 3ᵐ,97 sur 6ᵐ,53 de cours, compris la bordure et les deux rallonges), 33,750 fr.

Zeuxis choisissant un modèle pour peindre Hélène (H. 3ᵐ,35 sur 4ᵐ,90 de cours y compris la bordure), 33,660 fr.

Vénus blessée par Diomède (H. 3ᵐ,39 sur 4ᵐ,95 y compris une rallonge et la bordure), 24,555 fr.

L'Enlèvement de Déjanire par le centaure Nessus (H. 4ᵐ,02 sur 2ᵐ,76 de cours y compris deux rallonges et la bordure), 14,780 fr. — Total : 108,745 fr.

Pour le salon de l'Empereur, au palais de Strasbourg, le *Parnasse*, avec bordures, écussons rallonges, 25,690 fr.

1810. — Pour Compiègne douze chaises à petits bouquets, sur fond de soie, couleur lilas, à 430 fr. la chaise, 5,160 fr. (les douze chaises fontᵗ 8ᵐ,52).

Exercice de 1811. — Les appointements des employés de tout grade, l'achat des matières premières et les dépenses diverses s'élèvent à 168,310 fr. Sur cette somme, il faut déduire 13,280 fr. pour fournitures aux manufactures de Beauvais et de la Savonnerie.

Ateliers de haute lisse. — *Mort du général Desaix* (9ᵐ,23), 24,877 fr. — *Portrait de l'Empereur* avec les habits impériaux (3ᵐ,76), 12,500 fr. — Deux dessins de pliants sur fond rouge et huit plates-bandes (1ᵐ,58), 1,600 fr. — Deux bordures fond uni pour encadrer la pièce l'*Offrande à Palès* (2ᵐ,84), 1,250 fr. — Deux autres bordures montantes, pour la même pièce (3ᵐ,01), 1,250 fr. — Un portrait en buste de l'*Empereur* (0ᵐ,67), 2,250 fr. — Un autre semblable, 2,250 fr. — Deux bordures plates, fond uni pour encadrer la pièce des Indes, dite le *Chameau* (3ᵐ,35), 1,360 fr.

Ouvrage de basse lisse. — Six écussons et bordures avec le monogramme de S. M. (0ᵐ,98), 330 fr. — Deux autres (0ᵐ,33), 110 fr. — Deux bordures plates pour la portière représentant les *Armes d'Italie* (2ᵐ,29), 1,599 fr. — Portière figurant les *Armes d'Italie*, sur fond pourpre, en laine, parsemée d'abeilles (9^m,63), 9,600 fr. — Portrait en pied de *Madame Mère* (3^m,25), 12,000 fr. — Quatre feuilles de paravent avec aigle et ornements sur fond cramoisi, en soie (1^m,80), 2,333 fr. — Une feuille d'écran, avec aigle couronné et ornements sur fond cramoisi, en soie, parsemé d'abeilles (0^m,62), 1,000 fr. — Autre, 1,000 fr. — Un dossier de fauteuil de représentation avec une Minerve et ornements rehaussés d'or, sur fond rouge, en laine, parsemé d'abeilles (0^m,34), 800 fr. — Autre dossier avec une *Renommée* (0^m,34), 800 fr. — Dossier de chaise de princesse, avec casque et ornements semblables (0^m,21), 450 fr. — Deux tabourets de pied (0^m,44), 600 fr. — Deux écussons, avec aigle couronné (0^m,45), 490 fr. — Morceau représentant un *Dessert* composé de pots de crème, biscuits, etc. (0^m,30), 800 fr. — Morceau figurant un *Déjeuner*, brioches, raves, etc. (0^m,30), 800 fr. — Un fond de fauteuil de représentation, avec palmes et ornements rehaussés d'or, sur fond rouge, parsemé d'abeilles (0^m,55), 1,000 fr. — Une plate-bande de devant pour un fauteuil de représentation (0^m,13), 110 fr. — Deux écussons de bordures avec aigle couronné et ornement, sur fond rouge, en laine (0^m,60), 680 fr. — Deux tabourets de pied, avec ornements sur fond rouge, en soie, parsemé d'abeilles et huit plates-bandes (0^m,64), 600 fr. — Une pente de portière, parsemée d'abeilles (1^m,87), 955 fr. — Deux manchettes de fauteuil de représentation, fond rouge, en laine, parsemé d'abeilles (0^m,35), 90 fr. — Un dossier de fauteuil de prince, avec aigle et ornements, sur fond rouge, en laine, parsemé d'abeilles (0^m,29), 590 fr. — Un fond de fauteuil de représentation, avec palmes et ornements rehaussés d'or, sur fond rouge en laine, parsemé d'abeilles (0^m,55), 1,000 fr. — Une plate-bande de devant pour un fauteuil de représentation rehaussée d'or, parsemé d'abeilles (0^m,13), 110 fr. — Un dessus de pliant, même décor (0^m,45), 900 fr. — Un autre, 900 fr. — Deux manchettes de fauteuil de représentation, même décor (0^m, 35), 90 fr.

Pièces terminées en 1812. — *Atelier de haute lisse.* Deux bordures fond uni, pour encadrer la pièce des Indes, dite les *Taureaux* (3^m,35), 1,530 fr. — Six autres bordures (2^m,12), 1,380 fr. — Deux portraits en buste, de l'*Empereur* (0^m,67 chacun), valant 2,250 fr. l'un. Partie basse de cantonnière composée d'ornements et d'attributs sur fond cramoisi, en soie, parsemé d'abeilles, avec bordure (4^m,18), 4,500 fr. — Deux bordures montantes pour la pièce des Indes dite le *Chameau* (3^m,01), 1,260 fr. — La pièce des Indes, dite les *Taureaux* (17^m,04), 36,900 fr.

Atelier de basse lisse. Fonds de fauteuils à petits bouquets sur fond jaune, en soie, à 650 fr. — Fonds de fauteuils de prince, avec aigle et ornements rehaussés d'or, sur fond rouge, en laine, parsemé d'abeilles, à 770 fr. l'un. — Dossier de fauteuil à petits bouquets, sur fond jaune, en soie, à 300 fr. — Dossier de fauteuil de prince, avec aigle et ornements, sur fond rouge, en laine, parsemé d'abeilles (0^m,27), 660 fr. — Dossiers de chaises de princesse, avec casque et ornements rehaussés d'or, sur fond rouge, en laine, parsemé d'abeilles, à 450 fr. — Fonds de chaises de princesse avec milieux et ornements sur fond rouge, rehaussés d'or et parsemés d'abeilles, à 460 fr. — Dessus de pliants, même décor, de 0^m,45, l'un 900 fr. — Feuilles de paravent avec figures et ornements du même genre, à 1,000 fr. l'une. — Manchettes et plates-bandes pour chaises et fauteuils de princes et de princesses, à 12 fr. 50 et 18 fr.

V

Service des présents de l'Empereur.

19 avril 1806. — Par ordre de l'Empereur, trois tapisseries sont envoyées au cardinal Caprara, légat du Pape : le *Baptême de Jésus-Christ* ; — le *Lavement des pieds* ; — la *Pêche miraculeuse*. Leur prix total est de 27,468 fr.

10 mars 1806. — M. Guillaumot, administrateur des Gobelins, écrit à l'Intendant général de la maison de l'Empereur qu'il a été avisé que le ministre de l'intérieur devait choisir une tapisserie pour être remise en présent à M. le comte d'Altamira, grand écuyer de la cour d'Espagne. Il attend qu'on vienne faire ce choix.

4 mai 1806. — Présents de cinq tapisseries au roi de Wurtemberg.

6 mai 1806. — Lettre du conseiller d'État, administrateur général de la maison de l'Empereur : « Votre Majesté, Sire, m'a fait l'honneur de me dire que son intention était de faire un présent de tapisseries des Gobelins à S. A. Electorale le prince de Bade. J'ai l'honneur de proposer à Votre Majesté, pour composer ce présent, les cinq pièces suivantes qui m'ont paru le plus convenables parmi celles qui existent dans le magasin de la manufacture, savoir : l'*Apparition de la croix à Constantin*, 5,272 fr., — *Joseph vendu par ses frères*,

3,738 fr.; — l'*Evanouissement d'Esther*, 3,713 fr. ; — l'*Arrestation d'Aman*, 5,326 fr. ; — *Héliodore chassé du Temple*, 7,801 fr.

Cette lettre est ainsi apostillée : Approuvé. Signé : « Napoléon. »

25 juillet 1806. — Treize pièces de tapisseries sont remises à M. Rollier, intendant général de Madame Mère, pour meubler son château de Pont.

Grand salon : l'*Eté;* — l'*Automne;* — l'*Hiver;* — *Apollon;* — *Bacchus;* — *Latone;* — le *Parnasse*. Ensemble : 30,320 fr.

Petit salon : le *Bal de Don Quichote;* — le *Vol de l'âne;* — la *Dorothée;* — la *Fausse princesse;* — *Don Quichotte et le Barbier*. Les cinq morceaux : 17,386 fr.

Pour le petit cabinet : *Psyché et l'Amour*, 2,566 fr.

1807. — Présent à S. A. le prince primat : la *Vestale Clélie*, 15,751 fr. ; — la *Madeleine chez le Pharisien*, 9,993 fr.

Au grand-duc de Bade : la *Peinture*, 7,520 fr. ; — *Vase de fleurs*, 701 fr.

Au prince Borghèse : le *Déjeuner de la Sultane*, 5,940 fr. ; — *Vase de fleurs*, 700 fr.

Au grand-duc de Berg : la *Mort de l'amiral de Coligny*, 8,450 fr.

Au prince de Neufchâtel : un sujet de la tenture des Indes, le *Chameau* : 6,700 fr.

15 octobre 1808. — Etat des tapisseries offertes au prince Guillaume de Prusse : la *Reconnaissance d'Iphigénie et d'Oreste*, 14,286 fr. ; — le *Courage des femmes de Sparte*, 8,000 fr. ; — *Coligny de Chastillon devant ses assassins*, 16,680 fr. (*Arch. des Gobelins*, chemise 1808, Dons.)

4 février 1809. — Livré au comte de Romansoff : une *Fête à Bacchus ou l'Automne*, 19,000 fr. ; — les *Saturnales ou l'Hiver*, 13,000 fr.

Après les fêtes et réceptions de l'entrevue d'Erfurt Napoléon offrit au comte Tolstoï les tapisseries qu'il avait fait venir pour orner l'habitation où il devait recevoir tant de princes et de têtes couronnées.

Ces tapisseries au nombre de dix valaient 37,200 fr. ; c'étaient : cinq pièces de Beauvais, figurant des *Jeux russes;* — deux pièces aussi de Beauvais, offrant des *Scènes chinoises*. Les trois autres tapisseries, tissées aux Gobelins, représentaient des sujets de *Jason et Médée*, la *Fureur des taureaux*, la *Robe empoisonnée*, le *Mariage de Jason*. (*Arch. des Gobelins*.)

6 décembre 1809. — L'Empereur aimait beaucoup son bon ami le

roi de Saxe, le seul qui lui resta fidèle jusqu'à la fin. Napoléon lui envoya pour orner son palais de Dresde, de magnifiques tapisseries ainsi désignées aux *Archives des Gobelins* : *Joseph reconnu par ses frères*, 17,700 fr.; — *l'Évanouissement d'Esther*, 17,500 fr. — *l'Arrestation d'Aman*, 17,300 fr. ; — *le Combat des Romains et des Sabins*, 20,200 fr. ; — *Enée quittant Troie embrasée*, 13,000 fr.; — *le Sommeil de Renaud*, 12,400 fr. ; — *Portrait en buste de l'Empereur*, 1,600 fr.

29 décembre 1809. — Offert au roi de Wurtemberg : *Léonidas et Cléombrotte*, 13,600 fr.; — *Aria et Pétus*, 12,600 fr. Un *Portrait en buste de l'Empereur*, avec cadre, 1,800 fr.

1810. — Pour le prince de Bade : *l'Enlèvement de Proserpine*, d'après Vien ; — *l'Enlèvement d'Europe*, d'après M. Pierre; — *Aglaure*, d'après le même; — *Psyché et l'Amour*, d'après Belle père.

1810. — Pour le Roi et la Reine de Bavière : deux pièces du sujet des Indes, de Desportes, le *Zèbre* et le *Chasseur*.

1811. *Présents à l'occasion du nouvel an*. — A la reine Hortense : *l'Empereur distribuant des sabres d'honneur aux grenadiers de sa garde*, d'après le tableau de Gros (H. 3^m,23), 16,000 fr.

A la princesse Pauline : *l'Empereur gravissant les Alpes* d'après David (H. 2^m,94), 15,000 fr.

Au vice-roi : un portrait en pied de *l'Impératrice Joséphine, dans les habits impériaux* (H. 2^m,33), 10,000 fr.

A la reine Hortense : un portrait en pied de *Joséphine, assise sur un canapé*, sans bordure (H. 193), 12,230 fr.

Au cardinal Fesch (frère de Madame Mère et oncle de l'Empereur) : un Morceau représentant deux *Canards* et un *Vautour*, d'après Desportes (H. 1^m,09), 4,373 fr.

A Mme de Ségur : un Morceau représentant des *Perroquets*, d'après Barraban, pour servir d'écran (H. 0^m,78), 1,467 fr.

1811. *Baptême du Roi de Rome. Présents aux parrain et marraines*. — Le baptême du Roi de Rome eut lieu à Notre-Dame, le 2 juin 1811. Le parrain, l'empereur d'Autriche, était représenté par le grand-duc de Wurtsbourg qui reçut divers présents, entre autres deux tapisseries des Gobelins, *Cornélie, mère des Gracques*, 20,762 fr. ; — *le combat de Mars et de Diomède*, avec bordure et coins, 36,384 fr.

Le royal enfant eut deux marraines, Madame Mère et la Reine Hortense. L'Empereur leur donna deux tapisseries ; pour la première marraine, *Méléagre entouré de sa famille*, 24,801 fr.; pour la seconde, *l'Offrande à Palès*, avec bordure et coins ajoutés, 18,572 fr.

1812. — Au roi de Wurtemberg : *Fruits et animaux des Indes*, les *armoiries* de Sa Majesté : 48,210 fr.

1813. — Etat des tableaux en tapisserie qui peuvent être mis à la disposition de LL. MM. l'Empereur et l'Impératrice pour faire des présents à l'occasion du jour de l'an :

Deux bustes de l'*Empereur dans les habits impériaux*, d'après Gérard, avec le cadre doré. Carré de chaque tableau 0^m,67 ; prix de chacun, 2,250 fr.

4 janvier 1813. — Lemonnier, le nouvel administrateur des Gobelins, supplie le duc de Cadore de faire ordonner par M. Denon « une copie du charmant portrait du Roi de Rome, peint par Gérard, dont on aurait le temps, ajoute Lemonnier, de faire deux tableaux en tapisseries et qui, joints aux bustes de Sa Majesté que je vais faire répéter, fourniraient des présents précieux.

« Je vais pareillement solliciter de M. Gérard, la répétition prompte du portrait de Sa Majesté l'Impératrice ordonné depuis longtemps à la manufacture... »

Paris, 9 octobre 1813. — Lettre adressée au baron Denon, directeur du Musée Napoléon, par le duc de Cadore : « Monsieur le baron, M. l'administrateur de la manufacture des Gobelins m'expose qu'il serait nécessaire que cette manufacture eût un portrait en buste de l'Impératrice afin de le faire copier en tapisserie, pour être offert en présent avec les bustes de l'Empereur qu'on y exécute tous les ans. Il désire en conséquence obtenir une copie du buste de Sa Majesté l'Impératrice, d'après le portrait en pied qui a été peint par M. Gérard.

« J'ai l'honneur, M. le baron, de vous prier de faire cette copie dont la dépense sera prise sur le fond de 8,000 fr. accordé par le budget de 1813, pour tableaux à faire faire ou à copier pour la manufacture des Gobelins. (*Arch. des Gobelins.*)

1er janvier 1814. — Présent au prince de Neufchâtel (Berthier) d'un portrait de l'*Empereur*, dans un cadre doré, 2,500 fr. (*Arch. nat.* O^{2}202.)

VI

Nous consacrerons, pour finir, quelques mots à la manufacture d'Aubusson, rivale de celle des Gobelins.

En date du 9 juin 1807, les fabricants de la Manufacture de tapisseries et tapis de pied d'Aubusson adressaient à leur préfet, pour parvenir au ministre, une requête par laquelle ils sollicitaient du gouvernement des commandes et un secours d'argent, sous forme d'emprunt.

« La Manufacture de tapisserie et tapis d'Aubusson doit, dit-on, son origine aux Sarrasins qui apportèrent en France ce genre de travail. Colbert forma dans ce genre les belles manufactures des Gobelins et de la Savonnerie et accorda à la nôtre plusieurs privilèges, entre autres la franchise des maîtrises et impositions.

« M. de Trudaine, à qui le commerce doit tant de reconnaissance, y établit aux frais du gouvernement une école de dessin, et un inspecteur fit délivrer tous les ans quelques tableaux de divers genres et exécuter des commandes dans les temps de disette. Aussi cette fabrique, la seule en ce genre, avait-elle étendu ses débouchés et, au moment de la Révolution, on comptait de 900 à 1,000 ouvriers occupés, dont plusieurs rivalisèrent de talent avec ceux des Gobelins, particulièrement pour les fleurs ; pouvant établir plusieurs qualités, ces ouvrages sont à la portée de tout le monde et le débit en est plus considérable.

« Les circonstances lui font éprouver bien des pertes, mais on doit au zèle des fabricants soussignés la conservation des meilleurs ouvrages ; ils ont lutté avec persévérance et par des sacrifices ils ont donné quelque circulation ; mais le débit n'a pas été en raison de la fabrication, leurs magasins sont encombrés.....

« Envoyer auxdits fabricants les commandes que le ministre désire faire exécuter, avec les mesures et plans. MM. Rogier et Sallandrouze présenteront alors au ministre les dessins et esquisses qui pourraient convenir aux dimensions et, sur son approbation, feront exécuter en grand les dessins.

« S. E. le Ministre se tromperait s'il divisait sa commande ; cette fabrique ne ressemble nullement aux autres manufactures, la perfection des ouvrages dépend particulièrement de la beauté du dessin

et il n'en est pas un d'une mesure ordinaire, qui ne revienne de cinq à six cents francs, dépense si considérable que MM. Rogier et Sallandrouze qui depuis dix ans en font seuls les frais, ont dépensé plus de 30,000 fr. pour les dessins exécutés par les meilleurs artistes de la capitale ; c'est à ces tableaux qu'on doit les beaux tapis qui ornent aujourd'hui les palais des princes Murat, Borghèse et Eugène... »
(*Arch. nat.* O^{2}622.)

CHAPITRE VI

LA MANUFACTURE DE CRISTAUX DU MONT-CENIS

I

Manufacture de S. M. l'Impératrice et Reine. Cristaux du Mont-Cenis.

La fabrique du Mont-Cenis a produit, sous l'Empire, de fort jolis cristaux, tels que lustres, candélabres, services de table, vases magnifiques et objets divers, d'un galbe élégant, supérieurement taillés et gravés. L'usine eût eu beaucoup de mal à se soutenir, sans l'auguste protection que lui accordait l'impératrice Joséphine, avec l'approbation de l'Empereur.

Dans le courant de l'année 1806, le ministre de l'Intérieur écrivait à M. de Talleyrand, ministre des Relations extérieures : «... Je viens aujourd'hui appeler votre attention sur la fabrique de cristaux du Mont-Cenis. Cette fabrique est l'une des plus belles de l'Empire. Les produits qui s'y établissent sont remarquables par la pureté de la pâte, l'élégance et la variété des formes, le goût, la richesse et la perfection des ornements, et je verrais avec plaisir que vous vous adressassiez à M. Ladouepe-Dufougerais à qui elle appartient, pour quelques-uns des objets dont vous pourrez avoir besoin. Aucune manufacture n'a plus de droits que lui à la bienveillance du gouvernement. Il n'emploie point le bois dans sa fabrication ; il y supplée par la houille et en cela il mérite une protection spéciale, puisque l'usage de ce dernier combustible tend à prévenir la dévastation de nos forêts... »

Talleyrand répondit :

«... J'ai voulu juger par moi-même si ils (les produits du Mont-

Cenis) étaient de nature à figurer avec avantage parmi les productions les plus remarquables de l'industrie nationale. J'ai été très satisfait de l'élégance des formes, de la perfection de la taille et de la gravure ; à la vérité, la pâte m'a paru laisser encore quelque chose à désirer et n'avoir point tout à fait acquis la pureté et la transparence de celle de fabrique anglaise.

« J'ai cru devoir accorder au propriétaire de l'établissement la protection (?) qu'il sollicite et, en conséquence, je lui ai fait la demande d'un service de cristal et de pièces accessoires... » 21 juillet 1806.

II

L'année suivante, Dufougerais adresse une pétition au prince de Bénévent. Il sollicite la faveur de comprendre ses cristaux parmi les objets destinés au dépôt des présents au ministère des Relations extérieures, et de composer l'assortiment de lustres, services de dessert, aiguières riches et vases d'ornement, de manière qu'il s'élève à une somme de 80,000 à 100,000 fr. « Cette consommation compensera en partie celle dont je suis momentanément privé par les effets de la guerre ; elle soutiendra, dans des circonstances difficiles, l'activité de mon établissement ; il vous devra, pour ainsi dire, sa conservation, et cette conservation, Monseigneur, sera sous le rapport des arts l'un des beaux monuments de votre gloire. »

La pétition est accompagnée de cette note, signée de l'Impératrice :

« Monsieur le prince de Bénévent, je recommande à votre bienveillance la demande cy-jointe du Sieur Dufougerais, entrepreneur de la Manufacture de cristaux du Mont-Cenis. Ses travaux pour soutenir et perfectionner cet utile établissement le rendent digne de votre intérêt, et je serai charmée que vous trouviez l'occasion de lui être utile.

« Joséphine.

« A Paris, le 8 avril 1807. »

III

L'Empereur daigna aussi s'intéresser à cette fabrique célèbre, dont les plus beaux produits furent, sur son ordre, compris parmi les présents diplomatiques et dans l'ameublement des palais impériaux. (*Affaires étrangères. Comptabilité*, 1795 à 1815. *Ouvrages imprimés et objets d'art.*)

Thomire livra en 1812, pour le grand cabinet de l'Empereur à Saint-Cloud, deux grands lustres de chacun cinquante bougies ; les cristaux fournis par l'usine du Mont-Cenis revenaient pour chaque lustre à 3,532 fr. (*Arch. nat.* O²555.)

A cette époque, on pouvait lire sur l'enseigne du numéro 8 de la rue de Bondy ; DOUEPE, DU FOUGERAIS, *seul dépôt des cristaux du Mont-Cenis, fournisseur de Leurs Majestés Impériales et Royales. Fabrique de Flint glass propre aux opticiens.*

CHAPITRE VII

LA MANUFACTURE D'ARMES DE VERSAILLES

La Manufacture d'armes de Versailles était déjà célèbre, sous le Consulat, par la perfection et la richesse de ses produits. C'est elle qui fournissait les armes d'honneur, sabres, pistolets, fusils que le Premier Consul décernait aux militaires qui s'étaient distingués sur le champ de bataille.

Le 28 fructidor an VIII, BOUTET, *directeur-artiste* de la Manufacture nationale d'armes, à Versailles, réclame 20,000 fr., montant du prix d'une armure destinée au prince de la Paix.

« Lorsque je vous livrai l'armure destinée au prince de la Paix, écrit-il au ministre des Relations extérieures, vous eûtes la bonté de me promettre de me faire payer dans la même décade la somme de 20,000 francs, montant de cette armure. Sur la foi de cette promesse, j'ai mis la plus grande activité à la fabrication des armes destinées au roi d'Espagne, et je me verrai avec peine obligé de la ralentir si vous n'avez la bonté de me faire payer promptement cette somme.

« Salut et respect,

« A. BOUTET. »

D'ailleurs, dans une autre lettre adressée au même ministre et datée du 14 frimaire an IX, Boutet s'exprimait ainsi :

« Je vais, citoyen ministre, vous donner quelques éclaircissements sur la différence de l'armure du prince de la Paix d'avec celle de l'amiral Massarédo.

« D'après un arrêté du Directoire, le ministre de l'Intérieur me fit la commande d'une superbe armure pour le prince de la Paix.

« Cette armure fut mise en fabrication, et je portai tous mes soins à ce que la richesse et la brillante exécution pussent honorer les arts français chez l'étranger.

« Différentes commandes pressantes, faites par le gouvernement, et le manque de fonds, me firent laisser en arrière cette armure.

« Votre lettre du 12 frimaire an VII m'en fit le rappel, sans penser à la première demande, vous me l'aviez commandée pareille à celle de l'amiral Massarédo. Je ne pensai mieux faire que de finir celle commencée pour le prince, qui ne ressemblait en rien à celle de l'amiral dont la commande fut si pressée, qu'elle n'est que le travail de quatre ou cinq mois, tandis que celle du prince de la Paix est le fruit d'un travail de deux années; de plus, le décor de celle de l'amiral est en argent et le décor de celle du prince est en or massif, et la différence est si grande en totalité qu'elle ne peut souffrir de comparaison.

« Cette armure est bien certainement ce que j'ai fait faire de plus précieux. Elle prouvera à l'étranger que la Manufacture nationale d'armes de Versailles a rendu le reste de l'Europe ses tributaires en cette partie... »

Il est probable que Boutet ne tarda pas à être payé, car le 15 nivôse an IX, M. de Champagny, ministre des Affaires extérieures, lui écrivait en ces termes : « J'ai besoin, citoyen, pour le service de mon département, de trois ou quatre nécessaires d'armes, composés chacun d'une carabine et d'une paire de pistolets renfermés dans leur boîte d'acajou, et dans le prix de 6,000 fr. l'une. Je vous prie de vous occuper immédiatement de ce travail et de donner tous vos soins à sa prompte exécution. Vous n'épargnerez rien sans doute pour que ces ouvrages, par leur richesse et leur perfection, remplissent les vues que je me propose, et ajoutent encore à la réputation de votre établissement. »

6 septembre 1806. — Boutet, directeur de la Manufacture impériale d'armes de Versailles, livre au duc de Cadore, ministre des Relations extérieures, une paire de pistolets riches, du prix de 3,000 fr. aux armes de M. Franquini.

18 janvier 1808. — Boutet demande 3,000 fr. pour un fusil tournant, garni d'argent ciselé à riches fonds d'or, « qui a été envoyé par le dernier courrier à M. de Caulaincourt, ambassadeur en Russie ». (*Affaires étrangères, Comptabilité*, 1795 à 1815. *Ouvr. imprimés et objets d'art.*)

CHAPITRE VIII

LES HORLOGERS

I

Parmi les objets d'art destinés à l'ameublement des palais impériaux, les pendules jouaient un certain rôle, au point de vue de la décoration.

Les nombreuses fournitures de ce genre en font foi.

II

BAILLY, horloger, rue de Richelieu. En 1808, il livra à Compiègne, pour le salon des princes, une pendule en bronze doré, représentant *l'Etude*, 1,900 fr.

Pour la salle de bains. — Une pendule forme borne antique, ornée de bronzes dorés, 530 fr.

Pour le salon-cabinet. — Une pendule à équation de 4,000 fr.

Pour l'appartement de l'Impératrice. — Une pendule à figure dorée, figurant l'*Astronomie*, 750 fr.

Ailleurs, quatre pendules de marbre, forme borne antique, ornées de bronzes dorés, à 530 fr. chacune.

En 1809, il fait une soumission (acceptée) par laquelle il s'engage à fournir pour l'appartement de l'Impératrice à Compiègne six pendules moyennant 5,300 fr. ; deux d'entre elles ont l'aspect d'une borne antique, en marbre orné de bronzes dorés, représentant sur l'une le Génie de l'Etude. (*Arch. nat.* $O^2 34$.)

Juillet 1810. — *Pour le palais de Compiègne. Appartement de l'Impératrice, au rez-de-chaussée.* — Une pendule à figure offrant une Etude en méditation, 4,800 fr.

Appartement de prince, au rez-de-chaussée. — Une pendule, forme borne en marbre noir ; doubles socles ornés de bronzes dorés figurant un Génie, une Renommée, deux Thermes et une guirlande, 490 fr.

Appartement de la dame d'honneur. — Salon. Une pendule de bronze sous l'aspect d'une colonne tortillée de lierre en spirale. Socle et soubassement dorés et ciselés, 460 fr.

Le mois suivant, Bailly livre pour le Salon de Musique, faisant partie des appartements de l'Impératrice, à Compiègne, une pendule de 3,800 fr. — Elle représente deux figures égyptiennes en bronze doré au mat, avec socle en marbre orné d'un petit bas-relief en bronze ciselé : *la Leçon d'Astronomie.*

III

Lepaute, oncle et neveu, horlogers de l'Empereur, rue Saint-Thomas-du-Louvre.

En 1808, ils font une soumission, qui est acceptée, et s'engagent à fournir, moyennant 1,520 fr., trois pendules pour trois appartements de princes, à Fontainebleau. (*Arch. nat.* $O^2 34$.)

12 mai 1812. — *Palais des Tuileries. Premier étage. Premier Salon.* — Une grande pendule tout en bronze forme d'architecture, avec archivolte surmontée d'un groupe de deux génies des sciences posés sur des nuages, 1,200 fr.

Chambre à coucher du Roi de Rome. — Pendule de bronze à figure, représentant la *Muse de l'Histoire* debout et appuyée sur un corps d'architecture, en forme de borne antique, 1,160 fr.

Deuxième chambre à coucher. — Une pendule tout en bronze, forme d'architecture, ornée de quatre colonnes qui soutiennent un entablement. L'archivolte est décorée de trophées de guerre et autres ornements, 1,000 fr.

Une pendule tout en bronze, en forme de dé, ornée sur la face de devant d'une frise et quatre camées; sur les côtés, deux figures en bas-relief, *Cérès et Pomone,* 590 fr.

Entresol du premier étage. Salon. — Une pendule à figure en bronze, représentant une Etude debout appuyée sur des livres, 780 fr.

Première chambre à coucher. — Une pendule de bronze, forme d'architecture, décorée de pilastres et de guirlandes de fruits et de fleurs ciselées et dorées au mat. La face de devant de cette pendule est ornée de deux camées, 500 fr.

Cabinet. — Une pendule tout en bronze, forme de piédestal, surmonté d'un groupe de figures représentant un *Enfant qui reçoit une leçon de sa mère*, ayant près de lui des attributs militaires, 380 fr. Total : 5,610 fr.

Ces fournitures, dit une note, sont pour le pavillon des enfants de France, aux Tuileries. (*Arch. nat.* O^{2}34.)

Enfin, le 21 mars 1813, Lepaute fournit pour le service des présents vingt-quatre montres à répétition, en or, avec leurs chaines, clefs et cachets également en or.

IV

MUGNIER, horloger de l'Empereur.

Février et avril 1806. — Pour diverses réparations faites aux montres de Sa Majesté, dont une grosse montre de voiture, 336 fr.

CHAPITRE IX

LES FONDEURS. — CISELEURS. — BRONZIERS

I

Depuis le siècle de Louis XIV jusqu'à la fin du règne de Louis XVI, le goût du bronze ciselé fut très répandu et enfanta des merveilles.

Quoique les bronzes de la période impériale n'aient pas le mérite exceptionnel de ceux des époques antérieures, on aurait tort de croire que l'art du fondeur-ciseleur n'ait jeté alors aucun éclat. Les bronziers du premier Empire ont, au contraire, produit une foule d'objets charmants fondus et ciselés dans la perfection, et supérieurement dorés, qui sont aujourd'hui très recherchés.

Nous donnerons ici les noms des principaux fondeurs-ciseleurs avec la nomenclature de leurs fournitures les plus remarquables.

II

1807. — Soumission de BLAVET, fabricant de bronze et dorure, 119, rue Saint-Martin.

Pendule figurant Erigone à l'instant où elle est séduite par Bacchus métamorphosé en raisin, 1,150 fr. — Pendule de cabinet, représentant une *Femme* et un *Papillon*, 400 fr. — Groupes de cheminée, un *Avare* et une *Bohémienne*, les deux, 420 fr. — Pendule représentant *Achille faisant serment de venger la mort de Patrocle*, 2,400 fr. (*Arch. nat.* $O^2 623$.)

1811. — CHAUMONT, fabricant de lustres, rue Chapon, fournit pour Trianon deux lanternes, 1,100 fr. et trois lustres à dix-huit lumières, dorés d'or moulu, ornés de cristaux du Mont-Cenis. Leur prix est facturé comme suit : 2,933 fr. ; 3,491 fr. ; 2,473 fr. (*Arch. nat.* O^{2}555.)

1813. — VALENTIN reçoit 1,200 fr. pour l'entretien de la lustrerie de Compiègne. (*Arch. nat.* O^{2}556.)

1807. — DENIÈRE, fabricant de bronzes, fait une soumission de pendules, candélabres, flambeaux, vases, aiguières, bras, d'un riche travail.

Une pendule représentant un petit Amour soufflant une lampe, 400 fr. — Candélabres à figures, 2250 fr. ; 2,500 fr. (*Arch. nat.* O^{2}623.)

DUPORT et FILS, fabricants de bronzes, rue Montmartre, 25.

A l'Exposition industrielle de 1806, ils ont envoyé divers ouvrages en bronze ciselé provenant de leur fabrication. « Ces ouvrages, traités avec soin, dit le rapport, leur ont valu une mention honorable. »

Soumission de DUPORT *et* FILS, *fabricants de bronzes dorés*, 161, *rue Montmartre.*

Pendule figurant *Mars et Vénus*, sur le socle, *la Toilette de Vénus* et *le Jugement de Pâris* ; le tout porté sur quatre griffes de lion ailé, 3,300 fr. — Pendule, *Zéphyre et Psyché*, 2,350 fr. — Pendules diverses : *Arthémise en pleurs*, 940 fr. ; *Télémaque et Mentor*, 1,480 fr. ; *Vénus au bain*, contemplant la pomme qu'elle vient de recevoir des mains de Pâris, 640 fr. ; *Amour ailé*, 605 fr. — Flambeaux, feux, bras, lustres, lanternes, girandoles, d'une très belle exécution. (*Arch. nat.* O^{2}623.)

GALLE, fabricant de bronzes, rue Vivienne, prit part à l'Exposition industrielle de 1807 et reçut une médaille d'argent de deuxième classe. Il présenta diverses pendules, dont une fut très remarquée. « Celle où une femme voile un cadran et ne laisse apercevoir que l'heure marquée par la pendule. »

Galle a fait d'importantes fournitures pour les palais impériaux.

An XIII (1804). — Il fournit pour le grand Trianon des flambeaux de bouillotte et autres; des bras, lanternes, lustres, des feux à lionnes, à sphinx, à têtes égyptiennes, bronzés et dorés au mat, 15,119 fr. — Pour Saint-Cloud, des flambeaux à cuvettes, à griffes, à joncs et godrons, des œufs et recouvrements dorés, 731 fr.

1807. — Corbeille de mariage pour la princesse Catherine de Wurtemberg qui épousa le prince Jérôme Bonaparte, roi de Westphalie, le 23 août 1807. Le coffre seul, orné de riches bronzes ciselés et dorés, avec chiffres et têtes d'aigles, valait 6,000 fr. [1].

1810. — Diverses fournitures pour la Muette, rendez-vous de chasse de la forêt de Saint-Germain.

1810. — *Appartement de l'Impératrice, 3ᵉ salon.* — Un lustre à 30 lumières sur un seul rang garni de cristaux, 6,000 fr. — Deux paires de candélabres forme balustre à colonne, à cinq branches or mat, 2,400 fr.

Autre salon. — Deux paires de bras à 4 branches, têtes de vieillards et enfants, dorés encore mat, 1,250 fr.

Ailleurs. — Paires de bras à cercle, avec tête de lion ou vase à flamme : bras à branches avec boucliers, dorés d'or moulu, 24,459 fr. Soufflets à deux vents, balais d'âtre, bougeoirs, flambeaux d'argent ou dorés d'or moulu, feux à boules et chevaux marins — feux à boules et palmettes à boules et lions — Feux à boules avec couronnes et flèches, thyrses et couronnes à bornes et palmettes découpées, etc. (*Arch. nat.* O²555.)

LAFOND livre, en 1811, une superbe lanterne de cinq pieds de haut sur deux pieds de large, offrant des aiglons et des coqs, des génies, des faisceaux de flèches, houlettes, carquois, en bronze doré au mat. 5,500 fr. (*Arch. nat.* O²555.)

RAVRIO, fondeur-ciseleur-doreur, rue de la Loi, prit part à l'Exposition industrielle de 1806 et obtint une médaille d'argent de deuxième classe.

Novembre 1804. — Un mémoire de fournitures pour Fontainebleau s'élève à 11,015 fr. Nous remarquons :

Un grand feu à vase et feuille, en or moulu, avec fers, pelle, pincette et tenaille, 600 fr. — Un feu très fort à lionnes, 700 fr. — Un autre très grand à vase, 800 fr. — Un autre très large à animal bronzé, le reste doré, 520 fr. — Une pendule à sphinx et aigle, 600 fr. — Bras, girandoles, flambeaux, bougeoirs.

---

[1] Cette corbeille renfermait trois robes de dentelles dont une de 13,000 fr. et une autre de 6,000 fr. ; trois voiles : un rond, 2,400 fr. ; un carré, 1,900 fr., un long, 3,100 fr. ; des étoffes lamées d'or et d'argent, pour 13,562 fr.; une redingote brodée 900 fr. ; une robe cachemire brodée, 900 fr. ; quatre châles cachemire brodée, jaune, noir, blanc, amarante, 5,192 fr. ; treize éventails, 922 fr. ; vingt-quatre douzaines de gants, 1,180 fr. ; toques, etc. 1,120 fr. ; bouquets et guirlandes, 1,116 fr. ; une robe brodée en perles d'acier, 3,000 fr. ; deux robes de crêpe, fleurs appliquées, 2,400 fr. ; un sultan brodé, 800 fr. ; objets divers, 11,908. — Total : 70,000 fr.

Pour Sa Sainteté, il livre des flambeaux et bougeoirs grands et petits, un flambeau à longue queue, dit d'Evêque, doré d'or moulé, des sonnettes argentées et dorées, le tout facturé 903 fr. — La même année, il fournit aussi, pour les Tuileries, divers bronzes cotés 600 fr.

1810. — Ravrio, *fabricant de bronzes et dorures, 93, rue de Richelieu*, fait une livraison pour Compiègne facturée 6,716 fr.

Salon de Famille. — Un grand feu à vase et boule, appliques à Renommées, doré d'or moulu, 960 fr. — Une paire de bras à foudres, à cinq branches, doré d'or mat, 660 fr. — Deux paires de flambeaux à feuilles et canaux dorés, 168 fr.

Salon de l'Impératrice. — Un grand feu, à vase et boule, doré d'or moulu, garniture complète, 950 fr. — Deux paires de bras dorés à brandons, de cinq lumières, 1,120 fr. — Deux paires de flambeaux à carquois et pans dorés, 168 fr.

Deuxième salon de l'Impératrice. — Un très grand feu à aigles et cassolettes doré et bronzé, garniture complète avec garde-feu en toile métallique vernissée, 1,250 fr. — Deux paires de grands flambeaux, chapiteaux, dorés, 320 fr. — Deux paires de bras à couronnes, dorés, 1,120 fr. (*Arch. nat.* O^{2}555.)

Thomire, fondeur-ciseleur, d'un talent hors de pair. A l'Exposition industrielle de 1806 il obtint la plus haute récompense, une médaille d'or.

Le rapport du jury, concernant Thomire mérite d'être cité en entier :

« L'Exposition de 1806 est la première à laquelle cet habile artiste, le premier de nos ciseleurs, ait pris part ; il a présenté une suite considérable de pièces exécutées par lui ou sous sa direction. La cheminée en malachite, qui est un des plus beaux ameublements qui aient paru à l'Exposition, est destinée à étendre la réputation de supériorité que les Français ont acquise dans les arts qui tiennent au goût. D'autres cheminées, quoique moins riches par la matière et par les ornements, ne font pas moins d'honneur à l'artiste qui les a exécutées. M. Thomire a employé des granits des Vosges et de la Haute-Saône qui ne le cèdent pas en beauté à ceux de l'Orient.

« M. Thomire joint au talent de l'exécution un goût éclairé et pur ; il emploie pour faire les modèles des bronzes qu'il doit ciseler, les plus habiles statuaires de la capitale et ceux-ci ne peuvent, qu'être flattés de la manière dont il sait rendre leurs compositions. Le jury décerne à M. Thomire, une médaille d'or. »

Thomire est le plus célèbre ciseleur-bronzier du règne de Napoléon.

Pour les plus beaux appartements des palais impériaux il a fourni de superbes pendules à sujets, traités de main de maitre ; des groupes en bronze ; des lustres, des girandoles et des candélabres de grande dimension à figures de femme ailée, figurant la Victoire ou le Génie, etc., toujours d'une exécution magistrale.

On reproche à ce maitre, comme à tous ceux de cette époque, l'abus des formes antiques, aussi ses premières œuvres faites sous Louis XVI sont celles les plus recherchées. Il fit en 1811, sur les dessins de Prud'hon, le berceau du Roi de Rome, offert par la ville de Paris et conservé au musée du Mobilier national. La couchette en racine de frêne, surmontée d'une Victoire ailée, est très chargée de cuivres ciselés et dorés. (Voir *le Livre des collectionneurs*, p. 240.)

Thomire, Duterme et Cte fabrique de bronzes, rue Taitbout.

1807. — Groupe en bronze représentant l'Empereur, tenant d'une main la Victoire et appuyé sur Minerve et la Renommée publiant ses conquêtes, 12,000 fr. — Pendule. Vase étrusque, 2,200 fr. — Pendules à sujets : *Le Serment à l'Amour*, 4,400 fr. — *Le Génie des Arts*, 5,000 fr. — *Sapho*, 3,000 fr. — La même, plus petite, 1,100 fr. — *Le Temps, l'Amour et l'Amitié*, 4,800 fr. — *Diane et Apollon*, 2,400 fr. — *Apollon sur un autel*, 1,500 fr. — Tous ces sujets sont en bronze dit antique. — *Les Quatre Saisons*, groupées dans un char traîné par deux lions, conduits par un Amour, 4,500 fr. — *L'Astronomie*, sous la figure d'une femme égyptienne, 850 fr.

Girandole à figure de femme, 2,400 fr. — Autre, à figure de femme ailée, 4,500 fr. — Autre, à trois figures groupées contre une colonne surmontée d'une boule, 4,500 fr. — Lustres à 2,800 fr. ; 5,500 et 6,000 fr. (*Arch. nat.* O^{1}623.)

1809. — *Pour le deuxième salon de l'Impératrice.* — Deux paires de girandoles composées chacune d'un trépied avec consoles, sur chacune desquelles sont des figures de femme ailée, en bronze ciselé et doré au mat, 6,200 fr.

Pour le petit salon. — Une pendule à figure de femme, dite *Euranie*, portant sur ses épaules, le tambour dans lequel est placé le mouvement. Au-devant de cette figure est un *Amour arrêtant Euranie*, bronze ciselé et doré, sur marbre orné de bronze ciselé ; mouvement de Lepaute, 1,060 fr.

Chambre à coucher. — Une pendule à grande figure de femme dite *Sapho* ; près de sa lyre, des livres de musique, 3,300 fr.

Boudoir. — Pendant à figure d'Amour « pinçant de la lyre » bronze ciselé et doré, 760 fr.

En tout, 12,090 fr.

1810. — Flambeaux, feux, etc., 13,733 fr.

1811. — *Pour la salle du Trône, aux Tuileries*. — Quatre grands candélabres de huit pieds de haut, d'après l'antique, en trépied ayant à chaque angle une Chimère ailée, en bronze ciselé et doré au mat, suivant l'esquisse acceptée par David ; quatre girandoles de même style, 60,000 fr.

David, tout en acceptant le projet des candélabres, y fit faire quelques modifications ainsi qu'il le dit dans ce passage de son rapport : « J'ai examiné avec le plus grand soin le modèle du candélabre que m'a fait voir M. Thomire. Le premier aspect m'a fait plaisir, j'en ai loué les proportions et son élégance ; ensuite après un plus mûr examen, j'ai fait quelques observations pour la délicatesse du style que M. Thomire, très habile dans son art, a reconnu sur-le-champ, comme par exemple, d'enlever au-dessus du chapeau des feuilles recourbées qui faisaient confusion..... » (*Arch. nat.* $O^2 560$.)

1811. — Une paire de candélabres, d'après l'antique de 5 pieds de hauteur, en bronze ciselé et doré, 8,400 fr,

1812. — *Pour le grand cabinet de l'Empereur à Saint-Cloud*. — Deux lustres de chacun 10,000 fr. — Ces lustres étaient à 30 lumières, dont 20 au premier rang et dix au second. Les cristaux provenaient de la manufacture du Mont-Cenis et coûtaient, pour chaque lustre, 3,532 fr. Ateliers, 7, rue Boucherat. (*Arch. nat.* $O^2 555$.)

WAFLARS, « fondeur-doreur rue Guérin-Boisseau, fabrique les ornements et patères antiques pour meubles et draperies ; feux flambeaux de bouillottes et autres, dorés, argentés ».

Le 7 frimaire an XIII, lors du couronnement, il fournit pour le service de Sa Sainteté, dix-huit flambeaux à ornements modernes ciselés, 621 fr. — Un flambeau de bureau à deux branches, ciselé d'or moulu, 55 fr.

CHAPITRE X

LES RELIEURS

I

L'Empereur avait beaucoup de goût, et aimait ce qui était élégant et riche. Aussi affectionnait-il particulièrement les travaux des artistes en reliure dont les noms suivent :

François BOZÉRIAN, rue de Tournon, 31, relia notamment pour la bibliothèque de l'Empereur :

30 octobre 1810. — Deux grands volumes, grand *Atlas* en maroquin rouge doublé en tabis bleu, à 106 fr. le volume : 212 fr. — Un carton de même grandeur en maroquin rouge, doublé de même, 96 fr. — 4 volumes de texte in-fol., même reliure, 168 fr. — Musée français 3 vol in-fol. en maroquin rouge, large dentelle, doublés en tabis violet, dos à petits fers, 363 fr. — Tous les volumes ci-dessus avec les armes de l'Empire d'Autriche.

D'après ce dernier renseignement, il est aisé de conclure que ces divers ouvrages étaient un présent de Napoléon à son beau-père.

II

BRADEL *aîné*, rue du Foin-Saint-Jacques, 15, travaillait aussi pour l'Empereur. En 1810, il était chargé de relier le *Traité des arbres et des arbustes* de Duhamel, 4 vol. in-fol., grand papier. Il demandait 80 fr. par volume couvert en maroquin rouge, avec tabis, dentelles et les armes.

Son mémoire est ainsi apostillé :

« Vu, ordonné et approuvé sur le fonds de 50,000 fr. que le budget de 1810 met à notre disposition pour achat de livres et entretien des bibliothèques.

« Le comte DE MONTESQUIOU. »

III

Quant aux autres relieurs dont la cour impériale savait apprécier le talent, les *Documents inédits* en mentionnent cinq, savoir :

BIZOUARD, rue des Carmes, 26 ; celui-ci a beaucoup travaillé depuis l'an XIII (1804) pour la bibliothèque particulière de l'Empereur. (*Arch. nat.* $O^2 43$).

LEFEBVRE, quai des Augustins, 27, et TESSIER, rue de la Harpe, 12, ont aussi relié en 1809 un grand nombre de volumes pour les bibliothèques des Tuileries et de Saint-Cloud.

MESLANT, rue de Grenelle, a travaillé en 1812 pour la bibliothèque de Fontainebleau.

SIMIER, rue des Bons-Enfants, 46, était le relieur de l'Impératrice (*Arch. nat.* $O^2 42$.)

CHAPITRE XI

LES ORFÈVRES. — LES JOAILLIERS. — LES BIJOUTIERS ET LES GRAVEURS

I

Pendant les derniers jours du Consulat, l'orfèvrerie, la joaillerie et tous les arts qui vivent de l'or et du diamant, se préparèrent à exprimer la pensée d'une société qui entrevoyait à l'horizon les somptuosités de la cour future. En 1804, peu de temps avant la célébration des fêtes du Couronnement, les orfèvres, les joailliers et les bijoutiers furent les héros d'une semaine. Le même fait se produisit en 1810, lors du mariage de Marie-Louise.

Mais les documents inédits que nous avons retrouvés suffisent pour donner au lecteur une idée du luxe impérial, soit à la cour des Tuileries, soit à Saint-Cloud ou à Fontainebleau.

II

Commençons par les orfèvres.

BIENNAIS, 1806. — Fourniture pour le service de l'Empereur des articles suivants :

Un sabre en or, à la mameluck, pour le roi de Hollande, 14,500 fr. — Une paire de boucles et souliers en or, 563 fr. — Une épée en or, y compris un second fourreau et une boîte, 6,690 fr. — Six garnitures de ceintures en or, 1,268 fr. — Un glaive en or, pour le roi de Bavière, 7,000 fr. — Une épée en or, 6,690. — Un fourreau d'écaille pour une épée en or, 450 fr.

(*Arch. nat.* O^{2}30.)

De janvier à mars 1808. — Deux rubans de grand cordon, à 36 fr. l'aune, 63 fr. — Une boucle de jarretière en or, chape *idem*, 29 fr. — Une paire de boucles de jarretières en or, chapes d'acier, 33 fr. — Deux croix de la Légion d'honneur, grand modèle, 300 fr. — Pour les petits nécessaires de porte-manteaux, fourni deux gratte-langue en vermeil, 15 fr. — Six onces de bois d'aloès à 72 fr. l'once, 432 fr. — Deux mèches, 7 fr. — Cinq paires de ciseaux pour le nécessaire en maroquin, 30 fr. — Remis à neuf trois flacons de chasse, 90 fr. — Deux paires d'éperons d'argent, 108 fr. — Réparé le grand nécessaire d'acajou, 48 fr. — Douze paires de ciseaux, 114 fr. — Trois couronnes de fer, en or, émaillées, 270 fr. — Trois croix de la Légion d'honneur, en or, émaillées, 225 fr. — Douze petits rubans et leurs rosettes aux deux ordres, 9 fr.

Sur un petit mémoire en date du 29 janvier 1808, nous trouvons :

« Pour avoir redoublé en velours blanc la boîte de l'épée où est le Régent, fait des compartiments pour recevoir les ordres en diamants, réparé la serrure, changé les gardes, fait trois clés en trèfle et en acier, remis la boîte à neuf et avoir gravé dessus les armes en place du chiffre, 475 fr.

(*Arch. nat.* O²34.)

Du 16 septembre au 24 octobre 1808 :

Deux agrafes en or, forme bouclier, ciselées en relief, pour la pelisse de Sa Majesté, 140 fr. — Six onces de bois d'aloès, 432 fr. — Une épée d'or, coquille renversée, ornée d'un aigle et ornements ciselés en relief, la poignée avec têtes et arabesques. Le pommeau avec hibou et la garde avec palmes et ornements, et toutes les garnitures *idem*, 5,600 fr. — Un fourreau de rechange avec garnitures en or, semblables à celles du premier fourreau, 675 fr.

(*Arch. nat.* O²34.)

Janvier 1809. — Fourni pour le service de Sa Majesté, au retour d'Espagne, un nécessaire composé des pièces suivantes :

Un bassin à barbe, façon, 45 fr. — Une boîte à savon, façon, 30 fr. — Une boîte à éponge, façon, 30 fr. — Une boîte à opiat, façon, 21 fr. — Une boîte à fleurs de tilleul, 21 fr. — Une boîte à savon ou pâte d'amande, 27 fr. — Une petite boîte à cachou, 18 fr. — Deux flambeaux, forme brandon, ciselés en relief, 108 fr. — Œillère et entonnoir, en vermeil, 18 fr. — Brosse à barbe, en vermeil, 27 fr. — Deux gratte-langue, en vermeil, 16 fr. — Deux brosses à dents, en vermeil, 54 fr. — Un porte-crayon avec plume, en vermeil, 10 fr. — Un compas d'argent, 48 fr. — Encrier et poudrier, 27 fr. — Théière de trois tasses, façon et ciselure, 94 fr. — Anse et bouton d'ébène, 11 fr. — Sucrier entrant dans la théière, 36 fr. — Gobelet à bouillon, forme chocolatière, servant de cafetière, 42 fr. — Une tasse à pans ciselés, anse d'ébène, 90 fr. — Deux soucoupes en porcelaine dorée, 30 fr. — Pot à crème d'une tasse : 48 fr. — Une boîte à thé, carrée, 42 fr. — Couvert avec ornements en relief, façon, 12 fr. — Cuiller à café, en vermeil, façon, 12 fr. — Un plateau pour le déjeuner, bordure à aigles et couronnes, 66 fr. — Toutes les dites pièces, en argent, valant avec le contrôle, 1,152 fr. 94. — Un couteau à manche et lame de vermeil, ornements en relief, 28 fr. — Un couteau à lame d'acier, 24 fr. — Deux grands flacons en cristal taillé à diamant, avec étoiles et bouches en vermeil, 60 fr. — Deux dits, moyens, 42 fr. — Deux dits, plats, 42 fr. — Six paires de ciseaux d'acier fin, 54 fr. — Un couteau de poche avec cuvette, virole et médaillons d'or, manche de nacre, 60 fr. — Un étui à cure-dents en ivoire sculpté, 14 fr. — Un étui à épingles en ivoire, 5 fr. — Un tire-bouchon, 3 fr. — Deux anneaux à vis et rosaces, en bronze ciselé, doré au mat, pour attacher les serviettes, 18 fr. — Deux crochets, *idem*, pour attacher le miroir, 16 fr. — Deux vrilles, manches en nacre de perles, 12 fr. — Un pied de Roi, en ivoire garni d'argent, 54 fr. — Deux crochets de bottes, en acier, à ressort, 45 fr. — Deux tire-bouchons, 7 fr. — Deux rasoirs à manches de nacre, cuvette et médaillon en or, 90 fr. — Un cuir à rasoir, médaillons en argent, 11 fr. — Quatre gratte-langue d'écaille, 14 fr. — Un canif à quatre pièces, manches de nacre, cuvette et médaillon d'or, 57 fr. — Une pince de toilette en acier avec cure-oreille, 5 fr. — Un gobelet en cristal taillé à diamant, avec étoile, 7 fr. — Deux peignes d'écaille, 16 fr. — Une glace ; cadre doré au mat, 78. — Gravure de soixante-six armoiries, 198 fr. — Le coffre, en acajou massif, portant incrusté, serrure et clé en trèfle, 300 fr. — La garniture en maroquin, compartimentée à l'intérieur, 290 fr. — Un étui, renfermant le coffre, en peau, doublé de serge, 45 fr. — Fourni la pâte d'amande et les odeurs pour ledit nécessaire et deux éponges fines, 48 fr. — Mis en état le nécessaire en vermeil, 344 fr. — Doublé en velours vert deux boîtes à six rasoirs chaque et regarni les cuirs, 72 fr. — Réparé une boîte d'acajou à douze rasoirs, 20 fr. — Regarni en velours vert une boîte à douze rasoirs et réparé la boîte, 45 fr. — Un nécessaire composé de toutes ses pièces, 1,200 fr. — Un petit nécessaire de porte-manteau, 450 fr. — Six paires d'éperons d'argent, 187 fr. 79. — Quatre croix de la Légion d'honneur en or, 300 fr. — Quatre couronnes de fer, en or, 300 fr. — Fourni une croix d'or, pour remplacer une croix donnée par Sa Majesté, 75 fr. — Un riche nécessaire complet composé de deux rasoirs, un couteau, un canif, deux compas, deux brosses à dents, cinq gratte-langue, une pince de toilette, deux couverts, deux cuillers à café, ciseaux, peignes, cuir à rasoir, porte-crayon, théière, sucrier entrant dans la théière, plateau, cafetière, flambeaux, boites à pâte, à opiat, à éponges, à savon, etc., 2,992 fr. — La garniture en maroquin et le riche coffre d'acajou, 1,070 fr. (*Arch. nat.* O²34.)

Quant à l'orfèvrerie de table, elle était fournie par Claude Odiot et Auguste fils.

A Sainte-Hélène, à l'heure du dîner, l'Empereur remarqua une de ses propres assiettes de campagne aux armes royales : « Comme ils m'ont gâté tout cela », dit-il en expressions bien autrement énergiques ; et il ne put s'empêcher d'observer que le Roi s'était bien pressé de prendre possession de ces objets ; qu'à coup sûr il ne pouvait réclamer cette argenterie comme lui ayant été enlevée, qu'elle était bien incontestablement à lui, Napoléon ; car, quand il monta sur le trône, il ne s'était trouvé nul vestige de propriété royale ; en le quittant, il avait laissé à la couronne cinq millions d'argenterie et peut-être 40 ou 50 millions de meubles ; le tout de ses propres deniers, provenant de sa liste civile. (Las Cases. *Mémorial de Sainte-Hélène.*)

III

Passons maintenant aux joailliers-bijoutiers.

Ch. Cahier, « marchand orfèvre-joaillier-bijoutier, quai des Orfèvres, 58, *A l'Ancre* ».

Nous trouvons de ce maître orfèvre un petit mémoire de 2,115 fr. daté du 5 juillet 1810.

« Pour la chapelle impériale. Une croix processionnelle pour assortir à celle de vermeil, 2,075 fr. — Remis à neuf l'ancienne, 40 fr. » (*Arch. nat.* O²34.)

Deferney, successeur de Sykes, 243, au Palais-Royal. — Objets fournis pour Marie-Louise :

Un peigne en acier, 108 fr. — Une chaîne en perles d'acier à trois rangs et cadenas pour cheveux, 156 fr. et une de 180 fr. — Une autre à deux rangs, 120 fr. — Une paire bracelets en acier fin, 120 fr. — Quatre glands en acier fin, 60 fr. — Trois chaînes en perles d'acier, à deux rangs, 288 fr. — Une écritoire en acier forme de Mappemonde, garniture en vermeil et en or, 380 fr. — Deux chaînes en perles d'acier à trois rangs et cadenas pour les cheveux, 312 fr. — Total : 1,724 fr. (*Arch. nat.* O²30.)

Devoix, marchand joaillier, quai des Orfèvres, 42.

18 janvier 1810. — Fourni à l'Empereur, pour la princesse Borghèse, duchesse de Guastalla, une parure de turquoises entourées de brillants, 74,988 fr.

Cette parure comprenait huit pièces : diadème, collier, peigne bandeau, une paire de boucles d'oreilles et deux bracelets. (*Arch. nat.* O²30.)

Friese et Devillers, joailliers du roi et de la reine des Deux-Siciles. 1ᵉʳ avril 1810. — Fourni, pour le mariage de l'impératrice Marie-Louise, deux éventails, dont un garni en brillants, l'autre en brillants et émeraudes, 8,966 fr. (*Arch. nat.* O²30.)

Marguerite, joaillier de la Couronne, successeur, et Foncier, rue Saint-Honoré, 177, Au Vase d'Or.

1806. — Ce joaillier reçoit, du mois de mars au mois d'août, une commande de cent boîtes d'or, enrichies de diamants, de chiffres et de portraits, montant à 380,688 fr.

1806. 4 avril. — Livré à S. M. l'Empereur : une boîte d'écaille doublée d'or avec le portrait de Charlemagne, 336 fr. — Quatre croix de la Légion d'honneur, à 36 fr. 144 fr. — Deux morceaux de jaspe sanguins pour une épée et l'avoir remontée, 240 fr. — Un cachet en or, avec chiffre gravé, 27 fr. — Diamants employés dans un grand cordon de la Légion d'honneur, à 29,546 fr. (*Arch. nat.* O²30.)

Morlighem, orfèvre. — Une de ses factures, datée de 1806, s'élève à 1,630 fr. pour couverts d'argent, cuillères à café et à ragoûts. (*Arch. nat.* O²30.)

Nitot. — Le 12 septembre 1807, M. Desmaisons écrit au grand maréchal : « D'après vos ordres, j'ai dit aux fournisseurs qu'ils seraient payés au fur et à mesure de leurs livraisons, afin d'activer leur zèle... J'ai fait déposer au trésor de la Couronne onze boîtes enrichies de brillants faites par MM. Nitot.

« Il y en a quatre à portraits dans les prix de 10,000 et de 6,000 fr. ;

deux à cercles et chiffres d'environ 6,000 fr. et cinq d'environ 3,000 fr.; mais je n'ai rien pu encore obtenir des portraits de M. Isabey ; les boites les attendent.

« J'ai bien d'autres peintres, mais comment leur demander des ressemblances, sans séance ?» (*Arch. nat.* O²30.)

Les autres peintres en question figurent dans un mémoire du 2 février 1808 où sont mentionnés les artistes suivants :

SAINT, sept portraits à 600 fr.	4,200	francs.
NITOT, deux — —	1,200	—
AUBRY, deux — —	1,200	—
GAUCI, quatre — —	2,400	—
MIMERET, deux — —	1,200	—
PROSPER, un — —	600	—
QUAGLIA, un — —	600	—

(*Arch. nat.* O²30.)

Enfin une nouvelle commande de cent tabatières eut lieu le 6 décembre 1807, comme on le voit par ce passage d'une lettre de M. Desmaisons à l'intendant général de la Maison de l'Empereur : « A propos de l'urgence du besoin de son exécution, et avec l'agrément de M. le grand maréchal, je la divisai entre MM. Nitot et Marguerite.

« M. Nitot n'a point fourni la totalité de cinquante boites dont il avait été chargé. Dans le cours de l'exécution, M. le grand maréchal m'écrivit que l'intention de S. M. était que l'on fabriquât quelques bagues sans augmenter la dépense ; en conséquence, je fis convertir le prix de huit tabatières en douze bagues qui ont été livrées.

« Indépendamment de ces cent tabatières, j'ai été chargé de faire exécuter quatre bagues riches pour les évêques assistant au mariage du prince Jérôme. » (*Arch. nat.* O²30.)

PICARD, bijoutier. — Le 31 mars 1811, réclamation de 23,000 fr. pour trois tabatières entourées et encadrées de brillants et 1,200 fr. pour trois portraits de S. M. exécutés par Gilliard.

POULAIN, bijoutier, au Palais-Royal. — Le 10 avril 1811, il est dû à ce dernier 9,500 fr. pour une tabatière d'or ovale, émaillée en bleu, avec le portrait de Napoléon entouré de vingt-six brillants, Poulain demande en plus 400 fr. pour le portrait peint par Gilliard

IV

Terminons par les graveurs.

Simon, graveur sur pierres fines et sur métaux du cabinet de S. M., Palais-Royal, Galerie de pierre, 29 fr.

Janvier 1806. — Gravé sur une grande sardoine orientale les armes de S. M., 720 fr.; gravé sur une petite pierre l'Aigle impérial couronné, 144 fr.; gravé sur un grand sceau en argent les armes de France et d'Italie, 288 fr.; gravé sur un petit sceau d'argent, 288 fr. Total : 1,440 fr. (*Arch. nat.* O^{2}46.)

CHAPITRE XII

LES ÉBÉNISTES

I

« De tout temps, avons-nous écrit ailleurs, les meubles se sont inspirés de l'architecture et lui ont fait de fréquents emprunts, soit dans la forme, soit dans l'ornementation. Sous le Consulat et l'Empire, la décoration intérieure des appartements, depuis les meubles jusqu'aux tentures et aux panneaux, fut exécutée sur les modèles de Fontaine et de Percier.[1] »

Ces deux célèbres architectes ont eu, en effet, une grande influence sur l'art de leur temps; les ébénistes notamment les ont suivis pas à pas en s'inspirant ou en copiant presque servilement leurs dessins.

C'est alors que l'on dépensait des sommes considérables pour repeupler nos palais de meubles en acajou dans lesquels on voulait retrouver la forme des monuments grecs ou égyptiens.

On était loin alors de l'ameublement si riche, si élégant et si gracieux du XVIIIe siècle.

Cependant les fabricants n'avaient pas encore perdu les habitudes de loyauté dans le travail des anciens maîtres menuisiers ébénistes, et le mobilier du premier Empire est bien supérieur à celui de la Restauration et des premières années de Louis-Philippe, où l'art disparaît, complètement étouffé par la production industrielle.

[1] *Le livre des Collectionneurs.*

II

Voici, par ordre alphabétique, la liste des principaux ébénistes avec mention de leurs travaux les plus recommandables.

Adam, fournisseur des palais impériaux. L'an XIII (1804), il travaille pour les Tuileries où il fait quelques petites fournitures. La même année, ses livraisons pour le château de Fontainebleau se montent à 5,659 fr. (*Arch. nat.* $O^2 561$.)

Bonnet, ébéniste à Compiègne. Il était engagé par abonnement en 1813 à nettoyer et raccommoder les meubles du château, tels que couchettes, commodes, secrétaires, bonheur-du-jour, toilettes, miroirs à la Psyché, bureaux, tables en guéridons et autres, bois de sièges comme canapés, ottomanes, bergères, méridiennes, divans, chaises longues, tête à tête, causeuses, chaises voyantes, pliants, etc. Le tout moyennant 1,800 fr. par an. (*Arch. nat.* $O^2 556$.)

Boudon-Goubau exposa quelques beaux meubles qui lui valurent une mention, à l'exposition industrielle de 1806. Le rapporteur le cite comme « ayant imaginé d'employer, dans la fabrication des meubles, de l'orme noueux au lieu des bois d'Amérique ».

Boulard (J.-B.), « menuisier en meubles rue de Cléry, en 1777. De 1784 à 1791, il a beaucoup travaillé pour le mobilier de la couronne, c'est-à-dire non seulement pour Versailles et les Tuileries, mais encore pour les autres résidences royales.

D'après ses factures, nous constatons que ses livraisons consistent en chaises et fauteuils *à la Reine*, ou en *Cabriolet*, en chaises voyeuses, bergères, pliants, tabourets, canapés, écrans, ottomanes, sultanes, lits de repos, lits à couronnements à deux chevets, *à la Choisy*, etc. (*Arch. nat.* $O^1 3603$ et suiv.)

Rappelons que les menuisiers en meubles n'étaient pas sculpteurs et que pour tout ce qui concernait la sculpture, leurs meubles devaient être confiés à des spécialistes comme Alexandre Babel, Charny, Folliot, Valois, Vassal, etc.

Boulard exerçait encore au commencement de l'Empire. Deux de ses mémoires, datés de l'an XIII (1804), s'élèvent ensemble à 11,840 fr. pour fournitures de sièges et de couchettes au Grand-Trianon et au palais de Saint-Cloud. (*Arch. nat.* $O^2 558$.)

Bruns (Jean-Antoine), reçu maître en 1782. Il a livré pour les palais impériaux de nombreux sièges et des meubles, selon le goût du jour, en racines d'orme, enrichies de bronzes et de marqueteries.

Burette, ébéniste habile sous Napoléon Ier, résidait rue Chapon. Il fit une soumission de fournitures pour les palais impériaux ; en voici le résumé :

Un secrétaire carré en bois d'orme noueux forme piédestal, orné de bronzes dorés au mat, 1,000 fr. — Chiffonniers en bois d'orme, plaqué, ornés de riches cuivres ciselés et dorés à 350 fr., 400 fr., 450 fr. — Commodes en bois d'orme de même genre à 320 fr., 620 fr., 680 fr. et 920 fr. — Secrétaires en bois d'orme à pilastres chapiteaux et bustes en cuivre ciselé et doré, 650 fr. — Table de bouillotte en orme, la ceinture faite de cartes enlacées ; la table montée sur cinq pieds, dont un à tiroir, les quatre autres garnis chacun d'une tête égyptienne, en ronde bosse, ciselée, ainsi que l'embase et les sabots à feuilles, 500 fr. — La même en acajou, 380 fr. — Bureau à cylindre en bois d'orme, orné de quatre têtes sur la face dorées au mat avec tiroirs et coffre-fort, 3,000 fr. — Lit en bois d'orme à pilastres, garni de deux vases sur les pilastres de derrière et de deux têtes sur ceux de devant, les quatre pièces ciselées et dorées au mat, 1,200 fr. — Lit de même genre en acajou, 750 fr. — Table de jeu, forme bouillotte, en bois d'orme noueux, décorée de quatre têtes égyptiennes en ronde bosse dorées ou mat. Au bas des pieds, cinq sabots avec embase, dorés, 600 fr.

« *Nota*. — La table de jeu est celle que le sieur Burette avait mise à l'exposition de 1806. Les prix marqués sont pour des ouvrages fabriqués au dernier degré de perfection. On peut fournir les mêmes objets à 10, 15 et 20 p. 100 au-dessous. »

Suit l'« état détaillé de vingt-neuf dessins joints à la soumission pour donner une idée parfaite du prix, que le sieur Burette se propose de fabriquer ». (*Arch. nat.* O^{2}323.)

Burette prit part à l'exposition industrielle de 1806, où ses beaux meubles furent très remarqués. Le Rapport du jury en fait ainsi l'éloge : « M. Burette a exécuté avec une précision remarquable plusieurs pièces en orme noueux ; le jury a vu dans le travail de ces pièces le talent de l'ébénisterie porté à un grand degré de perfection. Il a décerné à M. Burette une médaille d'argent de deuxième classe. »

Clément occupe une petite place parmi les fournisseurs du mobilier de la couronne, sous Napoléon Ier. Une note de ses fournitures, pour le château de Fontainebleau, datée de l'an XIII (1804), s'élève à 1,214 fr. (*Arch. nat.* O²561.)

Corbière, ébéniste à Rambouillet, sous Napoléon Ier, était chargé de l'entretien des meubles du château.

En 1812, il touche 530 fr. pour ce travail. (*Arch. nat.* O²556.)

Ekel (Mme), ébéniste à Strasbourg. Elle meubla en partie le palais impérial en 1806. Son mémoire s'élève à 24,875 fr.

Il comprend : un secrétaire à cylindre de quatre pieds, en acajou moucheté, avec marbre blanc et galerie, 1,200 fr. ; — des commodes d'acajou de 312 fr., 350 fr., 370 fr. ; — des tables à écrire, des tables à brelan, à bouillotte, à jouer riches, des tables à café, toilettes, chiffonniers, bonheurs-du-jour, feux, girandoles, chaises, etc. (*Arch. nat.* O²558.)

Hecquel ou Heckel, ébéniste de talent. Il prit part à l'exposition de 1806 et obtint une mention honorable, pour ses meubles « enrichis d'ornements fabriqués avec soin et goût ». (*Rapport du jury de l'Exposition de* 1806.)

Heckel ne s'en tenait pas aux meubles d'une bonne fabrication courante, il faisait aussi les meubles riches.

Une soumission de ce maitre nous donne les prix suivants :

Commodes et secrétaires, à 400 fr. les deux. — Commodes à figures ou chapiteaux dorés au mat, ainsi que les têtes de lion des tiroirs, 300 fr. — Chiffonniers, à 250 fr., 300 fr. et 400 fr. — Toilettes, pour dames, 300 fr. — Bureaux à cylindre de quatre pieds, 450 fr. ; — de quatre pieds et demi, 525 fr. ; — de cinq pieds, 600 fr.

Ces prix sont ceux des meubles ordinaires et la note ajoute : « Les prix de 400 fr. les deux pièces, commodes et secrétaires, s'élèvent jusqu'à 10,000 fr. et 15,000 fr. »

III

Jacob Desmalter, fils de Georges Jacob, ébéniste de Napoléon Ier et des deux Impératrices. De compte à demi avec son frère, il succéda à son père vers 1791 et sut donner aux affaires qu'il dirigeait un grand développement. C'est pendant cette association que furent exécutés ces meubles estampillés : *Jacob frères. Rue Meslée.* Au bout d'un certain nombre d'années le frère, sur lequel nous manquons de renseignements, vint à disparaître et notre ébéniste continua seul la fabrication sous le nom de Jacob Desmalter.

Ce maître est certainement le plus important fournisseur du mobilier de la couronne sous l'Empire ; il a meublé en partie toutes les résidences impériales et a beaucoup travaillé d'après les dessins de Percier et de Fontaine, ses associés, auxquels on doit l'arc de triomphe du Carrousel et le monument expiatoire de Louis XVI. Ces deux architectes, épris de l'antiquité, comme tant d'artistes de cette époque, composèrent des meubles bâtards, chargés de motifs empruntés à l'Egypte, à l'ancienne Rome, à la Grèce, parfois alliés à des sujets rappelant la gloire napoléonienne.

Malgré le mauvais goût de ces meubles, amalgames pastichés de l'antiquité, ils avaient au moins le mérite de présenter dans toutes leurs parties un travail consciencieux et soigné. Quelques ciseleurs de talent, déjà réputés sous Louis XVI, continuaient de donner à leurs œuvres cette maestria qui avait établi leur réputation.

Les souvenirs de la campagne d'Egypte donnèrent naissance à des meubles dont le corps principal était soutenu par des figures de sphinx revêtus en totalité ou en partie d'une patine verte. Parfois on rencontre sur le même meuble le sphinx égyptien allié aux compositions grecques et romaines.

Passons en revue quelques-unes des œuvres les plus remarquables de Jacob Desmalter.

Chargé, en 1805, d'exécuter, sur les dessins de Fontaine et Percier, le trône pour le château des Tuileries, avec six fauteuils et six chaises décorés de chimères et autres motifs, et trente-six tabourets, le tout richement sculpté et doré, il reçoit pour ce travail 69,510 fr. (*Arch. nat.* O^2558.)

La même année, sa fourniture au palais de Fontainebleau s'élève à 67,345 fr. Nous y remarquons :

Une très grande commode d'acajou, fermant avec portes, les panneaux encadrés d'une monture en bronze doré, la ceinture avec palmettes et pater. Dessus, un marbre de granit noir (pour Sa Sainteté), 790 fr.

Une commode d'acajou ronceux de quatre pieds et demi, la devanture à portes sur lesquelles sont des coqs en bronze ciselé et doré au mat, ainsi que des incrustations d'ébène. De riches bronzes ciselés ornent la ceinture et les autres parties du meuble. Dessus, un marbre blanc (pour S. M. l'Impératrice), 3,980 fr.

Une commode de même genre, à panneaux ornés de guirlandes de bronze doré. Dessus de marbre tarentaise (pour S. M. l'Impératrice), 3,300 fr. — Egalement pour l'Impératrice, un tabouret d'acajou, les pieds à griffes dorées, 84 fr.

Une commode en racine d'if, à portes ornées d'incrustations de nacre, d'étain et d'ébène, avec ornements de bronze doré au mat. Le (dessus en marbre vert de mer (pour S. M. l'Empereur), 3,100 fr. *Arch. nat.* O^{2}561.)

Signalons encore : une table de nuit en acajou, garnie de bronzes dorés au mat, tels que guirlandes, étoiles, pavots, chien et deux flambeaux, 1,000 fr. — Deux consoles en acajou de cinq pieds de long, la ceinture portée par deux grosses chimères assises bronzées et dorées, ornées d'aigles et autres ornements de bronze ciselés et dorés au mat. Le fond, avec glace dans son parquet ; le dessus, en marbre blanc, 6,000 fr. — Une commode d'acajou, à têtes égyptiennes en bronze et vert antique, avec glace dans son parquet et dessus de marbre petit granit, 500 fr. — Une console en acajou de trois pieds et demi, la ceinture avec un tiroir, décorée d'aigles et autres ornements de bronze, l'entrée de serrure en forme de lyre, les pieds à pilastres avec têtes en bronze. Le tout ciselé et doré au mat. Le fond, avec glace dans son parquet, dessus de marbre blanc, 900 fr.

En 1886, la fourniture de Jacob Desmalter au Grand-Trianon montait à 19,876 fr.

En 1807, il présentait un devis que nous résumons ainsi :

Fauteuils, de 36 à 4,000 fr. — Bergères, de 54 à 6,000 fr. — Canapés, de 108 à 12,000 fr. — Lits, de 300 à 12,000 fr. — Bureaux, de 600 à 20,000 fr. — Miroirs de toilette, de 500 à 20,000 fr. — Tables de jeu, de 72 à 2,800 fr. — Toilettes de femmes, de 400 à 2,500 fr. — Toilettes d'hommes, de 120 à 8,000 fr. — Bidets, de 18 à 162 fr. — Bidets plats et à dos, de 48 à 1,000 fr. — Chaises percées, de 21 à 200 fr. — Chaises percées, de 48 à 1,000 fr.

Sur un mémoire de 1810 nous remarquons, pour le grand cabinet de l'Empereur : quatre grands candélabres en bronze ciselé, doré au mat, ajustés sur des fûts de colonne en malachite, 28,240 fr. ; puis deux grandes girandoles de même genre, 8,200 fr. (*Arch. nat.* O^{2}555.)

Dans le courant de l'année 1811, Jacob Desmalter livre encore pour le cabinet de l'Empereur aux Tuileries trois grands meubles d'ébène à hauteur d'appui et à trois portes, chargés de beaux cuivres ciselés et dorés, sur les dessins de Percier, Fontaine, Denon et David. Le panneau du milieu est orné d'un bouclier antique, d'arabesques et d'une couronne. Sur une des portes de côté, le *Génie de la Paix*; sur l'autre, le *Génie de la Guerre*. Les trois meubles sont payés 42,000 fr. (*Arch. nat.* O²555.)

Une des œuvres capitales de Jacob Desmalter est l'armoire à bijoux de Marie-Louise. C'est un grand meuble, lourd, à montants et panneaux plats, décorés d'ornements de cuivre, dans un style que M. de Champeaux qualifie justement de banal et de mesquin. Cette pièce importante, disgracieuse dans son ensemble, mais très soignée dans ses détails, coûtait 55,000 fr., et telle était l'influence de la mode, qu'on la citait alors comme une merveille.

La grande réputation du célèbre ébéniste s'étendit au loin et lui attira d'augustes clients étrangers. Il fit pour le roi d'Espagne Charles IV une bibliothèque et un cabinet dont on peut voir la reproduction dans les *Artistes illustres*, par Ed. Fournier, Paris, 1841. Il meubla pour l'empereur du Brésil, Dom Pedro, son château de Rio-Janeiro. L'Angleterre et la Russie lui firent aussi d'importantes commandes, entre autres l'ameublement du palais de l'Hermitage que lui demanda l'empereur Alexandre.

IV

KAESHAMMER, ébéniste à Strasbourg, a fait des réparations et fourn des meubles pour le palais impérial de cette ville en 1806.

LERPSHER, rue Saint-Denis, ébéniste du garde-meuble impérial. Ses fournitures pour Rambouillet en 1808 consistent surtout en couchettes à panneaux peints en gris, et s'élevant à 4,147 fr. — Cette même année, il fait pour le palais de Fontainebleau de très fortes livraisons.

L'an XIII (1804), il livre au Grand-Trianon trois secrétaires et cinq commodes en acajou, avec poignées en tête de lion, dorées au mat.

En 1810, il travaille pour la Muette, rendez-vous de chasse de la forêt de Saint-Germain.

LEIVE. L'an XIII (1804) il livre, pour Trianon, un bureau à cylindre facturé 350 fr. (*Arch. nat.* O²558.)

LEMARCHAND (Michel-Charles-Jacques-Urbain), admis à la maîtrise en 1777. Il a travaillé pour le garde-meuble. Ce maître ébéniste est cité dans l'*Almanach des marchands* de 1807, comme demeurant rue du Pas-de-la-Mule, n° 4.

LIGNEREUX, habile ébéniste, florissait à Paris sous le Consulat. — A la *seconde Exposition publique de l'industrie, an* IX, il obtint en participation avec les Jacob, une médaille d'or. Le rapport particulièrement louangeur du jury vint encore rehausser le prix de cette récompense.

« Les meubles du citoyen Lignereux, dit le rapporteur, ont paru remarquables par l'élégance et la richesse, par l'accord de toutes les parties, par le choix de formes appropriées à la destination de chaque chose, enfin par l'exactitude et le fini du travail extérieurement et intérieurement. Ceux des citoyens Jacob sont également recommandables dans un genre différent; leur style est d'un plus grand caractère; les détails les plus difficiles de la sculpture y sont traités avec perfection.

« Les artistes qui excellent dans une industrie, portée aujourd'hui dans un degré de perfection dont il n'y a jamais eu d'exemple, méritent la récompense de premier ordre; le jury, embarrassé de choisir entre les deux genres de talents si distingués, laisse au sort le soin de déterminer celui des deux à qui la médaille d'or sera promise. »

MARCION, ébéniste de talent, auquel on doit de fort beaux meubles. Il eut occasion de faire plusieurs soumissions pour l'ameublement des palais impériaux; nous résumons celle-ci qui peut donner une idée de son importante fabrication.

Lit en bois sculpté et doré, 6,000 fr. — Fauteuil richement sculpté et doré, 500 fr. — Canapé de six pieds sculpté et doré, 1,500 fr. — Chaise, 375 fr. — Tabouret de pied, 120 fr. — Ecran de cheminée, 600 fr.

Il y en a de moins riches.

Meubles de style et de goût :

Lit d'acajou, en bateau, enrichi de bronzes ciselés et dorés, 2,500 fr.

D'autres à 1,500 fr.; 1,000 fr.; 800 fr.; 750 fr.; 800 fr.; 600 fr.; 500 fr. et sans ornements à 350 fr.

Secrétaires en bois d'acajou à 350 fr.; 450 fr.; 1,000 fr.; 3,000 fr.

Commodes à 250 fr.; 450 fr.; 1,000 fr. et 3,000 fr.

Miroirs à la Psyché, riche, 3,500 fr.; moins riche, 2,000 fr.; plus simple, 600 fr.

Toilette ajustée, riche, 2,400 fr.; moins riche, 1,200 fr.; plus simple, 500 fr.

Console à 2,400 fr.; 1,200 fr.; 600 fr. et 300 fr.

Tables à thé à 2,000 fr.; 1,200 fr.; 600 fr. et 300 fr. (*Arch. nat.* $O^2$623.)

Suivant M. de Champeaux, une commode, portant l'estampille de Marcion, fait partie du mobilier de Trianon. (*Le Meuble.*)

Morel. En 1811, deux ébénistes du nom de Morel demeuraient rue Gaillon, l'un au numéro 16, l'autre au numéro 25. (*Almanach du commerce de Paris.*)

Un de ces deux maîtres fait, en 1807, une soumission pour l'ameublement des palais impériaux; nous y trouvons une série de meubles de bonne qualité, mais n'offrant rien de remarquable. Toutefois nous y relevons : un secrétaire et une commode, décorés de beaux ornements de cuivre doré, 1,200 fr. — Les mêmes sans ornements dorés, 800 fr. — Un corps de bibliothèque, en acajou, de douze pieds de long, 2,000 fr. (*Arch. nat.* O^{2}623.)

Papst (François-Ignace), reçu maître le 3 septembre 1785. Il a travaillé pour Louis XVI et pour Napoléon, de sorte qu'on trouve son estampille sur des meubles de style différent. En 1806, il prit part à l'Exposition industrielle, où il fut mentionné pour « ses meubles enrichis d'ornements fabriqués avec soin et goût ».

Papst fit, en 1807, une soumission de fournitures pour les palais impériaux, dans laquelle nous remarquons : un bureau à cylindre de quatre pieds dix pouces en acajou roncé, enrichi de ciselures dorées au mat, d'un très beau fini, 7,000 fr. — D'autres bureaux sont cotés 500 fr., 190 fr., 180 fr.; des commodes, 180 fr.; des chiffonniers, 360 fr., 325 fr., etc. (*Arch. nat.* O^{2}623.)

Rascalon (Antoine), établi faubourg Saint-Denis, sous Napoléon Ier. Il aimait à décorer ses meubles de sujets et ornements dorés peints sous verre, ou plutôt gravés à la pointe sur fond d'or. Il prit part à l'Exposition industrielle de 1806, où il obtint une mention honorable.

Le Rapport du jury constate que Rascalon « a employé pour décorer les meubles des ornements peints sous verre et a donné des preuves de bon goût, dans l'emploi de ces ornements ».

En 1807, le sieur Rascalon, « sculpteur et graveur en or sur glaces », fait la soumission suivante pour le service du garde-meuble : table d'acajou et érable. Le camée du milieu représente *Bacchus et Ariane*, dont le fond est occupé par des Bacchantes qui dansent, 2,000 fr.

Autre table, avec camée, 2,000 fr.

Autre table avec camée, composé de deux jeunes Faunes assis, jouant de divers instruments au son desquels dansent de jeunes Bacchantes entrelacées de guirlandes de fleurs, 2,000 fr. (*Arch. nat.* O^{2}623.)

Rémond. En octobre 1807, Rémond, ébéniste, livre à l'impératrice Joséphine, aux Tuileries, un nécessaire de 6,000 fr., garni en acier. (*Arch. nat.* O²561.)

L'*Almanach du commerce de Paris*, de 1811, nous donne les adresses de deux ébénistes de ce nom, différemment orthographié : Raymond, 5, rue Poissonnière, et Reimond, rue de Castiglione. L'un de ces deux maîtres, le dernier peut-être, est bien certainement l'ébéniste tabletier fournisseur du riche nécessaire de Joséphine.

Richeterre. Cet ébéniste exerçait en 1807, rue Traversière, n° 60. Il est probable que ce maître est celui que nous avons cité, dans le *Livre des collectionneurs*, sous le nom de *Richter*, comme fournisseur du roi Louis XVI.

Vautrain, fabricant de meubles boulevard Saint-Antoine, 57.

Au mois de janvier 1814, il adressait une demande dans le but de participer « aux travaux d'ébénisterie et de menuiserie qui pourraient être commandés pour le service des palais impériaux. » (*Arch. nat.* O²205.)

La demande de Vautrain ne dut pas être acceptée, elle arrivait trop tard. La France allait être envahie et l'on ne pensait guère à augmenter le garde-meuble.

CHAPITRE XIII

LES TABLETIERS ET LES TABATIÈRES POPULAIRES

I

De tout temps les tabletiers ont fabriqué des tabatières de luxe et des tabatières d'un usage courant.

Les premières, quoique riches et travaillées comme des bijoux, ne sont pourtant pas les plus curieuses. Sans aucune valeur intrinsèque, pour la plupart, les tabatières populaires offrent, au contraire, un réel intérêt, en ce que souvent leur forme ou leur ornementation les fait passer à l'état de documents historiques.

On va voir d'ailleurs, par ce qui suit, combien ces tabatières sont nombreuses et variées.

Vue du palais du Tribunat. — Exergue explicatif, sur une tabatière en poudre d'écaille moulée et teinte.

Le tribunat fut institué sur la proposition de Sieyès le 22 frimaire an VIII (13 décembre 1799). Son rôle consistait à discuter les lois contradictoirement avec les orateurs du gouvernement, à signaler des abus ou proposer des améliorations.

Les tribuns, d'abord au nombre de cent, réduits à cinquante en 1802, étaient élus par le Sénat et siégeaient au Palais-Royal.

Napoléon fit supprimer le tribunat par un sénatus-consulte de 1807.

Parmi les autres vues exécutées sur tabatières en écaille moulée nous citerons les variétés suivantes :

Vue du château de Saint-Cloud du côté de Paris.
Vue du Palais des Beaux-Arts.
Les nouveaux bâtiments du Palais-Royal.

BONAPARTE. — Tabatière en poudre d'écaille moulée, offrant sur le couvercle le portrait de Bonaparte, premier consul. Buste, habillé, de profil à droite, la tête laurée.

Après la bataille de Marengo et surtout à la paix d'Amiens, la gloire de Bonaparte semblait à son apogée. Le jeune général, admiré de tous, était partout acclamé et sa présence excitait dans les masses un enthousiasme indescriptible.

COURONNEMENT DE L'IMPÉRATRICE JOSÉPHINE PAR NAPOLÉON. — Légende d'une tabatière carrée, en corne repressée. L'Impératrice est agenouillée et l'Empereur lui pose la couronne sur la tête.

La cérémonie du sacre de l'empereur Napoléon et de l'impératrice Joséphine eut lieu le 2 décembre 1804. Pie VII était venu de Rome tout exprès. Après l'onction de l'huile sainte, au moment où le Pape, tenant la couronne, s'approchait de l'Empereur, celui-ci la lui prit des mains et la posa lui-même sur sa tête, puis il couronna l'Impératrice prosternée devant lui.

NAPOLÉON Ier, EMPEREUR DES FRANÇAIS, NÉ LE 15 AOUT 1769. — JOSÉPHINE, IMPÉRATRICE, NÉE LE 24 JUIN 1768. — Légende d'une tabatière en carton verni. Bustes de profil, à gauche.

Le sacre de Napoléon et de Joséphine remonte au 2 décembre 1804 et la boîte dont nous parlons est contemporaine de cet événement.

NAPOLÉON PREMIER, EMPEREUR ET ROI. — Légende d'un dessus de tabatière, en repoussé, signé *Gaspard*. Napoléon, monté sur un cheval fougueux richement caparaçonné, porte l'uniforme des chasseurs de la garde, avec le grand cordon de la Légion d'honneur ; son manteau, attaché aux épaules, est soulevé par le vent ; de la main droite il semble désigner une place forte, visible dans le lointain.

L'idée de figurer sur un cheval qui se cabre appartient à Napoléon. En 1798, à la paix de Campo-Formio, le général Bonaparte revint à Paris, où il fut l'objet, des plus vives acclamations. A cette occasion David voulut le représenter à cheval au pont d'Arcole ou de Lodi : « Non, répondit Bonaparte, j'y serais avec toute l'armée, représentez-moi de sang-froid, sur un cheval fougueux. » (De Norvins, *Histoire de Napoléon*.)

LE FRANÇAIS RESPECTE LE COURAGE MALHEUREUX (*Bataille de Marengo*). — Exergue d'une tabatière en carton verni, décorée par impression. Napoléon à cheval, accompagné d'un guide, salue un militaire autrichien blessé, porté par trois soldats de sa nation.

Après la bataille de Marengo, Napoléon, voyant passer un convoi de blessés autrichiens, se découvrit en disant : *Honneur au courage malheureux*. Le palais de Versailles possède un tableau peint par Debret, en 1806, rappelant un épisode analogue qui se serait passé le 6 novembre 1805. La *Notice historique des peintures et sculptures du musée de Versailles*, s'exprime ainsi en parlant du tableau de Debret :

« Les prisonniers autrichiens, en défilant devant l'Empereur, témoignaient un extrême empressement de le voir. Ils se rappelaient qu'un jour, à l'armée d'Italie, dans une circonstance pareille, voyant passer devant lui des chariots remplis d'Autrichiens blessés, il avait ôté son chapeau en disant : « Honneur au courage malheureux. » (*Journal des Débats* du 15 brumaire an XIV.)

1805. — Tabatière en buis repressé, offrant sur le couvercle un sujet allégorique à la bataille d'Austerlitz. Légende : *Immotus concurre vidit. Il a vu sans effroi leurs violents efforts*. Dans le champ, en haut, au milieu d'une couronne de lauriers, le soleil rayonnant. L'aigle de France couronné déchire de son bec l'aigle à deux têtes de Russie et tient entre ses serres l'aigle d'Autriche renversé. A gauche, sur le devant, fuit un lion, et dans le fond, le léopard d'Angleterre, derrière la mer couverte de vaisseaux, semble regarder tranquillement cette lutte. Exergue : *Bataille des trois Empereurs*, 1805.

Il existe une autre variété de ce sujet.

La bataille d'Austerlitz est une des plus glorieuses de l'Empire, tant au point de vue de la conception que sous le rapport des résultats. Le 2 décembre 1805, jour anniversaire du couronnement de l'Empereur, par un beau soleil d'hiver, l'armée française, forte de 65,000 hommes, défit 95,000 Austro-Russes. Ces derniers perdirent 15,000 hommes tués, noyés ou blessés et 20,000 prisonniers ; les Français eurent à regretter 7,000 braves.

Le surlendemain de la bataille, l'Empereur d'Autriche eut une entrevue avec Napoléon dans une modeste cabane près d'un feu de bivouac (Thiers).

Cheval d'un chef de Mameluck. — Exergue d'une tabatière en poudre d'écaille moulée, teinte en gris, représentant un Mameluck tenant par la bride un cheval fougueux.

1806. — Tabatière en carton verni, décorée en noir par impression, sur fond jaunâtre. Dessous, un épisode de la bataille de Rivoli. Sur un poteau, à droite, on lit : *Route de Rivoli*. Dessus, l'entrevue de Napoléon et de l'empereur d'Autriche, deux jours après la bataille d'Austerlitz.

Sous le couvercle, en dedans, le buste de Napoléon, en costume du sacre, la tête laurée, bordé d'un cadre à feuilles de laurier ; derrière, Diogène debout, semble dire par le geste de sa main gauche : Enfin, j'ai trouvé un homme. La main droite du philosophe appuyée sur le sommet du tableau tient une lanterne ouverte ; évidemment, il vient de l'éteindre. A droite, sur une colonne, sont inscrits les noms de diverses batailles : *Arcole*, *Mantoue*, *Mondovi*, *Millesimo*, *Montenotte*, *Castiglione*, etc. Sur l'épaisseur de la boîte et circulairement, défilent des militaires de toutes armes.

Le village de Rivoli, à 22 kilomètres de Vérone, est à jamais célèbre par la victoire qu'y remporta le général Bonaparte, contre les Autrichiens, le 14 janvier 1797.

Quarante-huit heures plus tard, un nouveau succès obtenu à la Favorite, valait au jeune vainqueur la reddition de Mantoue et la possession de l'Italie. Par des combinaisons pleines de génie et des marches forcées qui dépassaient en rapidité celles des légions de César, Bonaparte, malgré l'effrayante infériorité du nombre, anéantit plusieurs armées en les attaquant tour à tour, à l'improviste.

La grande victoire de Rivoli, suivie de celle de la Favorite, mit fin à la campagne de 1796. « Tel fut, dit M. Thiers, le dernier acte de cette opération jugée par les militaires une des plus extraordinaires dont l'Histoire fasse mention. »

II

Arcole, 1796. — Marengo, 1800. — Austerlitz, 1805. — Iéna, 1806. — Légende d'une tabatière en carton verni, ornée du portrait de Napoléon Ier, exécuté en noir par impression, rehaussé en couleur. Buste de face, en uniforme de colonel des chasseurs de la garde ; tête de trois quarts à gauche, coiffée du petit chapeau.

En 1806, Napoléon touchait au faîte de sa gloire ; la nation l'acclamait avec ivresse et le regardait comme un génie extraordinaire.

25 juin 1807. — Entrevue des empereurs de France, d'Allemagne et de Russie. — Exergue explicatif d'une tabatière en écaille moulée figurant l'*Entrevue de Tilsitt*. Dans un pavillon placé au milieu du Niémen sont, à gauche, Napoléon et Alexandre s'embrassant et,

à droite, le roi de Prusse. Derrière le pavillon, à gauche, une seconde tente, et une troisième sur le devant à droite ; dans l'une et dans l'autre des officiers. De chaque côté, au delà du fleuve, des soldats rangés en bataille et sur le premier plan, deux barques portant : celle de gauche, le drapeau de la France; celle de droite, celui de la Russie.

L'empereur d'Allemagne n'assista pas à l'entrevue de Tilsitt, comme l'indique par erreur l'exergue de cette pièce.

LE TRIOMPHE DE TRAJAN. — Exergue d'une tabatière en buis repressé. Napoléon en costume romain et armé du sceptre est traîné dans un char à quatre chevaux que conduit la victoire, tenant devant lui une palme et une couronne. Derrière le char, Minerve debout élève son bouclier au-dessus de la tête de l'Empereur. En haut, un génie brûlant de l'encens et semant des fleurs ; à droite, une étoile rayonnante. Légende : *Venit, Vidit, Vicit.* (Il est venu, il a vu, il a vaincu.)

Pour fêter le retour de la Grande Armée, il y eut dans tous les théâtres de Paris des spectacles gratis. « Le parterre, l'orchestre et les principaux rangs de loges et de galeries étaient réservés à la garde impériale. L'Opéra donna le *Triomphe de Trajan*... Cet opéra n'était autre qu'une série d'allusions ingénieuses à la gloire de Napoléon... Au moment du triomphe, quand l'Empereur romain apparaissait sur un char traîné par quatre chevaux blancs, ce n'était pas Trajan qu'on applaudissait, c'était Napoléon. » (Imbert de Saint-Amand. *La cour de l'impératrice Joséphine*, p. 401.)

1807. — ESPION PRUSSIEN PRIS PAR LES FRANÇAIS A LA BATAILLE D'IÉNA. — Exergue d'une tabatière en carton verni. Le sujet, exécuté par impression et colorié sur fond d'or, représente un paysan près de deux hussards dont l'un à cheval et l'autre appuyé contre un tertre ; au fond, un paysage ; à droite des militaires préparant la cuisine.

Les Prussiens ont toujours été habiles à se garder en temps de guerre ; ils ont su s'entourer d'espions et se renseigner sur les forces, la situation et les intentions de leurs ennemis.

Le rôle d'espion, méprisé en France, a été relevé en Prusse, au point d'être confié, dans la dernière guerre de 1870-1871, à des officiers de mérite qui ont obtenu ainsi de l'avancement et des distinctions honorifiques.

En 1807, le jour de la bataille d'Iéna, un espion prussien fut pris par des cavaliers français. Le fait dut avoir dans l'armée un certain retentissement, pour qu'une tabatière en ait perpétué le souvenir. Le malheureux paya vraisemblablement de sa vie son dangereux métier.

III

Tabatière au docteur Gall. (Voir *le Livre des Collectionneurs*, p. 203.)

On pourrait ajouter les lignes suivantes :

François-Joseph Gall, né à Trefenbrunn (grand-duché de Bade) en 1758, mort en 1828, commença ses études à Strasbourg et les finit à Vienne où il se fit recevoir docteur en 1785. Après divers voyages, il vint à Paris en 1807. Il y développa dans les salons et dans des cours publics son fameux système auquel il dut bientôt la célébrité. L'auteur reconnaissant de l'enthousiasme qu'il soulevait se fit naturaliser Français.

Gall place les qualités morales au sommet de la tête, les facultés intellectuelles à la partie antérieure et les facultés animales et grossières derrière et sur les côtés. Ces principes généraux paraissent justes, mais lorsque le savant docteur admet 27 facultés fondamentales, et qu'il veut les assigner à autant de parties saillantes du crâne, on sent combien d'erreurs doit amener une méthode si pleine d'incertitude. Ses partisans eux-mêmes ne sont pas d'accord sur la place et le nombre des organes et sur la classification des facultés. Toutefois on doit rendre à Gall, cette justice, qu'il a fait faire d'importants progrès à l'anatomie et à la physiologie du cerveau.

Blague a tabac, en cuivre repoussé garni de cuir. Elle représente Napoléon en pied, portant le costume de colonel des chasseurs de la garde (guides), entouré de drapeaux et autres attributs militaires. Légende : *Napoléon le Grand*.

Costumes de 1789 à 1808. — Tabatière en carton verni, figurant une suite de caricatures dessinées dans le goût de Carl Vernet, en noir, sur fond mordoré. Au centre, on lit : *Quel est le plus ridicule*, ou *Rapprochement et contraste des costumes depuis* 1789.

IV

1808. — Tabatière d'écaille ornée sur le couvercle, d'un repoussé figurant huit bustes groupés, à gauche, du roi d'Espagne, de la Reine, des Infants et Infantes. Sur le bord du dernier buste à droite. *Paroy spt (sculpsit)* (0,064). Légende : *Familia Real Espana* (Famille royale d'Espagne).

Les huit bustes représentent les personnages dont les noms suivent :

CHARLES IV, né à Naples le 12 novembre 1748, roi d'Espagne et des Indes, le 14 décembre 1788, décédé à Naples le 20 janvier 1819.

LOUISE-MARIE-THÉRÈSE DE PARME, reine d'Espagne et des Indes, née le 9 décembre 1751, mariée le 4 septembre 1865, à Charles IV, décédé à Naples le 2 janvier 1819.

FERDINAND-MARIE-FRANÇOIS DE PAULE, prince des Asturies, fils aîné du Roi, depuis Ferdinand VII, né le 14 octobre 1784, décédé le 27 septembre 1833.

CHARLES-MARIE-ISIDORE (DON CARLOS), second fils du Roi, né le 29 mars 1788.

FRANÇOIS DE PAULE (ANTOINE-MARIE), troisième fils du Roi, né le 10 mars 1794.

CHARLOTTE-JOACHIME, fille du Roi, née le 25 avril 1775, mariée le 9 janvier 1790 à Jean-Marie-Joseph-Louis, prince régent du Brésil, né le 13 mai 1767.

MARIE-LOUISE-JOSÉPHINE, seconde fille du Roi, née le 6 juillet 1782, reine régnante, le 2 août 1801, de l'Etrurie qu'elle céda à Napoléon le 27 octobre 1807.

MARIE-ISABELLE, infante d'Espagne, née le 5 juillet 1789.

Le 17 mars 1808, un soulèvement éclata à Madrid et le surlendemain le roi Charles IV abdiqua en faveur de son fils le prince des Asturies, proclamé Ferdinand VII. Vers la fin du mois suivant, toute la famille royale se rendit à Bayonne où se trouvait Napoléon. Charles IV ayant protesté contre son abdication, Ferdinand remit la couronne à son père. Cette famille n'en fut pas moins internée en France jusqu'à la chute de l'Empire. Le 6 juin 1808, Joseph, alors roi de Naples, fut proclamé roi des Espagnes et des Indes.

1809. OUI, JE SUIS FRANÇAIS. Exergue d'une tabatière en buis repressé à chaud, doublée d'écaille. Le sujet rappelle un épisode anecdotique de la guerre d'Allemagne. A droite, l'Empereur accompagné de trois officiers généraux ; à gauche et devant eux, un jeune soldat croise la baïonnette.

Ce sujet a été dessiné et gravé par Vernot. Au-dessous du titre : Oui, je suis Français, on lit : « Le 8 octobre 1809, Napoléon en habit bourgeois ainsi que quelques généraux visitant le camp de Semering, montagne à vingt lieues de Vienne, rencontra un jeune conscrit et l'interrogea ; ce jeune soldat lui répondit qu'il était né dans les Pyrénées : *Qu'on désarme cet homme et qu'on le pende*, dit l'un d'eux dans un moment de gaîté... *Oui, je suis Français*, répète le conscrit, en croisant la baïonnette... On le détrompe, on le félicite, et ce fut le gousset bien garni qu'il rejoignit son régiment. »

Napoléon, empereur et roi. Joséphine, impératrice et reine, 1809. Légende d'un repoussé offrant les bustes accolés, à gauche de Napoléon et de Joséphine. L'Empereur est représenté avec les attributs de la force, de la gloire et de la puissance. Sa tête est laurée et surmontée d'une tête d'aigle, tenant dans son bec les foudres de Jupiter ; ses épaules sont couvertes d'une peau de lion dont les pattes forment un nœud sur la poitrine ; à côté une massue. L'Impératrice porte une robe à collerette fraisée. Un diadème et trois grandes plumes ornent ses cheveux. Sur le bord du bras de l'Impératrice : Paroy.

Diamètre de la boîte, 0,083. Diamètre du médaillon, 0,070.

Tabatière d'écaille, ornée d'un repoussé ayant pour exergue : *Napoléon blessé à Ratisbonne le 20 avril 1809*. L'Empereur, entouré de ses soldats, a le pied gauche à l'étrier, tandis que le chirurgien Ivan, un genou en terre, termine de panser le pied droit. Sujet tiré du tableau de Gautherot, exposé au Salon de 1810.

C'est le 23 avril que Napoléon fut blessé devant Ratisbonne et non le 20, comme l'indique par erreur l'inscription.

L'armée française faisait le siège de Ratisbonne et se préparait à l'assaut. L'Empereur s'était arrêté sur un plateau découvert, accompagné du maréchal Lannes, lorsqu'une balle morte l'atteignit au pied droit. Il fut pansé par le docteur Ivan, chirurgien major des grenadiers de la garde. « Le bruit se répand rapidement que l'Empereur est blessé et bientôt il est entouré de 15,000 soldats de toutes armes.

« Le premier besoin de Napoléon est de répondre à tant d'amour et d'aller tranquilliser l'inquiétude de l'armée. Il monte à cheval ; des roulements de tambour prolongés sur la ligne rappellent le soldat dans les rangs. Il les parcourt et reçoit partout les expressions de la plus vive joie, du plus ardent dévoûment. » (Général Pelet. *Mémoires sur la guerre de* 1809.)

V

Napoléon Ier, empereur des Français, roi d'Italie, né le 15 août 1769. Marie-Louise, archiduchesse d'Autriche, impératrice, née le 12 décembre 1791. Légende d'une tabatière en carton verni, décorée en noir par impression. A gauche, l'Impératrice en costume d'apparat ; la tête coiffée du diadème et de la couronne fermée ; à droite, Napoléon en uniforme des chasseurs de la garde.

Le renouvellement du mariage civil eut lieu le 1er avril 1810, dans la grande galerie de Saint-Cloud, en présence de la cour impériale. Le mariage religieux se fit le lendemain au Louvre, avec une magnificence comparable à celle du couronnement. De nombreuses fêtes s'organisèrent à Paris.

Dans un bal donné par le prince de Schwarzenberg, ambassadeur d'Autriche, le feu prit aux tentures et occasionna de grands malheurs. L'Empereur, après avoir sauvé l'Impératrice, revint pour veiller au salut de la foule ; on s'écrasait aux portes ; plusieurs personnes périrent au milieu des flammes. La princesse de Schwarzenberg était sauvée, mais ne retrouvant pas son enfant, elle se précipita dans les salles malgré l'imminence du danger et trouva la mort sous un lustre qui l'écrasa en tombant. Cette scène lugubre attrista toute la cour. Les terribles événements qui avaient accompagné les fêtes du mariage de Marie-Antoinette revinrent en mémoire et l'on fit des rapprochements entre les deux archiduchesses.

Napoléon. Marie-Louise. Légende d'un repoussé sur une tabatière de buis, doublé d'écaille. Têtes accolées, à droite, de Napoléon et Marie-Louise. La tête de l'Empereur est laurée. Sur l'épaisseur du cou : *Andrieu F*. (Andrieu *fecit*.)

Napoléon Ier, empereur des Français, roi d'Italie, né le 15 août 1769. Marie-Louise, archiduchesse, impératrice, née le 12 décembre 1791. Légende sur une tabatière en carton verni représentant, en noir par impression, Napoléon en uniforme des chasseurs de la garde et Marie-Louise en costume de cour.

VI

Baptême du roi de Rome, MDCCCXI. Exergue d'une boîte à deux médaillons en verre gravé. Dessus, Napoléon Ier, couvert du manteau impérial, présente son fils aux grands personnages de l'Etat. Sur le médaillon inférieur, on lit au milieu de deux rangs de couronnes murales : A L'EMPEREUR, LES BONNES VILLES DE L'EMPIRE.

Les cérémonies du baptême eurent lieu à Notre-Dame le 9 juin 1811. Elles furent magnifiques. « Trois rois, vingt cardinaux, cent évêques, le Sénat, le Corps législatif, les maires des villes de France, assistèrent à la cérémonie. Quand le pontife eut terminé et rendu le roi de Rome à la gouvernante des enfants de France, Mme de Montesquiou, celle-ci le remit à Napoléon, qui, le prenant dans ses bras et l'élevant au-dessus de sa tête, le présenta ainsi à l'assistance avec une émotion visible qui devint bientôt générale. » (Duruy. *Histoire populaire de la France.*)

1813. MORT DU GRAND MARÉCHAL DUROC, DUC DE FRIOUL. Tabatière en carton verni à décor noir par impression. En avant d'un champ de bataille, Duroc repose sur un brancard ; près de lui se trouve l'Empereur, dont il porte la main à ses lèvres. Dans le champ de l'exergue, sous le titre :

« *A la suite de la bataille de Wurtchen, gagnée le 21 mai 1813. Et ses dernières paroles à l'Empereur en lui baisant la main :* Toute ma vie, lui dit-il, a été consacrée à votre service... J'ai vécu en honnête homme... Je laisse une fille. V. M. lui servira de père... *L'Empereur serrant la main droite, le grand maréchal resta un quart d'heure en silence que le grand maréchal rompit en lui disant :* Ah ! Sire. Allez-vous-en, ce spectacle vous peine ! *L'Empereur en le quittant ne put lui dire autre chose que ces mots :* Adieu donc, mon ami ! *S. M. rentra dans sa tente et ne reçut personne pendant toute la nuit.* »

C'EST ICI QU'IL FAUT MOURIR AVEC HONNEUR. Légende d'une tabatière en buis repressé figurant le prince Poniatowski poursuivi par les ennemis, et se jetant avec son cheval dans l'Elster. Exergue : *Paroles de Poniatowski en se précipitant dans l'Elster.*

Après la grande bataille de plusieurs jours livrée autour de Leipsick et désignée par les coalisés sous le nom de bataille des Nations, l'armée française, débordée par 300,000 hommes, dut battre en retraite. Le pont de Leipsick, jeté sur l'Elster, était miné ; un caporal de sapeurs devait le faire sauter derrière nos derniers bataillons ; effrayé par l'approche de quelques cavaliers ennemis et poussé par les soldats qui venaient de passer, il mit trop tôt le feu à la mèche.

20 000 hommes restèrent ainsi au pouvoir des alliés. Poniatowski, nommé la veille maréchal de France, préféra se jeter à la rivière que de tomber vivant au pouvoir de l'ennemi. Malgré la rapidité du courant, il avait réussi à traverser ce dangereux fleuve, mais il n'en put franchir les bords escarpés et il se noya en compagnie de son aide de camp, qui fit tous ses efforts pour le sauver.

VII

1815. Retour de l'Isle d'Elbe. — Peu après le retour de Napoléon en France, on vit paraître de petites estampes, en noir ou en couleur, figurant les portraits de l'Empereur, de l'Impératrice et du Roi de Rome, au-dessus d'un bouquet de violette, ou même d'une violette seule. Ces fleurs étaient accompagnées de légendes comme celles-ci : *Le Retour du printemps et de la violette.* — *Le Bouquet chéri* — *Violettes du 20 mars 1815.*

> La violette, du printemps chère espérance,
> Ramène Napoléon, bonheur de la France.

D'autres estampes sont consacrées au Roi de Rome. *Le ciel a exaucé mes vœux.* Le Roi de Rome un genou à terre (D. 0^m,07.) — *Je remercie Dieu du retour de mon père.* Le Roi de Rome à genoux, une branche de laurier à la main. (D. 0^m,07.)

Une estampe sans légende représente le Roi de Rome, les cheveux bouclés, au milieu d'un parterre de roses.

Après la seconde abdication, les portraits de l'Empereur et tout ce qui pouvait rappeler son souvenir étaient considérés comme emblème séditieux. On fit cependant à cette époque des estampes curieuses, qu'on évitait de mettre en montre pour éviter l'emprisonnement; sous l'apparence de violettes, de pensées, de branches et de troncs d'arbres, elles cachaient le profil de Napoléon et même de son petit chapeau.

P.-J.-E. Cambronne, né a Nantes le 20 décembre 1770. — Légende d'une tabatière en buis repressé représentant le buste de Cambronne, de face, en costume de général, entouré de lauriers.

Le 18 juin 1815, sur le champ de bataille de Waterloo, Cambronne commandait le dernier carré de la garde, le seul qui résistât encore à 8 heures du soir. Attaqué sur les quatre faces du carré, la lutte devenait impossible. Après chaque décharge, les soldats serraient les rangs et le carré amoindri continuait de combattre. Un général anglais, Colville ou Maitland, leur cria : « Braves Français, rendez-vous ! » C'est alors que Cambronne leur répondit ce mot fameux que l'histoire a traduit par ces belles paroles : *La Garde meurt et ne se rend pas.*

Laissé pour mort sur le champ de bataille, il fut relevé le lendemain et conduit prisonnier en Angleterre.

Les enfants du général Michel, mort à Waterloo, ont réclamé pour leur père l'énergique réponse de Cambronne.

A la suite d'une enquête, en 1862, un vieux soldat de la garde, Antoine Deleau, affirma avoir entendu de la bouche de Cambronne : *La Garde meurt et ne se rend pas.* A une seconde sommation, Cambronne répondit la même phrase, qui fut répétée par tous les officiers et tous les soldats. Entre deux décharges, une troisième sommation fut faite, mais Deleau n'entendit pas la réponse, un boulet lui enleva son bonnet à poil et le renversa sur un tas de cadavres.

Malgré cette affirmation, les fils du général Michel ont persisté à revendiquer pour leur père « l'honneur d'avoir prononcé ces sublimes paroles (et non d'autres) : La garde meurt et ne se rend pas ».

De son côté, le général Bertrand, à son retour de Sainte-Hélène, remit à la veuve du général Michel une pierre détachée du tombeau de l'Empereur, sur laquelle il avait écrit : « A la comtesse Michel, veuve du général Michel tué à Waterloo où il répondit aux sommations de l'ennemi par ces paroles sublimes : La garde meurt et ne se rend pas. »

D'après Edouard Fournier, le mot dit par Cambronne est celui de la tradition, le mot cru qui rime avec *perde*. Il le répéta devant témoins, en Angleterre, et il fut compris, car une voix répondit : Mange. (*De l'Esprit de l'histoire.*)

Victor Hugo, dans *les Misérables*, a fait une description de la bataille de Waterloo et consacré une longue tirade au fameux mot de Cambronne.

VIII

1815. Tabatière au Petit Chapeau. — Le chapeau légendaire de Napoléon, qu'on appelle *le Petit Chapeau*, a été maintes fois reproduit par les artistes. A la chute de l'Empereur le commerce livra clandestinement à la consommation des tabatières populaires, à bon marché, en cuivre jaune, en corne ou en écaille, ayant l'aspect du Petit Chapeau. Quelques-unes de ces tabatières, parmi celles en écaille, sont ornées d'un sujet représentant « Napoléon dormant sur une chaise le matin de la bataille d'Austerlitz ». En diverses occasions, Napoléon dormit sur le champ de bataille, bien en dedans de la portée des boulets, notamment à Lutzen et à Bautzen.

La tabatière au Petit Chapeau, considérée comme emblème séditieux, se vendait en cachette ; il eût été fort imprudent de s'en servir en public ou même dans des réunions privées, en présence d'inconnus. La rage des républicains contre les royalistes, pendant la Terreur, s'était retournée contre eux et les impérialistes, au commencement de la Restauration. Bien des innocents furent victimes de ces rancunes. On en jugera par ces deux faits, cités avec bien d'autres du même genre dans l'*Histoire des deux Restaurations*, de M. de Vaulabelle.

Le 30 mars 1816, un capitaine de gendarmerie en retraite, M. Paul Sassar, est appelé comme témoin au tribunal de Rennes, à la suite d'une rixe de café. Sur son ancien habit d'uniforme, qu'il porte par économie, le tailleur avait laissé par mégarde *un* bouton portant ces mots : *Gendarmerie impériale*. Un gendarme de service s'en aperçoit et prévient le président, M. Huon de Kermadec, qui aussitôt interpelle violemment le capitaine.

« Vous portez sur votre tunique des boutons séditieux, » lui dit-il. Le capitaine a beau invoquer sa bonne foi et donner des explications sur l'oubli dont il est victime, rien ne peut le sauver ; M. Huon de Kermadec le fait asseoir sur le banc des prévenus et séance tenante le condamne à trois mois de prison, 50 fr. d'amende, à la privation d'un douzième de sa pension de retraite pendant un an et aux frais du procès. (T. IV, p. 354.)

Le 1ᵉʳ mars 1817, plusieurs habitants de la commune de Pagny s'étaient réunis après dîner dans une salle particulière d'un café. Au moment de se retirer, l'un d'eux, M. Nanteuil, ancien maire de Labruyère, tire de sa poche quelques pièces de monnaies parmi lesquelles se trouvait une médaille frappée à l'occasion de la fondation de l'Université et qui portait d'un côté cet exergue : *Université Impériale* et de l'autre l'effigie de Napoléon. La médaille, très remarquée par les convives, passe de main en main. A quelques jours de là, M. Nanteuil est arrêté, conduit dans les prisons de Beaune où il reste tout le temps que dure l'instruction, c'est-à-dire une année. Traduit en jugement après cette longue détention, il est condamné « pour avoir conservé et montré dans un lieu public un objet séditieux (la médaille), à 4 000 fr. d'amende, deux ans de privation de ses droits civiques et deux ans de surveillance de la haute police. » (T. IV, p. 410.)

IX

Tabatière allemande, en carton verni, représentant en noir, par impression, Napoléon Ier, vêtu d'une façon étrange, avec une toile d'araignée sur la poitrine et une main en guise d'épaulette. Une légende imprimée, que l'on a bien voulu nous communiquer, en donne l'explication. La voici :

« Ce portrait hiéroglyphique du Destructeur est fidèlement copié d'une gravure allemande, ainsi que la parodie de ses prétendus titres. Le *chapeau* de l'Exterminateur est formé par une aigle française, mutilée et couchée, après son conflit avec les aigles du Nord. Son *visage* est composé des cadavres des victimes de sa sottise et de son ambition, qui ont péri dans les plaines de Russie et de Saxe. Autour du *col* il a la *Mer Rouge*, par allusion à ceux de ses soldats qui ont été noyés. Son épaulette est une *main* qui dirige la confédération du Rhin sous le fragile emblème d'une *toile d'araignée*. L'*araignée* que l'on voit dans la plaque est symbole de la vigilance des alliés, qui ont infligé sur cette main une piqûre mortelle. »

X

Tabatières a secret. — Au commencement de la Restauration, pour échapper aux tracasseries de la police, on fit des tabatières unies, sans aucun ornement, en buis, en ivoire ou en écaille commune, cachant dans un double fond le portrait de Napoléon.

Dans notre *Livre des Collectionneurs*, en parlant des boîtes à secret des orfèvres et de celles des tabletiers, dont les secrets sont différents, nous avons expliqué que chez les tabletiers le secret consistait à dévisser, soit la gorge, soit la partie inférieure de la boîte.

Lorsqu'en ouvrant une boîte, le fond offre une épaisseur anormale et que la partie creuse qui reçoit le tabac n'a pas une profondeur en rapport avec l'épaisseur de la boîte, c'est que celle-ci cache un double fond. Alors, amis collectionneurs, dévissez ! dévissez ! Si le secret est dans la gorge, remettez le couvercle, dont la pression facilitera le dévissage.

1821. — Boîte à secret, en cuivre jaune, rectangulaire, présentant dans son ensemble la forme d'un tombeau et à ses extrémités le profil du *Petit Chapeau*. Pour l'ouvrir, il faut d'abord abattre le battant du bout, à droite. Le charnière du côté gauche n'est qu'un trompe-l'œil. Quant au petit bouton de fer saillant sur la face, c'est un piège dont il faut se défier ; il agit sous la main et, à la moindre pression, découvre une aiguille dont la pointe vient piquer le doigt qui appuie dessus.

Tabatière a secret, en buis, sans filets ni ornement, doublée d'écaille. La partie inférieure se dévisse et renferme un médaillon en cuivre repoussé, doré au mat. Le général en chef Bonaparte, le bras droit levé, harangue l'armée française représentée par un sapeur, un mamelouck et quatre grenadiers dont un est à peine visible. Au fond 3 pyramides. Légende : *Songez que du haut de ces monuments quarante siècles vous contemplent.* Exergue : 3 *thermidor an* VI-23 *juillet* 1798 (pour 21 juillet 1798).

Sur la barre de l'exergue, à gauche, en toutes petites lettres. *J.D.B.* (Chiffre de Jean Du Bois.)

La bataille des Pyramides fut livrée le 21 juillet 1798, près des villages d'Embabeh et de Ghizeh. Le général Bonaparte y remporta un éclatant succès. Ce fut une nouvelle démonstration de ce que peuvent la tactique et la discipline contre la valeur confuse et désordonnée. Bonaparte adressa à l'armée les paroles qui forment la légende du repoussé.

Mourad Bey, chef des Mamelucks, fut complètement défait. Ses efforts énergiques pour détruire nos carrés formés sur six rangs d'épaisseur restèrent infructueux. Après une lutte opiniâtre, il s'enfuit vers la haute Egypte, perdant deux mille hommes et laissant entre nos mains trente canons, quatre cents chameaux chargés et un butin considérable.

La pièce primitive, gravée à l'époque de la bataille, avait pour légende : *Songé que du haut de ces monument quarante siècles vous contemplent.* Le médaillon dont nous nous occupons est une répétition corrigée de la première épreuve.

Champ de Waterloo. *Passant, vas dire à Paris que nous sommes morts ici pour l'honneur français, le 18 juin 1815.* Exergue d'une tabatière en carton verni, représentant en noir par impression le champ de Waterloo, après le combat. On y voit des hommes et des chevaux étendus sur le sol, des armes, des boulets, des canons ; à gauche, une croix. Au milieu, sur le premier plan, un grenadier assis, le pied droit blessé, entouré de bandelettes, la tête appuyée sur sa main gauche et tenant de la droite une bêche. Ainsi posé, le grenadier semble absorbé dans le souvenir des terribles événements de la bataille.

Imitez des Français l'exemple généreux ;
Jamais on ne les vit vingt contre deux.

Exergue d'une tabatière en carton verni, à décor noir par impression. Un grenadier de la garde, le bras gauche en écharpe, adossé contre un arbre, ayant à ses pieds un soldat blessé, qui l'entoure de ses bras, se défend sabre en main contre de nombreux soldats anglais.

Ce sujet, allusif à la bataille de Waterloo, a été souvent reproduit, en repoussé, par impression, en écaille moulée, en corne repressée, en bois, en ivoire, en faïence, etc., avec ou sans légende. Parfois, la légende ci-dessus est remplacée par celle-ci : *Le soldat français meurt et ne se rend pas*, ou bien encore par ces mots, plus historiques : *La garde meurt et ne se rend pas.*

XI

D'après nature. Isle Sainte-Hélène le 6 mai 1821. — Légende d'un repoussé sur une tabatière en buis. Buste de Napoléon Ier, au milieu des nuages, les yeux fermés et dans l'attitude de la mort. Tête de trois quarts, à droite.

Napoléon mourut le 5 mai 1821, à six heures dix minutes du soir, âgé de cinquante et un ans huit mois et vingt et un jours. « Aux convulsions de l'agonie, toujours si pénibles à voir, avait succédé un calme plein de majesté. Cette figure, d'une si rare beauté, revenue à la maigreur de sa jeunesse et revêtue du manteau de Marengo, semblait avoir rendu à ceux qui la contemplaient le général Bonaparte dans toute sa gloire. » (Thiers. *Histoire du Consulat et de l'Empire*.)

Couvert de l'uniforme des chasseurs à cheval de la garde et coiffé du petit chapeau légendaire, il resta exposé deux jours sur un lit de parade. Le corps fut embaumé le 8 mai, puis on le renferma dans un quadruple cercueil.

1821. Les tabatières de Sainte-Hélène. — On donne le nom de *Tabatières de Sainte-Hélène* à des tabatières exécutées immédiatement après la mort de Napoléon et rappelant soit ses funérailles, soit cette partie de la vallée solitaire, ombragée de deux saules pleureurs où reposait son cercueil.

Ce lieu, très romantique, dit M. de Norvins, plaisait à Napoléon qui aimait à y revenir et à en faire un lieu de repos dans ses promenades. « Si je dois mourir sur ce rocher, dit-il au général Bertrand, faites-moi enterrer au-dessous de ces saules, près de ce ruisseau. »

Le bruit de la mort de Napoléon produisit en France une immense impression et fut l'occasion d'innombrables productions à sa louange, parmi lesquelles figurent de curieuses tabatières populaires. « Ce furent partout et de toutes parts, dit M. de Las Cases, des compositions en prose et en vers, des peintures, des portraits, des tableaux, des lithographies et mille petits objets plus ou moins ingénieux, constatant, bien plus que ne saurait faire toute la pompe des rois, la sincérité, l'étendue, la vivacité des sentiments qu'il laissait après lui. » (*Mémorial de Sainte-Hélène*.)

1821. Tabatière de Sainte-Hélène. — Tabatière en buis repressé figurant le moment où le cercueil de Napoléon arrive au lieu de la sépulture. Le cercueil est porté par des militaires au nombre de six ; à droite, en avant, le fossoyeur et les deux saules traditionnels ; en arrière, à gauche, divers personnages, parmi lesquels l'auteur a voulu représenter le général Bertrand, sa femme et le petit filleul de Napoléon. Exergue : *Il vivra toujours dans nos cœurs*.

La pompe funèbre eut lieu le 9 mai. D'après les ordres de l'amirauté anglaise, le convoi fut celui d'un général en chef. Trois mille personnes suivirent le corps au sortir de Longwood. On y remarquait les comtes Bertrand et Montholon ; Marchand, premier valet de chambre, exécuteurs testamentaires de Napoléon ; Napoléon Bertrand, filleul de l'Empereur, fils du grand maréchal. La comtesse de Montholon suivait en voiture avec sa fille.

Comme la route ne permettait pas au char d'arriver jusqu'au lieu de la sépulture, les grenadiers anglais et les marins de la flotte se partagèrent l'honneur de porter le héros sur leurs épaules.

1821. Tabatière de Sainte-Hélène. — Tabatière en buis repressé à chaud. Sur le couvercle, le tombeau de Napoléon, ombragé de deux saules, entouré de ses serviteurs en larmes. A droite, le jeune Napoléon Bertrand dépose une couronne sur une pierre tombale où l'on peut lire : *Cy gît un gr... homm.* ; près de l'enfant, sa mère et le général Bertrand ; à gauche, deux personnes, dont le général Montholon. Exergue : *Reçois de notre amour ces tristes et derniers gages*.

1821. Tabatière de Sainte-Hélène. — Le sujet, en buis repressé, a pour exergue : *Il fut grand par son nom, encore plus par ses armes*. Sur un piédestal, décoré d'un aigle accosté de deux branches de laurier, est posé le buste de Napoléon, à l'ombre de deux saules pleureurs. A droite, un général (Montholon) et un vieux soldat ; à gauche, le général Bertrand et sa femme donnant la main au jeune Napoléon Bertrand, filleul de l'Empereur.

1821. Tabatière de Sainte-Hélène. — Boîte en carton verni, décorée par impression d'une estampe énigmatique. A gauche, entre deux troncs d'arbres, l'œil prévenu reconnaît le profil en pied de Napoléon. A droite, un monument funèbre sur lequel on lit : *Tombeau*.

XII

Emile Marco de Saint-Hilaire écrivait en 1827, sous une forme plaisante, cette boutade bien conforme à l'esprit de l'époque :

« Ayez toujours sur vous deux tabatières à double couvercle, afin d'avoir sous la main de quoi flatter le goût des personnes avec lesquelles vous vous trouvez, quelle que soit leur opinion politique. Que trois faces soient consacrées à l'esprit de parti. Que la première soit revêtue de la Charte constitutionnelle, comme M. Touquet l'a si ingénieusement imaginé, il y a quelques années (1821) ; cette face est à coup sûr celle que vous mettrez le plus souvent en évidence.

« La seconde face représentera le portrait de l'ex-empereur; ce portrait-là n'est plus prohibé; ainsi n'ayez aucune crainte; je conviens que ce fut un *usurpateur*, mais il y avait du bon dans cet homme-là : il lui est resté quelques amis fidèles à sa mémoire et un homme qui veut faire son chemin ne doit négliger personne.

« La troisième face doit être consacrée au fameux étendard levé jadis par Martainville et consorts, un drapeau blanc avec cet exergue : *Vive le roi*. »

XIII

Cet aperçu de l'histoire des tabatières populaires, sous Napoléon Ier, est loin d'être complet. Pour ne parler que des médaillons en cuivre repoussé, doré au mat, la liste en est longue. Elle comprend une importante série de portraits de Napoléon, de Joséphine, de Marie-Louise et du petit roi de Rome, dont nous n'avons décrit qu'une partie. Il faut y ajouter les portraits d'un grand nombre de personnages du temps, tels que les suivants :

Louis-Napoléon, roi de Hollande ; Hortense-Eugénie, reine de Hollande ; Jérôme Napoléon, roi de Westphalie ; Elisa-Napoléon, grande-duchesse de Toscane ; Murat ; Caroline, reine de Naples ; le prince Camille Borghèse ; le prince Eugène, vice-roi d'Italie ; la princesse Amélie de Bavière, sa femme ; Lebrun, Cambacérès, Berthier, Masséna, Bernadotte ; Junot, duc d'Abrantès ; Suchet, duc d'Albuféra ; Ney, Oudinot, Hulin, Talleyrand, Portalis, Denon ; le cardinal Maury, le cardinal de Belloy, l'abbé de l'Epée ; Frédéric-Guillaume III, roi de Prusse ; la reine de Prusse ; l'archiduc Charles ; François Ier, empereur d'Autriche ; Alexandre Ier, empereur de Russie ; Frédéric-Auguste, roi de Saxe ; Frédéric, roi de Wurtemberg, etc.

CHAPITRE XIV

INDUSTRIES DIVERSES

Les mémoires des fournisseurs offrent, en général, peu d'intérêt, mais lorsqu'ils s'adressent à des personnages aussi extraordinaires que Napoléon Ier, ils acquièrent alors un attrait de curiosité tout particulier.

Jusqu'ici, le lecteur a peut-être été bien aise d'apprendre comment Napoléon s'habillait, se chaussait, se coiffait, se gantait ; il a pris peut-être aussi quelque intérêt à connaître le nom des orfèvres auxquels il faisait de si riches commandes en tous genres ; des ébénistes qui meublèrent dans un style nouveau ses palais impériaux ; de la bouquetière aux doigts de fée, qui composait ces jolis bouquets que Joséphine et Marie-Louise n'étaient pas seules à recevoir.

Voilà pourquoi nous n'hésitons pas à donner ici, en manière de supplément, une liste abrégée de quelques fabricants ou industriels dont les mémoires, quelquefois cités, n'ont cependant pu faire l'objet, faute de place, d'un dépouillement plus étendu.

« CHENUE, layetier emballeur de Leurs Majestés Impériales et Royales et des Princes, rue Croix-des-Petits-Champs, n° 28, Paris.

« Fait expédier et douaner pour l'Empire français et l'étranger. »

Cette adresse est inscrite, comme en-tête de facture, sur une belle vignette surmontée d'un aigle aux ailes éployées et figurant un atelier d'emballeur.

CHEVALIER, ingénieur opticien de S. M. le roi de Westphalie, membre de plusieurs académies.

1810. Fourni pour le palais de Compiègne et placé par moi dans la bibliothèque de l'Empereur, un baromètre à cuvette, construit en acajou et auquel sont adaptés les deux thermomètres avec ornements allégoriques, 600 fr. — Un autre baromètre, aussi placé par moi dans la chambre à coucher de S. M. l'Empereur, le dit baromètre construit sur bois d'acajou, avec ornements allégoriques, 300 fr.

Compte soldé sur les 150,000 fr. accordés pour l'ameublement du palais de Compiègne.

Vérifié par l'auditeur au conseil d'Etat, inspecteur de la comptabilité du mobilier et des bâtiments de la couronne,

Le Couteulx de Canteleu.

(Arch. nat. O²33.)

Desouches. En 1807. Desouches, serrurier du garde-meuble, fournissait pour les grands appartements de l'Empereur aux Tuileries quatre garde-feux à six feuilles, au prix total de 1,200 fr. — Chaque garde-feu, haut de 0^m,75, large de 0^m,45 et renfermant une toile métallique.

Compte soldé sur le crédit de 101,811 fr. ouvert pour le budget du 12 septembre 1807, pour compléter l'ameublement de l'appartement d'honneur au palais des Tuileries. — 12 avril 1808. (Arch. nat. O²33.)

Grangeret, « coutelier de l'Empereur et des hôpitaux de la marine à l'*H couronné*, rue des Saints-Pères, n° 43.

« Fait et vend couteaux de table et de dessert, tant en or qu'en argent, du goût le plus nouveau ; ciseaux de tous genres, de la meilleure qualité ; rasoirs d'acier raffiné qu'il donne à l'épreuve et en général tout ce qui concerne la coutellerie et les instruments de chirurgie. »

L'an XIII (1805), il fournit un cuir garni de deux rasoirs, pour le service de Sa Sainteté.

10 *avril* 1815. « Pour le service de l'Empereur, réparation complète de 19 rasoirs en nacre : 67 fr. »

Le Page, arquebusier de l'Empereur, fournit, le 17 décembre 1808, une épée d'argent pour M. Charvet, huissier du cabinet de Sa Majesté, 150 fr. (Arch. nat. O²33.)

Lerebours, opticien de l'Empereur place du Pont-Neuf.

Médaille à l'Exposition de 1806 pour ses lunettes d'approche, télescopes et autres instruments d'optique, Lerebourg fournit à l'Empereur, au commencement de la même année, 19 lunettes dites longues-vues et autres, dont une montée sur pied d'acajou valant 1,800 fr., un thermomètre et une cassette de mathématiques. — Total : 5,600 fr.

Pour les mois de septembre et d'octobre suivants, sa fourniture s'élève à 4,300 fr. Deux lunettes en vermeil de 21 lignes, à tirages, 440 fr. ; deux lunettes de 18 lignes, 360 fr ; une grande lunette achromatique de 4 pouces de diamètre et de six pieds de long avec ses accessoires, 3,500 fr.

26 janvier 1812. — 2 lunettes de spectacle à tirage en vermeil, 400 fr.

25 mars. — 2 lunettes de spectacle, 400 fr ; une autre, 120 fr. ; un binocle en nacre de perle, les branches en or, garni de cristal de roche, 230 fr. Total : 750 fr. (*Arch. nat.* O²32.)

Levacher, marchand de soieries. 15 ventôse an XII (6 mars 1804). — Pour fournitures de trois pièces de velours, étoffes d'or, d'argent et de soie, pour être distribuées en présents à Alger, aux grands du pays, 6,932 fr. (*Affaires étrangères, Comptabilité*, 1795 à 1815. *Ouvr. imprimés et objets d'art.*)

Mignet, imprimeur, était chargé des billets imprimés pour les spectacles et les fêtes de la cour. Voici un de ses Mémoires, daté de 1811.

23 avril. — 1,200 billets d'invitation pour le 25 avril au palais de Saint-Cloud, sur papier blanc à 4 fr. le cent, 48 fr. — 300 billets de couleur, sur papier vélin vert, à 6 fr. le cent, 18 fr.

30 avril. — 12 billets blancs, pour le spectacle du 2 mai, à Saint-Cloud, 48 fr. — 300 billets de couleur à 6 fr., 18 fr.

10 juin. — 2,200 billets, sur papier vélin jaune, pour le bal paré qui devait avoir lieu aux Tuileries, le 16 juin, à 6 fr. le cent, 132 fr. — 400 billets ovales, à 6 fr. le cent, 24 fr. — 200 billets en losange, 12 fr. — 1,800 billets, sur papier vélin bleu, 108 fr. — 400 billets, vélin bleu, en losange, 24 fr. — 36 cartons lissés, rose, vert, blanc à (0,50), 18 fr.

30 décembre. — 1,500 billets pour le spectacle et cercle de la cour du 2 janvier au palais des Tuileries, 60 fr. — 500 billets de couleur, 30 fr. (*Arch. nat.* O²32.)

Picot, brodeur de l'Empereur.

Mars 1808. — Avoir élargi les sous-poches et les bordés de coutures d'un habit de velours pourpre, 120 fr. — Elargi et appliqué des broderies à l'habit de pou-de-soie pourpre, 60 fr.

En 1810, Picot réclame 90 fr. pour avoir brodé une couronne et un chiffre de S. M. l'Impératrice, pour le fauteuil du trône, aux Tuileries. (*Arch. nat.* O²34.)

22 juin 1811. — Pour le compte de l'Empereur, découpé un habit

de velours vert pour être appliqué sur un velours neuf, pour être rélargi, etc., 675 fr. (*Arch. nat.* O²35.)

RUGGIERI, artificier. — En 1811, à l'occasion de la fête de Marie-Louise, un feu d'artifice fut tiré à la Malmaison. Le mémoire de Ruggieri nous en donne la description détaillée :

Annonce de douze bombes noires, dites d'annonce, à 4 fr. pièce, 48 fr. — Six douzaines de fusées d'annonce, divisées en trois parties pour les entr'actes, à 72 fr. la douzaine, 432 fr. — Douze bombes de cinq pouces, pour accompagner les dites fusées d'honneur, à 6 fr., 72 fr. — 1° Coup de trois ifs de cascades tournantes, accompagnées de chandelles romaines, 672 fr. — 2° Un coup de trois pyramides de limaçon composé de vingt-cinq roues avec changement de feu et une mosaïque qui termine le dit coup de feu, 1,238 fr. — 3° Un temple de sept arcades avec sa frise, soubassement et les marches, entre chaque arcade une fontaine de feu, à l'entablement du temple, le chiffre de S. M. l'Impératrice entouré d'étoiles fixes surmonté de la couronne impériale accompagné de chandelles romaines et volcan, 1,250 fr. — Quinze douzaines de partement, 135 fr. — Quinze douzaines de gros partement, 165 fr. — Quinze douzaines marquises, 270 fr. — Quinze douzaines de doubles marquises, 450 fr. — Quinze douzaines de trois douzaines, 900 fr. — Cent volcans, 300 fr. — Cinquante marrons, 150 fr. — Quatre bombes de six, 72 fr. — Quatre bombes de huit, 120 fr. — Une bombe de douze, 96 fr. — Frais de transport, 200 fr. — Total : 6,570 fr.

Réduit à 6,000 fr., prix d'ailleurs convenu.

Le 17 janvier 1808, de SAINT-ETIENNE jeune, « ceinturier de S. M. l'Empereur et Roi, de sa maison et de celles des princes », réclame 1,723 fr. pour soixante-douze ceinturons d'épée ordinaires, à 10 fr. et un grand baudrier, grand costume, brodé en or sur fond blanc, avec garniture en or ciselé. (*Arch. nat.* O²33.)

Enfin la Vᵉ TOULET, « fourreur de Leurs Majestés Impériales et Royales », réclame, en décembre 1808, la somme de 760 fr. pour garde et réparation des manteaux impériaux et de divers vêtements fourrés de l'Empereur. (*Arch. nat.* O²33.)

LIVRE IV

MARIE-LOUISE

CHAPITRE PREMIER

MARIAGE DE MARIE-LOUISE

Marie-Louise, archiduchesse d'Autriche, avait dix-huit ans quand elle accepta, de son plein gré, d'épouser l'empereur Napoléon.

Berthier, chargé d'aller faire la demande à Vienne, y déploya une représentation magnifique. Pour la circonstance, Napoléon mit à sa disposition un budget de 400,000 fr.

Pour le contrat et les cérémonies, on se modela sur tout ce qui avait été décidé lors du mariage de Marie-Antoinette, mais en s'appliquant à faire mieux encore. Une copie du contrat de Marie-Louise existe aux *Archives nationales*, nous en citerons quelques passages :

Art. 5. — « Outre la dot de 200,000 florins du Rhin, S. M. l'Empereur d'Autriche convient de faire présent à la Sérénissime Archiduchesse sa fille, pour la valeur de 200,000 florins du Rhin ou 500,000 fr., de bagues et autres joyaux, lesquels lui appartiendront en propre. »

Art. 6. — « S. M. l'Empereur des Français donnera à la Sérénissime future épouse, à son arrivée en France, des présents et bijoux jusqu'à concurrence de la valeur de 200,000 écus, lesquels appartiendront également en propre à la Sérénissime future Impératrice. »

Article 7. — « Le douaire assigné à la future Impératrice consistera dans un revenu annuel de 500,000 fr., dont elle jouira depuis le commencement de son veuvage jusqu'à sa mort. »

Suivant M. Thiers, on laissa, pour la forme, ce chiffre mesquin, mais Napoléon fit stipuler un douaire de 4 millions pour le cas où la nouvelle Impératrice deviendrait veuve.

Le mariage à Vienne fut célébré le 11 mars 1810 et le surlendemain Marie-Louise s'acheminait vers la France. Elle arriva le 16 à Braunau, où l'attendait la reine de Naples, sœur de Napoléon. Le jour même, Berthier écrivait à l'Empereur :

« Sire, Sa Majesté la reine de Naples est arrivée hier ici à deux heures après midi ; j'ai eu l'honneur de la conduire à la baraque. Sa Majesté a trouvé tout bien disposé. Après dîner, la Reine m'a permis de lui porter le projet de distribution des bijoux : la répartition a été un objet difficile ; il manquait beaucoup de choses que Sa Majesté a complétées en prenant des bijoux des duchesses de Montebello et de Bassano, pour la somme d'environ 60,000 fr. Enfin, Sire, on a cherché à faire les choses de manière à se conformer aux intentions de Votre Majesté.

« Les chambellans n'ont que des boîtes à chiffre d'environ 2,500 à 2,600 fr. ; il ne reste plus à distribuer que trois portraits de Votre Majesté du prix de 7 à 8,000 fr. ; quatre à cinq boîtes à chiffre, quelques bagues, montres et parures d'une valeur très médiocre.

« On fera ce qu'on pourra afin de se procurer ce qui manquerait pour les cours de Munich, Stuttgard et Carlsruhe ; mais il sera nécessaire que Votre Majesté veuille bien donner ordre qu'on envoie à Strasbourg les cadeaux qu'elle présume que Sa Majesté l'Impératrice sera dans le cas de faire aux préfets et autres personnes, sur sa route de Strasbourg à Compiègne, car il ne nous restera rien..... »

Dans la soirée, Berthier adressait à l'Empereur cette autre lettre : « L'Impératrice a invité à son dîner la reine de Naples et la comtesse de Lazanski. La duchesse de Montebello et moi avons fait les honneurs d'une table de soixante-dix couverts où se trouvèrent les dames et les grands qui ont accompagné l'Impératrice. Le repas était magnifique ; nous avions une bonne musique et les dames et les grands venus de Vienne étaient en habit de gala et couverts de diamants. Après dîner, on est descendu dans un des salons de l'Impératrice. Sa Majesté est venue avec autant d'amabilité que de dignité dire un mot agréable à chacune des personnes qui l'ont accompagnée depuis Vienne. Le contentement était général.

« 16 mars, 10 heures du soir.

« Le prince de NEUCHATEL. »

Marie-Louise se dirigea sur Compiègne en passant par Munich, Strasbourg, Lunéville, Nancy et Vitry. Le dernier jour, dans son impatience, Napoléon alla au-devant d'elle ; quand les deux cortèges furent en présence, il ouvrit lui-même la portière de la voiture où se trouvait sa jeune femme, l'embrassa avant de s'être fait connaître et revint à Compiègne assis près d'elle, en lui témoignant toutes sortes de tendresses.

Le mariage civil se fit à Saint-Cloud le 1er avril. Le mariage religieux eut lieu le lendemain, dans la grande galerie du Louvre.

L'Empereur, fidèle à son principe d'établir au commencement de chaque année un budget pour toutes ses dépenses, fixa lui-même les sommes relatives à son mariage avec Marie-Louise.

Pour un médaillon, contenant le portrait de l'Empereur, 175,000 fr. — Diamants et bijoux destinés à faire des cadeaux, 930,000 fr. — Pour les médailles frappées à l'occasion du mariage, 150,000 fr. — Pour le trousseau, 120,000 fr. — La corbeille, 100,000 fr. — Les châles et dentelles, 80,000 fr.

L'Empereur joignit une note conçue en ces termes :

« J'ai décidé que le trousseau ne passera pas 120,000 fr. ; la corbeille, 100,000 fr. ; les châles et dentelles, 80,000 fr., ce qui fait 300,000 fr. Je n'entends point revenir là-dessus, j'entends que tout revienne pour être estimé à l'intendance et ne point passer par la volonté de Leroy. » (*Arch. nat.* O^{2}149.)

LEROY était le célèbre marchand de modes qui avait pour clientes les plus grandes dames de son temps. Ses prix étaient fort élevés.

CHAPITRE II

TROUSSEAU DE MARIE-LOUISE

Trousseau de Marie-Louise. — Le trousseau fut livré à Saint-Cloud et expertisé dans l'appartement de Mlle Aubert, garde d'atours de l'Impératrice par les huit experts suivants : Thomire, fabricant de bronzes et dorures ; Dallemagne et Boucou, brodeurs ; Pourcet, marchand de soieries ; Nourtier, marchand de soieries, châles et nouveautés ; Dumas Descombes, fabricant de châles ; Mme Lasnier et Mlle Louvet, marchandes de modes.

Fourniture de chez Leroy. (Réception du 5 avril 1810.) Une corbeille de velours blanc, décorée de broderies et ornements dorés, 12,000 fr. — Un sultan, satin blanc et acier, 1,600 fr. — Un héron fin, 5,000 fr. — Un habit de mariage, 12,000 fr. — Un habit tissu d'argent, palmettes d'or et pierres, 7,400 fr. — Un habit tulle rose, pierres et lames, raies en palmier, 4,500 fr. — Un grand habit de blonde, chenille et argent, 6,000 fr.

Trois habits. Un habit de satin blanc, brodé en or, pointes et palmettes, 3,000 fr. — Un grand habit de tulle rose à lame d'argent, 3,500 fr. — Un habit de satin rose, raies de biais et frange, 2,800 fr.

Deux robes longues. Une de satin rose et acier, 2.500 fr. ; l'autre de tulle rose, lamé à colonnes, satin rose et argent, 1,800 fr.

Six robes de bal. Une robe à violettes et colonnes d'argent, 1,400 fr. — Une autre, de tulle et or, très riche, oreilles d'ours blanc et or, au bas, 1,800 fr. — Un habit rose et argent, à la François Ier, dessin à écailles, 2,200 fr. — Une robe de tulle blanc offrant un semé de fleurs riche et léger, bordure à deux rangs de pavots blancs, 2,200 fr. — Une robe de tulle de Lyon, rose et corset de velours, 600 fr. —

Une robe de tulle lamé, ouverte sur les côtés, cinq ouvertures et plumes de paon, 1,200 fr.

Douze robes du soir. Une robe de tulle rose lamé argent, dessin à têtes de plumes, gros liseré au bas, 1,150 fr. — Une robe de tulle, à petits pois, argent, garnie, à boutons et fleurs, 1,150 fr. — Une robe satin blanc et perles, 1,000 fr. — Une robe de tulle bleu et argent, dessin losange au bas et raies montantes, 1,500 fr. — Une robe de tulle blanc et or, 1,000 fr. — Une robe de tulle rose à pois de satin et perles autour, garni de perles, 600 fr. — Une robe blanche, garnie de framboises, 600 fr. — Une robe satin rose, imprimée à pois argent, trois rangs de blonde argent, 850 fr. — Une robe en velours plein nacarat, deux rangs de frange au corsage et écharpe, 588 fr. — Une robe satin rose, jolie garniture tulle et satin, 226 fr.

Douze robes plus simples. Une robe satin blanc, rangs de blonde argent, 350 fr. — Une robe, crêpe bleu, à trois ruches de crêpe, entre-manches rayés en tulle, faite à châle, 350 fr. — Une robe blanche, 350 fr. — Une robe rose, 350 fr. — Une robe de tulle blanc garnie de fleurs, pavots mêlés, dessous en satin, 350 fr. — Une robe de tulle blanc, montante au col, manches longues, trois rangs de blonde, ruche au col, dessous en satin, 580 fr. — Une robe de tulle brodé rayée de biais, garnie de rangs de coques, robe dessous, 350 fr. — Une robe courte, velours blanc frisé, garnie d'une frange de perles, frange au corsage et aux manches, 360 fr. — Une robe faux cachemire, blanc et or, 1,000 fr. — Une robe d'étoffe blanche, à côtes, garnie, tulle et satin, 290 fr. — Une robe de velours frisé rouge, garnie de tulle, 320 fr. — Une robe de tulle lilas, à raies de satin garnie de roses blanches et lilas, 400 fr. — Une robe de blonde chenillée or, en feuilles de lierre, 2,400 fr. — Une robe à filet d'argent, 1,200 fr. — Une robe en blonde ordinaire, à demi-guirlandes, 1,000 fr. — Une robe à bouquet de violettes, 800 fr.

Redingotes. Une redingote satin blanc, à deux rangs, en ruche devant et au corsage, 520 fr. — Une redingote en satin rose, collerette de blonde, 460 fr. — Une redingote en velours rose frisé à châle, toute garnie de petite blonde, 420 fr. — Une redingote satin blanc, doublée de rose, glands d'argent, 570 fr. — Une autre, doublée de satin cerise, col en blonde, 350 fr. — Une redingote en crêpe bleu, doublée, ruche de tulle, 300 fr.

Cinq redingotes plus simples. Une redingote levantine rose, garnie de peluche, 235 fr. — Une autre levantine vert naissant, fourrée de peluche verte 320 fr. — Une autre en levantine blanche, doublée de petit satin, garnie de peluche, 210 fr. — Une redingote, forme gilet, velours frisé bleu, doublée de satin blanc, guimpe, 292 fr. — Une autre en velours frisé nacarat, en gilet, satin rouge dessous, 477 fr.

Habits de chasse. Deux habits de chasse, dont un en satin blanc et glands d'or, point turc or ; l'autre en velours nacarat et or, 5,000 fr. Deux habits de chasse à 1,200 fr ; un bleu jarretière or ; l'autre, lilas et hermine, 2,400 fr. — Deux habits de chasse, simples, l'un en velours satin et peluche rose ; l'autre, en velours frisé vert naissant, 800 fr. — Un voile rond de blonde, 700 fr. — Un voile bistre blanc, 700 fr. — Un grand fichu, forme mantille, 700 fr. — Un voile long, 600 fr. — Deux petits fichus, 360 fr. — Soixante douzaines de gants à 40 fr. la douzaine, 2,400 fr. — Deux douzaines d'éventails, 1,500 fr. — Deux douzaines de coiffures et bouquets, 1,200 fr. — Douze garnitures 1,500 fr. — Modes, 3,000 fr. Total : 117,472 fr.

Seconde fourniture de Leroy (31 mai 1810). Un grand habit de cour, tulle blanc, lamé argent, bordure et doublure en satin, robe et habit de dessous en satin, 3,000 fr. — Façon et fourniture d'un fourreau long, tulle blanc doublé de satin, garni de trois rangs de blonde, 1,200 fr. — Redingote levantine jaune, doublée, ouatée, garnie de peluche, 235 fr. — Robe longue de voyage, satin blanc, brodé d'argent, lamé en plein, riche bordure, tablier et manches longues en tulle lamé très riche, garniture et montant d'hermine mouchetée, ruche de blonde au col, 3,200 fr. — Façon d'une pelisse de velours plein nacarat fourrée (la fourrure a été donnée par la reine de Naples), 24 fr. — 9 aunes de velours plein nacarat, 360 fr. — Divers, 1,505 fr. — Total : 9,524 fr.

Fourniture faite par Lenormand, *marchand d'étoffes de soie, rue Saint-Honoré,* 248, *fournisseur breveté de l'Impératrice* (5 avril 1810). Un châle de cachemire blanc long, grandes palmes et encadrement très riche, 4,800 fr. — Un autre, fond blanc, à palmettes, 1,200 fr. — Un cachemire fond vert, à grandes palmes et petites palmes sur la bordure, 4,000 fr. — Un cachemire long rayé, 2,400 fr. — Un cachemire carré, 2,169 fr. — Total : 14,560 fr.

Fourniture faite par Corbie, *rue de Richelieu* (5 avril 1810). Un cachemire long rayé, 3,500 fr. — Un cachemire amarante, à palmes et fond à palmettes, 2,500 fr. — Un cachemire gros bleu, même dessin, 2,200 fr. — Un cachemire ponceau, à trois bordures, 2,700 fr. — Un cachemire jonquille à doubles palmes, 1,600 fr. — Un cachemire blanc, même décor, 2,400 fr. Un cachemire carré, rayé, à rosaces, 1,800 fr. — Un cachemire long, noir, à grandes palmes, 1,500 fr. — Un cachemire blanc, uni, à bordure, 1,000 fr. — Un autre, carré, blanc, à bordure, 600 fr. — Total : 19,800 fr.

Fourniture faite par HERBAULT (5 avril 1810). Un châle de cachemire fond blanc, très riche, 4,000 fr. — Un autre, carré, fond jaune, 1,500 fr. — Total : 5,500 fr. Total général : 166,856 fr.

Fourniture de TESSIER, *marchand bonnetier de l'Impératrice.*

La fourniture de Tessier se compose de cent huit paires de bas de soie blancs et de vingt-quatre paires de bas de coton. En voici le détail : Vingt-quatre paires de bas de soie, blancs, de Paris, à petite broderie, 384 fr. — Vingt-quatre paires à jour sur le pied et brodés, 576 fr. — Vingt-quatre paires, à jour sur le pied, à brodequin et brodés, 672 fr. — Douze paires, à grands jours sur le pied et brodés, façon de Berlin, 408 fr. — Douze paires, superfins, à grands jours, de Berlin, et riche broderie, 504 fr. — Douze autres paires à très grands jours de dentelle et riche broderie, 864 fr. — Douze paires de bas de coton blanc, de Paris, à grands jours, à brodequins, 336 fr. — Douze paires de bas extra-fins, à grands jours, de Berlin, et à brodequins, 468 fr. — Total : 4,752 fr.

Fourniture de JANSSEN, *cordonnier de l'Académie impériale de musique, rue Neuve-des-Bons-Enfants, n° 3, 5 avril* 1810.

Deux paires de brodequins en satin blanc, doublés de même, brodés en argent, lacés derrière et garnis d'une frange d'argent, en torsade, 72 fr. — Une paire de brodequins, en velours pourpre, brodés en or, doublés en satin blanc, ouverts du devant et garnis en palmire des Indes, 42 fr. — Brodequins, en velours levantine rose, doublés en satin blanc, ouverts du devant, garnis en peluche de soie, 30 fr. — Brodequins, en gros de Naples, ponceau fin, doublés en satin blanc, brodés en or et garnis en hermine blanche, 30 fr. — Deux paires de souliers, en satin blanc, brodés en argent, garnis l'un en col de canne, l'autre en plume de grèbe, 68 fr. — Trois autres paires, dont deux en satin blanc, la troisième en satin noir, garnies en cygne, en hermine mouchetée, en astracan, 72 fr.

Souliers en satin blanc, brodés en acier et garnis d'une frange de perles d'acier, 40 fr. — Autres, en maroquin noir, fourrure blanche, garniture en hermine rouge et noire, 24 fr. — Souliers de voyage en velours noir, garnis en queue de vison et à liège, 36 fr. — Autres en satin blanc, fourrure blanche, ouverts du devant et garnis en hermine, 36 fr. — Trente-deux paires de souliers en satin blanc, noir, rose, vert, gros bleu, en levantine blanche, en taffetas blanc, noir, à 8 fr. la paire, 256 fr. — Total : 706 fr.

Lors du mariage de Napoléon avec Marie-Louise, dit M. Imbert de Saint-Amand, les fournisseurs et ouvriers de Paris travaillaient sur des mesures et des modèles envoyés de Vienne. « Napoléon s'était fait présenter ces modèles. Prenant un des souliers qui étaient remarquablement petits et en donnant, sous forme de caresse, un petit coup sur la joue de son valet de chambre : « Voyez, Constant, avait-il dit, voilà un soulier de bon augure. Avez-vous vu beaucoup « de pieds comme celui-là ? » (*Les beaux Jours de Marie-Louise.*)

Marie-Louise avait en effet un joli pied et elle le savait. Elle en fit elle-même la remarque à une époque où accablée par le poids de ses propres malheurs, il semblait qu'elle eût autre chose à penser qu'à ses charmes personnels.

En 1814, au moment de l'abdication de Napoléon, Marie-Louise s'était retirée à Blois. M. de Saint-Aulaire, porteur d'une lettre de l'empereur d'Autriche, est introduit de grand matin auprès de l'Impératrice encore couchée. Elle était assise sur le bord de son lit, tandis que ses pieds sortaient de dessous les couvertures. « Embarrassé de se trouver en présence d'une si grande infortune, car la lettre dont il était porteur apprenait à la fois l'acte de déchéance et la tentative d'empoisonnement de l'Empereur à Fontainebleau, il tenait les yeux baissés pour n'avoir pas l'air d'observer, sur sa figure, l'effet de sa triste missive. « Ah ! vous regardez mon pied, lui dit l'Impératrice ; on m'a toujours dit qu'il était joli. »

« Cette préoccupation de coquetterie féminine parut singulière à M. de Saint-Aulaire en pareilles circonstances. » (Comte d'Haussonville. *Ma Jeunesse*, 1814-1830. *Souvenirs*, p. 81.)

Lingerie, mousselines et dentelles. Fourniture de Mlles Lolive *et de* Beuvry, 5 *avril* 1808.

Douze douzaines de chemises de batiste, brodées à la gorge et aux manches, garnies de dentelle, 19,386 fr.

Vingt-quatre douzaines de mouchoirs de batiste, dont quelques-uns garnis de dentelles, avec broderies, chiffres et sujets, 10,704 fr.

Vingt-quatre camisoles, dont douze de batiste et douze en percale, doublées, brodées, garnies de dentelles et de rubans, 9,060 fr.

Trente-six jupons, dont vingt-quatre en batiste d'Ecosse et douze en percale, à festons, à petits plis, à coquilles, brodés et garnis de dentelles, 6,354 fr.

Vingt-quatre serre-tête en batiste garnis de valenciennes, 831 fr.

Vingt-quatre bonnets de nuit, dont six bonnets Caroline, en batiste d'Ecosse ; six bonnets Napoléon en mousseline ; six bonnets napolitains, en dentelle et bandes de mousselines, tous brodés, ornés de dentelles et de rubans. Parmi les six autres, très riches, deux bonnets également dits « Caroline » coûtent chacun 840 fr. L'un est au point, à l'aiguille, l'autre au point d'Angleterre. Total : 5,652 fr.

Trente-six fichus de nuit, en batiste et en mousseline, ornés de dentelle, 1,964 fr.

Vingt-quatre peignoirs en batiste et en percale, brodés, garnis de mousseline et de dentelles, 8,708 fr.

Douze fichus du matin, de diverses formes, fichus Françoise, en maline brodée, à ceinture ; fichus au lever de l'Impératrice, en mousseline brodée ; fichus cosaques, en bandes brodées et tulle. Un fichu à revers en point d'Angleterre est coté seul 720 fr. Total : 4,250 fr.

Deux voiles mexicains en mousseline brodée au point de dentelle, 500 fr. — Deux mantilles castillanes, 360 fr.

Douze robes, dont une au point à l'aiguille, de 5,000 fr. — Robe à la Ninon, robe à coquilles à cinq rangs, robes de mousseline, de tulle, de batiste d'Ecosse, brodées à jour ou en plein, garnies de malines, de valenciennes, de point d'Angleterre, 14,676 fr.

Douze pelotes, en percale, en mousseline, en tulle, brodées à la main, ornées de dentelle, 784 fr.

Vingt-quatre douzaines de frottoirs, garnis de dentelle, les uns en batiste, les autres en futaine, 1,569 fr.

Vingt-quatre douzaines de serviettes de toilette, en toile de Château-Gonthier, 2,352 fr.

Douze douzaines de linges de garde-robe, 306 fr.

Deux couvre-pieds en mousseline claire brodée, garnis de point d'Angleterre et doublés de satin, 6,410 fr. — Total des objets de lingerie et mousselines, 94,666 fr.

Dentelles. Fournitures de Mlles LOLIVE *et* DE BEUVRY.

Un voile à la mexicaine, en point d'Angleterre, 1,100 fr. — Une mantille, à la castillane, en point à l'aiguille, 1,500 fr.

Fourniture de LE ROY. Un voile rond, en dentelle de Bruxelles, dessin à pois en diminuant, bordure à guirlandes et palmettes, 4,000 fr.

Fourniture de LENORMAND. Un châle de dentelle, en point d'Alençon, 3,200 fr.

Première fourniture de LESUEUR. Deux fichus, une pèlerine, deux bonnets, trois voiles, deux demi-voiles, garnis de point d'Angleterre à 35 fr. l'aune et de point à l'aiguille coté 575 fr. l'aune, offrant des festons à jour, des boutons de roses, des semés de feuilles, de pois, d'étoiles, des dessins de feuilles de roses, de pavots et de tulipes, 23,099 fr. — Une robe d'Angleterre, dessin de roses, semé de feuilles, corsage et manches, 4,500 fr.

Seconde fourniture de LESUEUR. Un manteau de cour, à trois rangs de bordure ; dessin de feuilles groupées, formant guirlande et nouées avec des fleurs de pensées, 16,000 fr. — Deux robes d'Angleterre, à trois rangs de feuilles et guirlandes de fleurs, 12,800 fr. — Trois châles d'Angleterre, dont deux à dessins de feuilles, de roses et de pois, et le troisième à guirlande de laurier-rose avec le chiffre de Marie-Louise (M L) aux quatre coins, 15,000 fr. — Total des dentelles : 81,199 fr.

CHAPITRE III

BIJOUX OFFERTS PAR L'EMPEREUR A MARIE-LOUISE

Les bijoux offerts par l'Empereur à Marie-Louise méritent d'être cités. Nous avons déjà parlé du fameux médaillon renfermant le portrait de l'Empereur, et pour lequel un budget de 175,000 fr. avait été établi. Le portrait était bordé d'un cercle de douze gros brillants, et le médaillon renfermé dans un riche écrin aux armes impériales. En plus de ce bijou, coté par Nitot et fils 174,809 fr., les célèbres joailliers fournirent encore :

Une parure d'émeraudes, entourées de brillants, de 289,865 fr. ;
Une parure d'opales, aussi entourées de brillants, de 275,953 fr. ;
Puis diverses parures et une série de bijoux de moindre importance, s'élevant à 55,447 fr.

Entrons dans quelques détails sur ces merveilleux bijoux :

Parure d'émeraudes entourées de brillants, composée du diadème, d'un collier, de boucles d'oreilles et d'un peigne.

Le *diadème*. Il est formé de vingt-deux émeraudes valant ensemble 42,500 fr. ; de cinquante-sept petites émeraudes estimées 1,365 fr. et de neuf cent cinquante-trois brillants prisés 100,569 fr.

Le *collier* se compose de trente émeraudes valant 40,900 fr. ; de onze cent trente-huit brillants et de deux cent soixante-quatre roses de Hollande, à 1 fr. 50 pièce : 57,221 fr.

Les *boucles d'oreilles* sont formées de six émeraudes, dont deux de 44 karats : 10,000 fr. ; de soixante brillants et de quarante-huit roses de Hollande à 1 fr. 50 la pièce : 15,987 fr.

Le *peigne* comprend : l'émeraude du milieu, pesant 77 grains, 5,000 fr. ; — deux émeraudes en losange, 3,500 fr. et 3,000 fr. ; — deux émeraudes ovales, 1,600 fr. ; — dix-huit plus petites, 468 fr. 75 ;

— deux cent vingt-six brillants, 11,586 fr. ; — quatre roses de Hollande à 1 fr. 50 pièce. La façon du peigne est de 750 fr. et l'écrin, pour renfermer toute la parure, de 100 fr.

Parure d'opales entourées de brillants, composée d'un diadème, d'un collier à quadrilles et chatons, d'une paire de boucles d'oreilles et d'un peigne.

Le *diadème* compte quarante-quatre opales, celle du milieu valant 10,000 fr., et mille cinquante-trois brillants.

Le *collier* réunit cinquante opales, prisées 47,860 fr., celle du milieu valant 10,000 fr., et l'opale de dessous 8,000 fr. ; trois cent quatre-vingt-quatre brillants, 39,388 fr.

Les *boucles d'oreilles* comprennent : une opale de 9,000 fr. ; — deux opales ovales, à 4,000 fr. la pièce ; — deux autres à 2,000 fr. ; — quatre opales moyennes à 300 fr. ; — puis, deux cent quarante-quatre brillants, 9,813 fr. ; — onze roses de Hollande à 1 fr. 50, et la façon, 750 fr.

Parmi les divers autres objets nous remarquons :

Deux bourses, en perles d'or et d'émail, 750 fr.

Un écrin en velours vert orné de divers bas-reliefs et parsemé d'abeilles ciselées en vermeil, garni de caissons en velours blanc, le tout très soigné et renfermé dans un coffre en bois, 7,700 fr. (*Arch. nat.* O²33.)

1810. Friese et Devilliers, *bijoutiers du roi et de la reine des Deux-Siciles*, eurent aussi l'honneur de fournir quelques bijoux à la corbeille de Marie-Louise. Nous trouvons sur leurs deux factures : une boîte à cure-dents en or, gravé et ciselé, 480 fr., sans compter le prix de de deux portraits, par Isabey ; — un souvenir en or émaillé, enrichi de brillants et perles fines, 14,300 fr. ; — monture d'une bague offrant le portrait de l'Empereur, 40 fr. ; — deux éventails, l'un en brillants, l'autre en brillants et émeraudes, 9,287 fr., y compris l'écrin de 60 fr.

Quelques mois plus tard, les bijoux suivants venaient s'ajouter aux premiers : un portrait de l'Empereur sculpté en camée, sur agate-onyx, par Argenti, graveur romain, 6,000 fr. ; — une parure, composée d'un collier et d'une paire de boucles d'oreilles en émeraudes, avec feuilles de vigne en brillants, 17,953 fr. ; — une plaque de ceinture, montée à jour, en émeraudes et brillants, 17,443 fr., etc.

Ces mémoires (non compris le beau médaillon) sont réglés sur le fonds de 680,000 fr. que le budget du 10 mars 1810 met à la disposition du grand chambellan, comte de Montesquiou, pour les dépenses relatives au mariage de l'Empereur et concernant les diamants et bijoux donnés par celui-ci à la nouvelle Impératrice.

Médaillier de S. M. l'Impératrice.

Mémoire de médailles d'or remises par ordre de l'Empereur, pour être placées dans le médaillier de S. M. l'Impératrice :

La Bataille de Montenotte. — L'Egypte conquise. — Passage du Grand Saint-Bernard. — Le Couronnement à Paris. — Les Fêtes du Couronnement. — Le Couronnement à Milan. — La Vénus de Médicis. — Le Code Napoléon. — La Vaccine. — Le Mariage du prince de Bade. — La Bataille d'Iéna. — L'occupation de Hambourg. — La Délivrance de Dantzick. — La Conquête de la Silésie. — Route de Nice à Rome. — Entrée à Madrid. — Rupture du traité de Presbourg.

Ces dix-sept médailles d'or au titre de 916 millièmes pesant ensemble 1^{kg}, 55^{gr}, 75$_{cg}$, à raison de 3,450 fr. le kilogramme, soit 3,642 fr. 35.

En plus, quarante médailles de bronze :

Capitulation de Mantoue, 1 fr. — *Conquête de la basse Egypte*, 1 fr. — *Conquête de la haute Egypte*, 1 fr. — *Retour à Fréjus*, 1 fr. — *L'Instruction publique organisée*, 1 fr. 50. — *Négociations avec l'Angleterre*, 0 fr. 25. — *Conquête du Hanovre*, 1 fr. 50. — Le Musée Napoléon : *Salle de l'Apollon*, 1 fr. ; *Salle du Laocoon*, 1 fr. — *La Légion d'honneur*, 1 fr. 50. — *Le Camp de Boulogne*, 1 fr. 50. — *Le Mont-Blanc*, 1 fr. 50. — *Le Sacre*, 1 fr. 50. — *La Distribution des Aigles*, 0 fr. 75. — *Le Tombeau de Desaix*, 0 fr. 75. — *La Ligurie réunie à la France*, 1 fr. 50. — *Les Ecoles de Médecine*, 1 fr. 50. — *Levée du Camp de Boulogne*, 1 fr. 50. — *Le Pont du Lech*, 1 fr. 50. — *Capitulation d'Ulm et de Memmingen*, 1 fr. 50. — *Prise de Vienne et de Presbourg*, 1 fr. 50. — *Reprise des drapeaux*, 1 fr. 50. — *Bataille d'Austerlitz*, 1 fr. 50. — *Les Trois Empereurs*, 1 fr. 50. — *Entrevue des deux Empereurs*, 1 fr. 50. — *La Paix de Presbourg*, 1 fr. 50. — *La Cathédrale de Vienne*, 1 fr. 50. — *La Conquête de Vienne*, 1 fr. 50. — *La Conquête de Venise*, 1 fr. 50. — *La Conquête de Naples*, 1 fr. 50. — *Les Souverainetés données*, 1 fr. 50. — *La Colonne de la Grande-Armée*, 1 fr. 50. — *Réunion de l'Etrurie*, 1 fr. 50. — *Le Mariage de l'Empereur*, 1 fr. 50. — *La Naissance du Roi de Rome*, 1 fr. 50. — *Le Roi de Rome*

(2e dimension), 1 fr. — *Le Grand-Duc de Wurtzbourg*, 1 fr. — *L'Amour emportant la foudre*, 0 fr. 50. — *Le Roi de Rome* (4e dimension), 0 fr. 50. — *Le Couronnement* (4e dimension), 0 fr. 50. Total : 50 fr.

Deux tablettes à compartiments garnis en satin blanc, 20 fr. (8 juillet 1813).

Compte soldé sur le fonds de 14,000 fr. accordé par le budget de 1809, pour les médailliers de l'Empereur et de l'Impératrice.

Signé : Denou.

CHAPITRE IV

FÊTES DU MARIAGE

Les fêtes du mariage furent magnifiques et nécessitèrent de grandes dépenses, facilement payées grâce à l'ordre admirable de Napoléon.

Des dons et des grâces de toute sorte furent accordés à cette occasion dans tout l'Empire français, ainsi qu'à Vienne.

L'Empereur n'oublie pas les indigents et leur fait distribuer 120,000 fr. Dans chaque département, une somme de 1,200 fr. est établie pour la dotation de deux filles pauvres et de bonne conduite. Amnistie est accordée aux sous-officiers et soldats déserteurs à l'intérieur, détenus ou qui se présenteront prêts à reprendre du service. En 1810, le nombre des déserteurs s'élevait déjà à près de 60,000.

Des tabatières d'or ciselé, guilloché, d'une valeur moyenne de 470 fr., renfermant des napoléons d'or, sont envoyées à quatorze employés autrichiens qui ont donné des soins aux militaires français, restés malades à Vienne. M. Ernest Collet, commissaire des hôpitaux français, à Vienne, reçoit une tabatière d'or, ciselée, émaillée, ornée d'un camée à trois couches, représentant un buste de Sapho entouré de vingt brillants, cotée 3,373 fr. Une autre tabatière de même travail estimée 2,961 fr. est remise à M. Jean Nikel, chirurgien-major des hôpitaux français, à Vienne. La boîte est surmontée d'un camée à trois couches, figurant un buste de Minerve, entouré de vingt brillants.

Cette fourniture, faite par Nitot et fils, s'élève pour les boîtes seules, c'est-à-dire sans les pièces d'or, à 12,902 fr.

La mission du prince de Neufchâtel avait coûté 395,512 fr., répartis ainsi : frais de voyage du prince et des officiers envoyés à Vienne, 172,612 fr. — Dons faits aux gens de la maison de l'empereur d'Autriche, 62,600 fr. — Distribution aux malades et blessés restés à Vienne, 57,000 fr. — Dons, gratifications et aumônes faites par l'Impératrice pendant son voyage, 103,300 fr.

A ces chiffres il faut ajouter les frais de voyage de Marie-Louise et des personnes allées au-devant d'elle à Braunau, 93,143 fr.

Banquets et réceptions, frais de maison des souverains et princes invités au mariage pendant leur séjour à Paris, 135,932 fr.

Service de l'intendant général : illuminations, orchestres, concerts, feu d'artifice, etc., 460,000 fr.

Le feu d'artifice, ouvrage de Ruggieri, fut surtout merveilleux ; il excita l'admiration générale ; on n'avait rien vu de pareil. Tiré le 2 avril 1810, aux Champs-Elysées, « depuis la place de la Concorde jusqu'à la barrière de l'Etoile », il coûta 54,860 fr. (*Arch. nat.* O² 203.)

La duchesse de Montebello, dame d'honneur de Marie-Louise, était veuve de ce vaillant maréchal Lannes, mort si malheureusement à Esling. L'Empereur hésita entre cette dame et la princesse de Beauveau, dit M. de Méneval. « La crainte d'introduire à sa cour des influences opposées aux idées nationales, qu'aurait pu favoriser une princesse allemande à laquelle il devait supposer des idées de caste et de naissance, lui fit abandonner cette idée ; Mme de Montebello était plus âgée de dix ans que l'Impératrice ; c'était une très belle personne, froide, calme, d'une conduite irréprochable, dont l'Empereur avait dit en la nommant : « Je donne à l'Impératrice une véritable dame d'honneur. » (*Napoléon et Marie-Louise, Souvenirs historiques*.)

Suivant notre auteur, la dame d'atours, Mme de Luçay, était douce, inoffensive, d'une grande honnêteté de mœurs et de manières.

En 1810, la maison de l'impératrice Marie-Louise était ainsi composée :

Mme la duchesse DE MONTEBELLO, dame d'honneur, 40,000 fr. — Mme la comtesse DE LUÇAY, dame d'atours, 30,000 fr. — Dames du palais : Mme la duchesse DE BASSANO, 12,000 fr. — Mme la comtesse DE MORTEMART, 12,000 fr. — Mme la duchesse DE ROVIGO, 12,000 fr. — Mme la comtesse DE MONTMORENCY-MATIGNON, 12,000 fr. — Mme la comtesse DE TALHOUET, 12,000 fr. — Mme la comtesse LAURISTON, 12,000 fr. — Mme la comtesse DU CHATEL, 12,000 fr. — Mme la comtesse DE BOUILLÉ, 12,000 fr. — Mme la comtesse DE MONTALIVET, 12,000 fr. — M^{n.e} la comtesse DE PERROU, 12,000 fr. — Mme la comtesse DE LASCARIS VINTIMIGLIA, 12,000 fr. — Mme la comtesse DE BRIGNOLLE, 12,000 fr. — Mme la comtesse Gentile, 12,000 fr. — M™ la comtesse de Canisy, 12,000 fr. — M™ la princesse Aldobrandini, 3,000 fr. — Mme la duchesse d'Alberg, 3,000 fr. — Mme la duchesse d'Elchingen, 3,000 fr. — Mme la duchesse de Bellune, 3.000 fr. — Mme la comtesse Edm. Périgord, 3,000 fr. — Mme la comtesse de Beauveau, 3,000 fr. — Mme Traigmes née Maldeghein, 3,000 fr. — Mme Vilain née Felz, 3,000 fr. — Mme la princesse Gigui, 3,000 fr. — Mme Antinori Rinuccini, 3,000 fr. — Mme Pandolphini Capoue, 3,000 fr. — Mme la comtesse de Bonacorsi, 3,000 fr. — Total : 274,000 fr.

Les trois derniers noms sont biffés en rouge.

M. Ballohey, secrétaire des dépenses, touchait 6,000 fr. et M. de Luigny, secrétaire de la dame d'honneur, 3,000 fr.

Le chevalier d'honneur de Marie-Louise était le comte de Beauharnais, sénateur inscrit au budget pour 30,000 fr.

Premières femmes de chambre de S. M. : Mmes Boisbrulé, Durant, Balan, Mlles Kastener, Rabusson, Mallerant, chacune 4,000 fr.

Femmes de garde-robe d'atours de S. M. : Mmes Barbier, Edouard ; Mlles Honoré, Aubert, Le Beuf, Geoffroy, chacune 2,000 fr.

Filles de garde-robe : Mme Mercier, Mlles Bonbled et Fouilloux, chacune 1,000 fr.

Valet de chambre-coiffeur, M. Duplan, 4,000 fr.

Garçons de garde-robe : Dubois et Péchard, chacun 1,080 fr.

Ces dernières sommes sont prises sur le fonds de 47, 660 fr. que le budget de 1811 a établi « pour les gages des femmes de chambre, de garde-robe d'atours, du valet de garde-robe d'atours, du valet de chambre coiffeur, des filles et des garçons de garde-robe et habillement. Le grand chambellan, le comte de Montesquiou ». (*Archiv. nat.* O²33.)

Lettres de M. Daru à M. Desmazis.

17 février 1810. « Sa Majesté désire que l'on place dans les palais pour l'Impératrice les différents petits meubles pour son usage, tels que métiers à broder, tables à écrire, chiffonniers, serre-papier, etc.

L'intention de Sa Majesté est que, dans l'ameublement des petits appartements des Tuileries, on ne mette en aucune manière des objets de manufacture anglaise. »

30 mai 1810. — M. Daru informe M. Desmazis qu'il approuve le devis et soumission de 35,205 fr. pour l'ameublement de l'appartement de la dame d'honneur. (La duchesse de Montebello.)

16 juillet. — M. Daru recommande à M. Desmazis de faire changer les chiffres des meubles de l'appartement de l'Impératrice aux Tuileries. C'est le chiffre de Joséphine qu'on remplace par celui de Marie-Louise.

Marie-Louise jouait de la harpe et devait posséder un véritable talent... d'Impératrice. Sa réputation en ce genre ne paraît pas avoir fait beaucoup plus de bruit que ses jolis doigts, qui, d'ailleurs, furent mis à même de s'exercer, ainsi que le montre cette lettre de M. Daru à M. Desmazis, administrateur du Mobilier impérial :

« Sauf aux Tuileries, il y a un piano dans tous les palais. Il convient qu'il y ait aussi une harpe. Je vous prie, en conséquence, de faire placer de suite dans l'appartement de Sa Majesté l'Impératrice, aux Tuileries, un piano et une harpe et d'envoyer une harpe dans chacun des palais où il n'y en a pas. Je vous recommande de ne pas perdre un moment pour l'exécution de cet ordre de Sa Majesté, notamment pour Compiègne, Trianon et Saint-Cloud. »

MM. Erard frères firent aussitôt les soumissions suivantes, qui furent acceptées :

Pour le palais des Tuileries, une harpe et un piano, 6,500 fr. — Pour Trianon, une harpe et un piano, 5,300 fr. — Pour Compiègne, une harpe, 2,000 fr. — Pour Saint-Cloud, une harpe, 1,800 fr. — Total : 15, 600 fr. (*Arch. nat.* O²561.)

CHAPITRE V

PRÉSENTS DIVERS

Les bijoux distribués aux officiers et aux dames du palais de l'Empereur d'Autriche, aux diplomates, aux membres de sa famille et aux personnes de son entourage, étaient fournis, comme les précédents, par les célèbres bijoutiers-joailliers Nitot et fils. Leurs mémoires nous renseignent sur la nature et le prix de ces bijoux ; par malheur, les destinataires ne sont presque jamais indiqués. Quoi qu'il en soit, voici un aperçu de ces dons si enviés :

Sept tabatières d'or, enrichies du chiffre en brillant, de l'Empereur (N), valant chacune de 1,869 fr. à 2,556 fr. — Sept tabatières avec cercle et chiffre en brillants, 58,961 fr. — Une autre, de même genre, offrant de plus gros diamants, 29,546 fr. — Vingt-cinq parures diverses, savoir : deux parures en rubis d'Orient et brillants, composées chacune d'un collier, d'un peigne et d'une paire de boucles d'oreilles, 35,577 fr. — Un parure en perles d'Orient (collier, peigne et boucles d'oreilles), 15,940 fr. — Une autre, en rubis du Brésil et brillants, 5,952 fr. — Une autre, en opales et brillants, le collier avec pendeloques, 15,588 fr. — Une parure en rubis d'Orient (collier et boucles d'oreilles), 6,200 fr. — Une parure, composée des mêmes pièces, en améthystes et brillants, 4,400 fr. — Une parure en chrysoprases et brillants (collier, boucles d'oreilles et peigne), 5,500 fr. — Deux parures en améthystes et perles, dont une avec bracelet, 3,000 fr. — Deux parures, en or émaillé et perles, 2,000 fr. ? — Deux autres, en émeraudes et perles, 3,900 fr.

28 février 1810. — *Fourniture de* Nitot et fils. — *Service des présents.* — Le mémoire s'élève à 262,454 francs. Où allèrent ces riches bijoux ? Nous ne saurions le dire avec certitude ; mais nous pensons

qu'ils furent distribués à Vienne et à Braunau aux personnages de la cour d'Autriche.

Deux parures en rubis du Brésil et perles, 3,900 fr. — Une autre, en gypse et perles, 2,400 fr. — Deux autres, en agates arborisées et perles, 4,000 fr. — Une autre, en grenats et perles, 1,500 fr. — Une parure, en topaze du Brésil et perles, 1,800 fr. — Une autre, en péridots et perles, 2,200 fr. — Une autre, en mosaïques, 1,000 fr. — Deux parures en cornalines brûlées, gravées en creux, 2,300 fr.

Deux paires de boucles d'oreilles en brillants, 3,850 fr. — Une paire de boucles d'oreilles, dites girandoles, 1,267 fr. — Une autre, à lustre, 1,920 fr.

Vingt-huit tabatières d'or, ciselées, guillochées, quelques-unes émaillées de divers prix, depuis 350 fr. jusqu'à 839 fr.

Une boite à cure-dents, 175 fr. — Une bague de sept brillants (dont un de 1,600 fr.), 5,342. — Une autre, de cinq brillants, 4,571 fr. — Un demi-jonc contenant sept brillants, 2,273 fr. — Deux bagues, d'une opale, entourées de brillants, 2,200 fr. — Une bague, d'une turquoise, entourée de brillants, 960 fr. — Six montres à répétition, avec clé, chaîne et cachet en or, 3,630 fr. — Total : 262,454 fr. (*Arch. nat.* O^{2}29.)

10 mars 1810. — Livraison de sept riches tabatières, ornées du chiffre ou du portrait de l'Empereur, 60,467 fr. — L'une de ces boîtes, avec le portrait de Napoléon, dans un cercle de vingt-quatre brillants, est cotée 20,274 fr. — Une autre boîte de 7,920 fr. offre à la fois le portrait de l'Empereur, le chiffre (N) et les abeilles émaillées.

25 avril 1810. — Lors de la remise, à Braunau, les bijoux destinés en présents étant insuffisants, le prince de Neufchâtel recourut aux dames françaises qui lui cédèrent trois parures dont le remboursement se fit ainsi : à la duchesse de Bassano, pour un collier, une paire de boucles d'oreilles et un peigne en émeraudes, entourées de diamants, 15,000 fr.; pour douze épis, 16,000 fr. Total : 31,000 fr. — A la duchesse de Montebello, pour douze épis en diamants, 16,000 fr. (*Arch. nat.* O^{2}30*.)

30 juin 1810. *Service des présents*. — Une tabatière d'or, émaillée, enrichie de vingt-huit brillants et du portrait de l'Empereur, 13,824 fr. — Cinq autres tabatières de même genre, ornées chacune de vingt-huit à quarante brillants, avec le portrait de l'Empereur (payé à l'artiste 600 fr.), 46,135 fr.

Une note signée du grand chambellan, comte de Montesquiou,

explique que ces sommes doivent être prélevées sur le budget établi pour achats de diamants et bijoux relatifs au mariage de l'Empereur.

4 juillet 1810. *Service des présents.* — Livraison de quatorze tabatières dont deux très riches, ovales, ciselées, émaillées, offrant le portrait de l'Empereur, dans un cercle en brillants, cotées ensemble 38,226 fr.

Les autres boîtes, ornées d'un N, parfois couronné et bordé d'un cercle en brillants, varient de 1,500 fr. à 4,000 fr.

Parmi les bagues, cinq composées d'un N couronné, de dix brillants et de trente-huit roses de Hollande (en moyenne) valent ensemble 6,764 fr. — Les autres bagues sont formées d'une pierre de couleur accompagnée de dix brillants. Celles portant une aigue-marine, un rubis balais, une émeraude ou un saphir d'Orient reviennent chacune (prix moyen) à 2,980 fr. Les bagues offrant une améthyste, un rubis ou une topaze du Brésil reviennent à 1,458 fr.

31 août 1810. — Deux bagues à entourage de huit et douze brillants, ornées d'un N, formé de quarante-sept et de cinquante roses de Hollande, 5,193 fr. — Dix autres bagues, de même genre, 11,984 fr. — Une bague, à entourage de douze brillants, avec l'N couronné, en roses de Hollande, 1,094 fr.

Trois tabatières, carrées, longues, dont deux arrondies et l'autre à huit pans, en or ciselé, serti de brillants, décorées d'un N, en roses de Hollande, 6,941 fr. (*Arch. nat.* O²29.)

N'oublions pas une autre livraison du même mois, consistant en un riche médaillon, en brillants, valant 49,980 fr. Il offre au milieu le portrait de l'Empereur (payé 600 fr. au miniaturiste, dont le nom, cette fois encore, n'est pas cité). (*Arch. nat.* O²33.)

Biennais était aussi orfèvre de l'Empereur, mais, dit la duchesse d'Abrantès dans ses *Mémoires*, « il était surtout son marchand de nécessaires et de meubles dans ce genre-là, que personne au reste n'a jamais faits comme lui ».

Une fourniture de Biennais à Marie-Louise, facturée du 9 juin 1810, s'élève à 54,589 francs. L'expertise en est faite au palais de Saint-Cloud, dans les appartements de Mme Aubert, dame d'atours. Les experts présents sont : Thomire, fabricant d'ébénisterie, bronzes et dorures, 15, rue Taitbout; Boullier, orfèvre-joaillier, 4, place des Victoires; Cabasson, orfèvre-bijoutier au Palais-Royal, et Baudet, orfèvre-bijoutier, rue du Renard-Saint-Sauveur.

Les pièces saillantes de ce long mémoire sont les suivantes : un déjeuner, un grand et un petit nécessaire en vermeil; une écritoire en racine, incrustée d'argent avec encrier et poudrier en vermeil, etc., 1,460 fr. — Une bassinoire en vermeil offrant sur le couvercle repercé à jour le chiffre M. L. (Marie-Louise), avec la boîte, 1,262 fr. — Un pot de chambre ovale en vermeil, avec l'étui pour le renfermer, 277 fr. — Un bidet d'argent vermeil, avec cuvette, deux seringues, une boîte à éponge, etc., 2,836 fr. — Couvert, garni de ses pièces, 1,019 fr. (*Arch. nat.* O^{2}30.)

Vers le même temps, Biennais livre à l'Impératrice un riche coffre ou écrin en noyer, couvert de velours vert, parsemé d'abeilles et doublé de satin. Il est orné, au pourtour et aux angles, de bordures de lauriers découpés à jour et porté par quatre griffes à palmettes. Les côtés, avec portants à têtes de lionnes antiques, tenant dans leur gueule les armes de l'Empereur. Au milieu du couvercle, le chiffre couronné de Marie-Louise; autour, sont des frises et des bas-reliefs, représentant un mariage Aldobrandini, accompagnés d'arabesques.

Cet écrin, dont tous les ornements sont en vermeil ciselé, est lui-même renfermé dans un coffre en bois et coûte 7,700 fr. (*Arch. nat.* O^{2}30.)

CHAPITRE VI

COUCHES DE MARIE-LOUISE. — SON « TROUSSEAU DE COUCHES »

Le 20 mars 1811, Marie-Louise, après avoir beaucoup souffert depuis la veille au soir et surtout dans les derniers moments, mit au monde un fils qui reçut, en naissant, le titre de Roi de Rome. L'enfant se présentait par le côté ; on dut employer les fers et le travail dura vingt minutes.

Dubois, accoucheur de l'Impératrice, y gagna la célébrité, le titre de baron et 100,000 fr.

Un trousseau spécial pour les couches de Marie-Louise fut commandé par Mme la comtesse de Luçay, dame d'atours, à Mlles LOLIVE et DE BEUVRY. Le règlement s'en fit à 88,913 fr., après expertise de M. Dufresne et de Mme Colliau, « experts en cette partie ».

Résumons le long mémoire de Mlles LOLIVE et DE BEUVRY et disons de quoi se composait ce trousseau célèbre, désigné aussi sous le nom de « layette de couche de l'Impératrice ».

Vingt-quatre jupes ouvertes en toile demi-Hollande, 1,170 fr. — Trente-six serviettes cousues, demi-Hollande, 468 fr. — Cent quarante-quatre petites serviettes, 1,128 fr. — Vingt-quatre chemises de couche, toujours en toile demi-Hollande, garnie de valenciennes, 2,292 fr. — Trente-six linges de sein, en batiste, avec coton en carde, 816 fr. — Vingt-quatre fichus de nuit, garnis de dentelles, 1,488 fr. — Douze camisoles de nuit, garnies de valenciennes, 3,121 fr. — Vingt-quatre serre-tête, 444 fr. — Vingt-quatre bonnets. Bonnets Napoléon, en mousseline, ou en batiste d'Ecosse brodés ; bonnets napolitains en batiste d'Ecosse ; bonnets Caroline, avec chiffre, en batiste d'Ecosse ; bonnets Nord-Hollandais, en mousseline brodée ; bonnets au lever, en malines, tous brodés, garnis de riches dentelles, 7,892 fr. — Douze camisoles de jour, doublées de satin, garnies de rubans et de riches dentelles, entre autres, une camisole à pois, de Tulle, bordures de feuilles, collet à quatre rangs ; une camisole de malines brodée à ruches, collet écossais et manches longues ; une autre de point d'Angleterre avec ruche et collet écossais, 16,122 fr. — Vingt-quatre petits draps de batiste, 2,256 fr. — Dix-huit couvre-pieds chargés de broderies et de dentelles, 25,908 fr. — Vingt-quatre couvre-table en demi-toile de Hollande et dentelles, 2,484 fr. — Six peignoirs en mousseline, en tulle, doublés de satin, garnis de rubans, de point d'Angleterre, de malines, de point à l'aiguille, etc., 12,063 fr. — Vingt-quatre tabliers de garde, en batiste, ornés de mousseline et de dentelle, 2,172 fr. — Soixante couvre-bassins, en finette, bordés de rubans, 530 fr. — Vingt-quatre compresses de bandes, en batiste, 156 fr. — Douze bandes à saigner, tabliers de fatigue pour la garde, en calicot avec rubans, 680 fr. Vingt-quatre demi-Hollande, 54 fr. — Trois corbeilles, une en satin brodé en or, pour contenir le tout ; une autre en satin, orné de fleurs, destinée à renfermer les objets pour le jour ; la troisième, réservée au gros linge, 1,200 fr.

Marie-Louise avait un lit garni de dentelles, d'une valeur de 120,000 francs. Nous ne retrouvons pas le mémoire de cette fourniture qui pourrait avoir été faite par LESUEUR.

Au moment des couches de l'Impératrice, les dentelles de ce lit durent être nettoyées. Une lettre de M. Desmazis, administrateur du mobilier impérial, à M. Daru, intendant général de la maison de l'Empereur, dit à ce sujet : « Le prix du blanchissage de la dentelle a été débattu et réglé à la somme de 2,300 francs. On demandait, pour ce travail, 3,000 fr. ; il n'a pu être fait à moins, vu la grande quantité de dentelles qu'il y a à blanchir et dont le prix s'élève à la somme de 120,000 fr. (*Arch. nat.* O²360.)

La délivrance de Marie-Louise et le baptême du Roi de Rome donnèrent naissance à une immense distribution de cadeaux en tous genres, dont nous allons parler avec quelques détails. Commençons par l'Impératrice. L'Empereur lui offrit un collier de brillants enrichi de pendeloques et briolettes, payé à Nitot et fils 376,275 fr. — La duchesse de Montebello, dame d'honneur, reçut des diamants, pour la somme de 30,000 fr. ; — la comtesse de Luçay, dame d'atours, le portrait de l'Impératrice, en médaillon, 10,000 fr. ; — le baron Corvisart, premier médecin de l'Empereur, une gratification de 20,000 fr. ; —

M. Bourdier, médecin ordinaire, 12,000 fr. ; — le baron Yvan, chirurgien, 6,000 fr. ; — M. Husson, pour avoir vacciné le Roi de Rome, 6,000 fr. et le titre de « vaccinateur des Enfants de France ». (*Arch. nat.* O²30.)

Les personnes composant le service de Marie-Louise ne furent pas oubliées. Les six premières femmes de chambre eurent chacune un châle ou un bijou de 1,200 fr. et 2,000 fr. espèces, ensemble 19,200 fr. ; — six femmes de garde-robe, chacune 1,200 fr. ; — trois filles de garde-robe et une ouvrière en robes, chacune 500 fr. ; — le coiffeur, le maître d'hôtel et le concierge des Tuileries, chacun 1,500 fr. ; — deux valets de chambre tapissiers et ébénistes, chacun 1,000 fr. ; — deux garçons de garde-robe, deux valets de pied de l'Impératrice et deux frotteurs, chacun 300 fr. (*Arch. nat.* O²41.)

Pour les autres présents, qui se confondent avec ceux relatifs à la naissance et au baptême du Roi de Rome, nous renvoyons au chapitre *Le Roi de Rome*.

Le 25 août 1811, une fête villageoise est donnée au palais de Trianon pour célébrer la fête de l'Impératrice. Mme Tournelle, rue de Richelieu, fournit les costumes et réclame 8,064 fr. Des artistes appartenant aux théâtres de Paris donnent à cette fête villageoise improvisée une animation particulière.

Parmi les personnes costumées nous pouvons citer MM. Paul et Le Sage, en paysans picards ; Huet, en paysan normand ; Thénard, en gascon ; Baptiste Cadet, en aubergiste ridicule ; Mmes Fromageau, Grangel, Fouquet et Hemme, en garçons d'auberge ; Mmes Gavaudon, Renaud et Boulanger, en provençales ; Mme Crétu, en aubergiste ; Mme Desbrosse, en picarde ; Mme Belmont et Mlle Saint-Aubin, en cauchoises ; Mme Clairvalle, Mlles Aglaé et Tirepenne, en alsaciennes ; Mlle Dumersan, en Gasconne ridicule.

Une foule d'auxiliaires payés 100 fr., 50 fr., et la plupart 25 fr. complétaient le personnel d'élite, dont nous venons de parler. (Dans la soirée, une pièce de circonstance, intitulée *La grande Famille*, fut représentée au palais de Trianon, et l'auteur, M. Alissan de Chazet, reçut une gratification de 3,000 francs. (*Arch. nat.* O²41.)

1811. Voyage en Belgique et en Hollande. — Quelques mois après les couches de Marie-Louise, et à la suite des fêtes et réceptions relatives au baptême du Roi de Rome, l'Empereur et l'Impératrice firent un voyage en Belgique, en Hollande et sur les bords du Rhin. Ils reçurent partout un accueil enthousiaste. Marie-Louise séjourna quelque temps au château de Laeken, près de Bruxelles, et les acteurs du Théâtre-Français vinrent jouer dans cette ville.

Pour favoriser les manufactures bruxelloises, l'Empereur avait ordonné de faire pour l'Impératrice d'importantes acquisitions de dentelle. Nous avons sous les yeux les factures de fabricants de Bruxelles, en voici le résumé :

Antoine Ducpétiaux et fils, 20 aunes de dentelle de Bruxelles, 3,945 fr. — Une robe de dentelle avec manches et corsage, 8,020 fr.

Cantineau, Simons et C¹ᵉ. Une robe et un voile en point de Bruxelles et 8 mètres de point à l'aiguille à 178 fr. le mètre. Total : 5,404 fr.

Mentionnons deux fabricants d'Anvers, dont nous trouvons aussi les mémoires :

Veydt van Merlen, 118 aunes de dentelle, 5,356 fr. — Un bonnet, 400 fr.

A.-J. van Bomberghem, van Merlen. 109 aunes de dentelle, 4,332 fr. — Un bonnet, 400 fr. — Une robe, emportée pour l'usage de l'Impératrice pendant son voyage, 4,600 fr.

L'année suivante, nous nous retrouvons en présence de fabricants français. Les fournitures pour l'Impératrice sont datées du 24 mars 1812.

Bonnaire, fabricant de dentelles à Caen et à Paris. Une queue de cour, avec la robe assortie, en blonde d'argent fin, 9,000 fr.

Clérambault et Le Sueur, fabricants à Alençon. Un manteau de cour en bride fine d'Alençon, 25,000 fr. — Une robe assortie, 7,000 fr. — Une redingote, dessin à double rang de feuilles couchées. 8,000 fr.

Mercié, à Alençon. 18 aunes trois quarts de point d'Alençon, 2,297 fr.

Beury et Chambé, à Alençon. Deux mouchoirs, feuilles de chêne, en point d'Alençon, à 500 fr. l'un. — Un mouchoir décoré de reines-marguerites, 450 fr. et 6 aunes de point, en tout 5,216 fr.

Launay Rattier, à Alençon. 74 aunes de point, à divers prix, 4,948 fr.

Mᵐᵉ Kint, née Vanderborcht. Dentelles pour la couverture et la taie d'oreiller du lit de l'Impératrice, 2,874 fr.

Le Sueur et Meens Vanderbrocht. Une cravate et une paire de manchettes en point d'Angleterre superfin semé d'abeilles, avec le chiffre et la couronne impériale aux coins, 3,600 fr.

C. Baugmet. Une robe, avec pèlerine, 6,650 fr.

H.-J. Meens Vanderborcht. Une robe de dentelle, 3,700 fr. — Une robe, au point, à aiguille, 5,000 fr. — 40 aunes et demie de Bruxelles et 18 aunes de malines, 8,058 fr. — Seconde livraison, faite au château de Laeken : un rochet de 2,100 fr. — Un fichu de 630 fr. — Un bonnet. — Un voile rond, de 2,500 fr. — Cinq paires de manchettes, dont deux à 540 fr. la paire. — Une redingote de 4,400 fr. et 135 aunes de malines, 34,849 fr.

J.-D. Kint. Trois voiles et trois pèlerines de Bruxelles, une robe au point à l'aiguille de 3,000 fr. et 3 aunes de Bruxelles superfine, à 350 fr. l'aune. Total : 14,790 fr. — Les 4 aunes de Bruxelles sont un présent de l'Impératrice à sa dame d'honneur, la duchesse de Montebello. — Seconde livraison : une grande couverture en dentelle de Bruxelles, 6,000 fr. — Une robe de 3,890 fr. — Un fichu, cinq quarts, 1,200 fr. — Deux voiles — Cinq paires de manchettes, aussi de Bruxelles, valant ensemble 1,943 fr. et 8 aunes et demie de dentelle. Total : 18,210 fr.

J. Plétinckx et sœurs. Un voile, un fichu, deux paires de manchettes, deux jabots « emportés pour l'usage de Sa Majesté, pendant son voyage, 2,978 fr. ».

Debroux, Ligeois frères. Un grand voile avec encadrement, 1,440 fr. — Divers... en tout, 2,832 fr.

Le 28 mai 1812, le duc de Cadore écrit à M. Desmazis : « Sa Majesté l'Impératrice, Monsieur, a fait la demande de deux petits meubles à hauteur d'appui, du même genre que le grand serre-bijoux placé dans sa chambre à coucher, au palais des Tuileries et destiné à lui servir de supplément. Ces deux meubles devront s'adapter à chacun des côtés du grand serre-bijoux, de manière à remplir tout l'espace entre ce meuble et l'embrasure des croisées. »

Le devis de Jacob Desmalter s'élevait à 16,000 fr. pour les deux meubles ; il fut accepté. (*Arch. nat.* O^{2}560.)

Bal masqué de la cour, le 11 février 1812. — Babin, costumier boulevard Saint-Denis, fournit cent soixante et un dominos et vingt costumes de caractères, aux conditions suivantes : cent dominos de couleur, neufs, à location, au prix convenu de 18 fr. l'un. — Soixante et un dominos de couleur, à 10 fr. — Vingt costumes de caractères, neufs, en location, à 24 fr. l'un. — Masques, gants et un pot de rouge à 4 fr. Total : 2,993 fr.

L'annotation, signée du grand chambellan comte de Montesquiou, dit que le mémoire sera payé sur le budget de 458,400 fr. « pour les théâtres de la cour, artistes italiens, danseurs, danseuses, décorations, loyers aux différents théâtres, etc. » (*Arch. nat.* O'36.)

Bal paré du 2 mars 1813. — LE ROY, marchand de modes de Marie-Louise, fut chargé de fournir les dix costumes du quadrille impérial, pour le bal paré donné aux Tuileries, le 2 mars 1813. Résumons le mémoire de LE ROY; nous y trouvons les noms des neuf dames qui eurent l'honneur de figurer dans le quadrille de l'Impératrice, avec l'indication et le prix de leurs costumes.

Pour l'Impératrice et la duchesse de Montebello, dame d'honneur, chacune un costume de la province « Ultro » de 1,400 fr. Pour les duchesses de Bassano, de Castiglione, de Frioul, Aldobrandini, Mmes de Mortemart, de Croix, Vilain XIV et la comtesse de Lauriston, huit costumes des environs de Naples, de 850 fr. chacun. (*Arch. nat.* O²41.)

LIVRE V

LE ROI DE ROME

CHAPITRE PREMIER

NAISSANCE DU ROI DE ROME

Dans la matinée du 20 mars 1811, cent vingt et un coups de canon apprirent aux Parisiens la naissance du Roi de Rome. On savait qu'il n'en serait tiré que vingt et un pour une fille ; aussi, dès les premières détonations, l'anxiété fut générale. Dans les rues, les passants s'arrêtaient pour écouter et compter les coups ; mais à partir du vingt-deuxième, des cris de joie et de triomphe éclatèrent de tous côtés. On s'abordait sans se connaître et l'on se témoignait de touchantes marques de sympathie en échangeant ses impressions. Toutes les villes de l'Empire français donnèrent des fêtes magnifiques, organisées d'après les instructions de l'Empereur. Le programme suivant, dont deux copies sont aux *Archives nationales*, fut rédigé d'après ses ordres :

« Le baptême du Roi de Rome est fixé au 2 juin, jour de la Pentecôte ; le samedi 1ᵉʳ juin, Leurs Majestés partiront de Saint-Cloud à 6 heures pour venir dîner aux Tuileries. A 8 heures, il y aura spectacle sur le théâtre de la cour ; on donnera l'opéra séria de *Sémiramis*. Après le spectacle, il y aura cercle dans les grands appartements ; toute la cour sera invitée.

« Ce jour-là, les spectacles joueront gratis. Une salve de cent un coups de canon annoncera l'arrivée de Leurs Majestés dans Paris, et la fête du lendemain. Cette salve sera répétée le lendemain matin à 8 heures, à midi et à 6 heures du soir, heure de la cérémonie.

« Le lendemain, à 11 heures et demie, audience du corps diplomatique, la messe sera célébrée à midi et après la messe, grande cour. A 6 heures, Leurs Majestés partiront en grand cortège des Tuileries et se rendront à Notre-Dame, pour rendre grâces à Dieu, assister au baptême du Roi de Rome et au *Te Deum* solennel. On détaillera cette cérémonie et on règlera bien d'avance qui doit porter les honneurs et l'église sera bien illuminée.

« En sortant de Notre-Dame, Leurs Majestés se rendront à la commune, où elles arriveront entre 8 et 9 heures... L'Empereur donnera audience au conseil général. Leurs Majestés se rendront ensuite dans la salle du banquet où elles dîneront en grand couvert. De là, Leurs Majestés seront conduites dans la salle où le concert aura été préparé et, après l'avoir entendu, elles verront tirer le feu d'artifice. Immédiatement après, elles remonteront en voiture pour retourner à Saint-Cloud.

«... Pendant le banquet, on fera circuler le public autour de la table de Leurs Majestés. Ce jour-là, tous les établissements publics et toutes les maisons de la ville de Paris seront illuminés. Il sera établi des jeux aux Champs-Elysées et il sera fait des distributions de vivre au peuple...

« Le dimanche 9 juin, grande fête aux Tuileries. Leurs Majestés viendront le samedi soir coucher aux Tuileries. Le lendemain, après la messe, il y aura grande parade et aussi grande cour. A 7 heures, Leurs Majestés dîneront en grand couvert dans le salon de la Paix. Après le dîner, elles iront entendre le concert public qui y sera exécuté sur la terrasse du palais. Le jardin et le palais seront illuminés. Après le concert, Leurs Majestés verront ouvrir le bal dans la salle des Maréchaux et de là iront voir l'ouverture de celui de la salle de spectacle, changée en salle de bal. Ces bals seront ouverts par des quadrilles exécutés par les dames et officiers de la cour.

« On invitera non seulement toute la cour, mais aussi deux mille personnes choisies dans Paris. On fera des invitations différentes pour chacune des deux salles. A minuit, les soupers seront servis dans la galerie de Diane et dans la galerie du Musée. Les bals continueront pendant toute la nuit...

« Le dimanche suivant 16 juin, il y aura grande fête à Saint-Cloud. Ce jour-là, la messe et l'audience auront lieu comme à l'ordinaire pendant la journée; il y aura des jeux dans le parc et les eaux joueront. Vers la fin de la journée, Leurs Majestés et la cour se promèneront en calèche dans le parc.

Le soir, le parc, les jardins et les cascades seront illuminés; les eaux joueront à la lumière; il y aura grand cercle au palais... Vers 10 heures, la garde impériale tirera un feu d'artifice dans la plaine de Boulogne, de manière qu'il soit vu des jardins du château et du parc... » (*Arch. nat.* O^{2}41.)

CHAPITRE II

CÉRÉMONIE DU BAPTÊME

Les billets d'entrée pour la cérémonie du baptême étaient gravés par Roussot et imprimés par Moreaux.

Rataud, marchand de toiles, mousselines et dentelles, fournit le voile de baptême, au prix de 1,000 fr.

Grivelot, pelletier-fourreur, livra une fourrure de manteau, en hermine, portant 5 aunes de long et posée sur un tissu d'argent, 2,200 fr.

Picot broda en argent, d'après les dessins d'Isabey, la poignée d'un cierge semé de trente et une abeilles et de vingt-quatre roses d'Italie. Cette fine broderie coûtait 168 fr.

Biennais eut à fournir deux bâtons de maître des cérémonies, garnis de velours noir, parsemés d'abeilles ciselées en vermeil, valant ensemble 540 fr., et un bâton de grand maître plus riche que les précédents, avec abeilles et couronne impériale, aussi en vermeil, de 400 fr.

En 1811, le département du grand maître des cérémonies était ainsi constitué : le comte de Ségur, grand maître, 40,000, fr. ; — le baron de Cramayel et le comte de Seyssel, maîtres des cérémonies, chacun 15,000 fr. ; — MM. Saint-Aignan et Dagairmaratz, aides des cérémonies, chacun 6,000 fr. — Frais de bureau, 7,000 fr. (*Arch. nat.* $O^2 137$.)

CHAPITRE III

FÊTES ET RÉJOUISSANCES POPULAIRES

Les fêtes populaires, à Paris, où l'on prodigua toutes les réjouissances imaginables, furent dignes de la capitale d'une grande nation. Sur toute la longueur des Champs-Elysées, des spectacles variés attiraient la foule. C'étaient des jeux, des tournois, des danses de corde ou sur un fil de fer ; des sauteurs, des escamoteurs ; deux mâts de cocagne et deux mâts d'ascension à corde tendue, garnis de leurs prix montant ensemble à 1,200 fr. ; puis des orchestres, des bals populaires, sans parler des illuminations et du feu d'artifice.

Il y avait aussi de nombreuses distributions de vin et de comestibles, comprenant 2,400 pâtés, 1,200 saucissons, 900 langues, 600 gigots et 900 poulets. Total : 6,000 pièces à 3 fr. 25. Le vin coulait de vingt-quatre fontaines renfermant chacune quatre pièces et de vingt-huit pièces de vin posées sur des chevalets. N'allez pas croire que ce vin fût mauvais ; il coûtait 190 fr. la pièce et si l'on retire les 40 fr. d'entrée, c'était encore du vin à 150 fr. (*Arch. nat.* O^{2}41.)

1811. Pour toutes les dépenses, l'Empereur se faisait d'abord adresser un rapport présentant un état détaillé des frais. Au sujet de la fête de Saint-Cloud, M. Daru disait dans son rapport :

« Sire, Votre Majesté veut que le parc de Saint-Cloud soit ouvert au public le 23 juin, qu'il y ait de petits spectacles et des jeux, qu'il y soit fait des distributions de comestibles et qu'il y ait des fontaines de vin.

« Les dépenses de la ville de Paris, pour une fête semblable, ont été pour les jeux et les petits spectacles de 24,000 fr., et pour la distribution de comestibles et de vin 110,000 fr. On peut borner celle de Saint-

Cloud à une dépense moindre. J'en présente un tableau à Votre Majesté.

« 1° Pour les petits spectacles et jeux publics, 10,000 fr. — 2° Pour frais de mâts de cocagne et distribution de prix, 7,600 fr. — 3° Pour 3,000 billets de comestibles, 9,750 fr. — 4° Pour soixante-douze pièces de vin, 13,680 fr. — 5° Pour les constructions des buffets et des fontaines, 10,000 fr. » (*Arch. nat.* O²202.)

Le projet fut adopté, sauf une réduction de 40 fr. par barrique de vin, représentant les droits d'entrée qu'on n'avait pas à payer à Saint-Cloud.

CHAPITRE IV

MÉDAILLES FRAPPÉES A L'OCCASION DE LA NAISSANCE DU ROI DE ROME

Les médailles frappées à l'occasion de la naissance du Roi de Rome furent gravées par Galle et Andrieu et coûtèrent 49,500 fr. On en fit en or, en argent et en bronze de plusieurs dimensions. Elles représentaient d'un côté les têtes accolées de l'Empereur et de l'Impératrice et, de l'autre, la tête du Roi de Rome avec la date de sa naissance.

Dirier, gainier rue aux Ours, fut chargé de faire deux cent dix étuis en galuchat, doublé de velours blanc pour autant de médailles d'or destinées en présents ; chaque étui coûtait 4 fr. (*Arch. nat.* O^{2}41.)

Des médailles d'or, du Roi de Rome, dans leur écrin, furent distribuées comme suit : aux bonnes villes de France et d'Italie, cinquante-cinq ; à Madame, au roi d'Espagne, au roi de Westphalie, à la reine de Naples, à la reine d'Espagne, à la reine Hortense, à la princesse Pauline, au prince Borghèse, au vice-roi d'Italie, au grand-duc de Wurtzbourg, à l'archichancelier, au vice-grand électeur, au vice-connétable, au cardinal Fesch, à la gouvernante, à l'ambassadeur d'Autriche, au prince Clary, au préfet de Paris, aux grands cordons de la Légion d'honneur, aux grands dignitaires.

Aux grands officiers de la couronne de France et d'Italie, six médailles ; aux dames d'honneur et d'atours, deux ; au chevalier d'honneur et au premier écuyer de l'Impératrice, deux ; aux grands officiers de l'Empire, vingt-huit ; aux ministres de France et d'Italie, quatorze ; aux officiers du Sénat, quatre ; aux présidents des sections du conseil d'Etat, quatre ; aux officiers du Corps législatif, huit ; aux cardinaux, dix.

CHAPITRE V.

LA LAYETTE DU ROI DE ROME.

La layette du Roi de Rome, fournie par Lesueur, Bonnaire et Mme Minette, s'élevait en chiffres ronds à 120,000 fr. C'est un document historique qui forme le complément du trousseau de couches de Marie-Louise.

Fourniture de Lesueur. 14 février 1811. — Deux robes de maillot, avec pèlerine et bonnet assortis, l'une en point à l'aiguille, l'autre en point d'Angleterre, 7,300 fr. — Deux petites robes, de même, 4,600 fr. — Une couverture de lit, au point à l'aiguille, avec deux grands rideaux et une taie d'oreiller, 10,000 fr. — Une autre couverture, aussi complète, en Angleterre, 9,000 fr. — Une bercelonnette, en point à l'aiguille, avec taie d'oreiller, 1,600 fr. — Une bercelonnette en Angleterre, 1,600 fr.

28 aunes d'Angleterre, 23 aunes de point à l'aiguille et 5 aunes de valenciennes pour garnir les robes, 680 fr.

16 aunes d'Angleterre, 15 aunes de point à l'aiguille et 3 aunes de valenciennes pour bonnets, 2,406 fr.

30 aunes d'Angleterre, de point à l'aiguille et de valenciennes pour garnir les langes, 2,900 fr.

Pour les fichus, les chemises et les brassières, 73 aunes d'Angleterre et de point à l'aiguille, 3,771 fr.

Pour les oreillers et les couvre-pieds de berceau, 63 aunes d'Angleterre et 63 aunes de point à l'aiguille, 10,310 fr.

Pour la nourrice, deux bonnets en Angleterre et quatre bonnets en malines brodée, 900 fr. etc. Total : 61,187 fr.

Bonnaire, fabricant de dentelles, rue Thévenet, présente un mémoire de 21,011 fr. réduit par les experts à 18,796 fr. Ses fournitures consistent non seulement en pièces de dentelle, mais encore en robes courtes et longues, en bonnets et en un lit complet, valant seul 3,700 fr. Il se compose de deux paires de rideaux, d'un couvre-pied et d'un oreiller.

La fourniture de Mme MINETTE, marchande lingère, se monte à 40,402 fr. Les experts, Dufresne, marchand linger, rue Saint-Denis, et Mme Colliace, marchande lingère, rue Neuve-des-Petits-Champs, la réduisent à 40,000 fr. Elle se compose des objets suivants :

Cinquante douzaines de couches en toile demi-Hollande, 3,600 fr. — Trente-six douzaines de langes en piqué, en bazin, en percale doublée ou ouatée, 4,212 fr. — Vingt-six douzaines de chemises à brassières, en batiste, garnies de valenciennes, de malines, de Bruxelles, ou au point à l'aiguille, 5,005 fr. — Vingt-cinq douzaines de brassières en basin, en percale unie ou brodée à la gorge, en piqué, en tricot, 2,220 fr. — Douze douzaines de fichus de nuit, en batiste, garnie de dentelle, 2,574 fr. — Douze douzaines de mouchoirs de batiste, garnis de valenciennes, 2,016 fr. — Neuf douzaines de béguins de batiste aussi garnis de dentelle, 358 fr. — Quatre douzaines de bonnets de nuit, en percale brodée, garnis de 660 aunes de valenciennes 958 fr. — Six douzaines de bonnets de jour, en batiste et en mousseline brodées, garnis de riches dentelles, 2,375 fr. — Deux douzaines de souliers en piqué et en percale brodée; une demi-douzaine de brodequins brodés autour et garnis de valenciennes, 222 fr. — Trente-deux langes de jour, en percale, en mousseline brodée, en marceline blanche, en satin blanc garnis de valenciennes, et trois robes de dessous, dont une lilas, 2,811 fr. — Quinze robes de batiste, de percale, de mousseline, de tulle, de satin bleu ; six dessous en marceline rose, en satin bleu ou rose, le tout garni de dentelle, 2,781 fr. — Quatorze douzaines de riches taies d'oreiller, pour bercelonnettes et pour remuer, 7,014 fr. — Quatre douzaines de draps de berceau et de bercelonnette, 1,488 fr. — Couvertures, couvre-pieds, bandes de nombril, pelotes, paillassons, oreillers, 2,588 fr. (*Arch. nat.* O²30 [1]).

---

[1] A l'époque du Consulat (1800-1803), la dame MINETTE était une couturière célèbre, et, à l'exemple de Mlle Bertin, la modiste de Marie-Antoinette, elle tenait alors le sceptre des modes parisiennes. Bonaparte la choisit non seulement pour faire exécuter sous sa direction les cadeaux des modes de Paris, qu'il destinait à la reine d'Espagne, mais encore pour aller les porter et les essayer à la reine, afin de remédier aux petites imperfections qui pourraient se présenter.

Lucien Bonaparte parle longuement, dans ses *Mémoires*, de la *citoyenne Minette*. Il remplissait alors les fonctions d'ambassadeur à Madrid. En véritable prêtresse de la mode, dit-il, elle était vêtue fort élégamment. « Elle était même jolie femme de figure, blanche, rose, grassouillette, » mais, paraît-il, elle parlait trop et manquait de distinction.

Ailleurs, il dit encore : « La citoyenne Minette est, sans contredit, la première, la plus célèbre modiste de son époque et par-dessus tout, m'est-il permis d'ajouter, la plus madrée et la plus heureuse contrebandière du monde. »

Les caisses renfermant les objets destinés à la reine étaient au nombre de dix à douze ; or, Mme Minette arrivait avec vingt-sept énormes ballots. Elle comptait les passer tous en franchise et réaliser ainsi d'énormes bénéfices, non seulement sur les frais de douane, mais encore sur les marchandises de luxe dont elle avait la vente assurée.

Lucien, prévenu à temps, ne voulant pas donner la main à un trafic de ce genre, fit saisir les ballots supplémentaires, mais la fine mouche sut si bien s'y prendre auprès de quelques dames de la cour, auprès de la reine et du prince de la Paix, qu'elle rentra sans bourse délier en possession de ses précieux colis.

CHAPITRE VI

LA MAISON DU ROI DE ROME

La maison du Roi de Rome, qualifiée « maison des enfants de France », coûtait en appointements 157,860 fr. Elle fut ainsi composée :

Comtesse DE MONTESQUIOU, gouvernante, 40,000 fr. — Baronnes DE MESGRIGNY et DE BOUBERS, sous-gouvernantes, chacune 12,000 fr. — Le secrétaire des commandements, 6,000 fr. — M. SAINT-MARTIN, secrétaire de la gouvernante, 3,000 fr. — M. BOURDOIS, médecin, 15,000 fr. — M. AUVITY, chirurgien, 12,000 fr. — Mmes SOUFFLOT, D'ARMAND et FROMENT, premières femmes de chambre, chacune 3,000 fr. — M. LÉONARD, maître d'hôtel, 3,000 fr. Trois berceuses à 2,400 fr. Deux femmes et deux valets de garde-robe, deux valets de chambre, etc.

CHAPITRE VII

PRÉSENTS DIVERS

Les présents accordés aux personnes appartenant au service du grand aumônier se répartissent ainsi : aux sept aumôniers, le baron DE LA ROCHE, évêque de Versailles ; le comte Ferdinand DE ROHAN ; le baron DE BROGLIE, évêque de Gand; MM. JAUFFRET, archevêque d'Aix ; DE LA CONDAMINE, évêque de Montpellier ; de BOULOGNE, évêque de Troyes, chacun 3,000 fr. ; à MM. LUCOTTE, RANZAU, MARENTINI et DE QUÉLEN, chapelains, chacun 1,750 fr. ; MM. Gaston DE SAMBUCY et FEUTRIER, maîtres des cérémonies, chacun 1,750 fr. ; aux quatre chanoines de Notre-Dame, qui ont porté les dais de Leurs Majestés, 4,000 fr. ; aux séminaristes, présents à la cérémonie, 3,000 fr. ; à deux prêtres sacristains, 1,000 fr. ; au suisse et à deux huissiers, 500 fr.

Le cardinal Fesch, grand aumônier de France, reçut un présent de porcelaines de Sèvres, cotées par la manufacture impériale 24,966 fr. — Le grand aumônier d'Italie, une croix pectorale, en brillants, 25,275 fr. — Le patriarche de Venise, une croix de 14,611 fr. — L'évêque de Brescia, une bague d'un saphir, entouré de dix brillants, 5,146 fr. — Le roi de Westphalie (Jérôme), *Aria et Pétus,* tapisserie des Gobelins, avec bordure, par M. Vincent, 13,220 fr.; un lot de porcelaines de Sèvres, 41,420 fr. — Le prince Eugène, vice-roi d'Italie, une tapisserie des Gobelins, *François Ier visitant Léonard de Vinci expirant,* avec bordure, par M. Ménageot, 10,000 fr.; un lot de porcelaines de Sèvres, 26,225 fr. — Le duc de Valmy, chargé de porter le manteau du Roi de Rome, une tabatière de 20,000 fr. — Sept députés du sénat d'Italie, un présent d'une valeur de 4,000 fr.

pour chacun. — Le grand-duc de Berg, un médaillon, garni de brillants, renfermant les portraits de Napoléon et de Marie-Louise (payés à l'artiste chacun 600 fr.), 12,000 fr. — M. Bourdois, « médecin des Enfants de France », et M. Auvity, « chirurgien des Enfants de France », chacun 6,000 fr. — Les personnes chargées de porter les honneurs, pendant la cérémonie du baptême, divers cadeaux s'élevant à 120,000 fr. (*Arch. nat.* $O^2 41$.)

Les honneurs de l'enfant comprenaient le cierge, le chrémeau et la salière portés par la princesse de Neufchâtel, la princesse Aldobrandini et la comtesse de Beauvau. Les honneurs du parrain et des marraines étaient le bassin, porté par la duchesse d'Alberg, l'aiguière, par la comtesse Vilain et la serviette par la duchesse de Dalmatie.

La nourrice du Roi de Rome fut comblée de cadeaux. L'Empereur lui offrit un collier de brillants et perles composé d'une grande plaque, de trois rosaces, dont une formant cadenas, le tout suspendu par des perles, 6,037 fr. — Une paire d'anneaux d'oreilles, en brillants, de 5,263 fr., renfermés dans un écrin de 20 fr. Total : 11,320 fr. (*Arch. nat.* $O^2 41$.)

Elle reçut encore un riche médaillon, ainsi que le constate le renseignement suivant tiré du même carton ($O^2 41$) : un portrait du Roi de Rome peint par Isabey, « destiné au médaillon de la nourrice », 600 fr. — Cette nourrice si choyée devait avoir aussi de fort beaux costumes si nous en jugeons par les six bonnets de nourrice faisant partie de la layette du Roi de Rome et cotés ensemble, 900 fr.

Voici d'autres présents, toujours relatifs au Roi de Rome, mais dont les destinataires nous sont inconnus.

6 juillet 1811. *Fourniture de* Nitot et fils s'élevant à 219,996 fr. — Deux parures en rubis du Brésil et brillants, composées chacune d'un peigne, d'un collier et d'une paire de boucles d'oreilles, 39,162 fr. Deux parures d'émeraudes et brillants, 41,151 fr. — Les quatre autres parures, de rubis balais, de chrysoprases, d'améthystes et d'opales, mêlés de brillants, 79,088 fr. — Douze épis en brillants, 12,043 fr. — Un collier de chatons en brillants, 48,550 fr.

« Vu, ordonné et approuvé sur le fonds de 460,000 fr. que le budget du 20 mai 1811 met à notre disposition pour les dépenses qui pourraient avoir lieu à l'occasion du baptême du Roi de Rome.

« Le comte de Montesquiou. »

(*Arch. nat.* $O^2 41$.)

Citons, à la même date du 6 juillet 1811, sept tabatières, carrées, longues, arrondies, en or ciselé, émaillé, enrichies d'un cercle en brillants et du portrait de l'Empereur (payé à l'artiste 500 fr.), 26,925 fr. — Une autre tabatière, de même genre, plus riche en diamants, 17,388 fr.

Septembre 1811. Livré par Lemonnier, directeur de la Manufacture des Gobelins, pour le prince Eugène, un portrait en pied de l'Impératrice Joséphine, avec les ornements impériaux, d'après le tableau de Gérard (H. 2^m,33, C. 1^m,61), 10,032 fr. — Pour la reine Hortense, un portrait en pied de Joséphine assise sur un canapé, d'après Gérard. (H. 1^m,93, C. 1^m,81), 12,230 fr. (*Arch. nat.* O²202.)

Au grand-duc de Berg, un médaillon garni de brillants, renfermant les portraits de l'Empereur et de l'Impératrice (payés à l'artiste chacun 600 fr.), 12,000 fr.

21 janvier 1812. (*Service des présents*). *Livraison de* NITOT ET FILS. Un bracelet composé d'un diamant recouvrant des cheveux du Roi de Rome et entouré de diverses pierres de couleur signifiant le mot Napoléon, le tout attaché par des tresses de cheveux. — Trois médaillons renfermant les portraits de Napoléon et de Marie-Louise entourés de gros brillants. Le premier, de 29,965 fr.; le second, de 49,534 fr.; le troisième, avec un rang de chatons, qui en double le prix, 98,944 fr.

La façon dont le mémoire est apostillé va nous dire la destination de ces riches bijoux :

« Vu, ordonné et approuvé sur le fonds de 182,483 fr. mis à notre disposition, suivant la décision impériale du 28 janvier 1812, pour solder le prix d'un bracelet pour S. M. l'Impératrice et de trois médaillons pour S. M. le Roi de Rome, la reine d'Espagne et la gouvernante des Enfants de France.

« *Signé :* Le comte DE MONTESQUIOU. »

(*Arch. nat.* O²41.)

CHAPITRE VIII

SERVICE DE PORCELAINE EN L'HONNEUR DU ROI DE ROME

Sur la fin de l'Empire, Bergeret, artiste de talent, ayant appris qu'on devait faire, pour le Roi de Rome, un riche service de porcelaine, fit une demande pour participer à ce travail artistique. A ce sujet, le ministre de l'intérieur écrivait, le 20 janvier 1814, au duc de Cadore, intendant général de la maison de l'Empereur : « Monsieur le duc, d'après les notes qui me sont parvenues, il parait qu'il doit être exécuté, pour le service de Sa Majesté le Roi de Rome, une suite de sujets historiques sur des assiettes de porcelaine. A cette occasion, je crois pouvoir recommander à Votre Excellence un jeune peintre, le sieur Bergeret, qui a du talent et qui a été plusieurs fois employé avec succès par le gouvernement... »

Les événements se précipitaient, l'ennemi se préparait à envahir la France, et, si le service du petit Roi fut commencé, il est douteux qu'on ait eu le temps de le terminer.

CHAPITRE IX

LA GOUVERNANTE DU ROI DE ROME

Mme la comtesse de Montesquiou, gouvernante des Enfants de France, avait seule le droit d'accorder des brevets de fournisseur du Roi de Rome.

Le 22 janvier 1814, elle reçut une lettre du duc de Cadore lui demandant, pour le sieur Talon, habile tourneur, le titre de tourneur de Sa Majesté le Roi de Rome. La comtesse répondit : « ... Je doute que d'ici à longtemps le Roi ait besoin de ses services. Sa Majesté a un marchand de jouets et un ébéniste dont je suis fort contente ; le brevet que sollicite le sieur Talon me paraîtrait absolument sans objet... » (*Arch. nat.* O² 205.)

Le choix de Mme de Montesquiou comme gouvernante ne pouvait être plus heureux. Dans ses difficiles fonctions elle sut allier la tendresse à la fermeté. Le petit prince avait une excellente nature, mais, comme la plupart des enfants, il était sujet à des accès de colère. Un jour qu'il se roulait par terre sans vouloir rien entendre, Mme de Montesquiou eut l'idée de fermer les volets. L'enfant, étonné, lui en demanda la raison ; alors elle lui répondit, d'un ton sévère : « Mais, c'est pour qu'on n'entende pas vos cris. Si les Français savaient que vous vous mettez en colère, ils ne voudraient jamais d'un prince comme vous. » Aussitôt le petit Roi se jeta au cou de sa gouvernante et lui dit, dans son gentil langage « : Pardon, maman Quiou, le ferai pu. »

Cette femme supérieure avait eu l'idée de faire ajouter à la prière de l'enfant, ces mots qui exprimaient le vœu de la nation entière : « Mon Dieu, faites que papa nous accorde la paix pour le bonheur de la France. » Elle n'y retrancha rien dans une circonstance où le royal enfant eut l'occasion de faire sa prière du soir devant l'Empereur. Celui-ci écouta sans mot dire et n'en sut pas mauvais gré à la gouvernante, qu'il appréciait à sa haute valeur et dont il fit l'éloge à diverses reprises.

Au commencement de l'année 1814, lorsque Napoléon partit des Tuileries, le 25 janvier, pour rejoindre son armée et repousser l'invasion, il laissa la régence à Marie-Louise et confia à la garde nationale sa femme et son fils, qu'il ne devait jamais revoir.

Mais il avait eu soin, au préalable, de faire faire, par NITOT ET FILS, une plaque de la Légion d'honneur, une épaulette et une étoile de la Légion d'honneur en brillants pour le service du Roi de Rome. Le procès-verbal de cette commande, exécutée par ordre de l'Empereur, est daté du 12 janvier. L'expertise fut faite par les joailliers Paris, Grouvelle et Lecomte, qui fixèrent ainsi les prix :

La plaque en brillants, 27,586 fr. ; l'épaulette, 70,332 fr. ; l'étoile, 2,032 fr. Total : 99,950 fr. (*Arch. nat.* O²30.)

Trois mois après, quoiqu'il eût retrouvé tout le génie de sa jeunesse et défendu pied à pied le territoire, Napoléon ne put empêcher Paris de tomber au pouvoir des alliés. Les mauvais jours étaient venus. Le 20 avril, lorsque l'Empereur, vaincu, se retirait à l'île d'Elbe, Mme de Montesquiou n'eut pas un instant l'idée de s'éloigner du prince confié à ses soins et le conduisit à Vienne, où il fut envoyé sur l'ordre de l'empereur d'Autriche. Sa mission devait se terminer brusquement, de manière à déchirer son cœur. Le 20 mars 1815, jour anniversaire de la naissance du prince, le jour même de la rentrée de Napoléon à Paris, la comtesse, malgré ses prières et ses larmes, dut céder sa place à une dame allemande et quitter pour toujours son cher élève. On sait que le fils de Napoléon perdit son titre de roi de Rome pour s'appeler le duc de Reichstadt et qu'il mourut à Schœnbrünn en 1832.

CHAPITRE X

MARMONT ET LE DUC DE REICHSTADT

Marmont, duc de Raguse, rapporte dans ses *Mémoires* (t. VIII, p. 394), que, vers la fin de l'année 1830, il fut admis à visiter le jeune prince. Pendant trois mois, dans un entretien de deux heures par jour, il lui fit le récit détaillé de toute l'existence si prodigieusement extraordinaire de son père. Au moment de la séparation, le duc de Reichstadt offrit son portrait, peint par Daffinger, au maréchal. Sous le portrait, il avait écrit ces vers de Racine :

> « Arrivé près de moi par un zèle sincère,
> Tu me contais alors l'histoire de mon père ;
> Tu sais combien mon âme, attentive à ta voix,
> S'échauffait au récit de ses nobles exploits. »

ÉPILOGUE

LE TESTAMENT DE NAPOLÉON Ier

I

Donnons, pour finir, la liste des effets et objets personnels de l'Empereur, légués par lui à sa famille et à quelques-uns de ses serviteurs. Extrait du Testament de Napoléon Ier, écrit de sa main, a Sainte-Hélène, le 15 avril 1821[1].

II

1° Je lègue à mon fils les boites, ordres et autres objets tels que l'argenterie, lit de camp, armes, selles, éperons, vases de ma chapelle, livres, linge qui a servi à mon corps et à mon usage, conformément à l'état annexé, cote A. Je désire que ce faible legs lui soit cher, comme lui retraçant le souvenir d'un père dont l'Univers l'entretiendra.

2° Je lègue à lady Holland le camée antique que le pape Pie VI m'a donné à Tolentino.

État A, joint a mon testament

I

1° Les vases sacrés qui ont servi à ma chapelle de Longwood.

2° Je charge l'abbé Vignali de les garder et de les remettre à mon fils quand il aura seize ans.

---

[1] On trouvera ce testament publié en entier à la fin du quatrième volume de l'*Histoire de Napoléon*, par de Norvins.

II

1° Mes armes, savoir : mon épée, celle que je portais à Austerlitz, le sabre de Sobieski, mon poignard, mon glaive, mon couteau de chasse, mes deux paires de pistolets de Versailles.

2° Mon nécessaire d'or, celui qui m'a servi le matin d'Ulm, d'Austerlitz, d'Iéna, d'Eylau, de Friedland, de l'île de Lobeau, de la Moskova, de Montmirail. Sous ce point de vue, je désire qu'il soit précieux à mon fils. (Le comte Bertrand en est dépositaire depuis 1814.)

3° Je charge le comte Bertrand de soigner et conserver ces objets, et de les remettre à mon fils quand il aura seize ans.

III

1° Trois petites caisses d'acajou contenant : la première trente-trois tabatières ou bonbonnières : la deuxième, douze boîtes aux armes impériales, deux petites lunettes et quatre boîtes trouvées sur la table de Louis XVIII aux Tuileries, le 20 mars 1815 ; la troisième, trois tabatières ornées de médailles d'argent à l'usage de l'Empereur et divers effets de toilette conformément aux états numérotés : I, II, III.

2° Mon lit de camp, dont j'ai fait usage dans toutes mes campagnes.

3° Ma lunette de guerre.

4° Mon nécessaire de toilette. Un de chacun de mes uniformes, une douzaine de chemises, et un objet complet de chacun de mes habillements, et généralement de tout ce qui sert à ma toilette.

5° Mon lavabo.

6° Une petite pendule, qui est dans ma chambre à coucher de Longwood.

7° Mes montres et la chaîne de cheveux de l'Impératrice.

8° Je charge Marchand, mon premier valet de chambre, de garder ces objets et de les transmettre à mon fils, quand il aura seize ans.

IV

1° Mon médaillier.

2° Mon argenterie et ma porcelaine de Sèvres, dont j'ai fait usage à Sainte-Hélène (états R et C).

3° Je charge le comte Montholon de garder ces objets et de les remettre à mon fils quand il aura seize ans.

V

1° Mes trois selles et brides, mes éperons qui m'ont servi à Sainte-Hélène.
2° Mes fusils de chasse au nombre de cinq.
3° Je charge mon chasseur Noveras de garder ces objets et de les remettre à mon fils quand il aura seize ans.

VI

1° Quatre cents volumes choisis dans ma bibliothèque parmi ceux qui ont le plus servi à mon usage.
2° Charge Saint-Denis de les garder et de les remettre à mon fils, quand il aura seize ans.

Etat Ã

1° Il ne sera vendu aucun des effets qui m'ont servi. Le surplus sera partagé entre mes exécuteurs testamentaires et mes frères.
2° Marchand conservera mes cheveux et en fera faire un bracelet avec un petit cadenas en or, pour être envoyé à l'Impératrice Marie-Louise, à ma mère et à chacun de mes frères, sœurs, neveux, nièces, au cardinal et un plus considérable pour mon fils.
3° Une petite paire de boucles en or, à jarretières, au prince Lucien.
4° Une boucle de col en or, au prince Jérôme.

Etat A

Inventaire de mes effets que Marchand doit garder pour remettre à mon fils.
1° Mon nécessaire d'argent, celui qui est sur ma table, garni de tous ses ustensiles, rasoirs, etc.

2° Mon réveil-matin. C'est le réveil-matin de Frédéric II, que j'ai pris à Postdam (dans la boîte n° III).

3° Mes deux montres avec les chaînes des cheveux de l'Impératrice et une chaîne de mes cheveux pour l'autre montre. Marchand la fera faire à Paris.

4° Mes deux sceaux (un de France, renfermé dans la boîte n° III).

5° La petite pendule dorée qui est actuellement dans ma chambre à coucher.

6° Mon lavabo, son pot à eau et son pied.

7° Mes tables de nuit, celles qui me servaient en France et mon bidet de vermeil.

8° Mes deux lits de fer, mes matelas et mes couvertures s'ils peuvent se conserver.

9° Mes trois flacons d'argent où l'on mettait mon eau-de-vie, que portaient mes chasseurs en campagne.

10° Ma lunette de France.

11° Mes éperons, deux paires.

12° Trois boîtes d'acajou, n° I, II, III, renfermant mes tabatières et autres objets.

13° Une cassolette en vermeil.

Linge de toilette.

6 chemises.
6 mouchoirs.
6 cravates.
6 serviettes.
6 paires de bas de soie.
4 cols noirs.
6 paires de chaussettes.
2 paires de draps de batiste.
2 taies d'oreiller.
2 robes de chambre.
2 pantalons de nuit.
1 paire de bretelles.

4 culottes et vestes de casimir blanc.
6 madras.
6 gilets de flanelle.
4 caleçons.
6 paires de gants.
1 petite boîte pleine de mon tabac.
1 boucle de col, en or.
1 paire de boucles de jarretières, en or.
1 paire de boucles en or, à souliers.

Habillement.

- 1 uniforme chasseur.
- — grenadier.
- — garde nationale.
- 1 capote grise et verte.
- 1 manteau bleu (celui que j'avais à Marengo).
- 1 Zibeline petite veste.
- 2 paires de souliers.
- 2 paires de bottes.
- 1 paire de pantoufles.
- 6 ceinturons.

Etat B.

Inventaire des effets que j'ai laissés chez M. le comte de Turenne.

- 1 sabre de Sobieski[1].
- 1 grand collier de la Légion d'honneur.
- 1 épée en vermeil.
- 1 glaive de consul.
- 1 épée en fer.
- 1 ceinturon de velours.
- 1 collier de la Toison d'Or.
- 1 petit nécessaire en acier.
- 1 veilleuse en argent.
- 1 poignée de sabre antique.
- 1 chapeau à la Henri IV et une toque, les dentelles de l'Empereur.
- 1 petit médaillier.
- 2 tapis turcs.
- 2 manteaux de velours cramoisi, brodés, avec vestes et culottes.

1° Je donne à mon fils : le sabre de Sobieski, le collier de la Légion d'honneur, l'épée en vermeil, le glaive de consul, l'épée en fer, le collier de la Toison d'Or, le chapeau d'Henri IV et la toque, le nécessaire d'or pour les dents, resté chez le dentiste.

2° A l'Impératrice Marie-Louise mes dentelles, à Madame la veilleuse en argent, au cardinal le petit nécessaire en acier, au prince Eugène le bougeoir en vermeil, à la princesse Pauline le petit médaillier, à la reine de Naples un petit tapis turc, à la reine Hortense un petit tapis turc, au prince Jérôme la poignée de sabre antique, au prince Joseph un manteau brodé, veste et culottes, au prince Louis manteau brodé, veste et culottes.

1. C'est par erreur que ce sabre est porté sur l'état A. Celui-là est le sabre que l'Empereur portait à Aboukir et qui est entre les mains du comte Bertrand.

Ceci est un codicille de mon Testament.

. . . .

2° Je lègue aux comtes Bertrand, Montholon et à Marchand, l'argent, bijoux, argenterie, porcelaine, meubles, livres, armes et généralement tout ce qui m'appartient dans l'île Sainte-Hélène.

Ce codicille, tout entier écrit de ma main, est signé et scellé de mes armes.

Signé : Napoléon.

TABLE DES CHAPITRES

PROLOGUE

La cérémonie du sacre et du couronnement. 1

LIVRE PREMIER

L'Impératrice Joséphine 11

LIVRE DEUXIÈME

NAPOLÉON ET SA COUR

Chapitre	I.	— Les costumes de Napoléon. La redingote grise. .	21
—	II.	— Le petit chapeau	30
—	III.	— Les objets de toilette de Napoléon. Son linge, ses gants.	35
—	IV.	— Les chaussures de Napoléon	43
—	V.	— Les tabatières de Napoléon. Son tabac.	46
—	VI.	— L'étiquette dans les palais impériaux	53
—	VII.	— L'étiquette du palais impérial	61
—	VIII.	— Le jeu à la cour de Napoléon	69
—	IX.	— Le personnel du cabinet de l'Empereur	72
—	X.	— Les chambellans	73
—	XI.	— Les valets de chambre, d'appartement, etc. . .	76
—	XII.	— Le mameluck Roustan.	79
—	XIII	— Les pages de l'Empereur.	81
—	XIV.	— Les médecins. Les chirurgiens	88
—	XV.	— Service du grand écuyer. Les équipages de l'Empereur. Les chevaux	92
—	XVI.	— Les théâtres de la ville et de la cour	113
—	XVII.	— Les présents de Napoléon..	141

LIVRE TROISIÈME

L'ART ET L'INDUSTRIE SOUS LE PREMIER EMPIRE

Chapitre I.	— Les peintres en miniature	185
— II.	— Vivant Denon	212
— III.	— La céramique	214
— IV.	— La manufacture de Sèvres	223
— V.	— La manufacture des Gobelins et la manufacture d'Aubusson	242
— VI.	— La manufacture de cristaux du Mont-Cenis	256
— VII.	— La manufacture d'armes de Versailles	259
— VIII.	— Les horlogers	261
— IX.	— Les fondeurs, ciseleurs,re brzonis	264
— X.	— Les relieurs	270
— XI.	— Les orfèvres, les joailliers, les bijoutiers et les graveurs	272
— XII.	— Les ébénistes	279
— XIII.	— Les tabletiers et les tabatières populaires	289
— XIV.	— Industries diverses	308

LIVRE QUATRIÈME

L'IMPÉRATRICE MARIE-LOUISE

Chapitre I.	— Mariage de Marie-Louise	313
— II.	— Trousseau de Marie-Louise	316
— III.	— Bijoux offerts par l'Empereur à Marie-Louise	323
— IV.	— Fêtes du mariage	327
— V.	— Présents divers	331
— VI.	— Couches de Marie-Louise. — Son trousseau de couches	335

LIVRE CINQUIÈME

LE ROI DE ROME

Chapitre I.	— Naissance du Roi de Rome	341
— II.	— Cérémonie du baptême	344
— III.	— Fêtes et réjouissances populaires	345
— IV.	— Médailles frappées à l'occasion de la naissance du Roi de Rome	347

Chapitre	V.	— La layette du Roi de Rome.	348
—	VI.	— La maison du Roi de Rome.	351
—	VII.	— Présents divers	352
—	VIII.	— Service de porcelaine en l'honneur du Roi de Rome.	355
—	IX.	— La gouvernante du Roi de Rome , ...	356
—	X.	— Marmont et le duc de Reichstadt	358

ÉPILOGUE

Le Testament de Napoléon. 359

ÉVREUX, IMPRIMERIE DE CHARLES HÉRISSEY

A LA MÊME LIBRAIRIE

LE LIVRE
DES
COLLECTIONNEURS

PAR

A. MAZE-SENCIER

Les Ébénistes. — Les Ciseleurs Bronziers.
Les Tabatières. — L'Horlogerie. — La Céramique.
Les Peintres en miniature. — Les Sculpteurs sur ivoire.
Les Terres Cuites. — Les Modeleurs en cire.
Bagard, de Nancy. — Bonzanigo et son école. — Les Jarretières.
Les Boutons d'habit. — Les Boîtes à Mouches. — Les Éventails.
Les Autographes. — Les Timbres-Poste, etc.

Un fort volume in-8° raisin de 880 pages, orné de vignettes, marques et monogrammes.

Prix : 20 fr.

ÉVREUX, IMPRIMERIE DE CHARLES HÉRISSEY

MAZE-SENCIER

ES FOURNISSEURS

DE

POLÉON 1ᵉʳ

ET DES

X IMPÉRATRICES

Prix : 10 fr.

PARIS
. LAURENS
ÉDITEUR

1893

www.ingramcontent.com/pod-product-compliance
Lightning Source LLC
Chambersburg PA
CBHW060602170426
43201CB00009B/862